U0468225

本书为教育部人文社会科学研究规划基金项目
"武士道与日本现代社会的价值理想"（11YJA770035）研究成果

武士道与日本
现代社会的价值理想

娄贵书 著

Wushidao Yu Riben Xiandai Shehui De
Jiazhi Lixiang

中国社会科学出版社

图书在版编目(CIP)数据

武士道与日本现代社会的价值理想/娄贵书著. —北京：中国社会科学出版社，2014.12
ISBN 978-7-5161-5404-5

Ⅰ.①武⋯　Ⅱ.①娄⋯　Ⅲ.①武士—研究—日本　Ⅳ.①K313.03

中国版本图书馆 CIP 数据核字（2014）第 308386 号

出 版 人	赵剑英
选题策划	田　文
责任编辑	杨晓芳
责任校对	石春梅
责任印制	王　超
出　　版	中国社会科学出版社
社　　址	北京鼓楼西大街甲 158 号（邮编 100720）
网　　址	http://www.csspw.cn
	中文域名：中国社科网　010-64070619
发 行 部	010-84083685
门 市 部	010-84029450
经　　销	新华书店及其他书店
印　　刷	北京君升印刷有限公司
装　　订	廊坊市广阳区广增装订厂
版　　次	2014 年 12 月第 1 版
印　　次	2014 年 12 月第 1 次印刷
开　　本	710×1000　1/16
印　　张	22
插　　页	2
字　　数	372 千字
定　　价	66.00 元

凡购买中国社会科学出版社图书，如有质量问题请与本社联系调换
电话：010-84083683
版权所有　侵权必究

序　言

2014年5月底，娄贵书教授将他的这部新著《武士道与日本现代社会的价值理想》用邮件发给我，并嘱我作序。这的确使我有所震撼，也确实有一些疑虑：他的《日本武士兴亡史》刚刚出版一年，就又能完成并要出版这部30多万字的大作，真是高产啊！但也想，是不是太快了点，质量能有保证吗？但当我翻看了本书稿后，担心消解了，惊奇心更强烈了，一种欣喜、欣赏和敬佩之情油然而生，随着我对本书不断细读的进展，这种感觉日益强烈，这种感情越发深刻了。

本书从最能代表日本民族文化的武士道入手，考察了日本社会道德体系和价值理想确立的历史进程。本书以众所周知、有目共睹的客观事实，依据具体、丰富的资料，阐析了日本社会以武士道为代表的、日本民族有别于其他民族的道德体系和价值理想。

看着本书，使我不时想起我国世界史大家、老前辈（陈）翰（笙）老在1994—1996年间多次对我讲过的一些话（那时，因为工作关系，我每月至少要到翰老家一至两次去见他）。翰老知道我们正在编写《日本帝国的兴亡》（我是主编之一）一书，就常常问我进展情况，并谈些看法。他对研究日本武士、武士道问题极其重视，总是要我回答究竟是什么和为什么是这样。翰老多次要我在《日本帝国的兴亡》一书中，一定要写清楚许多问题。可以概括为以下四个问题：其一，日本武士、武士道是如何使明治维新获得成功的？其二，日本武士、武士道是怎样使日本发达、强盛的？其三，日本武士又是怎么把日本搞成了一个军国主义国家的？其四，战后，日本武士、武士道又是怎么使日本重新崛起的？等等。我明白，翰老的提法、用语，是他那一代人所熟悉、使用的。如同梁启超、蒋智由、杨度和戴季陶、胡汉民、蒋百里等对日本武士、武士道的提法、看法。有一些已经被当今时代所超越，对近代日本发展的研究已是那么系统、丰富、全面而深入，但我们对复杂、多样日本的理解越深刻，就越发感到翰老认识的深刻和正确。而我也清楚地知道，我国日本史研究的前辈史学家、我有幸多年在他身边接受指教的万峰先生，一直把研究日本武士、武士道问题的重要性提到了新的高度，即要研究日本近代史，关键是要把近代天皇制和武士问题讲清楚、讲透彻。应该说，令人欣慰的是，二三十年来，我国史学界对武士、武士道问题的研究进行了不懈的努力，已有相当多的研究成果问世，在不同程度上对翰老、万峰先生的问题作了回答。我更想说，贵书教授已出版的几部著作和发表的相关论文，都是我国研究日本武士、武士道问题的重要成果，而这本书无论从视角和内容看，还是从方法和观点看都是颇为新颖的。本书确实是我国在日本武士、武士道问题研究领域中的又一项重要成果，是一个新的突破；也是可以向翰老、万峰先生呈上的很好的一件礼物。

我们先看看全书的结构框架：全书由前言、基本内容和结语、参考文献构成。前言明确指出，日本武士从8世纪起开创的"武士之路"，直到今天还依然是日本人的行走之路。基本内容则分为四编十三章，阐述了日本武士、武士道产生、发展、演变和日本社会伦理道德体系、日本民族精神确立过程的历史全貌。所以也可以说，本书是一部日本武士、武士道史和日本道德体系、价值理想或民族精神的发展史。

再让我们稍微具体地看看全书的基本内容。第一编是"武士的登场与武士道的产生"。梳理了国内外对日本武士、武士道研究的现状和概念；考察了武士道滋生的基本要素，揭示了武士以战争为职业的生活方式和价值追求；阐述了武士道的起源、军事性质和功能，武士道与武士追求对外征服的人生价值，忠诚、武勇、名誉等主要内容。

第二编是"武家军国政治与武士道的发展"。着重阐明了武家政权的建立和发展，考察了近700年的武家军事统治和以军国主义为主体的统治体制，揭示了其在日本社会道德体系和价值理想确立过程中的作用。

第三编是"武士道对日本民族精神的塑造"。以武士夺取战争胜利和实施军事统治的需要为主线，阐述了武士道诸德目与武士夺取战争胜利和实施军事统治的关系，以及武士道已经成为日本传统文化的组成部分和文化传统的基本要素；阐明了武士道向日本民族的普及、武士道与日本民族文化的融合，揭示了武士道对日本社会道德体系和价值理想的塑造；考察近代日本对武士道的继承、扬弃和创新，并以天皇的精神权威和国家政权的强制性力量奉为全体国民的最高道德和价值理想，以武士道为代表的道德体系和价值理想由此形成。

第四编是"武士道的扭曲与转型"。论述了武士道如何推动近代日本在军国主义道路上越走越远、如何构成日本近代化的精神动力，以客观事实论证了武士道价值理想对近代日本社会正反两方面的影响，阐明了武士道与战后日本经济高度增长和政治右倾化的有机联系。不仅充分论证了武士道精神至今犹在，已成为日本人的民族精神，而且深刻揭示了武士道价值理想对当今日本社会的重大影响。

通览全书，我们可以极为简明地指出全书的四个特点：一是研究视角的独特性：从研究日本武士、武士道切入，厘清了日本武士、武士道史和日本社会道德体系、价值理想的发展史，深刻揭示武士道已经成为日本的民族精神，即所谓"大和魂"，成为日本民族文化的传统，成为最能与其他民族文化相区别的重要的文化要素。

二是研究内容的广泛性：从本书所涉及的内容看，纵向，大体按历史顺序，对日本从平安时代至当代的 1000 多年的发展、演变历史过程进行了阐述；横向或接近专题式的阐述，则全面涉及日本社会政治、经济、军事、文化、教育及各个时期的重大历史事件。本书是历史、逻辑很好统一的一部著作。

三是研究资料的丰富性：本书尽量广泛运用了日本的文献资料和参考了日本学者的研究成果，也参考和吸收了我国学者的研究成果。

四是研究方法的多样性：本书以历史唯物主义、历史学理论与方法为主，综合运用了文化学、民族学、伦理学、政治学、经济学、逻辑学的理论和方法，阐述清晰明确，论证科学严密。

最后，还有必要集中指出本书的五个创新之处：一是本书很好地论述、回答了武士道和日本社会的价值理想"是什么"、"为什么"和"怎么看"；二是论述武士道产生、发展、演变的历史全貌和日本社会道德体系和价值理想的确立过程；三是进一步阐明了武士道为何能成为日本社会道德体系和价值理想的核心内容或者代名词；四是通过对武士以战争为职业的生活方式和追求战争胜利的人身价值的阐述，阐明了武士道的军事性质和军国主义要害；五是通过武士道对日本社会道德体系和价值理想的塑造，阐明日本区别于其他国家的道德体系和价值理想的民族性特征。

有鉴于此，应该说，本书确实是一部多有新意、难得的优秀著作。值得向广大读者倾心推荐。

最近，刚刚与贵书在北京见了面，得知本书已完成了一校，很快就要出版了。对此，的确应该致以热烈的祝贺！这次与他的聚谈，也使我明白的知道：他对本书的研究和写作，决不是我以为的一年，而是四年！他在四五年前就已开始思考、准备和论证，四年前得到教育部的立项通过，紧张的进行了三年的刻苦研究，在今年初已完成、结项，然后才在5月送出版社审处、排印。这次聚谈，又听他较为详细地讲了新的研究计划，即他已开始准备，要对武士文化与日本军国文化进行专题研究了。这使我在内心深深地感到十分敬佩。他已年过花甲，退休了。可他不仅未想从此开始颐养天年，而且还认为退休后，时间更好集中而有助于研究。这些认识，怎能不令人敬佩！

写到这里，作为同仁与朋友，对本书的出版还是想再次送上"四句八可"：可喜可贺出版、可圈可点华章、可思可品意境、可敬可佩精神，以表我心意。

最后，作为同仁与朋友，衷心祝愿贵书教授不断深化、扩展对日本武士、武士道问题的研究，衷心祝愿贵书教授新的研究课题能够顺利立项、开展并取得新的成就！

汤重南
2014年10月26日 于北京

作者简介：汤重南，1940年生，1964年北京大学历史系毕业后在中国社会科学院世界史研究所工作至今。现为世界史研究所研究员、博士生导师；兼任中国日本史学会名誉会长、中国中日关系史学会顾问、中日历史共同研究委员会中方委员。

目　　录

前言 …………………………………………………………… (1)

第一编　武士的登场与武士道的产生

第一章　研究概况和概念 …………………………………… (3)
一　国内外研究现状 …………………………………… (4)
二　武士道的概念 ……………………………………… (17)

第二章　武士道的生成要素 ………………………………… (24)
一　创造武士道的武士 ………………………………… (24)
二　滋生武士道的风土习俗 …………………………… (29)
三　滋生武士道的社会关系 …………………………… (34)
四　滋生武士道的战争生活 …………………………… (38)

第三章　私人性暴力集团的武士道 ………………………… (43)
一　忠诚 ………………………………………………… (43)
二　武勇 ………………………………………………… (46)
三　名誉 ………………………………………………… (49)
四　敬神、崇祖和质朴、克己 ………………………… (51)

第二编　武家军国政治与武士道的发展

第四章　武家政权的建立和发展 …………………………… (57)
一　镰仓幕府 …………………………………………… (57)
二　室町幕府 …………………………………………… (60)
三　织丰政权 …………………………………………… (63)

四　江户幕府 …………………………………………………… (66)

第五章　"挟天皇号令天下"的武家军国政治 ………………… (70)
　　一　忠诚尚武的统治思想 ………………………………… (70)
　　二　强兵优先的基本国策 ………………………………… (73)
　　三　军权至上的权力构造 ………………………………… (75)
　　四　平战结合的政权机制 ………………………………… (78)
　　五　以战争促发展的发展方式 …………………………… (81)

第六章　武家统治思想的武士道 …………………………… (84)
　　一　镰仓武士道 …………………………………………… (84)
　　二　室町和织丰武士道 …………………………………… (90)
　　三　江户武士道 …………………………………………… (99)

第三编　武士道对日本民族精神的塑造

第七章　武士道基本德目 …………………………………… (123)
　　一　忠诚——武士集团赖以生存和发展的核心要素 …… (123)
　　二　节义——忠诚道德的捍卫者和监督者 ……………… (126)
　　三　武勇——夺取战争胜利的军事能力 ………………… (128)
　　四　礼仪——体现权势品级及修养的行为规范 ………… (131)
　　五　诚信——凝聚军心、以命相托 ……………………… (133)
　　六　名誉——激发斗志的道德资源 ……………………… (135)
　　七　俭朴——防止贪图享乐、贪生怕死的规约 ………… (137)
　　八　勤学——以文道资助武道 …………………………… (139)

第八章　武士道向农工商阶级的普及 ……………………… (142)
　　一　平安武士道的普及 …………………………………… (142)
　　二　镰仓武士道的普及 …………………………………… (146)
　　三　室町和织丰武士道的普及 …………………………… (150)
　　四　江户武士道的普及 …………………………………… (152)

第九章　武士道与日本民族文化的融合 …………………… (157)
　　一　神道——祈求战争胜利的武神崇拜 ………………… (157)
　　二　禅道——夺取战争胜利的宗教信仰 ………………… (162)
　　三　儒道——"治国平天下"的政治思想 ……………… (170)

第十章 "天皇主义武士道"与近代社会的价值理想 …………（178）
  一 继承和发展武士道的诸要素 …………………………（178）
  二 天皇主义的近代武士道和价值理想 …………………（196）

第四编 武士道的扭曲与转型

第十一章 武士道与日本军国主义 …………………………（223）
  一 军国主义先锋 …………………………………………（223）
  二 军国主义魁首 …………………………………………（232）
  三 军国主义灵魂 …………………………………………（239）

第十二章 武士道与日本近代化 ……………………………（252）
  一 近代化的精神动力 ……………………………………（252）
  二 近代化的企业模式 ……………………………………（256）
  三 近代化的企业文化 ……………………………………（265）

第十三章 战后改革与现代武士道 …………………………（274）
  一 战后改革对武士道的冲击 ……………………………（274）
  二 政治右倾化与武士道的互动 …………………………（286）
  三 武士道对经济增长的推动 ……………………………（298）

结语 ……………………………………………………………（314）

参考文献 ………………………………………………………（328）

后记 ……………………………………………………………（340）

前　　言

　　世间本无路，走的人多了，也就有了路；走的人越多，路便越来越宽广，由崎岖不平的小路变为宽阔平坦的大路，此乃众所周知的道理。

　　日本原本也无所谓"武士道"。公元8世纪，武士作为庄园主看家护院的保镖、打手和天皇朝廷的叛逆而登上历史舞台后，武士在战争中用刀剑开辟的路"武士道"（武士夺取战争胜利的指导思想和行动准则）也随之出现。公元9世纪中叶，武士成为地方政府的"国衙三使"（检非违使、押领使和追捕使），继之又在10世纪扮演"京都和地方纷争解决者"的角色（＝武力请负人），地位日渐显赫，不少其他社会群体的成员也跟着走上了武士之路。在11世纪、12世纪，即天皇朝廷的中央权力益发式微，而武士益发强大并介入中央权力争夺之际，"全日本上自皇族亲王，下至'浪人'即强盗骑士，从尘世的公侯至巨刹的方丈，此时都仅有一种宗教——武士道了"。① 随着"12世纪末叶，武士成为日本较高文化的主要代表……日本文化正在越来越多地受到这个新兴武士阶级的兴趣和价值标准的影响"。② 于是，越来越多的其他社会成员也踏上了武士之路。

　　在武士治国的幕府政治时代（1192—1867），武家统治者利用神道教、禅宗佛教和儒学阐释"武士之路"的合理性、权威性，利用国家政权的行政力量将"武士之路"规定为官方的和法定的路，强迫社会各阶级都走武士走出来的路，"武士之路"由此成了全日本最宽的路，成了绝大部分日本人走的路。明治维新后，"资产阶级武士政权"大力改造和拓宽"武士之路"，并且利用国家行政力量和天皇的精神权威，将其奉为资

---

① ［法］雷奈·格鲁塞：《东方的文明》，中华书局1999年版，第636页。
② ［美］约翰·惠特尼·霍尔：《日本——从史前到现代》，商务印书馆1997年版，第74页。

本主义时代官方的和法定的路。这样一来,"武士之路"也成了全民族的必走之路,违者将为社会所不齿。今天的日本民族,依然在这条"武士之路"上行走。

武士在战火中用刀剑开辟出来的路——"武士道",对日本民族精神的塑造及对日本社会历史的发展,有着不容忽视的影响。武士道作为日本民族土生土长的军事型伦理文化,从公元8世纪一直绵延至今。明治维新至第二次世界大战前的70余年间,武士道正反两方面的巨大物质化能量,人们依然记忆犹新。武士道既塑造了日本的过去,还将继续影响日本的现在和未来。今天日本人的行为中,武士道的烙印清晰可见,当今日本政治的右倾化、军事大国化、复活军国主义的政治军事行动等,说明武士道价值理想仍然在日本社会发挥作用,而且成为日本政客和不少日本学者引以为傲的"资本"。一言以蔽之:武士之魂即大和民族之魂!

弄清武士走出来的路及其如何成为整个日本民族所走之路,弄清日本民族精神形成和发展的道路,有助于澄清我国读者对日本武士道笼统而混乱的认识,有助于认识日本民族精神的来龙去脉和基本内容,有助于准确把握日本民族的价值取向和日本国家的政治抉择,也为认识日本的历史和国情提供一个新的视角。

第一编

武士的登场与武士道的产生

改变日本历史命运的武士因武力争夺国家土地财富的需要而产生，在战争中发展壮大。这些为战争而生的职业军人，以战场为人生舞台，以战争为财富的源泉和晋升的阶梯，毕生都在追求战场上的胜利。在武士的战争生活中产生的武士道，是武士文化——战争文化的核心内容，反映武士在战争中求生存、求发展的行为方式和价值追求，首先是武士夺取战争胜利的指导思想和行动准则，鞭策武士在战争中"建功勋、立伟业、扬武名"，体现人生价值。

本编由第一、二、三章组成。第一章"研究概况和概念"，旨在厘清国内外研究概况和概念，找准薄弱环节和切入点，认为武士道作为武士夺取战争胜利的指导思想和行动准则而产生，既是武家社会的道德规范、行为准则和战争精神，又是武家社会的政治思想、统治哲学和价值理想。第二章"武士道的生成要素"，考察武士道产生的诸要素，一是创造、实践和传播武士道的武士，强调武士作为天皇朝廷的反叛者而产生，以战争为职业的生活方式和价值追求；二是武士道产生的风土习俗，包括日本资源短缺的地理环境和民族心理、关东地区的尚武传统和骑射文化；三是武士道源于武士社会"施恩"与"报恩"的主从关系，即主君对从者"施恩"、从者以生命报答主君"恩惠"的利益关系；四是武士道产生于武士的战争生活，是武士应对战争生活的指导思想和行动准则。第三章"私人性暴力集团的武士道"，论述平安时代作为私人性暴力集团的道德规范和行为准则的武士道，包括武士道的起源、军事性质和功能，武士道与武士追求对外征服的人生价值、忠诚、武勇等内容。

第一章

研究概况和概念

日本位于亚洲东北部、太平洋西北角，既是15世纪以来世界九强中唯一的亚洲国家，又是当今"西方七国"中唯一的亚洲国家，也是20世纪中叶危害人类和平的唯一的亚洲军国主义国家。

身为亚洲国家的日本在民族文化、民族性格、理想价值和社会制度诸方面，既与西方国家迥然有别，又与中国、韩国、朝鲜等一衣带水的邻国相距甚远，其独特性、矛盾性都格外鲜明。美国学者本尼迪克特以日本皇室的家徽和象征"菊"、武家文化的象征和武士之魂"刀"作为日本人矛盾性格的标志，在其享誉世界的《菊与刀》中说："在美国曾经全力以赴与之战斗的人中，日本人的脾气是最琢磨不透的。这个强大对手，其行动和思维习惯竟与我们如此迥然不同，以至我们必须认真加以对待，这种情况在其他战争中是没有的。""西方国家所公认的那些基于人性的战争惯例，对日本人显然不存在。""自从日本锁国的大门被打开以来的七十五年间，对日本人的描述总是使用一系列令人极为迷惑的'但是，又……'之类的词语，远非对世界其他民族的描述可比。一个严肃的观察家在论及其他非日本民族时，是不大会既说他们彬彬有礼，又加上一句说：'但是，他们又很蛮横、倨傲。'他也不会既说该民族无比顽固，又说：'但是，他们又极易适应激烈的革新。'""他不会既写一本书，讲这个民族如何普遍爱美，如何对演员和艺术家给予崇高荣誉，如何醉心于菊花栽培，又另外写一本书来补充说，该民族崇尚刀剑和武士的无上荣誉。""然而，所有上述这些矛盾却成为有关日本论中纵横交织的经纬。而且，都是千真万确。刀与菊，两者都是一幅绘画的组成部分。日本人生性好斗而又非常温和；黩武而又爱美；倨傲自尊而又彬彬有礼；顽梗不化而又柔弱善变；驯服而又不愿受人摆布；忠贞而又易于叛变；勇敢而又怯懦；保守而又十分欢迎新的生活方式。他们十分介意别人对自己的行为的观感，但当别人对其劣迹毫无所知时，又会被罪恶感所征服。他们的军队受到彻底的训练,却又具有反抗性。"① 本尼迪克特认为,了解日本人民族性格独特性和矛盾性的关键在于日本天皇和日本人的武士道精神。不过,由于研究目标的制约,本尼迪克特并未系统阐明日本天皇和武士道精神如何塑造日本人的民族性格和价值理想。

公元 8 世纪中后期,在武士的战争生活实践中产生的武士精神,历经一千多年漫长历史岁月的积淀,作为一种思维方式、行为方式和价值理想,早已深深地融入了日本民族的血液中,渗透到了日本人的灵魂里。现代日本人做人、做事的行动准则与当年封建武士做人、做事的行动准则一脉相承,封建武士的道德规范、价值理想与现代日本国民的道德规范、价值理想血肉相连。在日本学者的笔下,武士道精神元素已经与国民性特质②融为一体,或者说国民性特质涵盖了武士道的精神元素。

表 1-1　　日本学者笔下的武士道精神元素和国民性特质

武　士　道　德　目	
新渡户稻造	义,勇,仁,礼,诚,名誉,忠义,克己
井上哲次郎	忠孝,节义,武勇,廉耻,诚心
田中义能	忠节,礼仪,武勇,信义,质素,敬神,克己,慈爱,妇德
国　民　性　特　质	
芳贺矢一	忠君爱国、敬祖爱家、现世的、实际的,爱草木、爱自然,乐天洒脱,淡泊潇洒,纤丽精巧,清静洁白,重视礼节,温和宽恕
大町桂月	富于冒险,不轻死,知耻,义勇,忠君,孝悌,洁癖,坚强的意志,深知情趣,富于雅致
野田义夫	忠诚,清白,武勇,名誉心,现实性,快活淡泊,敏锐,优美,同化,殷勤

武士道精神元素与国民性特质融为一体,甚至成了国民性特质的代名词,乃是武士道精神元素对日本民族精神塑造的结果。因此,欲认识日本现代社会的价值理想、民族性格,必须追根溯源,从日本社会价值理想的奠基石——武士道入手。

一　国内外研究现状

算起来,中国人关注日本的武士道已有百余年的历史。1904 年梁启

---

① [美]鲁思·本尼迪克特:《菊与刀》,商务印书馆 2002 年版,第 1—2 页。
② 南博:《日本人论》,广西师范大学出版社 2007 年版,第 41—42、43、65 页。

超的《中国之武士道》由上海广智书局出版，杨度和蒋智由为之作序。杨度在其序中说："武士道，则实不仅为武士独守之道，凡日本之人，盖无不宗斯道者。""日本之武士道，垂千百年，而愈久愈烈，至今不衰，其结果所成者，于内则致维新革命之功，于外则拒蒙古，胜中国，并朝鲜，仆强俄，赫然成为世界一等国。"希望中国人也能"以武士道之精神，兴四千年前之人物，先后相接，而发大光明于世"[①]。蒋智由的序则指出："彼日本崛起于数十年之间，今且战胜世界一强国之俄罗斯，为全球人所注目，而欧洲人考其所以强盛之原因，咸曰由于其向所固有之武士道。而日本亦自解释其性质刚强之元素，曰武士道。武士道，于是其国之人，咸以武士道为国粹，今后益当保守而发达之。"[②] 杨度和蒋智由都认为日本的强盛与武士道有着密不可分的关系。

1928年，国民党元老戴季陶在其名著《日本论》一书中，曾就武士道作过颇为深刻、精彩的阐析："'武士道'这一种主义要用今天的我们的思想来批判，他的最初的事实不用说只是一种'奴道'，武士道观念就是封建制度下面的食禄报恩主义，至于山鹿素行、大道寺友山那些讲'士道''武士道'内容的书籍，乃是在武士的关系加重，地位增高，已经形成统治阶级的时候，在武士道的上面穿上了儒家道德的衣服，其实'武士道'的最初本质并不是出于怎样精微高远的理想，更当然不是一种特殊进步的制度，不过是封建制度下面发生的当然习性罢了。我们要注意的，就是由制度论的武士道一进而为道德论的武士道，再进而为信仰论的武士道。到了明治时代，更由旧道德论旧信仰论的武士道加上一种维新革命的精神，把欧洲思想融合其中，造成一种维新时期中的政治道德的基础。这当中种种内容扩大和变迁，是很值得我们研究的。"[③] 此外，戴季陶在《日本论》中对日本武士、日本军国主义等问题的分析，也颇具闪光的亮点，认为"日本的尚武思想军国主义并不是由于中国思想、印度思想，纯是由日本宗法社会的神权迷信来的。近代德国军国主义的政治哲学很受日本人欢迎。……连最消极的'浮世绘文学艺术'当中，都有着不少杀伐气。这都是最值得我们研究，最值得我们注意的。"[④] 戴季陶的

---

① 梁启超：《中国之武士道》，中国档案出版社2006年版，第1、2、14页。
② 同上书，第16页。
③ 戴季陶：《日本论》，海南出版社1994年版，第27—28页。
④ 同上书，第46页。

《日本论》对于认识日本极具参考意义，近年来出版社或是以单行本的形式重印此书，或是以"日本三论"（戴季陶的《日本论》、本尼迪克特的《菊与刀》、新渡户稻造的《武士道》）的形式重新出版。

新中国成立后，日本史研究的前辈学者万峰、张玉祥、王金林、王家骅、汤重南、卞崇道、李威周、宋成有等较早和较系统地对日本武士道展开研究，做了许多开创性工作，为后续研究提供了有力的支撑和重要的参考。本书对武士道的研究，受惠于前辈学者之处甚多。

1978年，万峰先生在其《日本近代史》中明确指出："'武士道'不仅是日本近代军队反动教育的核心，而且是天皇制军国主义的灵魂。所谓'武士道'，本是封建武士的道德规范。早自公元十世纪武士领主（大军事农奴主）不断兴起以来，在武士集团内部就逐渐形成了一套武士的道德规范。这些大军事农奴主的手下，都拥有庞大的家臣家兵（武士集团），上尊下卑，等级森严。为了巩固内部的等级制度和秩序，加强战斗力，他们不断搞出一些'家法'，来管教武士。这就是'武士道'的起源。十二世纪末叶封建幕府创立后，成为全国统治阶级的封建武士领主，更进一步制度各种'式目'（法规条款），用法律的形式将封建武士的思想作风和行动准则固定下来，沿袭了几百年之久。'武士道'的内容，主要有这些几条。第一，强调主从关系中的所谓'忠节'。……第二，强调'武勇'。……第三，强调崇拜日本刀，把日本刀看做是'武士道'精神的一种物质表现。封建武士经常佩带的两把日本刀，被目为'武士道'的灵魂。宣扬日本刀不见血，不算一个武士。第四，强调宗教迷信。封建武士必须敬神信佛。……使专门以杀伐为职业的封建武士们，在这种精神鸦片的麻醉下，成为杀人不眨眼的凶神恶煞。第五，强调礼仪。按照封建武士集团内部的等级制度，搞出许多清规戒律的'礼法'加以约束。尤其是为贯彻首领的意图，而强调严密的黑帮式的纪律。""日本封建武士道的主从关系，本是效忠封建武士的首领的。明治政府建立后，将这种主从关系改为效忠天皇，在军队内大力宣扬这种'武士道'精神，并且百般予以美化，冒充为日本民族的固有精神，强加给广大的士兵和人民。随着时代的变迁，后来的日本统治集团将法西斯主义同封建的'武士道'精神糅合起来，使之'现代化'，成了法西斯的'武士道'精神，其反动性、野蛮性和腐朽性达到无以复加的地步。"[①] 上述分析，涉及武士道的起源、定义、内容、要害、

---

① 万峰：《日本近代史》，中国社会科学出版社1978年版，第95—97页。

分期、演变、武士道与日本军国主义等诸方面，许多观点至今仍为学术界所认同。

1994年，万峰先生又在《台湾学者的日本武士观——评介林景渊著〈武士道与日本传统精神〉》一文中，进一步集中阐释武士道的定义、地位、演变和分期、要害，以及研究武士道的意义和对待民族文化遗产的观点等。认为："武士道的'道'，指的是道德规范和行为准则、操守、品行等等。作为日本历史特殊产物的武士道，乃是日本中世纪作为封建统治阶级的武士阶级赖以调整、规范人们之间（主要是主君与家臣之间）以及武士个人与整个武家社会之间关系的行为规范准则的总和。因此，可以说武士道是武家社会所创立的一种独特的日本伦理文化。""贯穿整个日本中世纪的武士、武士治国和武士道，在世界史上都占有其独特的地位。尽管古代中国和古代朝鲜也曾一度出现过武士，而且古代朝鲜还曾有过与武士道相似的'花郎道'，而中世纪西欧则涌现骑士和'骑士道'，但是这些均无法与日本的武士和武士道相匹敌。日本武士作为一个封建统治阶级采取一套独特的统治体制来治理国家前后竟达700年之久，这在世界上也是绝无仅有的。因此，研究日本武士、武士治国特别是作为武士精神、武士之道德规范的武士道，……应该是一个颇具学术价值的课题。"认为"日本武士道虽然产生于日本中世纪，然而它决非在中世纪就打上休止符的历史事物。在日本历史上，武士道按照其独特的历史辩证法一直发展、演变至今。……武士道在历史上的发展、演变，具体地可以划分为四大时期。"第一个时期，"从平安朝后期到江户幕府被明治维新推翻为止，前后历时约7个世纪"的"中世纪的武士道，也是武士道的正宗和本源"。第二个时期，"明治维新后的近代日本继承了武士道的衣钵，并加以改造，使其适应近代资本主义发展的需要。""原来在中世纪本为封建武士阶级专有的道德规范——武士道，到了近代日本，经过包括全民义务兵役制等在内的近代天皇制统治体制和《军人敕谕》、《教育敕语》的强制颁行，已迅速地渗透到全社会各个阶层之中。这样一来，中世纪的武士道便经过继承、改造而演化为'近代武士道'。它大体上延续至本世纪二三十年代。"第三个时期，"自本世纪二三十年代至1945年8月第二次世界大战日本战败投降这段时间内"，"近代武士道沿着为战争和法西斯服务的方向恶性膨胀，终于发生重大转折。这可称之为'现代武士道'，其实质是军国主义法西斯武士道。""这在武士道发展、演变的漫长历史上，是最不光彩的、臭名昭著的时期。"第四个时期,"自二次大战结束后迄今半个世纪以来,由于日本战败后实行一系列民主化改革,军国主义法西斯主义被铲除,昔日那种军国主义法西斯的武士道已不复存在。""中世纪以来早已融入日本民族精神、民族文化（尤其是伦理文化）传统之中的武士道诸德目,继在明治维新后实现资本主义近代化、建立资本主义社会的历程中发挥应有的积极作用,在二次大战后日本国民经济复兴及高度成长、实现日本现代化中又不断发扬光大。""历史不容割断,在二次大战后这样新的历史条件下,作为一份伦理文化遗产,作为日本民族精神、文化传统要素的武士道诸德目,可以看作是在新的历史条件下创新了的文化、道德传统。在二次大战后日本企业的经营管理中,这一传统体现得最鲜明,这恐怕是不争的事实。"关于武士道的要害,万峰先生明确指出:"以武士道而言,其要害在于军国主义。在武士道产生、发展和演变的漫长历史中,人们清楚地看到从中世纪武士道产生到二次大战日本战败为止,贯穿其中的一条黑线就是军国主义,确切地说,是在军国主义意识形态支配下为军国主义服务。""为战争服务、崇尚杀伐征战、穷兵黩武的军国主义从一开始就是如影随形,伴随着武士及其精神——武士道,赶也赶不掉,驱也驱不散。"在对待民族文化遗产的问题上,万峰先生认为:"以日本民族文化遗产的要素之一武士道而言,从它登上历史舞台以来就有嗜杀成性、穷兵黩武的军国主义与幸福安宁的和平主义之间的尖锐对立。再从道德规范和伦理思想研究的角度来说,即使不论社会形态影响和制约如何,单纯的武士道各项德目亦无不具有正反两面的东西。""主张对于民族文化要善于继承其精华,而扬弃其糟粕。对待武士道这份日本民族文化传统中的伦理文化遗产也概莫能外。"[1] 应该说,万峰先生研究武士道的立场、方法、主张和观点,很有指导意义。

张玉祥、汤重南和宋成有先生的研究极富创意,特别是将武士道从伦理道德拓展到政治思想和立国路线的层面。张玉祥先生明确指出:"武士道是随着武士阶层的抬头而出现的一种伦理道德观念,经平安时期酝酿,到镰仓时代转为武家时代的统治思想。"[2] 汤重南先生认为:"日本封建武

---

[1] 万峰:《台湾学者的日本武士观——评介林景渊著〈武士道与日本传统精神〉》,《世界历史》1994年第3期。

[2] 吴廷璆主编:《日本史》,南开大学出版社1994年版,第148页。

士两大指导思想：一是要实现以日本为中心征服世界的野心；二是要实现'武国'理念，以武力作为立国的基础。这种武国的特色，就是崇尚军国主义，以杀伐征战、穷兵黩武为极大的'荣耀'。"① 进而指出："自九世纪武士登上历史舞台，至1945年日本军国主义战败投降，武士道在日本社会延续了上千年之久，对各阶层人士有着广泛的影响。""武士道一直被作为日本社会伦理的基本支柱，而大加宣扬。"并且强调"从明治中后期重新提倡武士道后，武士道遂成为明治社会的现代化得力精神工具，发挥了正反两方面的作用。""1945年日本战败投降，……亦宣告了日本武士道以'武'当先的立国路线的彻底破产。"②

宋成有先生在《江户、明治时代异同刍议》一文中，不仅系统地阐析了江户、明治时代武士道的异同，还深刻地指出："江户、明治时代武士道……都曾作为统治阶级的统治思想发挥过作用，都被国家行政力量所倡导并加以强制推行。"③ 在《武士道精神与明治时期的日本现代化》一文中，宋成有先生揭示了武士道精神在明治时期日本现代化中的作用。"自幕末开国至今一个半世纪中，日本现代化由启动学步而全面展开，由遭受挫折而重建、再出发，由模仿追随而树立东亚资本主义模式，历程曲折，变化剧烈。在这一过程中，明治时代（1868—1912）的现代化创业是至关重要的一大阶段。通过明治创业，日本从封建社会转入资本主义社会，从半独立的落后国家变为帝国主义强国。通过明治创业，形成有日本特色的资本主义产业构成、运营战略，培养出日本企业家独特的素质和精神面貌，其影响深远而持久。在上述转变过程中，武士道精神发挥了不容忽视的巨大作用。""在战前日本，民族主义、大亚洲主义、脱亚论、兴亚论、军国主义、武士道精神等不同层次的精神信条、理论观点等，都曾被日本政府当做国民精神总动员的工具而大加宣扬。但作为日本国民的道德规范或行为准则的武士道，却在日本人精神深层发挥着其他精神工具难以企及的作用。因此，中外学者不约而同地以武士道精神来概括战前日本现代化的精神因素，也的确抓住了问题的关键。"④ 认为武士道与战前日本的一系列重大转变过程有着密不可分的关系，是现代化最重要的精神

---

① 李玉、骆静山主编：《太平洋战争新论》，中国社会科学出版社2000年版，第61页。
② 叶渭渠主编：《日本文明》，福建教育出版社2008年版，第252、254页。
③ 《周一良先生八十生日纪念论文集》，中国社会科学出版社1993年版，第244页。
④ 罗荣渠主编：《各国现代化比较研究》，陕西人民出版社1993年版，第90、91页。

因素。

李威周先生在《论日本武士道》①一文中，论述了"日本武士道的起源""德川幕府初期以前的武士道论""德川幕府时期的武士道论""明治以后武士道与军国主义和法西斯主义的结合"。阐析了武士道的历史地位和研究意义，在"漫长的历史过程中，武士道对于日本民族精神的塑造与社会历史的发展有着很深的影响，在日本的政治史、思想史、教育史及军事史上占有重要地位，已成为日本民族心理的深深积淀，甚至有人称它是'日本人的脊梁'（相良亨：《武士道》，日本塙书房1981年版，第9页）。因此，可以说，不了解武士道，对日本民族性格的认识就是不全面的。认识日本武士道，不仅具有理念意义，而且有很大的现实意义"。他还深刻地指出："源平二氏在相互斗争中，提倡并要求武士要勇武、质素、俭约、忠君、孝亲、重视主从关系，这些成为德川幕府初期以前的武士道的重要内容，也为后来的武家政治奠定了思想基础。"强调"德川幕府初期以前的武士道，是战斗者的伦理，……是非理性的、是非之外的武士道；德川幕府时期的武士道，是新型的士的伦理，要求武士做人伦之师，……是理性的圣人之道的武士道。明治维新以后……武士道发展成为近代军人的伦理，……是与军国主义和法西斯主义相结合的武士道。"强调了武士道对于认识日本民族性格的重要性，明治维新至"二战"前的武士道是与军国主义和法西斯主义相结合的武士道

王家骅在《儒家思想与日本文化》一书中，强调"武士道的形成与变迁始终与儒家思想的影响密不可分。诚然，影响的强弱因时代而异，但其大体趋势是儒家思想的影响与日俱增"。认为："从精神上支撑武士们不计生死追随主君的，还是禅宗'死生一如'的思想。""山鹿素行儒学化的武士道理论，对此后日本思想文化和日本民族性格优劣两方面的影响是不容忽视的。"②

除此之外，还有一些武士道专题论文，如杨绍先的《武士道与日本军国主义》（《世界历史》1999年第4期），唐利国的《井上哲次郎的武士道论与法西斯主义》（北京大学日本研究中心编《日本学·第10辑》，2000年）和《近世武士道研究在日本》（北京大学日本研究中心编《日

---

① 李威周：《中日哲学思想论集》，齐鲁书社1992年版，第273—293页。
② 王家骅：《儒家思想与日本文化》，浙江人民出版社1990年版，第296、300、302页。

本学·第 13 辑》，2006 年），张景全的《武士道与骑士道差异性探讨》（《日本学刊》2003 年第 3 期），向卿的《试论江户时代武士道的平民化》（《日本研究论集》，南开大学日本研究院，2004 年），许介麟的《日本"武士道"揭谜》（《日本学刊》2004 年第 5 期），王炜的《简论日本武士的死与名誉》（《日本学刊》2008 年第 2 期），周颂伦的《武士道与"士道"的分歧和对立》（《日本研究》2008 年第 4 期），韩东育的《关于武士道死亡价值观的文化检释》（《历史研究》2009 年第 4 期），卞崇道的《关于明治思想中武士道的一个考察》（《延边大学学报》2009 年第 6 期），娄贵书的《"忠"——武士道与日本精神的核心价值》（《贵州师范大学学报》1999 年第 3 期）、《武士道善恶观与军国主义战争观》（《贵州师范大学学报》2001 年第 4 期）、《武士道嬗递的历史轨迹》（《贵州大学学报》2003 年第 2 期）、《再析武士道——兼答某些日本学者》（《贵州师范大学学报》2003 年第 6 期）、《武士道的形成与作用》（蒋立峰、汤重南主编：《日本军国主义论》，人民出版社 2005 年版）、《武士道为虎作伥探析》（《贵州师范大学学报》2006 年第 1 期），以及针对新渡户稻造的《武士道》而撰写的数篇武士道论文。

专著有台湾学者林景渊的《武士道与日本传统精神——日本武士道之研究》（台湾自立晚报社文化出版部 1990 年版），王炜的《日本武士名誉观》（社会科学文献出版社 2008 年版），唐利国的《武士道与日本的近代化转型》（北京师范大学出版社 2010 年版）。

上述研究也存在一些局限性，例如：（1）研究成果上，专题研究的论文多，系统研究的专著少。（2）研究内容上，"江户和明治武士道"及"武士道与军国主义"零散研究多，平安时代、镰仓时代、室町时代、战国时代的武士道研究少。（3）研究视角上，武士道伦理道德研究多，武士道战争精神和统治思想研究少，武士道与日本民族精神、价值理想的研究更是少之又少。总之，我国目前的武士道研究成果不多、领域不广，对武士道的产生、发展和演变还缺乏全面、系统的研究，这与我国作为日本的最大邻国和武士道军国主义最大受害国极不相称。

因此，迄今为止，绝大多数中国人对日本武士道的了解和认识，还是依赖于日本学者新渡户稻造的《武士道》一书。由于目前尚无一部我国学者系统而全面阐明武士道的著作，而广大民众又需要了解和认识日本武士道，于是，新渡户稻造美化武士道和日本军国主义的《武士道》一书在我国竟然成为畅销书,不断印刷出版。如张俊彦译、商务印书馆出版的《武士道》,1991年2月至2012年2月印刷了11次。搜索互联网,除此之外,还有陈高华的译本(群言出版社2006年5月版),宗建新的译本(山东画报社2006年6月版)、周燕宏的译本(上海三联书店2007年11月版、北京理工大学出版社2009年10月版、文汇出版社2010年版)、立刚的译本(武汉出版社2009年8月版)、潘星汉的译本(新世界出版社2012年版)等。

美国学者贝拉、赖肖尔、沃尔夫等人都曾从自己的研究角度论述过日本武士道精神,提出了一些颇具启发意义的见解。1957年,美国学者贝拉的博士论文编写成《德川宗教:现代日本的文化渊源》一书出版发行(英文本),1962年日译本问世。贝拉认为:"武士道,它对于探究德川时代或现代日本的价值与伦理有着特别重要的意义。这是因为武士体现了或应该体现了日本的中心价值,事实上武士道的伦理在德川时代及近代已成了国家伦理,至少占有了国家伦理的大部分。""武士确实体现了日本的中心价值系统。""明治维新的领导者们被这种'武士精神'强烈地感动,他们之所以能下令对国家的忠诚与服从而几乎未有反对之声,这在相当程度上要归于他们体现的不仅是武士的理想价值,而且是全日本的理想价值这一事实。""虽然武士最充分地体现了冠于其名的伦理准则,但它决不仅限于武士阶级。例如,一般认为,在德川时代商人阶级业已武士化了。""武士阶级的伦理在儒教与佛教的影响下得到充分的普及,因而能够成为全民的伦理。""贝尔纳·马基哈拉曾在一篇最有意思的优秀论文中指出,'武士精神'依然是明治产业家具有活力的强大动力,他认为武士道的伦理是'资本主义'发展的一个有利因素。"将对日本传统社会与近代社会关系的解释划分为"唯心论型"和"唯物论型",认为"'唯心论型',也就是说,日本的近代史可以用'日本精神'和'大和魂'来解释,这被认为是在日本特殊的'国体'背后潜藏的独特的无与伦比的精神。唯有这一精神,才可以说明这个小小的岛国迅速勃兴成为世界第一流的国家。从这一解释的观点来看,认为日本近代的发展仍然有赖于传统文化,尤其是武士道、神道的国家主义方面以及儒教的重要因素。"[①] 赖肖

---

① [美]贝拉:《德川宗教:现代日本的文化渊源》,生活·读书·新知三联书店1998年版,第111、119、120、222、227、250页。

尔的《当今日本人》指出："现代的日本军队……可以很容易地把武士精神及其价值观念复活起来。封建时期遗留下来的强烈的效忠、尽职、自我约束和自我牺牲精神，仍是形成现代日本人性格的因素。"①沃尔夫的专著《日本经济飞跃的秘诀》说："武士道精神曾经在日本陆军中养成，如今又在向日本的企业经营者灌输"，"为了开发和提高公司走向胜利的技能，日本的职员正在走着武士走过的道路"，"在身穿西装、掌握着现代科学技术的日本人的精神里，封建武士精神仍在起作用。"②赖肖尔和沃尔夫侧重于说明武士道对日本现代社会的巨大作用，构成战后日本经济高速增长的精神动力，特别是武士道的积极作用，对武士道军国主义要害的揭露明显不足。此外，由于研究目标的制约，他们也未能对其观点展开系统论述。

日本学者研究武士道的成果非常多，在明治维新以来的一百多年间，曾出现过两次大的武士道研究和武士道热，一次发生在甲午战争至第二次世界大战结束前；另一次从20世纪80年代绵延至今。

第一次武士道研究和武士道热始于甲午战争之后，与日本恶性膨胀的军国主义密不可分，主要是以武士道对国民进行道德动员，通过发掘国民的道德资源，使民认同和支持国家的军国主义战争政策。代表性论著是：新渡户稻造的《武士道》（日本裳华房版1900年版），井上哲次郎的《谈谈武士道》（兵事杂志社1901年版），井上哲次郎、有马佑政编集的《武士道丛书》3卷（博文堂1905年版）等。从"九一八"事变后的1932年到日本投降前的1944年——日本发动全面侵略战争期间，日本的武士道研究和武士道热达到高潮，代表性论著有：田中义能的《武士道概说》（日本学术研究会1932年版），平泉澄的《武士道的复活》（至文堂1933年版），井上哲次郎监修的《武士道集》（春阳堂1934年版），桥本实的《日本武士道史》（地人书馆1935年版），西田直二郎的《日本武士道——历史的研究》（岩波书店1936年版），武士道学会编的《武士道入门》（ふたら书房1941年版），井上哲次郎的《武士道的本质》（八光社1942年版），古贺斌的《武士道论考》（小学馆1943年版），佐伯有义

---

① ［美］赖肖尔：《当今日本人》，上海译文出版社1998年版，第57页。
② ［美］沃尔夫：《日本经济飞跃的秘诀》，军事译文出版社1985年版，第124、122、118页。

的《武士道史》（时代社1943年版），小泷淳的《武士道和武士训》（日本公论1943年版），井上哲次郎监修、佐伯有义等编集的《武士道全书》13卷（时代社1942—1944年版）等。上述著作的主流是强烈的皇道主义、国家主义和军国主义思想，将武士道视为日本的民族精神，将日本对外侵略战争的性质美化为"正义"战争，还认为战争胜利的一个重要原因便是日本人"发扬了武士道精神"。

　　这次武士道研究和武士道热的主帅或旗手，当数新渡户稻造和井上哲次郎。前者将武士道美化成为完全可以和西方骑士道并肩而立的理想化道德，讴歌武士道培育了举世无双的忠君爱国的日本国民，赞美武士道为日本在甲午战争中的胜利赋予的力量，公开为日本国家和日本军国主义战争政策辩护。其《武士道》片面拔高武士道的"忠诚与献身之道"，刻意掩盖武士道的"杀人与战争之道"，无论是对外国人全面、准确地认识武士道和日本国家，还是对日本人正确认识武士道和日本现代化的历史道路，都有着不容忽视的负面影响。后者支持由"武家主义武士道"演变而来的"天皇主义武士道"，论证近代日本以"天皇主义武士道"构建国民道德的合理化、权威性，宣称"日本军队的强大虽有种种原因，最大的原因就在于武士道的存续。日本军队的强大，……起关键作用的是日本的武士道精神。"[①] 1942年，又在其监修的《武士道全书》序言中说："支那事变持续了四年半以上，接着又是大东亚战争，战争规模前所未有地扩大……时代愈来愈需要武士道研究。""我日本今后不仅要研究和发扬武士道的精神，在将来的世界维持皇国之权威，而且，还必须充分培育武士道精神并使之传给子孙后代。"

　　1931年日本制造"九一八"事变走向法西斯之后，武士道益发被当作日本精神而狂热鼓吹和推崇。1932年，田中义能的《武士道概说》一书中说："武士道构成我日本国民行动的有力根基。""武士道，乃我国民从强大的国家观念出发，以大成天壤无穷之国家为理想。""武士道以国家的发展为理想。"[②] 1933年，平泉澄的专著《武士道的复活》强调："武士道虽非日本精神的全部，然而，武士道却是日本精神之精华，特别

---

① ［日］井上哲次郎：《武士道概说》，载［日］井上哲次郎监修《武士道集·上卷》，春阳堂藏版1934年版，第9—10页。
② ［日］田中义能：《武士道概说》，日本学术研究会1932年版，第15、109、110页。

是在复活日本精神的今天，第一位的就是唤起武士道的精神。"① 1935 年，桥本实在其《日本武士道史》中宣称："从前有元寇入侵国难之际，近有日清、日俄两役，及至满洲事变和现今的日支事变，我国民上下一致，发扬牺牲精神，以完成克服国难之赫赫伟业，说是武士道之赐一点也不为过。""我国之武士道也不是一朝一夕形成的。而是从日月不断投入的武的训练和战场上死生之路开始体验来的，它是人类精神至高至纯要素的凝聚。为主君一人含笑而死实在是日本武士道之真髓，这种精神崇高而又无比强韧，处在人类精神之最高境界，历数千年铁火锤炼而成。""武士道精神乃日本精神之中核，日本性格之骨髓。……"② 明治维新至"二战"前的历史清清楚楚地告诉人们，日本军国主义愈是恶性膨胀，对武士道的吹捧和推崇愈是狂热，武士道越发成为煽动对外侵略战争的军国主义精神支柱。

"二战"结束后，现代武士道——"军国主义法西斯武士道"，因扮演了武士道历史上最不光彩、最臭名昭著的丑恶角色而遭到人们的唾弃。然而，随着战后日本经济高速增长，国民经济总产值1967年超过英法，1968年又超过联邦德国，成为仅次于美国的资本主义世界第二经济大国。1969年，美国著名日本问题专家沃格尔撰写出版了《日本名列第一》一书，在日本和美国都引起相当大的反响。20世纪70年代，日本经济基本上处于稳中有升的发展态势，经济增长速度高于其他发达资本主义国家，一直保持资本主义世界第二号经济大国的地位。国民生产总值1970年为2042亿美元，1979年为10085亿美元，突破1万亿美元大关。日本国民收入显著增加，1970年为1768亿美元，1979年升为8688亿美元。③ 日本确立起经济大国的地位后，军国主义思潮也开始抬头。1978年，公然将东条英机等14名甲级战犯和2000余名乙、丙级战犯的牌位以"昭和殉难者"的名义"请进"靖国神社，供人参拜。1980年，经官方批准，在巢鸭监狱刑场遗址建起一座高2米的石碑，纪念举世公认的东条英机、松井石根等7名战犯。1982年，福冈中央区国有土地上又树起一座高7.3米、重130余吨的纪念碑，全面肯定"圣战"。20世纪80年代，几乎所有内阁大臣都在8月

---

① ［日］平泉澄：《武士道的复活》，至文堂1933年版，第6页。
② ［日］桥本实：《日本武士道史》，地人书馆1935年版，序词，第1、2页。
③ 吴廷璆主编：《日本史》，南开大学出版社1994年版，第1102页。

15日——所谓"终战纪念日"参拜靖国神社。1985年8月，首相中曾根康弘甚至召开"全国战殁者追悼会"，率领内阁成员开赴"靖国神社"正式参拜。1996年7月29日，桥本龙太郎首相以"总理身份"参拜靖国神社。2000年森喜郎首相公开鼓吹战时被日本军国主义利用的"神国史观"。2001年小泉纯一郎就任首相后，公开表示要在任职期间修改"和平宪法"，重新解释"集团自卫权"，制定"有事法案"，在"终战纪念日"这一天参拜靖国神社，日本政府的战争政策进一步向右迈进。

正是在这种经济和政治形势下，特别是军国主义翻案风越演越烈之际，日本社会又出现了"武士道热"，涌现一大批武士道著作。如奈良本辰也的《武士道系谱》（中央公论社1971年版），相良亨的《武士道》（镐书房1981年版）和《武士的思想》（ぺりかん社1984年版），高桥富雄的《武士道的历史》（全3卷）（新人物往来社1986年版），俵本浩太郎的《新·士道论》（筑摩书房1992年版），小泽富夫的《作为历史的武士道》（ぺりかん社2005年版），田口宏雄的《武士道的源流·从骑马民族到武士的黩武系谱》（新生出版社2005年版），笠谷与比古的《武士道与日本型能力主义》（新潮社2005年版），中本征利的《武士道的考察》（人文书院2006年版），中村彰彦的《会津武士道》（PHP研究所2006年版），多田显著、永安幸正编集解说的《武士道的伦理·山鹿素行的场合》（丽泽大学出版社2006年版），时野佐一郎的《真实的武士道》（光人社2008年1月版），等等。

日本战后的武士道研究普遍带有强烈的民族感情和现实关怀，没有系统论述武士道的负面因素，尤其是贯穿于武士道产生、发展和演变历史中的军国主义，没有揭露和批判与军国主义、法西斯主义相结合的武士道，主流是为武士道正名和肯定武士道，企图重振武士精神。为此，战前的武士道著作大量重新出版发行，特别是新渡户稻造的《武士道》，被认为是最为著名的武士道研究成果："即使是对1945年以降的战后的编者来说，武士道之深入浅出的解说，也不出于新渡户的作品。"[1] 还被誉为"塑造日本人骨骼"的"圣书"，在日本图书市场上十分畅销。"岩波文库收藏、矢内忠雄翻译的新渡户稻造的《武士道》，自1938年初版以来，已经出

---

[1] ［日］多田显著，永安幸正解说：《武士道的伦理·山鹿素行的场合》，丽泽大学出版会2006年版，第198页。

版了超过50版。"① 2000年1月，为纪念新渡户稻造的《武士道》一书出版百年，又由出版《新渡户稻造全集》的教文馆出版佐藤全弘的译本。就连翻译、解说新渡户稻造《武士道》的著作，也备受日本民众欢迎。奈良本辰也翻译、解说的《武士道》，自1997年7月新装版第一版发行以来，到2008年2月，已连续印刷了53次。② 此外，1998年，日本国书刊行会甚至重新出版了井上哲次郎和佐伯有义等人1942年配合战争形势专门编辑的《武士道全书》13卷。该《全书》第1卷卷首的"刊行寄语"写道："现代社会堕入非道的地狱，忘却了正义和耻，乃是忘记了武士精神而受到的处罚，必须加以自省。在此混浊的社会之中，《武士道全书》的复刻刊行，恰似黑夜之中的明灯。"③ 大学教授藤原正彦2005年撰写的《国家的品格》，是一部倡导通过效法武士和弘扬武士精神、提升国家品格的著作，短短一年时间竟然连续印刷25版，发行量超过250万册，2006年还被评为日本最流行的畅销书，在日本和不少国家引起巨大反响。④ 21世纪日本社会的武士道研究和武士道热，既与愈演愈烈的军国主义翻案风密不可分，也反映了武士道深厚的社会基础，体现了武士道与日本民族精神、价值理想的血肉关系。

二 武士道的概念

在论述武士道对日本民族精神和价值理想的塑造前，首先得弄清楚武士道的概念及其含义。

关于武士道的定义，新渡户稻造在《武士道》一书中所下的定义是："武士道在字义上意味着武士在其职业上和日常生活中所必须遵守之道。用一句话来说，即武士的信条，也就是随着武士阶层的身份而来的义务。"⑤ 不过，新渡户稻造的定义一方面脱离武士以战争为职业的生活方式和以夺取战争胜利为目的的价值追求，因而过于笼统、空泛；另一方面，新渡户稻造的武士道定义基本上局限于伦理道德的层面，而且是人为

---

① [日]小泽富夫：《作为历史的武士道》，ぺりかん社2005年版，第245页。
② [日]新渡户稻造著，奈良本辰也翻译、解说：《武士道》，三笠书房2008年版，封三。
③ [日]井上哲次郎监修：《武士道全书·第1卷》，国书刊行会1998年版，刊行寄语。
④ [日]时野佐一郎：《真实的武士道》，光人社2008年版，第9—13页。
⑤ [日]新渡户稻造：《武士道》，商务印书馆2001年版，第14页。

加工的理想化伦理道德。

井上哲次郎在其受陆军教育总监部委托所作的讲演《谈谈武士道》中所下的定义是：武士道是我邦武士始终实行之道德，即武士的实践伦理。并且强调指出"武士道决不仅仅是肉体上的力量，而主要是精神上的力量"。"如果说只有武勇，那就是蛮勇，是暴力而不是武士道，暴力决不是道。武士道是日本民族精神的主干，是日本民族的精神。"[1] 此后，井上哲次郎又在《武士道总论》中说，武士道是武士应该实行的道德，换句话讲，即武士的实践伦理。如果从广义的日本精神讲，即日本精神在战斗方面的表现。武士道是臣民遵奉天皇陛下之大诏的御精神在战斗方面的实行之道。[2] 井上哲次郎关于武士道是在战斗方面的实行之道，倒是比新渡户稻造要准确些。

《日本国语大词典（17）》（小学馆1975年版）对"武士道"词条的定义是：中世纪以降我国武士阶级中间发展起来的独有的伦理，以禅宗和儒教为据，大成于江户时代，分为两种观念，一种是《叶隐》提倡的不问善恶是非、赌命效忠主君；另一种是山鹿素行提倡的主君和家人都应该遵守儒教伦理而行动。

《日本史小百科·武士》（东京堂1993年版）对"武士道"的定义是：武士产生的同时，也产生了所谓"武者之习""武士之道"的主从间的忠义和武勇等规范，即武士应该遵守之道，并且随着时代的变化而变化。进入江户时代元和偃武的和平时代后，武士应该遵守之道呈现两个方面：一是以山鹿素行为代表的儒教立场的士道论，二是以山本常朝为代表的旧武士道系统的"所谓武士道，就是觉悟死"。明治维新后废除了武士的身份，但也出现了尊重其精神的"明治武士道"等词语。

《广辞苑》（第五版，岩波书店1999年版）对"武士道"词条的定义是：在我国武士阶层中发展起来的道德。镰仓时代开始发育成长，到江户时代以儒教思想为根据而致于大成，成为封建支配体制的观念支柱。重视忠诚、牺牲、信义、廉耻、礼仪、洁白、质素、俭约、尚武、名誉、情爱等。《叶隐》中说："所谓武士道，唯死而已。"

日本学者的武士道几乎是明治时代以来"人工合成的武士道"，多集

---

[1] ［日］井上哲次郎监修：《武士道集·上卷》，春阳堂藏版1934年版，第2—3页。
[2] ［日］井上哲次郎监修：《武士道全书·第1卷》，国书刊行会1998年版，第26—27页。

中于伦理道德的和正面意义的层面,还将其视为民族精神的同义词。在当今日本,"军国主义""法西斯主义""侵略"一类词语的使用都成为禁区。① 由此,人们也不难理解,日本学者为何将武士道的定义局限于伦理道德的层面,为何在众多武士道论著中缺乏从统治思想和立国理念视角的系统研究,为何对于贯穿武士道产生、发展和演变历史中的军国主义要害,要么视而不见,要么极力淡化和掩盖。

在我国,代表性的武士道概念主要有:(1)《辞海》(1979年版)和《世界历史辞典》武士道词条的定义:武士道是日本武士遵守的封建道德,始于镰仓幕府时期,内容有忠君、节义、廉耻、勇武、坚忍等,目的在使武士忠实地为封建统治者服务。(2)万峰先生说:所谓"武士道",本是封建武士的道德规范。早自公元10世纪武士领主(大军事农奴主)不断兴起以来,在武士集团内部就形成了一套武士的道德规范。12世纪末叶封建幕府建立后,成为统治阶级的封建武士领主,更进一步制定各种"式目"(法规条款),用法律形式将封建武士的思想作风和行动准则固定下来,沿袭了几百年之久。②"武士道的'道',指的是道德规范和行为准则、操守、品行等等。作为日本历史特殊产物的武士道,乃是日本中世纪作为封建统治阶级的武士阶级赖以调整、规范人们之间(主要是主君与家臣)以及武士个人与整个武家社会之间关系的行为准则的总和。""以武士道而言,其要害在军国主义。在武士道产生、发展和演变的漫长历史中,人们清楚地看到从中世纪武士道产生到二次大战日本战败为止,贯穿其中的一条黑线就是军国主义,确切地说,是在军国主义意识形态支配下为军国主义服务。"③ (3)张玉祥先生认为,"武士道是随着武士阶层的抬头而出现的一种伦理道德观念,经平安时期酝酿,到镰仓时代转成武家时代的统治思想。其内容见于《吾妻镜》等史书及《平家物语》等军记、史谈之中。这种道德观同宫廷贵族思想不同,它是以中世家长制('惣领制')为中心的一种主从间的道德规范。最早是由平安时代构成武士团的家长和'家子'、'郎等'间通过主君赐给家臣以封地和身份('御恩'),家臣则对主君矢志忠节('奉公')这种权利义务关系产生的。幕府时代,

---

① 蒋立峰、汤重南主编:《日本军国主义论》,河北人民出版社2005年版,丛书序言。
② 万峰:《日本近代史》,中国社会科学出版社1978年版,第95页。
③ 万峰:《台湾学者的日本武士道观》,《世界历史》1994年第3期。

在镰仓将军、执权同御家人之间，这种观念有进一步的约束性，主从关系比父子关系、夫妇关系更重要，违反这种关系要受严罚。"① 李威周先生明确指出武士道是武家政治的思想基础；汤重南先生强调武士道以武当先的立国路线。(4) 台湾学者洪炎秋分析概括说："武士道到底是什么呢？它是一种作风，而不是一种理论；是一种实践的伦理，而不是一种教义的道德。自从武士道成立以来700年间，如果舍小异而就大同，可以看出支配它的精神，有忠孝、武勇、信义、名誉、礼仪、质朴、廉洁这些观念。凡此种种，都是维持主从关系，应付实地战争，保持武士品格所不可不有的德目，是武士阶级所共悬的修养的目标。"② 洪炎秋先生关于武士道成立以来700年间的看法虽然值得商榷，不过，关于武士道功能的见解，却概括得相当清楚。

综上可见，我国的武士道研究虽然还处于初始阶段，但我国学者对武士道含义的把握并不亚于日本学者，万峰先生对武士道的"道"的解说就比新渡户稻造要深刻得多。总体上讲，我国学者既承认其是日本民族精神的重要内容，又指出其与军国主义如影随形的关系；既承认其是武士的实践道德，又指出其是幕府时代的统治思想和武士治国的立国路线。尽管由于研究目标等因素的制约而未能深入展开，但也为后续研究提供了有力的支撑。

笔者拟在前人研究的基础上，从伦理道德、战争精神和统治思想三个方面，系统阐明武士道的含义，至于武士道的价值理想、思想渊源等内容则以专门章节展开论述。

确定武士道的概念，必须探究武士的生活方式和价值追求。即武士是以战争为职业的战斗者，作战、备战几乎贯穿武士的一生，他们心目中的头等大事、孜孜不倦的价值追求始终是夺取战争的胜利。与武士以战争为职业的生活方式、以夺取战争胜利的价值追求相适应，在武士的战争生活中产生的武士道，旨在以共同的价值观念开发武家社会的道德资源，凝聚武家社会的人心，将单个武士的武力汇集成一致对外的集团战斗力，使武士团成为能打仗、能打胜仗的战斗集团，从而实现武士夺取战争胜利的价

---

① 吴廷璆主编：《日本史》，南开大学出版社1994年版，第148页。
② 转引自林景渊《武士道与日本传统精神》，台湾自立晚报社文化出版部1993年版，第123页。

值追求。因此，武士道首先是武士夺取战争胜利的指导思想和行动准则，是武士夺取胜利之道或军事征服之道，"忠诚""武勇"等武士道德目无一不是为了胜利、为了武力征服。平安时代的武士道，主要用于夺取天皇朝廷的土地财富和政治权力；武士治国时代的武士道，一方面继续用于夺取"公家"的财富和权利以及武士团之间的相互争夺，另一方面又发展为武士治国的立国理念和对被统治阶级实施军事统治（军事征服）的统治思想；明治维新后的现代武士道，作为现代日本的立国理念、统治思想和国民道德，既是日本现代化的主要精神动力，又是对其他民族和国家进行侵略扩张的思想渊源、精神支柱和战争工具。

　　伦理道德的武士道正如万峰先生所言："乃是武士阶级赖以调整、规范人们之间（主要是主君与家臣）以及武士个人与整个武家社会之间关系的行为规范准则的总和。"包括两方面的内容，一是主君与从者之间的道德规范和行为准则——"主从道德"；二是个人与集团之间的道德规范与行为准则——"共同体道德"。主从道德源于武家社会以主从关系作为基本经济关系的生活方式，共同体道德源于武家社会以群体为基本生活单位的群体生活方式。必须强调的是，道德规范层面的武士道以现实的物质利益为基础。主从关系即主君与从者之间"恩惠"与"效忠"——"施恩"与"报恩"的交换关系，核心是利益，主君要给予从者恩惠，从者要报答主君的恩惠。主君的恩惠与从者的效忠——主从双方的相互责任和义务，就是主君与从者的道德规范与行为准则——"主从道德"。要求从者在行动上将生命作为报答主君恩惠的手段，强调从者在精神上必须绝对忠诚和服从主君。共同体道德也以"恩惠"与"奉公"为基础，武士团为所有成员的财产和人身提供武力保障与精神支持，即满足武士团成员的安全需要和精神需要；所有成员都要报答武士团的恩惠，为武士团的兴旺发达贡献自己的一切，共同谋求武士团的存续和发展壮大。共同体道德通过将众多单个的武士整合成为步调一致的战斗组织，磨砺武士团成员一致对外的协作精神，增强武士团成员的生存能力，从而使武士团释放出巨大的战斗能量，也将武士塑造成为群体作战的高手。共同体道德要求以群体利益为最高利益，强调个体对群体的归属感和忠诚献身精神。

　　如果说伦理道德的武士道主要是指如何"做人"的话，那么，战争精神和统治思想的武士道则主要是强调如何"做事"，即如何做军人和统治者，如何打仗和夺取战争的胜利，如何统治农工商等被统治阶级。

武士是世袭的职业军人，职责是征战杀伐——杀人，战国大名毛利元就称为"杀生之业"。① 日本学者石井进说：武士以夺取战争胜利为第一要义。② 17世纪中叶以前，"武士的职分首先在于武，以战场上的征战杀伐为最大的奉公，武力争夺生产手段（土地）和生产物。"③ 因此，在武士的战争生活实践中形成的武士道，首先是武士作为军人夺取战争胜利的"做人"准则，自然要反映武士以战争为职业、以战场为人生舞台的生活方式，自然包含武士应对战争生活实践的战争技能和战争精神。

战争技能和战争精神的武士道，桥本实称之为"技术意义的武士道"，古贺斌称之为"武艺及军略战法之类的武士道"，小泽富夫称之为"武士本来的武威之道"，高桥富雄称之为"传统的弓马之道、武者之道（创业之道）的武士道"，永安正幸称之为"武道，即自古以来的卓越武术，或护身，或战争中的攻击，即'战争的技术'、武器的使用方法，身心的修练，从剑、枪、弓、刀、棒、镰、炮到马术、水术、忍术、船等各式武具之术，筑城和阵地的构筑、集团用兵术，以及情报、谍报和谋略、物资的配备、输运之术。"总之，"武士是战斗和杀人的专门家，必须熟练掌握骑马、精确射箭、使用刀枪、组打取敌之首等战争技术"。④ 战争技能的高低强弱，决定战场上的胜败和生死存亡，从而极大地刺激了武士的尚武精神，驱使武士一生都在磨炼一击必杀的杀伐技能。

武士道理论家的论述中也有战争技能和战争精神层次的武士道。山鹿素行（1622—1685）的"外用剑戟弓马，内行君臣、朋友、父子、兄弟、夫妇之道。文道充之于心，武备整之于外"。⑤ 贝原益轩（1630—1714）的"武有本末，忠孝义勇为兵法之本，是武德。节制谋略为兵法。节制即调配人员（人数）的行兵之道，是所谓军法。弓矢剑戟等兵器之术为兵法之末"。"武士之道，内以忠孝义理为兵法之本，外习武艺，以武备相助。身为武士，若不知忠孝义理之道，不熟兵法武艺，不具武备，必将失去武士之业。"⑥

---

① ［日］小泽富夫编集・校订：《武家家训・遗训集成》，ぺりかん社1998年版，第177页。
② ［日］石井进：《日本历史・12・中世武士团》，小学馆1974年版，第335页。
③ ［日］堀勇雄：《山鹿素行》，吉川弘文馆1987年版，第200页。
④ ［日］中本征利：《武士道の考察》，人文书院2006年版，第30页。
⑤ ［日］井上哲次郎监修：《武士道集・上卷》，春阳堂藏版1934年版，第62—63页。
⑥ ［日］井上哲次郎监修：《武士道全书・第2卷》，国书刊行会1998年版，第265—266页。

除战争技术层面"武"的要素外,武士还必须具备精神层面"勇"的要素。所谓"勇"或"勇猛之心""杀伐之心",即敢于战斗的勇猛精神、无所畏惧的拼命精神、嗜血成性的好战精神,也就是通常所说的"杀气",或者好勇斗狠、穷兵黩武。概而言之,战争实践层面的武士道包含战争技能和战争精神。战争精神的典范,一是如《平家物语》(卷第五"富士川")所说:关东武士打起仗来,父亲死了也罢,儿子死了也罢,飞马越过继续拼杀。① 二是战国割据之时,"德川氏旗下有理无理,只知有德川氏而不知其他,为家为主,眼看必败必死也要勇往直前的三河武士。"②

关于统治思想的武士道,我国张玉祥、李威周、汤重南、宋成有等学者都做了详略不等的论述。随着武家政治的确立和武士成为政治上的统治阶级,武士道也正式从私兵私权的道德规范演变为统治阶级的统治思想和武家社会的理想价值,具有了武家意识形态、统治制度和法律制度的权力和价值。平安时代武士团主君治理武士团的治"家"之道和治"军"之道,发展成了武家统治者的治"国"之道。武士道的核心内容"忠诚的伦理观念"和"武勇的战争精神",分别成为武家统治者实施精神统治和肉体统治的两大工具。以"忠诚的伦理观念"加强精神统治,要求被统治者将武家统治视为天经地义,绝对服从武家政权的军事统治;以"武勇的战斗精神"实施肉体统治,对破坏武家统治秩序者坚决严惩,直至肉体消灭。以武士道为统治思想的武家军国政治,详见第二编相关章节。

概而言之,作为武士夺取战争胜利的指导思想和行动准则而产生的武士道,既是武家社会的道德规范、行为准则和战争精神,又是武家社会的政治思想、统治哲学和价值理想。对一般的武士个人来说,武士道主要是伦理道德和战争精神;对以将军为代表的武家统治者来说,则主要是实施武家统治的统治思想和政治哲学,或者说是治人之道、治家之道、治军之道和治国之道。

---

① 周启明、申非译:《平家物语》,人民文学出版社1984年版,第218—219页。
② [日]高桥富雄:《武士道的历史·第3卷》,新人物往来社1986年版,第182页。

第二章

武士道的生成要素

与西欧的骑士道以骑士的产生为先决条件一样,日本的武士道也是伴随着武士的产生而产生的。日本学者说:与武士的产生一起,也随之产生了称为"武者之习""武士之道"的主从之间忠义和武勇等规范。[①] 所谓"道",走的人多了自然就形成了道(路);武士道,即武士走出来的道。[②] 下村效和小泽富夫关于武士道起源的见解,应该说是与客观事实相吻合的。此外,日本武士道的产生还有其他生成因素,如风土习俗、社会关系和实践生活等。

一 创造武士道的武士

说起日本武士,人们自然会联想到西欧的骑士。不过,两者产生的动因和扮演的角色却不尽相同。公元715年,查理·马特(688—741)继承父位担任法兰克王国宫相,719年成为法兰克王国的实际统治者。为增强军事实力,查理·马特进行采邑改革,对封建主阶级内部的土地占有关系进行调整,将从前无条件的赏赐土地改为有条件的分封采邑,受封者以服骑兵役为条件领有采邑,并向封者——赐予其土地的国王或大封建主宣誓效忠。采邑终身占有,不得世袭,封者或受封者一方死亡,均须重新分封,这些受封者——骑士由此成为国家政权的军事支柱。采邑改革奠定了西欧骑士制度和封建等级制度的基础,骑士处于封建统治阶级和封建等级制度(早期的封建等级制为公爵→伯爵→子爵→男爵→骑士)的末端。查理·马特依靠采邑改革组建起的强大骑兵部队,于732年在普瓦提埃附

[①] [日]下村效等编:《日本历史小百科·武士》,东京堂1993年版,第190页。
[②] [日]小泽富夫:《作为历史的武士道》,ぺりかん社2005年版,第10页。

近打败了阿拉伯骑兵,收复被占领土,并将阿拉伯人赶回西班牙。741年其子矮子丕平继任宫相,751年丕平在骑士部队的支持下,废黜墨洛温王朝的最后一个国王希尔德里三世,当选为王(751—768),法兰克王国进入加洛林王朝时代。丕平之子查理又依靠这支骑士部队对外扩张,建立起西欧封建时代的第一个庞大帝国——查理帝国。

与西欧骑士因国家土地改革和军事改革而产生、作为国家政权的军事支柱而存在相比,同样产生于公元8世纪的日本武士则是武力抢夺国有土地的产物,作为庄园主侵蚀国有土地和天皇制政权经济基础的私人性武装力量而产生,作为天皇朝廷的反叛者而存在。即武士是作为中央权力的反叛者、作为非法者在日本历史上登场的。[①] 小泽富夫举例补充说,最早称霸关东的"平氏一族哪个都是扎根东国","侵害朝廷利益"。[②] 田口宏雄也明确指出:"最先武装反抗国衙统治的是武士,同时,作为国衙的军事要员镇压骚乱的也是武士。"[③] 可见,日本武士产生的动因并非出于国家发展的需要,而是扮演挖国家墙脚的角色。

"庄园产生后,为了确保对庄园土地的支配权,进而扩张势力,便纷纷蓄积自己的武力。于是,在这些领主层中,一族首长与一族的子弟和支配下的名主百姓等结成主从关系,形成一个战斗团体。此即武士团的雏形。"[④] 这些以庄园主为首领的武士团称为"庄官级武士团",主要存在于公元8、9世纪,军事活动主要是为庄园主看家护院和扩张土地。他们以农为主,以武为辅,平时务农,战时出征,并在武力侵占公私田地的土地争夺战中,蓄积起相当强大的军事实力。9世纪40年代,武士开始得到官方承认,地方政府遴选有实力的武士团首领充任检非违使、追捕使,委以军事、警察权,维持地方治安,担负起国家机器的职责。

10世纪,经过一二百年优胜劣汰的血腥争战后,几个"庄官级武士团"又以实力强大的地方豪族为中心,形成较大的武士团——"豪族级武士团"。例如,"关东八平氏的千叶氏、上总氏、三浦氏、中村氏、秩父氏、大庭氏、梶原氏、长尾氏诸氏,下野押领使藤原秀乡流的大友氏、小

---

① [日]中本征利:《武士道的考察》,人文书院2006年版,第13页。
② [日]小泽富夫:《作为历史的武士道》,ぺりかん社2005年版,第19页。
③ [日]田口宏雄:《武士道的源流·从骑马民族到武士的骰武系谱·下卷》,新生出版社2005年版,第323页。
④ [日]安田元久:《源赖朝》,吉川弘文馆1986年版,第6页。

山氏等，都是支配数郡到一国的武士团，应该称之为豪族的武士团。"①豪族级武士团已开始割据称雄，10世纪的关东除平氏外，分别被前常陆大掾源护、常陆的藤原玄明、武藏足立郡司武藏武之、下野押领使藤原秀乡等豪族割据。豪族级武士团的军事活动已突破经济领域的局限，在作为中央权门贵族政治斗争工具的同时，逐渐向政治领域伸展势力，成功地在数郡乃至一国确立起自己新的权力，又通过充当地方和中央政府维持社会治安的武装力量，介入国家政治生活。此时的武士，已经发展成为战争专业户。皇族出身的"源氏和平氏，既有贵族的'血统证'，又有军人和官人的'身份证'"②，因而成为发展速度最快、实力最强的两大武士团。

源氏的始祖经基是清和天皇之第六皇子贞纯亲王的长子，961年被赐姓源氏，是为清和源氏之始。"'平将门之乱'时，经基任武藏介，因惧怕将门的武力逃回京都，密告武藏权守兴世王和将门谋反，由于密告将门叛乱之功，升至从五位下。时人认为'介经基兵道未练'，嘲笑他卑怯。"③不久，经基又被任命为追捕南海凶贼的副使，参加平定藤原纯友之乱。

经基的8个儿子——满仲、满政、满季、满实、满快、满生、满重、满赖，均在地方任职。④特别是"满仲运用政治手腕建立起与藤原氏中心势力的关系，凌驾于秀乡、贞盛的子孙之上，奠定起后来清和源氏兴盛的基础。满仲之子赖光、赖亲和赖信通过追随兼家、道长一门谋求源氏的发展。""源氏武力本来劣于平氏和藤原氏，但满仲以来反而明显超过他们。"⑤满仲任摄津守期间，以住地多田为根据地，蓄养私兵，世称多田满仲。"满仲在多田的府邸，有四五百名武士日夜警卫。""满仲出行时，有亲信郎等50余人跟随。在满仲的郎党中，包含畿内近国成长起来的小武士团首长。"⑥满仲的长子赖光继承摄津源氏，次子赖亲成为大和源氏之祖，三子赖信创河内源氏。

赖信时代源氏从畿内向关东发展，契机是"平忠常之乱"。1028年6

---

① ［日］安田元久：《源赖朝》，吉川弘文馆1986年版，第8页。
② ［日］关幸彦：《武士的诞生》，日本放送出版协会1999年版，第79页。
③ ［日］安田元久：《源赖朝》，吉川弘文馆1986年版，第13页。
④ ［日］佐伯有义：《武士道史》，载井上哲次郎监修《武士道全书·第12卷》，国书刊行会1943年版，第86—87页。
⑤ ［日］川上多助：《武士的勃兴》，岩波书店1934年版，第36—37页。
⑥ ［日］安田元久：《源赖朝》，吉川弘文馆1986年版，第19—20、27页。

月，关东东部著名军事贵族平忠常公开叛乱，与朝廷追讨使平直方等在房总地方周旋两年有余，屡次打败朝廷征讨军。1030年9月，朝廷改任新任甲斐守源赖信为追讨使，忠常惧赖信赫赫武名，乞求投降，被捕后在去京都的途中病亡。于是，"历来崇尚武勇的东国人仰慕赖信武名赫赫的威风，纷纷与之结成主从之义。赖义成为相模守赴东国以后，坂东弓马之士大半成为其门客。源氏的东国经营由此开始，结果是前九年和后三年两役后，源氏势力达到极盛。"① 关东武士的发展史，从平氏时代转入源氏时代。

"平忠常之乱"后不久，东北地方又相继发生持续时间更长、战争规模更大的安倍氏、清原氏叛乱——"前九年之役"（1051—1062，实际上为12年）、"后三年之役"（1085—1087）。这两大战役是赖义、义家父子率领战斗力最强的相模、武藏等地的关东武士，与日本最擅长弓马骑射的陆奥、出羽俘囚集团的战争。"在这两役中，将士生死与共、同受饥寒，主从关系益发经受锻炼，益发培植起主将思郎等之情、郎等对主将的忠诚。前九年之战中，赖义在军中慰问受伤者，战士为感激将军誓死战斗。后三年之战中，义家或用自己的身体温暖冻伤的士兵，或烧假舍暖和士兵冻伤的手。于是，将士益发奋勇战斗，郎从对主将的忠义更为强烈。"② 从而"培育起源氏与东国武士之间强固的主从关系"。"赖义、义家二代经过奥羽战乱，提高了源氏武威，确立起源氏作为武家栋梁的地位，并且使源氏武士团的组织更加巩固。"③ 正是由于赖义、义家父子在这两大战役中与坂东武士结成牢固的主从关系，源氏武士团在义家时代进入鼎盛时期。

平氏武士团的发展比源氏要早半个多世纪，发展速度也极快，是最先在关东形成强大实力的豪族级武士团。"延喜以后至承平、天庆之乱的东国，势力最盛的是平氏。因为高望王是上总介的关系，以上总、下总为根据地，并扩展到邻国常陆。其子国香、良持、良兼、良正、良文，都是蓄有众多郎等的有名豪族。"④ 平氏是桓武天皇的曾孙高望王的后裔，889年高望王接受平姓（桓武平氏），降入臣籍，充任上总介，任期满后定居关

---

① ［日］川上多助：《武士的勃兴》，岩波书店1934年版，第42—43页。
② 同上书，第45—46页。
③ ［日］安田元久：《源赖朝》，吉川弘文馆1986年版，第33、43页。
④ ［日］川上多助：《武士的勃兴》，岩波书店1934年版，第34页。

东，扩大势力，奠定起平氏的基础。高望王的"子孙在关东扩展势力，成为各地的开发领主，形成武士团。出自高望王血脉的千叶氏、上总氏、三浦氏、中村氏、秩父氏、大庭氏、梶原氏、长尾氏的八氏，称为'坂东八平氏'"。① 坂东八平氏又进一步繁衍，衍生出许多分流，如秩父氏有葛西、小山田、畠山、河越、丰岛，中村氏有土肥、土屋、二宫。

高望王人丁兴旺，8个儿子均为武士中的出类拔萃之辈，多人出任地方军政要职。长子国香、三子良将和四子良孙任镇守府将军，同时，国香任常陆大掾、二子良兼任下总介、四子良孙和七子良持任上总介、八子良茂任常陆少掾。高望王之子利用皇族的权威、国司的权力和雄厚的财力，在关东的上总、下总、常陆各国蓄养武士，扩张势力。孙辈中良茂之子良正任下野介、良将之子将文任相模守、良兼之子公雅任武藏守、国香之子贞盛、繁盛任陆奥守，将平氏武力扩展到关东的下野、相模、武藏和陆奥等地。10世纪初，平氏已成长为关东第一大豪族级武士团。10世纪30年代的将门之乱表明，平氏经过三代人四五十年的发展，已经积蓄起足以对抗朝廷的武力。"平将门之乱"和"平忠常之乱"被镇压后，平氏一族的发展严重受挫。特别是"平忠常之乱"，还成了源氏入主关东的契机。不过，平氏一门毕竟根深叶茂、人才济济，因而还能东山再起。

11世纪末，平氏一族中以伊贺、伊势为基地的一派，吸取先辈对抗朝廷的失败教训，改而投靠权门，充当上皇的带刀侍卫，在合法的旗帜下扩张武力。1097年，平正盛（平国香之子平贞盛的后裔）将20余町私垦地捐献给白河法皇，与法皇建立起经济上的从属关系。平氏由此受到亟须武力与摄关家对抗的白河法皇的器重，先后被任命为隐岐、若狭和因幡等国国司。

上皇抑制藤原氏的重要策略之一就是打击藤原氏的武力基础源氏，即日本学者所说的"清君侧"。与此同时，上皇又扶持和重用平氏，以之作为自己的武力支柱。1086年，院政的开创者白河上皇设置"北面武士"。由于"北面武士"具有院的私兵的性质，因此，白河院不仅将平定社会动乱的机会给予平氏，还创造机会让他们频频施展武力。1107年，平正盛奉院厅之命镇压源义家之子源义亲的叛乱，斩义亲首级，威名大震。平正盛因得到院政的创始人白河上皇（1073—1086年任天皇，1087—1128

---

① ［日］下村效等编：《日本历史小百科·武士》，东京堂1993年版，第36页。

年以上皇身份实行院政）的信任，展露武功的机会也越来越多。到平忠盛一代时，防卫僧兵和追捕海盗几乎都是使用平氏的武力。

正盛之子忠盛（1096—1153）讨好鸟羽上皇（1129—1156年院政），为其建造长寿院千体观音堂（三十三间堂），历任西部各国国守。1129年、1135年，忠盛两次奉鸟羽上皇之命征讨海盗并取得成功，被赐予可以上殿的资格，获得贵族身份，平氏也在西国地区确立起自己的势力范围。上皇不断为正盛、忠盛提供用武之地，平氏武力越战越勇、越战越强，不到半个世纪就在西国地区形成自己强大的武士团，蓄积起超过源氏的武力，并且在中央朝廷取得越来越大的发言权，为平氏掌握政治实权奠定了基础。

12世纪中叶，因皇位继承问题引发的两次大混战，即保元元年（1156）的"保元之乱"和平治元年（1159）的"平治之乱"，乃是公家政治向武家政治转换的契机。1167年，忠盛之子清盛（1118—1181）在争夺中央最高权力的战争中打败敌对势力，取得太政大臣之职，在京都的六波罗地方建立平氏政权，将平氏武士团的发展推向顶峰。

1180年源平大战爆发，1185年源氏打败平氏，1189年源赖朝又亲率28万大军灭亡奥州的藤原氏。1192年，天皇任命源赖朝为"征夷大将军"，即对赖朝在源平大战中创建的武家政权赋予合法性，近700年的武家政治时代正式开始。武士的发展也由此进入一个划时代的新时期，即作为统治阶级直接对国家实施军事统治的时期。

二 滋生武士道的风土习俗

美国迪格尔印第安人的箴言说："一开始，上帝就给了每个民族一只陶杯，从这杯中，人们饮入了他们的生活。"[①] 显然，箴言所说的上帝即大自然，陶杯即各民族赖以生存的地理环境。文化的多样性源于地理环境的多样性，不同的地理环境滋生和哺育了不同的文化。

地理环境对人类的物质生活、精神生活有着不可替代的根本性作用。马克思曾明确指出：过于富饶的土地，使人离不开自然之手，就像小孩子

---

① ［美］鲁思·本尼迪克特：《文化模式》，社会科学文献出版社2009年版，扉页、第14页。

离不开引带一样。①孟德斯鸠在《论法的精神》中也说："一个国家土地优良就自然地产生依赖性。""土地贫瘠，使人勤奋、俭朴、耐劳、勇敢和适宜战争；土地所不能给予的东西，他们不得不以人力去获得。土地膏腴使人因生活宽裕而柔弱、怠惰、贪生怕死。"②黑格尔的《历史哲学》认为："助成民族精神产生的那种自然的联系，就是地理的基础；……是'精神'所从而表演的场地，……是一种主要的、而且必要的基础。……这地方的自然类型和生长在这土地上的人民的类型和性格有着密切的联系。"③日本人的民族精神、民族心理、民族传统、民族文化和价值理想等，自然也是大和民族与岛国生存环境交互作用的结果。

日本是一个四面环海的弧形岛国。东濒太平洋，西与中国、朝鲜半岛、俄罗斯隔海相望，北面渡过约23海里宽的宗谷海峡是俄罗斯的萨哈林岛（库页岛）；西南端的先岛群岛距我国台湾地区约60海里。国土由北海道、本州、四国、九州四个大岛和数千个岛屿组成，面积37.78万平方公里，约占世界陆地面积的0.27%，大约相当于中国的1/26和美国的1/25。除水资源和渔业资源外，日本民族可获取的自然资源极为有限。山地占全国面积的75%，农业用地面积仅占14.9%，远远低于世界的平均数34.1%。工业生产赖以发展的能源资源和矿产资源的蕴藏量极其微小，现代工业生产所需要的主要原料、燃料，绝大部分依赖海外进口。煤、石油和天然气等90%以上依赖进口，铝土矿、镍矿石、磷矿石100%依赖进口，铁矿石、铜矿石、锡矿石等90%以上依靠进口。日本成为世界最大的资源进口国，没有和外部世界的广泛联系，日本经济就会崩溃。日本还是世界上自然灾难最严重的国家之一，地震、火山、海啸、台风等样样都有，是世界上有名的"火山国""地震国"，集中了世界10%的活火山，地震释放出的能量约占世界地震总能量的10%。1891年至1978年，全国共发生7级至8.4级大破坏性地震近20次。

四面环海、国土狭小、资源短缺、灾害频繁的岛国生存环境，切断了日本民族对自然的依赖，激发起日本民族强烈的生存意识和拓展生存空间的欲望，形成日本民族以现实利益调节善恶的价值标准，以及不受约束、

---

① 《马克思恩格斯全集》第23卷，人民出版社1995年版，第561页。
② ［法］孟德斯鸠：《论法的精神》，商务印书馆2005年版，第320、336—337页。
③ ［德］黑格尔：《历史哲学》，上海世纪出版集团2005年版，第74页。

不惜一切的行为特征和思维方式。拓展生存空间以谋求更多生产和生活资料，既是日本先民的共同愿望，也是日本民族的共同心理和最大的"正义"，导致日本人的正义感带有很强的"实用主义"色彩。因此，有学者说："日本是一个可以为实现利益而调节正义的极便利国家。"①

到大海对面去寻求利益空间，通过对外征服以获取更多的生产和生活资料，自古以来就是海洋民族的生活方式和不变的追求。公元369年，大和国在尚未完全统一之际，就迫不及待地对大海对面的东亚大陆发动侵略扩张战争，侵占朝鲜半岛南端的任那地区近200年之久。16世纪末，丰臣秀吉发动侵略大海对岸的朝鲜和中国进而称霸世界的征服扩张战争。近代日本又在短短70余年间，发动了十多次以中国和朝鲜为主要对象的征服扩张战争。"在岛国上生活的日本人，有史以来就渴望土地。明治以后，日本人所贪图的就是土地。""所谓'大东亚战争'，归根结底，日本梦寐以求的还是在于获得领地。"② 森岛通夫将日本不断发动侵略战争的根源归之于日本人对土地根深蒂固的渴望。"日本的天然物产，种类虽多，但数量极少。……对近代经济的发展来说，量的不足却构成致命的缺陷。……正是这样贫乏的资源，构成左右近代日本历史动向的重要原因。"③ 坂本太郎也认为日本的对外扩张与资源短缺有着密不可分的关系。

依靠人力的地理环境和生存方法，崇尚武勇精神和武力征服，日本最崇尚武勇精神和武力征服的莫过于视生活为战斗的关东骑马狩猎民族。武士道核心德目之一的武勇精神，便是对关东尚武精神的继承和发展。"武士道以关东地方之风为母、以武士的武勇之职为父而形成的。"④ "日本民族的民族精神，恰好获得称为东国的地盘，与富有武勇精神的虾夷同化而生成东人，发扬所谓东人的武勇精神，并由东人的后身——东国武士所继承，通过不断在战场上的训练确立起所谓忠节武勇的武士精神，此即武士道的萌芽，成为镰仓时代作为时代的道德加以讴歌的镰仓武士道的先驱。"⑤ 除高桥富雄和桥本实外，还有不少日本学者持此种观点。

---

① ［日］堺屋太一：《日本是什么》，讲谈社1992年版，第154页；引自《日本学刊》1996年第5期，第106页。
② ［日］森岛通夫：《透视日本》，中国财政经济出版社2000年版，第254页。
③ ［日］坂本太郎：《世界各国史·14·日本史》，山川出版社1982年版，第6页。
④ ［日］高桥富雄：《武士道的历史·第1卷》，新人物往来社1986年版，第29—30页。
⑤ ［日］桥本实：《日本武士道史》，地人书馆1940年版，第73页。

东国是日本骑射文化的策源地，关东北部自古就生活着以骑射为业的虾夷民族，关东也是以狩猎世界为基础的社会，日本尚武尚勇的民风主要就是来自关东武士和虾夷人生活的东国。在高桥富雄《武士道的历史·第1卷》中，称东国的陆奥地区是"勇者之国""尚武之国"，陆奥的虾夷是"天赋的骑马民族"和"勇者"，东国的"武相武士，天下无敌"。①高桥富雄还在其《武士道的历史·第3卷》里补充说："我国东北之士，最爱弓马，东北武勇甲天下。"② 川上多助进而指出："东国人士自古尚武风气盛行，以背向敌人为耻，他们在不断的公私战争中逐渐形成其道德，即兵之道或弓马之习，后世以此为武士道的萌芽。"③ 当然，东国的骑射文化和尚武民风，源自东国的地理环境和经济生活。

关东的辽阔原野，自古就是畜牧和狩猎的理想场所，生活着许多"以狩猎为职业的山民集团"④，即日本的骑马民族。他们祖祖辈辈生活在人与兽的战争之中，生活就是战斗，战斗就是生活，很早就自然而然地形成了尚武风气。这些以狩猎为业的山民正是武士的重要来源，例如"在这些牧场周边逐渐形成许多武家"。⑤ "在武藏国发展起来的许多中小武士团的总称——武藏七党中，以横山党、西党为首，许多牧场的管理者转变为武士。"⑥ 由此可见关东的经济生活，以及关东武士团与骑射文化的关系。

武勇精神既有对关东骑射文化的继承，也有大和民族与虾夷之间征服与反征服长期战争生活的锤炼。控制着念珠关（今山形县和新潟县境）以北地区的虾夷人，"在原野上放牧马，以狩猎作为生产的一部分，擅长于骑乘骑射之技。"⑦ 虾夷人世世代代生活在人与兽的战争之中，养成强悍的民风和卓越的战斗力，"《续日本书记》承和四年（837年）二月八日记事说：'弓马战斗，夷獠之生习（虾夷天性之道），平民（内民）十

---

① ［日］高桥富雄：《武士道的历史·第1卷》，新人物往来社1986年版，第128—129页。
② ［日］高桥富雄：《武士道的历史·第3卷》，新人物往来社1986年版，第40页。
③ ［日］川上多助：《武士的勃兴》，岩波书店1934年版，第50页。
④ ［日］高桥典幸等：《日本军事史》，吉川弘文馆2006年版，第46页。
⑤ ［日］福田以久生：《骏河相模の武家社会》，清文堂2007年版，第5页。
⑥ ［日］石井进：《镰仓武士之实像》，平凡社1991年版，第61页。
⑦ ［日］田口宏雄：《武士道的源流·从骑马民族到武士的黩武系谱·上卷》，新生出版社2005年版，第301页。

人不敌其一。'"① 公元 8 世纪，日本向东北和西南开疆拓土，企图征服东北的虾夷人和西南的隼人。774 年 7 月，虾夷人袭击桃生城，"三十八年战争"由此开始。780 年 3 月，与虾夷的战争全面展开，"朝廷频频任命征讨使，以坂东诸国为中心征集兵员、兵器和军粮，派遣到东北。"② "三十八年战争"后，征讨虾夷的战争暂时告一段落，根据与大和民族同化的程度，虾夷分为不归顺朝廷的"荒虾夷"、归顺朝廷的"熟虾夷"和虾夷中最熟化的"俘囚"三类。平时就处于战时体制的关东，也由征服虾夷的兵站基地，转化为俘囚基地。

关东是征讨虾夷的兵站基地，关东的狩猎民和山民一直是朝廷征集兵员的主要对象。于是，关东便长期处于战争状态或准战争状态。而且，征讨虾夷的战争从某种意义上说，也是朝廷组织关东狩猎民和山民对东北虾夷人的战争。朝廷对虾夷人的征服战争，对北靠虾夷的关东形成浓烈的尚武风习有着重要影响。一是关东自古就是征讨虾夷的前沿阵地，常常发生战斗，用武的机会多，很早就"自然而然地形成尚武风气"。二是大和民族与虾夷的接触、同化，结果在东国产生出武勇的东人。"以东国为中心的东人精神，构成镰仓武士的精神源流是不能否认的。东人精神经武士勃兴史的锻冶锤炼，诞生出东国武士的精神，此精神在前九、后三之役大放光彩。"③ 三是在与虾夷的长期征战中，与奥州接壤的关东地方兵士，特别是指挥官级别的郡司层，在战斗中学习到了许多战术，"骑射就是向虾夷人学习的最重要战术。"④ 这些与虾夷作战的将士，尤其是军事指挥官，在频繁的战争中养成了超过常人的作战能力和残暴性。

由于关东远离中央，朝廷的控制力不如畿内地区，因而武士的发展条件比畿内近国优越。从平安时代武士团的分布看，大规模的武士团出自东国，中等规模的武士团出自西国，小规模的武士团产于畿内。自 10 世纪开始，一些强大的关东武士团已经蓄积起对抗朝廷的军事实力，并且反叛朝廷，如"平将门之乱""平忠常之乱"，以及此后的"安倍氏叛乱"等。因此，以坂东为中心的东国也被称为"谋反人之国"。

---

① ［日］高桥富雄：《日本武士道史·第 1 卷》，新人物往来社 1986 年版，第 129 页。
② ［日］高桥典幸等：《日本军事史》，吉川弘文馆 2006 年版，第 38 页。
③ ［日］桥本实：《日本武士道史》，地人书馆 1935 年版，第 40—41 页。
④ ［日］中本征利：《武士道的考察》，人文书院 2006 年版，第 40 页。

三 滋生武士道的社会关系

依靠人力的生存环境和东国的尚武风习构成养育武士道的传统文化基因，武家社会最重要的社会经济关系——主从关系则是武士道的直接渊源。"在武家主从关系内部发展起来的新道德，是作为武士道而产生的。"①"从广义上说，主从关系是封建社会中基础的社会关系，它制约、规定封建社会几乎全部的社会意识。""忠、恩、奉公、名、耻等都是直接或间接地基于主从关系之上产生的。"② 无论是平安时代的武士道，还是幕府时代的武士道，都以主从关系为基本的生成要素。

武士和武士团出现后，武家社会内部也形成了相互交织、错综复杂的人际关系、社会关系，如主从关系、家族关系、军事关系、经济关系、权利义务关系等。由于平安武士完全是私人的武装力量，武士团是武士的战斗集团，因此，一方面这些关系都是私人性的；另一方面这些关系又是军事性的。"在主人和从者之间，从者有为主人献身的勤务，特别是军事勤务的忠诚关系"，"家督和一族之辈（分家的家长）的关系原则上是军事统率关系"，"主从关系以军事统率关系为中心"，"握有最高军事统率权者为一门家督，其下是一族之辈。再下是家子、郎从。"③ 武家政权建立后，随着武士从在野地位转为在朝地位，成为行使政治权威的统治阶级，武家社会的内部关系不仅增加了政治关系的新内容，而且，武家社会的内部关系也具有了公和私的双重属性。在继续保持其私人性的同时，又具有了作为国家政权"公"的制度价值。以1185年源赖朝获得任命守护地头的权力为标志，武家社会以主从关系为轴心的内部关系成了正式的国家制度。

"主从关系"即武士团内部主君与从者之间的关系，既是武家社会内部居支配地位的社会经济关系，又是构建武士团的基本原理。"主从关系的原理是与武士及武士团的成立一起培育出来的。"④ 武士从诞生之日起，

---

① ［日］中村吉治：《日本封建制的源流・下・身份与封建》，刀水书房1984年版，第227—228页。
② ［日］樱井庄太郎：《名誉和耻辱》，政法大学出版局1971年版，第60页。
③ 《体系日本史丛书・4・法制史》，山川出版社1982年版，第110—111页。
④ ［日］安田元久：《源赖朝》，吉川弘文馆1986年版，第194页。

就生活在主从关系之中。西欧的骑士社会也存在封主与封臣的主从关系,不过,西欧骑士可以从多个主君处获得恩赏,即作为封臣的骑士有着多个主君,并向这些主君宣誓效忠,因而从者——封臣的义务往往容易流于形式。在日本的武家社会,武士世世代代都只能隶属于一个武士团,从一个主君手中得到恩赏,为一个主君履行军事义务,武士团内部的军事主从链条环环相扣,主君的军事控制力非常强大,军事义务直接落实到具体的每一个武士身上。

无论是西欧骑士社会的主从关系,还是日本武士社会的主从关系,都是以现实的物质利益为基础。在日本的武家社会,主从结合是利益的结合。① "'积米谷以增勇,分衣物以拟赏'(《将门记》),主从结合首先始于物质报偿。战争之际,主君常常以恩赏激励武士,要求武士尽忠。" "主君无恩赐,战场舍命难。"(《北条五代记》)② "平安武士的关系,基于土地的、经济的关系之上,即基于生活的关系。"③ 其实,主从关系就是主君的"恩赏"与从者的"奉公"——"御恩"与"报恩"的交换关系,江户时代的经济学家海保青陵就将主从(君臣)关系比作商人与顾客间的买卖关系。福泽谕吉强调说:从者只有"一心一意地报效主家,报着所谓'食其禄者死其事'的态度,甚至把自己的生命也献给主家"④,才能保全家庭和使其子孙昌盛。樱井庄太郎进一步地分析认为:"主君给予从者恩赏,要求从者奉公——报恩。……主君之要务便是根据从者忠与不忠、忠与不忠的程度给予相应的赏罚。" "主从关系即主君给予从者领地、米、薪金以保障从者的生活,从者尽心为主君忠勤、奉仕。" "主君不过是将自己所有的土地中的一部分(近世是米和货币)给予从者,而从者对主君的恩惠则要服兵役和尽其他义务,包括舍弃自己的生命。主君只是用自己财产的一部分换取从者的生命,从者为主君付出了巨大的牺牲。"⑤ 戴季陶的《日本论》明确指出:"'武士道'这一种主义要是用今天我们的思想来批评,他的最初的事实不用说只是一种'奴道',武士道

---

① [日]中村吉治:《日本封建制的源流·下·身份与封建》,刀水书房1984年版,第226页。
② [日]家永三郎:《日本道德思想史》,岩波书店1984年版,第90、92—93页。
③ [日]奥田真启:《武士团和神道》,白扬社1939年版,第23页。
④ [日]福泽谕吉:《文明论概略》,商务印书馆1997年版,第168页。
⑤ [日]樱井庄太郎:《名誉与耻辱》,政法大学出版局1971年版,第65、79、322页。

的观念就是封建制度下面的食禄报恩主义。"① 戴季陶的这一见解是非常深刻的。

主君的"恩赏",一是给予从者以土地为核心的物质利益,二是保障从者的生命和财产安全。主从关系是否牢固和稳定,取决于主君的恩赏。在"前九年之役"和"后三年之战"中,坂东武士甘愿为赖义、义家父子浴血奋战,根源就是赖义、义家能坚守主从之义,向从者施恩。朝廷认为"后三年之役"是私战而不予恩赏,义家便将自己的私产和没收来的敌产赏赐给有功将士,源氏与坂东武士之间的主从关系因此而更为牢固。在"源平大战"中,源赖朝之所以能将一盘散沙的东国武士团聚集在自己身边,并使之发挥出最大限度的战斗力,靠的也是通过满足从者的现实利益,激发从者的参战热情。"源赖朝在镰仓构筑武家政治据点的活动中,充分理解东国武士的政治经济需求,以获得他们的信任,将其武力纠合在自己门下。"② 每次战斗胜利后,赖朝都会举行大典论功行赏,将战争中没收来的土地根据军功分给关东武士。于是,关东武士纷纷倒向赖朝。若是从者对主君不忠,不能履行应尽的义务,主君则视情节轻重给予相应的惩处,如收回"恩地",甚至将其从武士团中清除出去。

主从关系以利益的纽带,将主君与从者牢牢地捆在一起,使武士团成为一荣俱荣、一损俱损的利益共同体和命运共同体。从者一经托身主人,就意味着将自己和子孙后代的命运寄托在主君和以主君为统帅的武士团身上。

主君作为武士团的首领和武士大家族的族长,是整个武士团或武士大家族利益的代表者,不仅要给予从者以土地为核心的物质利益,还负有保护从者生命财产安全的责任。"在武家社会,守主从之义而求保护,或有委托,当全力以赴而不负所望,为了郎从和委托者不惜牺牲骨肉之情而相争。"如义家在行佛事时,听说郎等被一族的国房(赖光之孙)侮辱,立即离开佛事之席回家,准备袭击国房。赖义为防止事态发生,将门锁上不让义家出门,义家破锁而出与国房在美浓交战。又如宽治五年六月,义家与其弟义纲相争,据说起因于藤原实清和清原则清为争夺河内国所领分别向义家、义纲求援,实清、则清之争演变成了义家、义纲之战。"在士道

---

① 戴季陶:《日本论》,海南出版社1994年版,第27—28页。
② [日]安田元久:《武士世界形成的群像》,吉川弘文馆1986年版,第37页。

之誉、主从义理面前,生命和父子、夫妇之亲,都失去了重要意义。"① 为了保护从者的利益,不惜牺牲骨肉之情,表明主从关系高于血缘关系,表明武士团——利益共同体的和谐统一高于骨肉之情。

从者奉公的内容是绝对效忠和服从主君,唯主君之命是从。"平时担当警卫和其他杂务,一旦有缓急则带着兵器奔驰在主君马前,敢于忠烈义勇的行为。……以生命报答主君之御恩,尽忠节。"② 武士在战场上的奉公精神中,居第一位的是为了主君视生命如鸿毛的牺牲精神。《陆奥话记》说:"赖义麾下精兵,在战场上不怕死","愿为将军舍命"。③ 武家社会的忠诚,意味着献身于主君的牺牲精神,意味着将生命作为侍奉主君的手段,不惜为主君而奉献出自己的生命,即吉田松荫"士规七则"所说的"死而后已"。所以,日本学者樱井庄太郎说"主君只是用自己财产的一部分换取从者的生命"。而且,在武家社会,"武人之道的报恩,要报答主君过去、现在和将来三世之恩,主从关系超越父子关系、夫妇关系"。④ 在百年之后的"平治之乱"和"源平大战"中,追随源义朝和源赖朝的从者中,有不少是赖义、义家的家臣的后裔,既说明源氏武士团对主从之义的坚守,也诠释了武家社会"父子一世、夫妇二世、主从三世"的说法。不过,若是主君不给恩赏,从者也会拒绝履行义务,即"恩断义绝"。"历时5年的'源平内战'没收的土地有500余所,31天的'承久之乱'没收的所领有3000余所。而抗元战争的文永、弘安两役,一所战利品都没有。"⑤ 幕府拿不出土地恩赏给有功将士,破坏了主从关系"恩惠"与"奉公"的游戏规则,失去了御家人的信赖和支持。17世纪后期,"诸侯不给家臣以全禄,武士恨主如仇"。

概而言之,武士道直接渊源于主君与从者之间施恩与报恩的权利义务关系。

在此,我们可以透视到主从关系强烈的功利性质。"主仆契约的缔结只是为了维护和扩大彼此间的社会利益,并不包含超出这一目的的广泛的

---

① [日]川上多助:《武士的勃兴》,岩波书店1934年版,第48—49页。
② [日]桥本实:《日本武士道史》,地人书馆1940年版,第61—62页。
③ 《日本精神文化大系·第3卷·平安时代编》,日本图书中心2001年版,第319—320页。
④ [日]西国直二郎:《日本的武士道》,岩波书店1934年版,第29页。
⑤ [日]奥富敬之:《镰仓北条氏的兴亡》,吉川弘文馆2003年版,第169—170页。

社会意识。"① 由于"武士对主君的献身不过是为了保全子孙和家的手段",因此,"当主从契约与向天皇的奉仕发生矛盾时,武士会毫不犹豫舍弃后者而保全前者","根据主从道德而进行的战争行为,不过是缺乏公共的战争目标的私斗而已。"② 在日本的武家社会,谱代家臣在武士团的权力、地位和待遇,与其说是来自他对主君的忠诚和战场上征战杀伐的军事能力,不如说是祖祖辈辈在战场上用鲜血创下的基业。言行举止若是有违武士精神,其结果不仅自己要受到相应的惩处,还要危及祖辈创下的基业,并殃及家庭和子孙后代。一个武士若是被主君从武士团中驱逐出去,即为失去主君、失去领地和俸禄的无主"浪人",并被武家社会视为不忠、不义之人,即使有机会重新成为其他武士团的武士,但也属于不被信任的、地位极低的"外样"(新参)武士。身为武士,最关心的头等大事便是保家,使其子孙昌盛。而要达到这一目的,家臣武士只有一条路可走,那就是切实遵循武士之道,向主君奉献出自己的一切,包括生命,通过"守其位不辱君命"换取子孙后代的武士身份与地位。

由此也可见,武士团在创立之初,就已经形成了武士及其子孙后代都只能从属于一个主君的制度特征,以及"累代"(谱代)家臣的地位和待遇高于"新参"家臣的制度特征。近代日本企业"三大神器"中的"终身雇佣"和"年资序列"制度,正是渊源于武士团的这一制度构造。

四 滋生武士道的战争生活

没有武士的战争生活,就没有作为武士的战争精神的武士道。如同"武家产生和成长的关键在于合战"一样,武士道产生和发展的关键也是战争。正如日本学者所说:"武士道是武士在战场上的生活实践中产生的。"③ 由于"大大小小的众多战争,主从之间培育出一种道德思想"。④ 在"频频的公私战争中,地方武士锻炼了作为'兵'的战斗技艺"。⑤ 武士道产生于武士的战争生活实践,乃是不争的学界共识。

---

① [日] 家永三郎:《日本文化史》,商务印书馆1992年版,第88页。
② [日] 家永三郎:《日本道德思想史》,岩波书店1984年版,第96、98、99页。
③ [日] 樱井庄太郎:《名誉与耻辱》,政法大学出版局1971年版,第325页。
④ [日] 川上多助:《武士的勃兴》,岩波书店1934年版,第50页。
⑤ [日] 阿部猛:《镰仓武士的世界》,东京堂出版社1994年版,第10页。

武士道毕竟是武士的道德规范和行为准则，要认清武士道的功能、作用、本质和价值理想等，首先得认识武士的职业、生活方式和理想追求。

日本中世纪的社会分工或职业体系，"武士为农工商战斗，农为士工商生产食物，工为士农商从事手工业生产，商为士农工担负商品流通"。① 换句话说，武士的职责是战争、是杀人，农民的职责是生产粮食，手工业者生产手工产品，商人负责商品流通。武士与战争的关系，有如鱼水关系。鱼离不开水，武士离不开战争。"战争的事越多，武士的权力越是强大。"② 戴季陶的这一论断，反映了武士以战争为职业的生存方式。

武士以战争、以杀人为职业，依赖武力满足利益需求。"武士筹于计谋，专于战争"，"斩敌首，折敌颈，立功扬名。"③ "武家社会最大的奉公，莫过于驰骋战场。"④武士，特别是德川时代前的武士，以腥风血雨的战场为人生舞台，"己之职分首先在于武，以战场上的征战杀伐为最大的奉公，武力争夺生产手段（土地）和生产物。"以刀、剑为谋生工具，以取人性命的刀术、剑术、射术等搏杀能力作为谋生资本，以征战杀伐作为谋取财富和权力的基本途径，以战场上的"丰功伟业"为价值目标。宫本武藏的《五轮书》说：武士之道首先在于对兵器的使用和掌握，为了熟练自如地应用手中的兵器，他们不仅熟悉各种兵器的性质和特点，而且了解制作兵器的材料和流程。农民关心如何获得好收成，手工业者关心如何制造优质产品，商人关心如何获利，武士关心如何磨炼刀术、剑术等杀人技能，以便在战场上取人性命，邀功请赏。"兵养得益多益好，军阀的权力也就益大；一旦释了兵权或失了兵权，军阀连自己的生命财产也难以保存。失掉了兵权的军阀的处境比破产了的企业家更危险。"⑤ 此言所指虽是中国的近代军阀，然而日本中世纪的武士团首领也熟知此道。

武家社会以尚武为特色，武家首领——军阀以扩军备战为当务之急。"论功行赏乃军国之盛事"，武家社会以"军功"——斩首多少、俘虏多少、掳获多少作为分配战利品的原则，因此，武士一生都在磨炼杀人技能，以"军功"为自己谋取更大的战利品和武名。对这些以杀人为业的

---

① 《体系日本史丛书9·社会史·2》，山川出版社1982年版，第2页。
② 戴季陶：《日本论》，海南出版社1994年版，第37页。
③ [日] 山本七平：《日本资本主义精神》，生活·读书·新知三联书店1995年版，第10页。
④ [日] 安田元久：《源赖朝》，吉川弘文馆1986年版，第10页。
⑤ 陈志让：《军绅政权》，生活·读书·新知三联书店1980年版，第6页。

武士来说，作战、备战就是他们的全部生活，生活即战斗、战斗即生活。"武士子弟，武士之父母养之，教以武士道，成为武士。"① 其社会化教育以战争教育为主要内容，从少年时代就开始学习杀人技能，做好跃马挥戈、驰骋疆场的准备。

武士是世袭的职业军人，夺取战争的胜利或武力征服，是他们不变的、永恒的人生追求。武士在战争生活实践中创造的武士道，首先是指导武士夺取战争胜利的思想意识和行动准则。平安时代战争最频繁的地区是关东，发展步伐最快、军事实力最强的武士团是关东武士团，完美诠释武士道"忠诚""武勇"精神的是关东武士，发展最充分的平安武士道是关东的武士道——"坂东武者之习""源氏的关东武士道"。

武士产生后，争夺土地与权力的斗争日趋白热化，社会治安也日益恶化。"9世纪后半期至10世纪前半期的1个世纪，乃是群盗蜂起的时代。地方半合法的土地占有者喧哗骚乱不绝，……特别是在征讨虾夷的基地——关东地方最为显著。"② 以"坂东八平氏"为代表的关东豪族之间，也以王臣家的权威和武力为后盾，为扩张土地和权势争战不休。最先公然反叛国家、向国家发布独立宣言的是关东武士，朝廷平定地方叛乱所依赖的武力也是关东武士，武士发展史上几次重大战役以关东和关东近邻的奥羽地方为主战场，以关东武士为主角。

10世纪和11世纪，关东平氏一族中的平将门和平忠常相继制造了震动朝野的地方叛乱，即武士发展史上具有深远意义的"平将门之乱"和"平忠常之乱"。

平将门（？—940）是高望王的第三子良将之子，住在常陆、下总地方，在下总国建有两处军事据点，一处在下总国丰田庄，另一处在下总国猿岛郡的石井乡，前者为将门的常驻之地，后者作为其出巡休憩、往来人马的住所和储藏兵器的仓库、堡垒。939年（阴）11月21日，平将门纠集上万名关东武士，袭击关东国府，夺取象征国司公权力的国印和仓库钥匙。12月19日，自立为"新皇"，任命文武百官和关东八国国司，宣布关东八国独立。"开（天）辟（地）以来，本朝之间，叛逆之甚，未有

---

① 《山崎与治兵卫之门松》，转引自［日］丸山真男《日本政治思想研究》，生活·读书·新知三联书店2000年版，第301页。

② ［日］中本征利：《武士道的考察》，人文书院2006年版，第44页。

此比。"①

平忠常是高望王之子平良文的孙辈，继承祖父的遗产，曾任武藏国押领使、上总介、下总权介等职，以上总国为根据地，成长为关东东部赫赫有名的武士之雄，在上总、下总之间为所欲为。1028 年 6 月，起兵攻打安房国，杀安房国守藤原惟忠，占领安房国，公开叛乱。"平忠常前后历时 3 年，在房总地方（上总、下总、安房三国）确立起新的权力，依靠武力成功地排除了国家权力。"②

"前九年之役"（1051—1062，实为 12 年）和"后三年之役"（1085—1087），是赖义、义家父子率领关东武士，与日本最擅长弓马骑射的陆奥、出羽俘囚集团的战争。"在这两役中，将士生死与共、同受饥寒，主从关系益发经受锻炼，益发培植起主将思郎等之情、郎等对主将的忠诚"。"赖义、义家二代经过奥羽战乱，提高了源氏武威，确立起源氏作为武家栋梁的地位，并且使源氏武士团的组织更加巩固。"赖义、义家在战争中与坂东武士结成的牢固的主从关系，为源赖朝创建镰仓幕府奠定了坚实的基础。

无论是"将门之乱"和"忠常之乱"，还是奥羽大战，都可以清晰地看到"忠诚""武勇""名誉"等武士道核心因素。关东武士在"前九年之役"和"后三年之役"所体现的忠诚、武勇精神，更是被武家社会视为典范。当然，关东武士的血腥、残暴也在战争中体现得淋漓尽致，如"平忠常之乱"中的焦土战术，"前九年之役"和"后三年之役"中，赖义、义家父子的斩首、切耳等。总之，关东武士在频繁的战争中养成了好勇斗狠、嗜杀成性的性格特征，以及以征战杀伐、穷兵黩武为荣的价值追求。"摄关政治时代的贵族尽管为了满足权势欲而玩弄一切阴谋诡计，但唯独杀人害命的勾当不干；武士却不同，他们缺乏尊重人的生命的心情，满不在乎地杀害生灵。"③ 日本学者家永三郎所言，的确是客观事实。为了留下"军功"的证据，武士毫不犹豫地"斩敌首、折敌颈"。为了向朝廷表功，"源赖义斩首 15000 人，逐一切下耳片，义家也不例外。"④ 赖义在"前九年之战"结束后，取干耳两箱回京，专门设置"纳耳堂"陈列

---

① 引自［日］高桥富雄《武士道的历史·第 1 卷》，新人物往来社 1986 年版，第 84 页。
② ［日］安田元久：《源赖朝》，吉川弘文馆 1986 年版，第 30 页。
③ ［日］家永三郎：《日本文化史》，商务印书馆 1992 年版，第 88—89 页。
④ ［日］野口实：《武家栋梁的条件》，中央公论社 1994 年版，第 144 页。

所取首级和耳片。"合战"中，取敌首级和"验首"（首实检）也成为一种固定样式。

在世界历史上，军人最强调对上级的绝对"忠诚"和"服从"，最强调战场上敢于拼命的"武勇"精神，原因是"忠诚""服从"和"武勇"精神是军人夺取战争胜利的根本保证，很难想象一支缺乏"忠诚""服从"和"武勇"精神的军队能够具有强大的战斗力，能够在战场上打胜仗。日本武士在频繁而激烈的战争生活中，逐渐形成其夺取战争胜利的军事型道德规范和行为准则，即武士道。武士道的核心德目，也正是"忠诚""服从"和"武勇"。

第三章

私人性暴力集团的武士道

武士道形成于公元8世纪中叶，反映武士以战争为职业的生活方式、行动准则和理想追求。在《平家物语》《源平盛衰记》和《今昔物语》里，平安时代的武士道有所谓"平氏的'贵族的武士道'和源氏的'坂东武士道'"。或平氏"都城兵家之道的武士道"和源氏"东国猛士之道的东国武士道"。[①] 在源平大战中，源氏对平氏的胜利，也是以生命诠释忠诚、武勇精神的源氏"坂东武士道"或"东国猛士之道的东国武士道"，对以保全生命为前提的平氏"贵族的武士道"或"都城兵家之道的武士道"的胜利。

平安时代的武士是私人性的暴力集团，因而平安时代的武士道是私人性暴力集团的道德规范和行为准则。

一 忠诚

早在武士道产生之初，"忠诚"便已成为武家社会最基本的道德规范和行动准则。

"忠诚"旨在调整、规范武家社会内部主君与从者之间、武士个人与武家社会之间的关系，是武士融入武家社会的必备条件。"忠诚"包括"忠"和"诚"两层含义。"忠"要求武士绝对忠于自己的主君和自己所属的集团，甘愿为主君、为集团献出自己的生命；"诚"要求武士团的所有成员以诚相待，主从之间、个人与群体之间相互信赖，所有成员均须以群体利益为最高利益，各尽其责，共同维护群体利益。主君作为整个武士

---

① [日] 小泽富夫：《作为历史的武士道》，ぺりかん社2005年版，第37页；[日] 高桥富雄：《武士道的历史·第1卷》，新人物往来社1986年版，第113页。

团——利益共同体的代表者，须坚守主从之义，切实保障从者的利益和生命财产安全，从者则应绝对效忠和服从主君。

忠诚之所以成为平安武士道的基本内容，一是基于武家社会内部的社会经济关系——主从关系。武家社会是以主从关系为轴心构建起来的，即以主君之"恩赏"与从者之"奉公"的双务关系、互惠关系或交换关系为基础，主君之恩赏要求从者用绝对的忠诚和服从来换取。因此，"在武者之习中，主从意识居最重要的地位。……以从者对主人忘我的献身精神为核心。"① 堡垒往往是从内部攻破的，部下背叛主君常常成为主君没落和武士团崩溃的根源，因此，武家社会最为重视的就是对主君、对群体的忠诚。事亲之孝，待妻之义，抚子之慈，统统从属于侍主之忠。二是基于武士以战争为职业，"以胜利为第一要义"②，依靠战利品发家致富的生活方式。武士团以主君为首领，由众多武士构成，既是武士共同战斗的军事组织，又是武士共同生活的利益共同体。武士所进行的战斗——"合战"不是个人与个人的战斗，而是武士团之间的战斗，如果主君之下的武士对主君不忠、对群体不诚，那么，既不可能有效地组织起武士团的作战行动，也不可能取得战斗的胜利。没有战争的胜利，就意味着没有战利品，没有发家致富的希望。

"坂东武者之习"的"忠"，体现为从者在战场上以生命报答主君，甘为主君战斗至死，即"为了主君视生命如鸿毛的牺牲精神"。强调"一旦有缓急，立即带着兵器奔驰在主君马前"，"以生命报答主君之御恩"。③以生死关头为主君舍弃生命作为评价"忠"的标准。

源氏的坂东武士团自赖义以来，坚守主从之义，爱士、好施，赏罚分明，每次战争胜利后都要论功行赏，关东武士与源氏的主从关系因此而益发巩固，关东的源氏武士也能以生命效忠主君，成为践行忠诚道德的典范。据《陆奥话记》记载："前九年之役"中，赖义在率军征讨安倍氏的"前九年之役"中，曾一度被安倍贞任的军队击败，身边仅剩八幡太郎义家和藤原景通、大宅光任、清原贞广、藤原范季、同则明6骑，并被安倍军的200余骑从左右两翼包围，矢如雨下。赖义的战马被流矢击毙，景通

---

① ［日］河合正治：《中世武家社会研究》，吉川弘文馆1973年版，第25页。
② ［日］石井进：《日本历史·12·中世武士团》，小学馆1974年版，第335页。
③ ［日］桥本实：《日本武士道史》，地人书馆1935年版，第61—62页。

奔驰而来献上自己的乘骑；义家的战马被敌矢射死，则明迅速夺过贼马献上。义家频频射敌魁帅，光任等拼命死战，敌军才逐渐后退。相模国武士散位佐伯经范得赖义厚遇，已经突出重围，得知赖义仍为敌军所困，欲再度杀入敌阵。他对属下说：老仆追随将军 30 年，年已耳顺，将军有难，自当舍命相随，在地下追随将军乃吾之志。属下也说：公既要与将军同命以尽死节，吾等岂能独生。主从又一起冲入敌阵再战，杀敌十余人。藤原景通之子景季，时年 20，合战时视死如归，前后七八次冲入敌营，击杀敌帅，后因坐骑不支，为敌所俘并被杀。散位和气致辅、纪为清等勇者，也是不惜生命，冲杀于敌营，全部为将军舍命。[①] 源平大战期间，源义经在屋岛合战身处险境时，臣从佐藤继信挺身而出代主中矢，《源平盛衰记》称之为"以身体抵挡弓矢之习"，说继信的心中早就存有"以生命代替主君抵挡敌矢"的念头。对于武士来说，平时就要有为主君奉献生命是无上光荣之事的思想。[②]

武士道的忠诚还表现为对主君的绝对服从。"源平时代，已在强调从者对主君的绝对服从"。[③] 服从既是"忠诚"的重要标志，又事关战场上的胜败和武士团的兴衰，所以，平安武士道格外强调从者对主君的绝对服从。"君虽不君，臣亦不能不臣。"从者倘若不履行对主君的奉公义务，不服从主君的命令，主君将视情节轻重给予相应的处罚，或收回恩赏，或逐出武士团，或处以死刑。忠诚与服从自武士道诞生之日起，就直接关系到从者的"所领"（领地）、地位、名誉和权力等切身利益，因而具有巨大的约束力。

当然，从者对主君的忠诚也含有一定程度的感情色彩。原因是：（1）武士团本来就是利益共同体和命运共同体，特别是主君和从者一起在战场生死与共的战争生活，极易结成生死之交，产生深厚的感情。（2）据西国直二郎研究，从源平时代开始，武家社会便形成一种风习，武士在少年时代便依赖于有力的武人，结成准父子关系；元服时，又结为乌帽子亲。有力的武人视少年武士为自己的亲生儿子，将自己名字中的一个字给

[①]《日本精神文化大系·第 3 卷·平安时代编》，日本图书中心 2001 年版，第 322—323 页。

[②] [日] 西国直二郎：《日本的武士道》，岩波书店 1934 年版，第 36 页。

[③] [日] 丰田武：《武士团和村落》，吉川弘文馆 1963 年版，第 25 页。

少年武士，两者一生都有父子般的感情，蒙受终身的肉亲之谊。[①] 因而也有日本学者据此认为"御恩"与"奉公"并非交换关系，武士的忠诚献身在于主从间的感情。

二 武勇

"武士以夺取战争的胜利为第一要义。""忠诚"与"武勇"既是武士夺取战争胜利的必备条件，也是武士建立军功、获得战利品的前提条件，因而成为最早形成的武士道核心德目，构成武士道的两大支柱和基本特色。"武勇"包含"武"和"勇"，前者是夺取战争胜利的能力，主要是"用兵和作战等合战的技术"[②]，后者主要是无所畏惧的勇气和穷兵黩武的杀伐之心。对武士来说，武勇既是必备的基本条件，又是武家社会对其进行价值评价的重要标准之一。源氏始祖经基在"将门之乱"时任武藏介，到武藏后因惧怕将门的威名又返回京城，虽因告密将门反叛有功被授予从五位下，但却被人嘲讽"兵道未练""卑怯"，意即武艺不精、胆小无能，缺乏武勇精神，这在武家社会已经是非常低的评价了。不过，经基的后裔却获得了武家社会的最高评价。例如，源赖义在随父赖信平定"平忠常之乱"的战争中，武功超群、百发百中，令众多关东武士佩服得五体投地，主动与之结成主从关系。赖义之子义家更是武勇过人，被武家社会神化为"军神"，关东武士皆以充当义家的家臣为荣，江户幕府的缔造者德川家康也宣称是义家的后裔。

"武勇"象征着武士和武士团征战杀伐的战斗力和舍命拼杀的勇猛之心、杀伐之心，是夺取战争胜利和获得战利品的必备条件。首先，武勇是武士作为战斗者的职业需要，武士以武力为生存之本，从事以生命为代价的职业——战争，要么杀人，要么被杀，每一次战斗都是生与死的血腥较量。只有具备强大的军事实力——敢于战斗的武勇精神、夺取胜利的武功武技、善于战斗的军事谋略，才能保全自身的生命存续，并为自己赢得战利品和武名。其次，武勇是武士作为战斗者的生活方式，主从关系说到底无非"恩赏"与"奉公"的互惠关系、交换关系，"对东国武士来说，要

[①] [日] 西国直二郎:《日本的武士道》，岩波书店1934年版，第27页。
[②] [日] 高桥昌明:《武士的成立、武士像的创出》，东京大学出版会1999年版，第173页。

得到称为'拼命之地'的所领安堵和新所领等恩赏,无论如何也必须在战场上建立战功。"① 战争中的战利品是武士增加经济收入的重要途径,武功高强、英勇善战的武名能使武士获得主君的赏识和提拔,并为他们带来崇高的社会荣誉。

平安时代的武士道——"坂东武者之习",是在日本最崇尚武勇精神的坂东土地上,战斗精神最强悍的武力集团——坂东武力集团与虾夷武力集团、坂东各武士团之间在长期的战争生活中锤炼出来的。

关东作为征讨虾夷人的基地,关东武士作为战斗者,既要与捍卫家园的虾夷势力战斗,又要与其他武士团争夺领地。于是,坂东武家社会便在战争中自然而然地形成了"坂东武者之习"。"在东国,武力不仅是暴力,而且是一种生活的道义。""都城的正义以之作为暴力加以否定,东国则主张以之作为一种正义。"② 另外,即便都是武士,西国武士与东国武士也大不相同。"在西国,特别是在京的平氏,平日喜爱诗歌、管弦,附庸风雅,这种习俗已经日常化。""坂东武者平时进行流镝马、笠悬、犬物追等弓矢和骑马的训练,在山中骑马狩猎,度过实战性的日常生活。"③ 平安时代的武家社会甚至认为:"武家栋梁的首要条件,就是武艺 = 弓马之艺卓越出色。"④ 如源赖义、源义家骁勇善战、矢无虚发,既会带兵又会用兵,被认为是武家栋梁之器。

在生与死的长期征战杀伐中,关东武士也在战争中养成了敢于舍命搏杀的作战方式。《源平盛衰记》卷 23 里描述"坂东武者之习"说:在大将军的面前勇敢战斗,"即使是父亲战死,儿子被攻击,也要拼死战斗,决不退缩。"⑤ "坂东武者之习"的所谓武勇,强调置之死地而后生和勇于流尽最后一滴血,即战场上舍生忘死的攻击精神、嗜血成性的杀伐之心。源平大战期间"第一个冲入敌阵作为大战功而受到重视",武勇精神越来越表现为攻击精神和杀人竞赛,竞相追逐率先取敌首级的"一番首""二番首""三番首",以及最先杀入敌营的"一番骑""一番枪""一番刀"和"二番骑""二番枪""二番刀""三番骑""三番枪""三番刀"。

---

① [日]下村效等编《日本史小百科·武士》,东京堂1993年版,第73页。
② [日]高桥富雄:《武士道的历史·第1卷》,新人物往来社1986年版,第114页。
③ [日]福田以久生:《武者之世·东和西》,吉川弘文馆1995年版,第36、37页。
④ [日]野口实:《武家栋梁的条件》,中央公论社1994年版,第3页。
⑤ 转引自[日]下村效等编《日本史小百科·武士》,东京堂1993年版,第73页。

武勇既是武士的生存资本，又是武家首领的要求。《奥州后三年记》说，在后三年之役中，金泽栅久攻不下。为了激励关东武士英勇战斗，义家设刚座（刚勇者之座）、臆座（胆怯者之座）。冲锋在前、舍命搏杀者，给予刚座；进攻时的落伍者，被认为是怯弱者，给予臆座。对刚座者，义家不仅给予盛赞，并以酒款待，让目睹者羡慕；对臆座者，则让其感受到莫大的耻辱。不言而喻，谁也不想得臆病之座。义家的家臣末割四郎，就体会到了这种屈辱。某日，末割四郎获臆座。次日，他说"将以今日之行动来决定到底是勇敢还是臆病"。随后，便在战斗中率先进行突击，中矢而亡，义家对末割四郎之死也深感惋惜[①]。义家设立刚、臆座，激励武士英勇战斗的拼死精神，象征着武家社会崇尚武勇、以穷兵黩武为荣的价值观。

据《平家物语》（卷第五"富士川"）记载，富士川会战前夕，平氏东征军主将平维盛（平重盛之子）与东国培育出来的老兵斋藤别当实盛，曾对东国武士和西国武士进行过颇为详细的比较。

维盛问："实盛，向你这样善射的人，东八国能有多少？"实盛说："看来，主公是把实盛看成能射长箭的人了，我只能射13束（1束为1个拳头的宽度）的箭。实盛这样的射手，东国是不计其数的，他们的长箭，没有下于15束的；弓也很硬，要五六个壮汉才能拉开。这样的硬弓射手，可以轻易射透二三层铠甲。每一个大名（地方豪强，武士团首领），军兵再少，也不下500骑；人一上了马也不会掉下来，马走过险处也不会跌倒；打起仗来，父亲死了也罢，儿子死了也罢，飞马越过继续拼杀。西国人打仗，父亲死了要守灵供养，忌期满了才能出征。儿子死了，心痛得不能再打仗。军粮不足，就春天种田，秋天收割，然后再去打仗。夏天嫌热，冬天嫌冷，不愿作战。"[②] 与东国武士在战场上将生死置之度外相比，"西国武士则以保生命为第一要义"[③]，东国武士和西国武士勇猛之心、杀伐之心的差异，反映了平氏"都城兵家之道的武士道"和源氏"东国猛士之道的东国武士道"的差异，这也是源氏武士团得以在"源平大战"

---

① ［日］井上哲次郎监修：《武士道全书·第8卷》，国书刊行会1998年版，第16页；中村彰彦：《会津武士道》，PHP研究所发行2007年版，第13—14页。
② 周启明、申非译：《平家物语》，人民文学出版社1984年版，第218—219页。
③ ［日］石井进著作集刊行会编：《石井进的世界·1·镰仓幕府》，山川出版社2005年版，第104页。

中战胜平氏武士的重要原因之一。

三 名誉

"名誉"即名、体面、名声、荣誉、人格。日本学者田口宏雄认为：所谓名誉，象征着人的尊严和高尚的人格，和以屈辱为耻的感受性，是强烈的廉耻之心。现代人不能理解，在武士社会里名誉比生命更重要。在此后日本文化的底流里，确实存在着极度厌恶耻的一面（耻的文化）。[1]

武士道的"名誉"德目，是武家社会对合格武士的行为期待，指武士在履行其身份规定的责任和义务的行为中所表现出的价值肯定，以及武士应该具备的尊严和形象，要求武士的言行与武士身份赋予的行为规范相吻合，既包括自身行为是否符合其身份的行为规范的评价，又包括外界对其履行职责的行为的认可。具体说来，就是能否切实遵循主君与从者之间的主从道德、个人与武士团之间的共同体道德，能否为主君献出生命，能否为主君、为武士团战斗到流尽最后一滴血。

与忠诚、武勇一样，"名誉"也是平安武士道的重要内容之一。"兵之道里最重要的是作为武士的名誉，武士不惜赌生命以守名誉。"[2]"《将门记》中可以明确地看到名的意识，……兵以名为先，将门欲扬兵名于后代"。"惜名不惜死"，"人死留名，虎死留皮。"[3] 在相互对立的战争世界中，牵动武士之心的首先是武勇之名，影响后世对名誉的重视。[4] 平安时代的合战中，战前的"语言战"，先祖的名誉还具有压倒敌方士气的作用。武勇是建立军功，获得战利品的首要条件，因而"武勇的名誉"也成为武士孜孜不倦的价值追求。

在武士团中，主君和从者都有自己的名誉意识，并主要以战场作为实现名誉和检验名誉的途径。主君的名誉主要表现为：（1）是否具有足够强大的武名和军事实力，即率领武士团夺取战争胜利的能力；（2）是否能在物质上和精神上满足从者的需求，并保障从者的利益不受侵犯。从者

---

[1] ［日］田口宏雄：《武士道的源流·从骑马民族到武士的黩武系谱·下卷》，新生出版社2005年版，第327页。

[2] ［日］川上多助：《武士的勃兴》，岩波书店1934年版，第51页。

[3] ［日］樱井庄太郎：《名誉与耻辱》，法政大学出版局1971年版，第4—5页。

[4] ［日］石井进：《日本历史·12·中世武士团》，小学馆1974年，第119页。

的名誉主要表现为：（1）是否绝对效忠和服从主君，甘为主君献出生命；（2）是否具备足够的军事实力，并且敢于在战场上战斗至最后一刻，不惜牺牲自己的生命。

源赖信、源赖义、源义家祖孙三代的武门名誉——武名，在源氏和源氏武士团的发展过程中发挥了不可替代的重要作用。"平忠常之乱"时，追讨使平直方与平忠常转战两年，屡战屡败。朝廷改派赖信为追讨使后，平忠常主动降伏，历来崇尚武勇的东国人因仰慕赖信武名赫赫的威风，纷纷与之结成主从之义。《陆奥话记》说：赖信之子赖义，"性沉稳多武略，乃将帅之器"，"爱士、好施"，因此，赖义、义家父子率军征讨奥羽俘囚集团安倍氏时，"坂东猛士云集雨来，步骑数万，辎重战具，重叠蔽野，国内震惧，莫不响应"。"前九年之役"中骁勇善战、骑射如神的源义家，率军征讨另一奥羽俘囚集团清原氏的"后三年之战"时，爱兵如子，以自己的身体温暖冻伤的士兵，设立刚、臆座使将士知耻而后勇；朝廷不给赏赐，就用自己的私产和没收的敌产赏赐有功将士。义家声威大震，被誉为"天下第一武勇者，武士之长者"。

在"坂东武者之习"中，被许多日本学者视为珍惜"武者之名"的例证还有：（1）后三年之役，16岁的镰仓权五郎景正被敌矢射中右眼，武士三浦为次用脚踩着权五郎景正的脸部为其拔矢，权五郎景正认为三浦不讲礼仪，"死于弓矢乃属当然，以足踩面则是侮辱"，拔刀要求改变非礼行为，于是，三浦为次改为以膝抵面为之拔矢。（2）"平忠常之乱"时，平直方因追讨失败，武门（军事贵族）名誉顿时崩溃。为了挽回名誉，以赖义为婿，受惠于八幡太郎义家、加茂二郎义纲、新罗三郎义光三位武勇超群的外孙。（3）据《保元物语》等"军记物语"记载，合战时武士大声自我介绍，数说自己的住国、姓名、先祖以来的系谱和功勋。这种在战场上的自我介绍，也是武士维护自身名誉的方式。在"古文书"和"军记物语"里，还可以看到"武士失去先祖相传的土地"，或者"先祖以来的本领'堀内'被敌军马蹄踩过"，都被认为是非常不名誉的事情。[①] 此外，武士还经常将战斗中遗留下的伤痕拿出来展示，作为自己忠烈义勇的证据。

珍惜名誉，即守护自己的人格和尊严，捍卫自己的诚信。换句话说，

---

① ［日］石井进：《镰仓武士之实像》，平凡社1991年版，第339页。

珍惜自己诚信的人格形象，就是保护自己的名誉。在武家社会，名誉的优劣，不仅直接影响武士的现实利益及其在武家社会的权力和地位，而且直接影响武士的家庭及其子孙后代。好的名誉可以惠及子孙后代，遗污名于世人，则会累及家庭和子孙后代。所谓以生命换名誉，其实就是武士以自己的生命为代价，避免遗污名于家庭和子孙后代，换取家庭和子孙后代在武家社会的地位和权力。

四　敬神、崇祖和质朴、克己

平安武士道的重要内容中，还有敬神、崇祖、质朴、克己等。

公元 8 至 12 世纪的平安武士道，以日本的民族宗教"神道教"为思想渊源，因而也称之为"神道的武士道"。此时，尚无幕府时代才流行开来的佛教禅宗，自然也没有随着中日禅僧的足迹而传入日本的儒家朱子学。与武士作为战斗者所扮演的社会角色和履行的社会职责相吻合，神道教从一开始就是为武士道的"战斗者之道"提供思想渊源。

平安时代的武士作为战斗者的社会角色和社会职责，决定了平安武士道作为"战斗者之道"的本质特征。因此，神道教对平安武士道的最大影响在于祈求战争胜利、"武运长久"的"武神崇拜"。而且，与其说是崇拜"现人神"天皇，不如说是崇拜以"八幡神"为代表的"武神"。纵观武士道的历史轨迹，神道教对武士道的影响，主要是在 8 世纪至 17 世纪前的"战斗者之道"中发挥作用，满足武士祈求"武运长久"、战争胜利的心理需要。

武士产生后，争夺土地与权力的武力斗争愈演愈烈，于是，武士团首领纷纷以某一神灵作为自己的氏神（祖先神），向其寻求帮助。"领主级武士团与神联系的著名例证，就是平家与严岛、源家与八幡宫。"[①] 源氏武神崇拜的意义，一是祈求武神——八幡神保佑源氏"武运长久"。在"赖信、赖义和义家的时代，成功地使八幡神氏神化"。"以国家层次上的守护神作为自己的氏神"，"《将门记》中作为国家武神而登场的八幡神，在这个时期转变成为源氏的氏神。"[②] 二是借助神威强化其对关东武士团

[①] ［日］奥田真启：《武士团和神道》，白扬社 1939 年版，第 116 页。
[②] ［日］关幸彦：《武士的诞生》，日本放送出版协会 1999 年版，第 187 页。

的统治。通过"敬神崇祖"和"武神信仰",使八幡神成为源氏与坂东武士之间的精神纽带,逐渐形成信仰"鹤冈八幡宫"与忠于源氏合二为一的思想意识,源氏与关东武士之间累代的主从关系益发牢固。三是以武神崇拜支撑源氏关东武士团的"杀伐之心"。武勇精神既来源于日本民族对原始社会时代尚武习俗的继承,又来源于神道信仰中的"武神崇拜"。源氏的坂东武士团一方面通过狩猎和"马上三物"("笠悬"、"犬追物"、"流镝马")等军事训练增强武力,另一方面又通过崇信武神(军神)祈求增强武力、发挥武威,刺激关东武士敢于战斗的勇猛精神、无所畏惧的拼命精神和嗜血成性的好战精神。

崇祖也是平安武士道的内容之一,平安武士特别尊崇一族的开发之祖。平安时代的武士团主要以族为中心形成,一个武士团就是一个超血缘的大家族,一族之长称为家督,继任者称嫡子。家督也称惣领,具有所领(领地)的统治权、公事支配权、军事统率权、祭祀权,当然最具有意义的是军事统率权。惣领代表一族祭祀本所领的祖先神或镇守之神,以此作为族的结合中心。这些以族为中心的武士团,将先祖世代相传的本领地作为苗字地(或称名字地),先祖的墓地、一族的神社全在家传的本领地之内。开发本领地的先祖受到特别的尊崇,他们构成该武士团的系谱。源平大战期间,合战之前的"语言战",便是自报其勋功祖先的系谱。例如"保元之乱"时,武将大庭景能和景亲在阵前描述自己的家世说:先祖镰仓权五郎景正,后三年之役时,年仅16岁,右眼被敌箭射中,仍用箭还击,射死敌人。①"先祖以来世代相传的本领,是其家的苗字的起源之地,对武士有着强烈的吸引力。在中世武士自己记录的古文书里,或者在军事记物语中,失去世代相传的苗字之地将名誉扫地……"② 当时的武士非常重视先祖以来的系谱,重视祖先的武勋和证明其武勋的物品。

"俭朴"即节俭、朴素,要求武士远离奢侈与贪欲,过最严格的俭朴生活,鄙视赚取金钱或储存金钱。俭朴之所以成为武士道的德目之一,首先是军事职责的需要。"俭朴的反面是骄奢、华美,骄奢、华美使自己流于文弱,陷于淫靡,其结果是怠惰、懦弱,忠诚、武勇尽失。"俭朴旨在将武士的理想价值从物质引向精神,让忠义、武勇、诚信等武装武士的头

---

① [日]小松茂美:《后三年合战绘卷·日本的绘卷》,中央公论社1988年版,第16—17页。
② [日]石井进:《日本历史·12·中世武士团》,小学馆1974年版,第109页。

脑，避免贪恋钱财和骄奢淫逸腐蚀武士的战争意志，避免追求物质享受而败坏士风，贪生怕死，忘记武士之魂——主从关系的责任与义务。

"俭朴"既是一种生活方式，也是一种价值追求。平氏在源平大战中的失败，一个重要原因就是以平氏为代表的"都之武士"极尽奢侈、浮华，染上京都贵族骄奢淫逸的生活方式和价值观念，导致西国武士贪念钱财，"以保全生命为第一要义"。与之相反，源氏坂东的"田舍武士"、"边鄙武士"则过着俭朴的实战性生活。

"克己"，即克制、约束自己，强调克己奉公，克制自己的私心、私欲，一心奉公。"克己"作为平安武士道的重要元素，反映了武士作为战斗者的生活方式和价值取向。

首先，是武士夺取战争胜利和获得战利品的生活方式。武士是以战争为职业的军人，军人以服从命令为天职，强调令行禁止、步调一致。武士以夺取战争的胜利为第一要义，武士团是武士夺取战争胜利的军事组织，在"合战"中，只有听从武士团首领——主君的统一指挥，与武士团的其他成员统一行动、团结协作才有可能夺取战争的胜利。

其次，是武士作为利益共同体成员的生活方式。武士从诞生之日起就是作为武士团的一员而存在，武士团既是武士的战斗组织和生活组织，也是武士及其家庭获取物质利益和社会地位的基本单位，还是武士及其家庭物质利益和生命财产的庇护者。脱离主君、脱离群体意味着被主君、被群体抛弃，意味着武士及其家庭的生命财产失去了保障，而且也将使家庭和子孙后代在精神上背负着巨大的耻辱。武士必须与武士团同呼吸、共命运，才能被武士团所接受，才能获得兴旺发达的机会。

最后，是武家社会群体利益优先的价值取向。武家社会奉行集团利益优先的价值取向，武士团的整体利益高于局部——小家族利益，小家族的利益高于个体家庭的利益，个体家庭的利益又高于个人利益。为了武士团的群体利益，为了家庭和子孙后代的利益，为了战争的胜利，武士必须克制自己，并牺牲自己的个人利益，包括自己的生命。武士的一生，就是为群体、为家庭和子孙后代而战斗直至牺牲的一生。

平安武士道的忠诚、武勇、名誉、敬神崇祖和质朴克己等德目，无非平安武士做人——做武士的道德规范和行为准则，以及做事——夺取战争胜利的道德规范和行为准则。平安武士道作为平安武士夺取战争胜利的指导思想，整合武士团成员的思想和行动，使武士团成为有着共同利益和共同目标的军事组织,将武士团成员个人的武力汇集成为一致对外的战斗力,最大限度地激发平安武士的牺牲精神、武勇精神和发挥集团战斗力,为夺取战争的胜利奠定基础。在源平大战中,源赖朝之所以能取得战争的胜利,就在于源氏属下的关东武士完美地践行了武士道。

平安武士道产生后,随着武力成为解决纷争的权威手段,随着武士发展"成为京都和地方争执(诉讼)、纷争的解决者",人们开始效法武士,作为平安武士夺取胜利之指导思想的武士道,也一步步向其他社会阶级渗透,影响其他社会阶级的道德观念和价值理想。

第二编

武家军国政治与武士道的发展

在武士治国的近700年间，武士道作为武家军国政治的立国理念和统治思想、社会的伦理道德支柱和价值理想，以及正邪善恶的评判标准，被武家统治者赋予制度价值、观念价值和法律价值的地位和权威，并要求全体社会成员以之作为价值理想和行动准则，大大增强了武士道的约束力，从而有力地推动了武士道的发展和武士道对日本民族精神、价值理想的塑造。

本编包括第四、五、六章。第四章"武家政权的建立和发展"，论述武士政权的建立、巩固和发展，作为叛逆者而产生的武士成为政治上的统治阶级，对日本实施了近700年的军事统治；成为日本文化最主要的创造者，决定社会的道德观念和价值理想，以武士道为核心内容的武士文化（战争文化、军事文化）成为主流地位的文化。第五章"'挟天皇号令天下'的武家军国政治"，通过"忠诚尚武的统治思想"、"强兵优先的基本国策"、"军权至上的权力构造"、"平战结合的政权机制"、"以战争促发展的发展方式"，揭示武士政权以军国主义为主体的统治体制。第六章"武家统治思想的武士道"，论述私人性暴力集团的武士道发展成为国家制度的和法律的武士道，成为武士治理国家的指导思想和实施精神统治的工具，占据政治意识形态、法律制度和伦理道德支柱、价值理想的崇高位置，维护和巩固"武治主义"的武家政治。

第四章

武家政权的建立和发展

万峰先生在《台湾学者的日本武士道观》一文中说:"贯穿整个日本中世纪史上的武士、武士治国和武士道,在世界史上都有其独特的地位。""日本武士作为一个封建统治阶级采取一套独特的统治体制来治理国家前后竟达 700 年之久,这在世界上也是绝无仅有的。"历史事实确如万峰先生所言。

几乎与西欧骑士同时产生的日本武士,在 1192 年至 1867 年是行使政治权威、决定价值理想的统治阶级,国家的大政方针、发展战略、社会制度等均出自武士之手;武士还取代贵族成为日本文化最主要的创造者,以武士道为核心内容的武士文化是幕府时代占主流地位的文化,武士道在 1192 年至 1945 年的日本既是社会伦理道德的支柱,又是统治阶级的统治思想和立国理念。尽管随着 1889 年"士族授产"的结束,武士不再作为一个独立的阶级而存在,但依然是 19 世纪末 20 世纪初日本近代化无可争议的主角。总之,骑士和骑士道对西欧社会价值理想的塑造,无论是在广度上还是在深度上,均远远不及日本武士和武士道对日本社会价值理想的塑造。

幕府时代是以武士为统治阶级、以武力为权力支柱、以武士道为统治思想、以军国主义为主体的时代,近 700 年"武治主义"的幕府政治时代,大体分为三个阶段,即镰仓时代武家政治建立和巩固,室町时代武家政治全面发展,江户时代武家政治进入鼎盛时代。

一 镰仓幕府

1192 年,源赖朝被天皇任命为征夷大将军,代表天皇行使军事指挥权。于是,"赖朝作为东国政权的栋梁地位得到承认","武家栋梁以天皇委任的军事大权名副其实地掌握权力。"① 学术界通常以此作为幕府政治的开端。事实上，武士政权——幕府政治的缔造者源赖朝在"源平大战"期间就以自己的军事组织为基础，建立了武家政权的中央和地方军事统治机构，并取得相应的统治权力。因此，也有人主张以武家政权的建立为武家政治的开端。

镰仓武家政权的最高统治者是天皇任命的"征夷大将军"，中央权力机关是将军的军事司令部——幕府，由"侍所"和"政所"、"问注所"——"幕府三所"构成，1180年创设的"侍所"主管军事，成立于1184年10月的"政所"和"问注所"分掌行政和司法事务。地方权力机关是守护和地头，"1185年11月，朝廷承认赖朝在全国任命守护、地头的权限，幕府作为担负国家军事、警察机能的组织由此确立。"② "幕府通过守护行使对全国的警备权，通过地头行使对全国的征税权。"③ 守护的职位相当于京都天皇朝廷的国司，原则上各国设守护1人，基本权力是"大犯三条"，即指挥追捕谋反、杀人犯和大番役。平时统管国内御家人维护地方秩序、履行警卫京都和镰仓的义务，战时作为该国御家人的军事指挥官统率御家人出征。在镰仓幕府的地方统治体系中，"地头制是幕府、武家体系的中心或基础"。"具有行政和司法权力。向民众征调劳力和年贡是地头的权力。"④ "地头在身份上被认为是'日本国总地头'赖朝的代理人，任免权掌握在赖朝手中。"⑤ 地头一职也由关东御家人担任，是幕府在庄园的政治军事代表，具有作为幕府军事政权基层组织的性质。

此外，赖朝出于加强地方的统治需要，1185年在京都设立"京都守护"，在大宰府设立"镇西守护"；1189年在奥州设立"陆奥留守"、"陆奥总奉行"。

"幕府三所"和"守护、地头制"的确立，标志着日本特有的公武二元政治——"双轨政治"格局正式确立，"文治主义"的公家贵族政权和"武治主义"的武家军人政权同时并存，天皇、国司、郡司和将军、守

---

① [日] 下村效等编：《日本历史小百科·武士》，东京堂1993年版，第19页。
② [日] 宫地正人：《新版世界各国史·1·日本史》，山川出版社2008年版，第145页。
③ [日] 坂本太郎：《日本史概说》，商务印书馆1992年版，第174页。
④ [日] 中村吉治：《武家和社会》，培风馆1953年版，第120—123页。
⑤ [日] 石井进著作集刊行会编：《石井进的世界·1·镰仓幕府》，山川出版社2005年版，第152页。

护、地头分别构成公家和武家独立的统治系统。天皇身边的文官贵族集团称"公家",核心是天皇朝廷;将军身边的军事贵族即武士集团称"武家",以将军的司令部幕府为标志。将军的军事组织凌驾于天皇的政治组织之上,行使政治权威,以天皇为代表的公家政治势力依附于以将军为代表的武家军事势力。

镰仓幕府的统治体制大体分为赖朝的独裁政治、北条泰时的集体合议制、北条时宗的专制政治。

"初期的幕府中央机关,只是镰仓殿赖朝的辅助机关,决定权集中于赖朝一人之手。因此,它是镰仓殿的专制体制。不外乎是以京都的大江广元、三善康信、中原亲能等下级贵族作为亲信的独裁政治。"[①] 1199年源赖朝去世,长子赖家(1182—1204)继任为二代将军,外戚北条氏掌握幕府实权。1204年,赖家被北条时政派人杀害。1205年,北条义时(1163—1224)成为政所别当,1213年兼任侍所别当,确立起名为"执权"的地位,成为幕府的主宰者。此后,北条氏以执权的名义掌握幕府实权。1219年,北条义时指使人杀害了三代将军源实朝(1192—1219),拥立与源氏有血缘关系的左大臣藤原道家之子、年仅2岁的藤原赖经(1218—1256)为四代将军。以后,北条氏拥立皇室宗亲为将军。1221年,义时平息皇室方面举兵讨幕的"承久之乱"后,"武家掌握了皇位继承者的决定权",以幕府为代表的武家军事组织益发凌驾于天皇朝廷的政治组织之上。

北条泰时任执权期间(1224—1242)改革武家统治体制,创设集体合议制。"1224年,泰时任执权,实施政治改革,变独裁政治为合议政治,推进政治机构的法典整备、组织化和体系化。"[②] 1224年,增设执权的副手"连署";1225年,设置职位仅次于执权和连署的"评定众",会同执权、连署共同协商决定幕府的重要政务。1232年(贞永元年),主持制定第一部武家基本法典——"御成败式目"(也称"贞永式目")51条。于是,"泰时的政治,成为以评定众的合议制和'贞永式目'的法治主义为两大支柱的执权政治。"[③]北条时赖时代(1246—1263),又在评定众之下设立"引附众",协助评定众

[①] [日]石井进著作集刊行会编:《石井进的世界·1·镰仓幕府》,山川出版社2005年版,第175页。

[②] [日]上横手雅敬:《镰仓时代》,吉川弘文馆2006年版,第230页。

[③] [日]奥富敬之:《镰仓北条氏的兴亡》,吉川弘文馆2003年版,第83页。

处理诉讼案件,幕府的统治体制臻于完善。

北条时宗时代(1264年继任北条氏家督,1268—1284年任执权),泰时创立的"集体合议制"又被"专制政治"取代。时宗无视执权政治传统的集体评议制度,抛开幕厅,在自己的私邸召集北条氏嫡系家族、外戚和家臣(或称"御内人"),裁定幕府大政方针。时宗的专制统治,引起旁系御家人和嫡系御家人之间矛盾冲突的激化。1285年的御家人骚动事件标志着幕府的权力基础——御家人制度开始动摇,镰仓幕府也迅速走向衰落。14世纪初,各种倒幕势力聚集在后醍醐天皇(1288—1339)的旗帜下展开倒幕斗争。1333年镰仓被倒幕军攻占,执权北条高时自杀身亡,镰仓幕府被推翻。

表4-1　　　　　　　　镰仓幕府将军一览①

源家将军	第1代	源赖朝	第2代	源赖家	第3代	源实朝		
摄家将军	第4代	藤原赖经	第5代	藤原赖嗣				
亲王将军	第6代	宗尊亲王	第7代	惟康亲王	第8代	久明亲王	第9代	宗邦亲王

表4-2　　　　　　　　镰仓幕府执权一览

第1任	北条时政	第5任	北条时赖	第9任	北条贞时	第13任	北条基时
第2任	北条义时	第6任	北条长时	第10任	北条师时	第14任	北时高时
第3任	北条泰时	第7任	北条政村	第11任	北条宗宣	第15任	金泽贞显
第4任	北条经时	第8任	北条时宗	第12任	北条熙时	第16任	北条守时

二　室町幕府

与镰仓幕府一样,室町幕府也是在战争中建立的。1333年镰仓幕府灭亡,后醍醐天皇废黜镰仓幕府拥立的光严天皇重登皇位,建立公家政权。1334年,改年号为建武,开始实施一系列"新政",史称"建武中兴"。1335年8月,建武政权的头号功臣、源氏后裔足利尊氏(1305—1358)公开反叛后醍醐天皇的中兴政权。1336年5月灭亡中兴政权,8月

---

① 《新订增补国史大系·第32卷》,吉川弘文馆2000年版,第7—8页;[日]下村效等编:《日本史小百科·武士》,东京堂1993年版,第56—57页。

在京都另立一位天皇——光明天皇（1336—1348），11月颁布施政纲领——《建武式目》，正式开始了足利幕府的统治。同年，逃到吉野的后醍醐天皇也建立政权，并以正统自居，从而出现两个对立的朝廷，史称"南北朝"，京都的天皇朝廷称"北朝"，吉野的天皇朝廷称"南朝"。北朝的体制是武家主、公家从，权力优于权威、利用权威；南朝则是公家主、武家从，权威居支配地位，权力从属于权威。[①] 1338年，足利尊氏被光明天皇任命为"征夷大将军"。

足利氏室町幕府初创时期，将军权力呈现出"二元性"特征，尊氏与直义既是兄弟，又是"将军与副将军"的关系，两人经常并称"双将军"。尊氏掌握人事任免权、军事指挥权和恩赏权；直义掌握司法审判权、政务实权。足利义满武力打败不听从幕府命令的守护大名后，才真正确立起幕府的绝对权威和权力。

1368年，足利义满（1358—1408）就任第三代幕府将军，1372年开始亲理政务，1378年将幕府迁到京都的室町（街道名）。1392年，在义满的操纵下实现"南北一统"，结束了持续半个多世纪的南北朝武力对峙局面。1394年，足利义满取得了最高廷臣——太政大臣的职位，将摄关家族以下的公卿贵族视为臣下，并自诩为"日本国王"。于是，朝廷失去作为一个政权而存在的实际意义，源赖朝开创的公武二元并存的统治体制基本结束，武家军事机构全面支配整个社会生活。不过，随着足利义满的去世，室町幕府也由于愈演愈烈的权力之争而走向衰落。1467年，幕府内部的权力之争终于演变为持续10年的军事冲突——"应仁之乱"。其后，日本又进入长达百年的战国时代，室町幕府名存实亡。1573年，织田信长废黜第15代将军足利义昭，灭亡了室町幕府。

室町武家政权初创于第一代幕府将军足利尊氏，完善于第三代幕府将军足利义满。最高官职和统治者也是将军，统治机构与镰仓幕府大同小异。辅佐将军的最高机关称为"执事"，后改称"管领"，1398年以后，管领一职由斯波、细川、畠山三家的家督选任成为惯例。畠山、斯波、细川三氏，也称"三管领"或"三职"。管领之下，设"政所"、"问注所"、"侍所"三所。"政所"掌管幕府的财政、将军的家务和一般民事诉讼等，职权不及镰仓幕府的政所，长官称执事。"问注所"负责幕府文书

---

① ［日］高桥富雄：《日本武士道史·1》，新人物往来社1986年版，第270页。

记录的保管、裁决有关文书的真伪、散失等，已无镰仓时代的诉讼裁判权，长官也称执事。"侍所"是幕府的军事机关，掌管京都内外的警备、武士的升降和刑事裁判，长官称所司。义满统治的应永年间中期，从足利家族的一色、山名和与足利氏一起创业的功臣赤松、京极（宇多源氏·佐佐木氏的后裔）四家的家督选任，俗称"四职"，与"三管领"一起构成幕府的领导核心。

地方政权机构首先是重要的地方统治机关，如"镰仓府"、"九州探题"、"奥州探题"、"羽州探题"，以"镰仓府"最为重要。"镰仓府"设在镰仓，职责是镇护武家政治的发祥地关东，管辖关东八国和伊豆、甲斐共10国的政务。镰仓府权限大、管辖地区广，随着其独立性不断增强，竟成为室町幕府的威胁。

"支撑足利幕府全国统治的组织骨架是幕府（将军）——守护体制。不言而喻，幕府全国统治的基础是守护统治各国。"① 幕府在地方各国设置守护，守护并非一国一人，有的一国两分，只担任半个分国的守护，有的兼任数国守护，如"四职"之一的山名氏一家任11国守护，大内氏拥有6国守护职，土岐氏拥有3国守护职。

在南北朝武力对峙时期，幕府为了寻求守护的武力支持，并对其战功给予恩赏，不断赋予守护越来越大的权力，守护以幕府赏赐的权力为依托扩张势力。14世纪末15世纪初，守护成为拥有军事、警察、行政、财政和司法审判权的一方军事豪强领主，"守护大名领国制"完全形成。应仁之乱后，"守护大名领国制"逐渐被"战国大名领国制"取代。

表4－3　　　　　　　　　足利氏将军一览②

1	尊氏 1338—1358年	6	义教 1429—1441年	11	义澄 1494—1508年
2	义诠 1358—1367年	7	义胜 1442—1443年	12	义晴 1521—1546年
3	义满 1368—1394年	8	义政 1449—1473年	13	义辉 1546—1565年
4	义持 1394—1423年	9	义尚 1473—1489年	14	义荣 1568—1568年
5	义量 1423—1429年	10	义植 1490—1494年 1508—1521年	15	义昭 1568—1573年

① ［日］森茂晓：《战争的日本史·8·南北朝内乱》，吉川弘文馆2007年版，第63页。
② ［日］宫地正人：《世界各国史·1·日本史》，山川出版社2008年版，附录，第69页。

三 织丰政权

室町幕府灭亡至江户幕府建立期间，是织田信长和丰臣秀吉统治的时代。"织丰政权"时期虽短，但"幕藩体制的基本特征，可以说早在……织田信长和丰臣秀吉统治时代就已形成。织、丰政权在统一战国大名的过程中，已采取向幕藩体制迈进的方向。特别是丰臣秀吉的检地（太阁检地）和刀狩政策，已经明白无误地开拓了通向幕藩体制的道路"。[1] 织丰政权的影响，由此可见一斑。

（一）织田政权

织田信长（1534—1582）出自尾张国守护斯波氏的家臣织田氏之庶流，12岁元服，获"上总介"官职。1551年继任家督之位后，先是消灭了本族中包括亲弟弟信行在内的反对派势力，继之又分别消灭了尾张下四郡守护代织田信友和尾张上四郡守护代织田信安。"到1559年，织田信长已经打倒了斯波氏的尾张守护代织田信友等一族的织田诸家，统一了尾张国"[2]，确立起对整个尾张国及其家族的支配权，作为战国大名登上历史舞台。1560年5月，织田信长采用奇袭战术以2700人的军队击溃今川义元3万人的大军。1562年，与德川家康缔结军事同盟——"清州会盟"，划定信长向西、家康向东的势力范围。1567年，武力夺取美浓国，将美浓国的主城井口改名为"岐阜"，把大本营迁入，并为自己定制了一方刻有"天下布武"四字的印章，显示了以武力统一全国的雄心。

1568年，信长应天皇和将军之邀率领3万大军进入京都，废除第14代将军足利义荣，立第15代将军足利义昭，在京都挟天皇和将军号令天下（因此，有学者认为织田政权始于1568年）。1570年，信长向足利义昭提交了"五条事书"的备忘录，一是凡将军颁布之重要文件，须由信长副署方能生效；二是废除以前将军发布之全部诏令；三是委托信长全权处理对属下的恩赏；四是信长可不经过将军而自行处理天下政务；五是天

---

[1] ［日］古岛敏雄：《幕藩体制》，载《历史科学大系·第6卷·日本封建制的社会和国家·下》，校仓书房1979年版，第222—223页。

[2] ［日］笠谷和比古：《近世武家社会的政治构造》，吉川弘文馆1993年版，第31页。

下平定后，一切礼仪规定，均由将军施行。① 这样，信长便掌握了幕府的军事权和恩赏权等重要权力，并派人将"五条事书"的内容通告诸国大名。1573年，织田信长将不甘当傀儡的幕府将军逐出京都，灭亡了室町幕府。

信长政权以武力为后盾，"挟天皇号令天下"。在统一天下的过程中，一方面"信长巧妙地运用天皇、将军的权威。天皇、将军在传统权威中，象征着'正义'。""信长与将军对立时，便与天皇接近；放逐将军时，迅速与天皇建立起亲密关系。"② 通过挟天皇和将军，使自己的统治具有合法性和权威性。另一方面，始终坚持军事至上、以武立国。例如，加强对国内武士的控制，扩大常备军，制定统一领国的军役体系，"创建兵农分离制的军团"，"获得了长期转战的能力"③。以"富国强兵"经济政策所奠定的物质基础，在战国大名的军备竞赛中处于领先地位。通过"检地"和"兵农分离"政策，将军事将领与军事领地分离，使之成为可以随意调遣移动的"盆栽花木"。

到16世纪80年代初，信长已先后打败了30余个战国大名，全国统一指日可待。1582年6月，遭叛将明智光秀袭击，在京都本能寺剖腹自杀。

（二）丰臣政权

丰臣秀吉（1536—1598）出身寒微，其父木下弥右卫门原为信长之父织田信秀属下的一名"足轻"，负伤后回乡务农。1558年，秀吉成为织田信长的仆从。"因跟随信长屡立战功，1573年9月被提拔为在近江国北三郡领有12万石的长浜城主"④，成为名副其实的大名和信长最得力的部将之一。得知信长的死讯时，正在四国与毛利氏交战的秀吉，立即与毛利氏议和，率军在5天内强行军约200公里返回京都。6月13日，在京都西面的关隘山崎打败叛将明智光秀，掌握了确定信长继承人的主导权。1583年，在近江的"贱岳之战"中击败反对派首领柴田胜家，信长的旧臣丹羽长秀、池田恒兴和泷川一益等相继归服。秀吉成为信长统一事业无

---

① ［日］小林正信：《织田、德川同盟和王权》，岩田书院2006年版，第79页。
② 同上书，第274页。
③ ［日］笠谷和比古：《近世武家社会的政治构造》，吉川弘文馆1993年版，第32—33页。
④ ［日］桑田忠新：《武国武将三十人》，新人物往来社1996年版，第154页。

可争议的继承人后，随即建立起自己的政权。他选择在大阪建立自己的政治、军事和经济据点，命令原领有大阪的池田恒兴迁居美浓国，然后进入大阪，大兴土木，建造新城。

秀吉在统一日本过程中，打着朝廷敕命的旗号，使自己的武力征服名正言顺。1585年，秀吉被近卫前久收为养子，就任关白。1586年，秀吉获天皇赐姓"丰臣"，升任太政大臣，确立起自己在天皇一人之下的至高无上地位。就任关白后，利用朝廷权威颁布"惣无事令"，使其军事征服成为天皇的旨意。

丰臣秀吉以朝廷最高行政职务"关白"的名义，君临于大名之上，行使最高统治权。1585年，秀吉被朝廷任命为关白。同年，在关白之下设立由前田玄以（1539—1602）、浅野长政（1547—1611）、增田长盛（1545—1615）、石田三成（1560—1600）、长束正家（？—1600）5人组成中央统治机构——"五奉行"，负责处理行政、司法和财政等工作。"五奉行"平时各司其职，遇有大事"五人合议，妥善裁决"。1591年，秀吉又任命5位实力雄厚的大名为"五大老"，作为重要政策的顾问，与"五奉行"共商大事。"丰臣秀吉在其晚年设立了五大老、五奉行制度。不过，这只是表示职务分担的框架，还不是履行政务的组织。大老最初为前田利家（1538—1599）、德川家康（1542—1616）、小早川隆景（1533—1597）、毛利辉元（1553—1625）、宇喜多秀家（1573—1655）、上杉景胜（1555—1623）六人，1597年（庆长二年）小早川隆景去后为五人。"① 以后，丰臣秀吉又设置由中村一氏、生驹亲正、堀尾吉晴担任的"三中老"，调解"五奉行"和"五大老"之间的政见分歧。

尽管秀吉政权一直处于草创阶段，不过，其统治政策也可圈可点。例始，对大名的统治政策——大名的配置原则、变大名的领地为秀吉的"恩领"、对大名进行转封等；保护和奖励海外贸易、培植御用商人以保障军事至上政策的贯彻落实；"检地"和"兵农分离"政策，更是影响深远的土地制度和社会制度改革。还需指出的是，秀吉政权在统一全国后，还将日本武士的侵略扩张矛头从日本列岛转向亚洲大陆，甚至梦想征服中国后，将中国的领土作为战利品分封给他的家臣和武将。秀吉的对外侵略

---

① ［日］儿玉幸多：《日本历史·18·大名》，小学馆1975年版，第111—112页。

虽以失败而告终，但其侵略思想和侵略行动却为近代日本继承和发展。

四 江户幕府

德川氏的江户幕府也是在战争中诞生的。1600 年，德川家康（1542—1616）在"关原之战"中打败敌对势力，确立起德川氏的军事霸主地位。"1603 年，家康被朝廷任命为征夷大将军。通过宣告作为镰仓、室町两源氏将军家的正统后继者，即武家栋梁的资格，加上实力支配，获得了传统权威统治的正当性，家康以后的历代德川将军君临全体武士阶级之上。"[①] 1605 年，家康把将军的职位让给第三子德川秀忠，昭示天下将军一职只能由德川氏世袭。前三代将军家康、秀忠（1579—1632）、家光（1604—1651）推行武断政治，通过改易、转封、减封和削封的方式削弱大名的实力，使之不足以对德川氏政权构成威胁。这种武力政治造就了德川氏的太平盛世，为 4 代将军家纲（1641—1680）至第 7 代将军家继（1709—1716）的"文治政治"奠定了坚实的基础。直到幕末，将军依然可以仅凭一纸法令对大名进行转封、减封和改易，德川氏的权威由此可见一斑。

德川氏依靠武力取得将军的称号，具有前所未有的绝对权力。德川家的家长代代拥有"征夷大将军"的称号，掌握国家的最高统治权，幕府的一纸命令便可将形同东方专制君主的大名进行移封、转封、减封和改易；拥有传统精神权威的天皇，也处于幕府官吏的监视和武家法律——《禁中并公家诸法度》的约束之下。设在江户的幕府是日本全国实质性的政府，有权颁布政令、法令。经济上是全国土地的最高所有者和第一大地主，17 世纪中后期，将军的直辖领地达 680 万石左右（其中 420 万石属于将军的直接收入，260 万石分给旗本、御家人），分布在全国较为富庶的地区。此外，还有经营全国重要矿山，独占国内主要市场和对外贸易的利润，垄断金银开采、货币铸造和工商业者的税金等。军事上，将军是全国军事力量的最高统帅，幕府是指挥全国军事力量的最高统帅部，直属将军的军事力量号称"旗本八万骑"，足以压倒 30 家至 40 家大名联合的武装力量。

[①] ［日］藤井让治：《日本的近世·3·统治体制》，中央公论社 1991 年版，第 46—47 页。

日本学者坂本太郎说江户幕府的特点，一是名副其实的农村武士方式；二是平时的政治组织随时可以转换成军事组织，官员没有文武之分，平时作为事务编制的人员，战时原封不动地变成指挥系统；三是中央机关的许多重要职位采用复数的编制，通过会议和值班制度来处理政务。[1] 与秀吉不同，"家康对自己信赖的三河谱代家臣，不是给予大片的领地，而是让其担任幕府中枢机关——幕阁及其他要职，进而让直属的旗本担当行政实务。这样，通过名门谱代大名和有能力的旗本，编成高度组织的封建吏僚机构。当然，这一政治组织历经家康、秀忠、家光三代才逐渐完成。"[2] 幕府的各级政权机构，全部由武士——军人组成。

幕府的政治组织分二级，即统治全日本的中央机构和负责幕府直辖领地的地方机构。幕府的最高首领是将军，将军之下的最高官职是从谱代大名中选任的"大老"（1人，非常设职，相当于朝廷的摄政、关白、太政大臣）、"老中"、"若年寄"（各4人）和御用人（也称侧用人，类似于朝廷的藏人头或现代的秘书长）。其下是大目付、目付和寺社、町、勘定三奉行，除寺社奉行由谱代大名担任外，其余均从旗本中选任。大目付定员4人至5人，目付定员10人，三奉行各定员2人以上。老中、三奉行、大目付等组成"评定所"，是幕府的最高司法机关。幕府直辖地的地方机构，设京都所司代、城代、远国奉行、郡代、代官等职。

幕府官制的一个重要特点就是合议制和月值制，同一官制由数人担任，轮流处理政务。有日本学者认为："幕府的政治组织本来就是合议的专制政治，亲裁权在将军，不过，合议权则在老中。"[3] 另外，幕府的职制分为"役方"和"番方"。"役方"负责处理日常行政事务，"番方"负责平时的军事警备。"番方"有大番、书院番、小姓组、新番组、小十人组等，以大番地位最高。

"将军拥有统治全日本的权能，将军和他的政治组织——幕府作为正式的国家统治机关，进行法律的制定、民事的裁判、治安警察进而一般民政的统治行为。各地大名将自己的家臣团编成行政官僚体制，在其藩内也有同样的统治行为。因此，日本全国的统治体系，又有将军直接进行，大

---

[1] ［日］坂本太郎：《日本史概说》，商务印书馆1992年版，第284页。
[2] ［日］藤野保等：《德川家康事典》，新人物往来社2007年版，第257页。
[3] ［日］中村孝也：《江户幕府的政治·2》，岩波书店1933年版，第12页。

名在其下面分别进行的重叠构造。"① 德川氏把天领（将军的直辖地）以外的土地分封给大名，让大名成为大名领国的君主。不过，大名领国不是幕府之下的近代地方行政区划，大名也不是幕府的地方行政官。② "德川三百年的政治组织，是一种'联邦国家'的体制，分别存在着大大小小的二百六十七个诸侯，纯粹是封建原理的支配。这些诸侯在德川幕府的统治下占有一定的领土，握有兵马、财政、外交等统治上的重要权力，实施专制政治。"③ 各藩大名只要在政治上服从幕府，对将军竭尽忠诚，遵守幕府的各项法令，履行应尽的职责与义务，幕府原则上不干预、不介入藩国的内部事务。

政治上，大名的藩国仿效幕府的权力机构，建立起一整套独立的藩政机构。各藩国的藩政机构由大名的家政机构演变而来，职制大同小异。经济上，各藩经济独立，收入来源主要是领地内农民交纳的年贡。军事上，大名是统兵打仗的军事统帅，大名家本质上是军事家族和军事单位，都拥有一支可观的武装力量。司法上，藩国有自己的司法机构，裁判领内案件，制定藩国的法令。

在幕府集权与藩国分权的基础上，幕藩统治者对农、工、商实行间接统治。幕藩领主统治农村的地方长官是"郡代"、"代官"和"郡奉行"，但是，农村的统治权实际上是掌握在"村方三役"——"名主"、"组头"和"百姓代"手中。城下町法定的最高行政长官是幕府和各藩"町奉行"，而实际行使行政和司法权力，主持城下町各项日常事务的是由工商业者担任的"町役人"。"城下町既是大名领国的行政中心，又是领国内工商业机构的中枢，大名让工商业者集中居住在城下町，通过城下町的商职人统治领国的工商业。""领主通过支配町役人，对町的行政和工商业实行统治。"④ 町役人包括"町年寄"（长老）和"町名主"（市、镇董）两级，有的城下町还在町年寄和町名主之下设"月行事"，辅助町年寄和町名主处理具体事务。

---

① [日] 藤井让治：《日本的近世·3·统治体制》，中央公论社1991年版，第49页。
② 《体系日本史丛书·9·社会史·2》，岩波书店1933年版，第37页。
③ 朝日新闻社编：《明治大正史·6·政治篇》，ワレス出版社2000年版，第7页。
④ [日] 桑田优：《日本近世社会经济史》，晃洋书房2000年版，第27—28页。

表4-4 德川氏将军一览①

1	家康 1603—1605 年	6	家宣 1709—1712 年	11	家齐 1787—1837 年
2	秀忠 1605—1623 年	7	家继 1713—1716 年	12	家庆 1837—1853 年
3	家光 1623—1651 年	8	吉宗 1716—1745 年	13	家定 1853—1858 年
4	家纲 1651—1680 年	9	家重 1745—1760 年	14	家茂 1858—1866 年
5	纲吉 1680—1709 年	10	家治 1760—1786 年	15	庆喜 1866—1867 年

① ［日］宫地正人：《世界各国史·1·日本史》，山川出版社2008年版，附录，第70页。

第五章

"挟天皇号令天下"的武家军国政治

日本人是崇尚武力的民族，日本武士则将对武力的崇尚发挥到极致，创造了世界上绝无仅有的幕府政治——武家军国政治。身为职业军人的武士阶级享有政治特权，垄断从中央到地方的一切统治权力：将军"挟天皇号令天下"，以武力为立国之基和治国之本；将军的军事组织凌驾于天皇的政治组织之上，军权是最具权威性的实质性权力；国家目标、政治制度、经济制度、政权体制、权力构造、运作模式和发展路径等均以军事性质为本质特征。在此，拟从"忠诚尚武的统治思想"、"强兵优先的基本国策"、"军权至上的权力构造"、"平战结合的政权机制"、"以战争促发展的发展方式"几个方面，考察日本特色的武家军国政治，阐明武家军国政治及其与武士道相得益彰的互动关系。

一 忠诚尚武的统治思想

在近 700 年的武家军国政治时代，以将军为代表的武士阶级一手拿刀、一手拿武士道，用武士刀实施肉体统治，以武士道实施精神统治。军人夺取战争胜利的战争精神长期占据统治思想的位置，恐怕在世界上也找不到第二个国家。

我国学者张玉祥先生曾明确指出，武士道"到镰仓时代转成武家时代的统治思想"。汤重南先生也说"日本武士道以武当先的立国路线"。随着武家政治的确立和武士成为主宰国家命运、行使政治权威的统治阶级，武士道也正式从私兵私权的道德规范演变为统治阶级的统治思想和武家社会的理想价值。

军事主从关系既是武士道的源头，又是武家政治制度的轴心；忠诚既是武士道的核心，又是武士政权制度结构的纽带。武家统治者既需要以政治、军事权力强化建立在军事主从制度基础之上的政治制度，又需要从思想上维护这种政治制度。然而，以关东武士为核心和骨干的武家统治者，几乎没有接受过学校教育，他们除了治理武士（军人）和武士家族的"治军之道"和"治家之道"外，即除了武士道之外，不知还有什么统治思想和政治哲学。于是，这些武家统治者便赋予武士道以政治意识形态和统治思想的权威地位。反过来，武士道为武士政权制造舆论、提供组织形式和理论依据，伦理道德意义的绝对忠诚与服从为武家统治者对内加强统治、对外武力扩张所利用。同时，武士道充当武家统治的思想工具，旨在巩固武士阶级特别是以将军为代表的武家统治者的统治地位和统治权力，增强武士政权的武力基础和思想基础，维护统治阶级内部的君臣秩序和武士阶级对其他阶级的统治秩序，塑造社会的价值理想和道德规范。

武家政治建立后，以将军为代表的武家统治者以武士道的"忠诚"、"武勇"、"信义"等内容作为武士阶级做人、做事的标准。一方面，规定武士各为其主并享受相应待遇，"是天理，将之法也，士之道也，仁之术也"，臣下忠诚和服从主君是天经地义，要求武士将"得主人而尽效命之忠"作为自己的职分，做绝对效忠和服从主君的"忠臣"。另一方面，要求武士充当农工商阶级的楷模，诱导、强迫农工商阶级遵循武士道做人、做事的标准，认同和服从于武士阶级的统治，做武家统治者的忠良臣民。"三民之间苟有乱伦之辈，速加惩罚。"

"镰仓时代思想领域的突出内容是所谓武士道思想"，"赖朝开幕以来，一扫颓废世相，大力倡导和奖励武士之道，对违反武士之道者，坚决严惩，决不宽赦。"[①] 这样，武士道也就具有了武家意识形态、统治制度和法律制度的权威和价值。平安时代武士团主君治理武士团的治"家"之道和治"军"之道，发展成了武家统治者的治"国"之道。"忠诚"和"武勇"既是武士道的核心，又是武家统治思想的主干。

武家政权中央和地方的政治制度由私人性的军事主从制度演变而来。因此，武家政权的统治体制、制度结构强调垂直的纵向关系。如镰仓时代，在将军→御家人或者将军→侍所→守护→地头这种垂直纵向的统治体系中，"忠诚"的伦理观念构成维系武家政权制度结构的纽带。在武家社

---

① 《日本精神文化史大系·第 4 卷·镰仓时代编》，日本图书中心 2001 年版，第 12—13 页。

会，所有武士都处于金字塔式的主从关系·忠诚关系的链条之中，"将军"位于主从关系·忠诚关系链条的顶端，链条的中间是作为"侍"的御家人和非御家人，最后一环是处在金字塔底层的郎党、郎从，即将军→御家人→非御家人的侍→家子→郎党、郎从。中间环节的各级武士，对上是家臣、对下是主君。将军以下的所有武士，都在主从关系中受主人的"恩惠"，绝对效忠和服从主人，履行应尽的职责和义务。每一层次的主从之间，都是面对面的直接互动，都有明确的权利义务。"忠臣不事二主"，武士终身乃至世世代代都只能有一个主君，从一个主君处得恩赏，效忠一个主君，一旦离开主君，即为无主"浪人"，被武家社会所抛弃。

治国之道，在于治吏。"忠诚"作为武家政权制度结构的纽带，事关武家统治秩序和武家政权的兴衰存亡。为此，自源赖朝以来，"忠诚"等武士道德目一直是武家统治者选拔人才和实施赏罚的标准。1189年，赖朝通过"奥州合战"检验御家人的忠诚度，未履行忠诚奉公职责的安芸国叶山介宗赖被没收所领，丰前国伊方庄地头贞种被取消地头职。1232年的第一部武家法典——《御成败式目》，强调"臣忠主"，将武士的忠诚道德提升到法律的高度。此后，《贞永式目》始终占有武家宪法的地位，室町幕府的《建武式目》、战国大名的"分国法"，继承和发扬《贞永式目》的传统，以武士道作为武家法律制度的基本元素。战国大名朝仓敏景的《朝仓敏景十七条》规定："于朝仓之家，不可定家老，凭自身才能忠节品决"；武田信繁的《武田信繁家训》要求："侍奉主上，永不可生逆心"；加藤清正的《加藤清正掟书》强调："生于武士之家，以执刀赴死为本。"江户幕府的缔造者德川家康的《东照宫御遗训附录》说："善辨忠与不忠是明君，不能善辨忠与不忠是愚将"，将辨忠奸、明赏罚作为武家统治者必备的基本素养。

武士道的"忠诚"道德，维护武士政权"君为天、臣为地"的"君臣之道"，强化武家政权以军事主从关系为基础的制度结构。武士道的"武勇"精神，则为强兵优先的基本国策、平战结合的组织机制、军权至上的权力构造、军阀当权的运作模式等提供精神资源，赞同武治主义的武家军国政治，肯定武士阶级对其他阶级的武力统治和武力镇压，支持以战争促发展的发展方式，鞭策武士在扩张军事领地的战争中建功勋、立伟业、扬武名。

武士道作为武士治国的统治思想，在武士治国时代不断得到丰富和完善，至德川幕府时代已臻于极致，并形成日本军国政治的文化传统。

二 强兵优先的基本国策

武家军国政治是武力政治，武力关系到武家政权的生死存亡。将军处心积虑的首要政务是掌控军权和扩充军备，通过牢牢控制与自己有利益关系的股肱之臣——直属家臣（禁卫军），保持强大的军事力量，维持和巩固其最高军权所有者和行使者的军事霸主地位，以武力威慑、武力镇压维持和巩固其最高权力性君主的绝对统治权。

源、平大战期间，源赖朝便明确宣布：凡是响应"以仁王令旨"、听其号令的武士，政治上，原任职务，执行如故。[①]经济上，"私领本宅，领掌如故。"[②]有功者还授予"新恩地"。通过利益的纽带，与东国武士建立起私人性的军事主从关系，赖朝的军事实力迅速膨胀。同时，又加强对属下武装力量的控制。1189年，赖朝通过征讨奥州，考察各地御家人的"忠诚心"，对全国武士重新进行编组；对不履行御家人役者，或没收所领，或免除地头职务。于是，"军中只听将军之令，不闻天子之诏。"[③] 1221年（承久3年）5月14日，上皇发动推翻武家政权的"承久之乱"，15日号召诸国守护、地头起来声讨幕府"执权"（执权——代替将军掌握政治权力者）北条义时。5月22日，北条泰时率18骑从镰仓出发，5月25日就在东国集结起军士19万骑。[④] 3天时间就能组织起19万骑平叛兵力，便是武家统治者以强兵为当务之急的成果。

室町时代既是日本历史上前所未有的战乱时代，也是武士运用武权全面剥夺公家政治权力和经济利益的时代，还是通过法律推行强兵政策的时代。1352年，将军足利尊氏"将近江、美浓、尾张三国领主的领地分出一半，作为兵粮料所（军粮供给地），以当年的一次收获量分给武士。"以法令的形式赋予武家前所未有的绝对权力筹集强兵和战争经费。1368年，足利义满强行将"半济法"扩大到全国。同时，扩大将军直辖的军事力量。义满不仅将足利家族的家臣、担任守护的家族成员组织起来，而且越过守护大名直接同地方上有实力的国人武士联系，把他们编成将军直

[①]《吾妻镜·国史大系·第32卷》，吉川弘文馆2000年版，第59页。
[②] 同上书，第101页。
[③] 同上书，第333—334页。
[④] 同上书，第768—769页。

辖的军队——"奉公众"。"奉公众"作为将军的直辖军队,享有相应的特权,如"奉公众"犯法,由幕府处理,守护大名无权干预。他们平时定期率领家臣到京都为幕府担负警卫任务,有力的奉公众还被任命为幕府直辖地("御料所")的管理者——代官,以部分"年贡"作为俸禄。战时,听从将军号令,率领家臣出征。足利义满正是依靠这支军队成功地实现了南北统一,陆续打败了土歧氏、山名氏、大内氏等不听从幕府命令的超级守护大名。

在群雄争霸、相互攻伐和整个国家都卷入战争旋涡的战国时代,"如果不考虑这些大名们土地面积的大小,那么他们的命运则要依赖于他们战场上的成败利钝。在这里,实力就是一切。"① 为此,战国大名选择了"富国强兵"的发展道路,推行更为彻底的军事至上政策,广泛动员和组织领国的人力、物力扩军备战,掀起了一场前所未有的军备竞赛高潮。虽然"战国领主们在乱世中胜出而巩固权力,但乱世仍然威胁着他们。他们的首要任务就是增强自己军队的数量,这就形成了一种军备竞赛,他们控制扈从和生产者的手段也意味着要依赖武力。由此带来的军事后果就是军队的急速增多"。② 为了有效地加强军事建设,他们通过将国内武士的领地变为战国大名恩赏的封地和"分国法",使国内武士都处于自己的牢牢控制之下;同时,"战国大名在作为战斗力基础的产业的开发上付出了很大的努力"③,以发展经济来支撑军备竞赛,建造更为坚固的军事城堡、供养数量庞大的部队、购置军事装备等。对得到封地的武士规定了相应数量的军事职责(多少部队),动员和组织国内的一切力量为战争服务。"大名将商人组织成御用商人,加强对商人的统治,让他们筹集兵粮、武器。如后北条氏的宇野(外郎)、上杉的藏田、苇名的梁田、今川的友野和松木、织田的伊藤和今井、朝仓的橘屋、大内的兄部等,都是著名的御用商人。"④ 上层农民则被组织成步兵——"足轻",直接参加战争。"织田信长在谋求富国强兵、军备近代化的路线上不拘一格选用人才。如堺市的实力者千利休、今井宗久、津田宗及等,铁炮等的'死的商人'橘屋又三郎,水军高手九鬼嘉隆,

---

① [美]康拉德·希诺考尔等:《日本文明史》,群言出版社2008年版,第101页。
② 博特:《武士的演变:十六世纪关东的变化》,第372页;引自[美]康拉德·托特曼《日本史》,上海人民出版社2008年版,第199—200页。
③ [日]伊田熹家:《简明日本通史》,上海远东出版社2004年版,第105页。
④ [日]永原庆二:《日本经济史》,岩波书店1980年版,第147页。

天主教大名和田惟政,甚至西方传教士路易斯·弗郎西斯等。""传入种子岛的新兵器就是经橘屋之手带到堺,转瞬之间大量生产,并在战国诸侯中扩散。"① 千利休协助新兴的织田军团,铁炮制造商橘屋等为信长生产新式兵器,志摩的九鬼为信长建造并指挥铁甲舰。

即使是在偃武兴文的江户时代,最著名的武士道理论家山鹿素行也告诫武家统治者说:"古者,朝廷之政道以武为后,今者,武家之政道以武为先,乃当然之法则。""我朝以武兴,以武治,忘武则弃本失基。"② 四代将军德川家纲(1641—1680)至七代将军德川家继(1709—1716)时期的"文治政治",实为以武力为重心的文治政治。武家政治以武力为立国之基和治国之本,既体现武家军国政治的本质特征,也反映了武士道以武当先的立国理念。

家康大力发展自己的直属家臣,和家臣建立起牢固的主从关系,通过谱代家臣团的强固组织,拥有一大批甘愿为之浴血奋战的直属家臣。"战国割据之时,属于德川氏旗下,有理无理,只知有德川而不知其他,为家为主,眼看必败必死也要勇往直前。此即三河武士。"在将军的家人中,万石以上者是谱代大名,万石以下者为旗本和御家人。旗本和御家人是德川氏的直属家臣、幕府的政权支柱,深得幕府器重。1722 年,旗本为 5200 余人,御家人为 17300 余人。再加上他们的陪臣共约 6.7 万人,泛称"旗本 8 万"。此外,幕府的兵力还有将军的谱代家臣——谱代大名的武装力量。德川幕府之所以能维持 200 多年的武装和平,就在于德川氏将军拥有绝对凌驾于地方武将之上的军事实力,始终占据着军事霸主的地位。

近代日本"继承了幕府强兵政策的衣钵,将强兵置于新政治的中心。""军事是最重要的国事,天皇占有统帅者的最高地位,以天皇的名义充实军备。"③ 并且将"富国强兵"政策改为"强兵富国"政策。

三 军权至上的权力构造

"军国主义这个东西,不仅只是一个思想上的表现而已,如果他仅只

---

① [日]佐佐克明:《信长、秀吉和家康的社会管理》,产业能率大学出版部 1982 年版,第 62 页。
② [日]信夫清三郎:《日本政治史·1》,上海译文出版社 1982 年版,第 106、108 页。
③ [日]福地重孝:《军国日本的兴亡》,春秋社 1959 年版,第 4、24 页。

是一个思想的表现，决不能成功一个伟大的势力，一定要成为一种制度，这一个制度，是以军事组织的力量作政权的重心，一切政治的组织都附从在军国组织之下，必须这样，才能成为军国主义的国家。"[1] 在武家军国政治时代，军权始终是最具权威性和实质性的权力。

武家军人政权独立于天皇朝廷之外，有自己独特的政治关系和组织原则，有自己的中央和地方统治机构，军事组织占据权力中心，凌驾于天皇朝廷的政治组织之上。镰仓幕府凭借军事警察权，行使全国的土地管理权和征税权，迫使公家朝廷以武家意志为转移。1185年，赖朝在取得设置守护、地头的权力后，随即以武力迫使后白河法皇改组朝廷官员，罢免了以大藏卿高阶泰经为首的12名反镰仓派公卿、贵族，推荐亲镰仓派的九条兼实为内览，确立以九条兼实为首的10名议奏公卿[2]，朝廷的重大政务均由他们商定，即使是天皇或法皇的宣敕也有权再三复奏，加以阻止，实际上成了贯彻执行赖朝旨意的机关。

幕府的中央和地方统治机构，首先是手握重兵的军事组织。将军是军权的最高所有者和权力性君主，将军的幕府作为军权的最高统辖机构，也是武士政权的最高权力机构。军权在组织上是自成一统的独立王国，处于权力构造的顶端，不受天皇朝廷的监督和制约。镰仓时代，将军的司令部——幕府，由"侍所"、"政所"、"问注所"三大机构组成，掌握军权的"侍所"位居"幕府三所"之首，是武士政权的权力中枢。"侍所"创建于1180年11月，以著名武将和田义盛为侍所"别当"，别当之下是"所司"。别当和所司的职责是平时统领御家人，战时以"军奉行"身份在阵前指挥军队。"政所"建于1184年10月，原名为"公文所"，长官称"别当"，别当之下设"寄人"，1191年，改称政所，负责处理幕府的行政事务。"问注所"也是建于1184年10月，是适应诉讼事务日益增多的客观形势专门设立的，负责处理诉讼、审判事宜。

幕府的地方统治体系是守护、地头制，建于1185年。幕府通过守护行使对全国的军事警察权，通过地头行使对全国的征税权。守护、地头制的确立是镰仓幕府地方统治体系形成的标志。赖朝委派创业功臣——关东御家人到地方各国担任地方官——守护，分担自己作为日本国总守护的职

---

[1] 戴季陶：《日本论》，海南出版社1994年版，第95页。
[2] 《吾妻镜·国史大系·第32卷》，吉川弘文馆2000年版，第185页。

权。"地头制是幕府、武家体系的中心或基础"。"地头和幕府的关系是主从关系,幕府给予地头职和所领——御恩,地头对幕府承担作为奉公的忠诚和军务奉仕。所领的土地完全处于地头的支配下,地头具有行政和司法权力。向民众征调劳力和年贡是地头的权力。"① 有日本学者说:"幕府存在的基础,实际上就在于这种家人——地头的财力、武力和忠诚。"② 正是由于地头的推动,武家军事统治成功地伸展到各地庄园。

室町幕府的最高官职也是将军,辅佐将军的最高机关是"执事",1365年以后改称"管领",地位相当于镰仓幕府的执权,但无执权那样的实权。1398年以后,由斯波、细川、畠山三家的家督选任。"使一门诸家在本宗家的领导下辅佐幕政的运营。"③ 畠山、斯波、细川三氏,也称"三管领"或"三职"。

管领之下,设"政所"、"问注所"、"侍所"三所,以掌管军事的"侍所"最为重要。"政所"掌管幕府的财政、将军的家务和一般民事诉讼等,职权不及镰仓幕府的政所,长官称执事。"问注所"负责幕府文书记录的保管、裁决有关文书的真伪、散失等,已无镰仓时代的诉讼裁判权,长官也称执事。"侍所"是幕府的军事机关,掌管京都内外的警备、武士的升降和刑事裁判,长官称所司。义满统治的"应永年间"中期,由足利家族的一色、山名和与足利氏一起创业的功臣赤松、京极四家的家督选任,俗称"四职"。"三管领"与"四职"一起构成幕府的领导核心,都是最有势力的武将。"支撑足利幕府全国统治的组织骨架是幕府(将军)——守护体制。"④ 守护大小不一,有的一国两分,只担任半个分国的守护,有的兼任数国守护,如"四职"之一的山名氏一家,兼任山城(京都府)、纪伊(和歌山)等11国守护,占当时全日本66国中的六分之一,时人称之为"六分之一殿"。大内氏拥有6国守护职,土岐氏拥有3国守护职。

江户时代的幕藩体制,即幕府和260余个藩国分别构成中央政权和地方政权。幕府职制分为役方(文官)和番方(武官),役方负责处理日常行政事务,番方负责平时的军事警备。

---

① [日]中村吉治:《武家和社会》,培风馆1953年版,第120—123页。
② [日]坂本太郎:《日本史概说》,商务印书馆1992年版,第174页。
③ [日]新田一部:《太平记的时代》,讲谈社2001年版,第197页。
④ [日]森茂晓:《战争的日本史·8·南北朝动乱》,吉川弘文馆2007年版,第63页。

幕府的中央机构在将军之下设"大老"、"老中"、"若年寄"三个职位（合称"三役"）。最高官职是非常设的"大老"，最重要的官职是总揽幕府政务的"老中"和"若年寄"，老中签署幕府的命令，管辖大名和幕府的高级官员，处理幕府的日常事务。若年寄除辅佐老中处理政务外，还负责统辖旗本和御家人。"三役之下"是大目付、目付和寺社、町、勘定三奉行。老中、三奉行、大目付等组成的"评定所"是幕府的最高司法机关。幕府直辖地的地方机构，设京都所司代、城代、远国奉行、郡代、代官等职。京都所司代负责警备朝廷和京都市内，代表幕府对天皇朝廷进行监视和交涉，并对公家及西国大名进行监视。城代管理重要城市，郡代和代官管理幕府的直辖领地。

在近代日本，军权直属于天皇，具有"君权"的权威，是自成一统的独立王国，不仅不受内阁的监督和制约，军部大臣的去留还影响内阁的命运。

四　平战结合的政权机制

源赖朝缔造的武士政权是军人政权，政治制度和政权组织的基本原则，一是将军事主从制度转化为政治制度；二是将军事组织转化为政权组织。政权机制的特征是平战结合，即随时应对和发动战争的反应机制。这种平战结合的政权机制，贯穿武家军国政治的始终。

镰仓武家政权的政治制度以军事主从制度为基础。"按照主从关系建立的御家人制度，构成镰仓幕府政权支配体系的主干。赖朝采取武士社会固有的主从关系原理，确立起以武士作为政权基础的政府。"[①]"镰仓幕府的特征在于，一边作为独当一面的国家权力的支配机构，一边将主从这种私人性的个人关系作为构成政权的基本原理。"[②] 武士集团内部私人性的军事主从关系成为正式的国家制度，与幕府的中央和地方官制相结合，形成将军→侍所→守护→地头的武家统治体系。只有与将军结成主从关系的御家人才有任职资格，郎等作为幕府的陪臣，在法律上不能任职。中央和地方的主要官职，都由与幕府结成主从关系，并与幕府有着共同利益的御

[①] 《体系日本史丛书·1·政治史·1》，山川出版社1982年版，第251页。
[②] ［日］宫地正人：《新版世界各国史·1·日本史》，山川出版社2008年版，第146—147页。

家人担任。武家社会内部金字塔形的军事主从关系，就是武家政权从中央到地方的政治统属关系，一级主从关系就是一级政治关系。各级武士在主从关系中的位置，与他们在武家政权中的位置相对应。

武家军事政权的政治组织由军事组织演变而来，军事组织与政治组织合二为一，官员没有文武之分，军人一身二任，既是战斗者，又是统治者。在源平大战中，源赖朝就创建了从中央到地方的武家政权机构。中央政权即"幕府"，由侍所、政所和问注所构成。幕府既是武家政权的首脑机关，掌握和行使中央政权的军事、政治和司法大权，又是将军的军事司令部，统率地方的各级军事组织。地方政权机构的"守护制"和"地头制"，也是幕府之下的地方军事组织。"1185年11月，朝廷承认赖朝在全国任命守护、地头的权限，幕府作为担负国家军事、警察机能的组织由此确立。"[1] 如前所述，守护的职位相当于京都朝廷的国司，原则上各国设守护1人，基本权力是"大犯三条"，即指挥追捕谋反、杀人犯和大番役。平时统管国内御家人维护地方秩序、履行警卫京都和镰仓的义务，战时作为该国御家人的军事指挥官统率御家人出征。"地头在身份上被认为是'日本国总地头'赖朝的代理人，任免权掌握在赖朝手中。"[2] 地头的职权"一般是国衙领、庄园的下地管理权、征税权、警察及裁判权。地头以这些职权为媒介，镇压庄民反抗，侵犯国衙领和庄园的领主权"。[3] 概而言之，幕府、守护、地头这种中央和地方的政治组织，同时也是中央和地方的军事组织，政权机关与军事机关合二为一，各级武家政治机构都是聚集有大量武士的兵营和军事据点，将军、守护和地头一身二任，既是中央和地方政权的行政长官，又是中央和地方军事组织的军事指挥官。

室町幕府始于战乱，终于战乱。先是武家全面夺取公家政治权力和土地财富的"南北朝"战争，后是武家军事首领——战国大名之间争夺军事领地的战国时代。"战争如同家常便饭"，因而平战结合的组织机制比镰仓幕府更为突出。如果说镰仓时代的组织机制是准战时体制的话，那么，室町时代则是战时体制，特别是在室町幕府后期长达百年的战国争霸战代，随时应对和发动战争的组织制更为典型。战国大名——"战国将

---

[1] [日]宫地正人：《新版世界各国史·1·日本史》，山川出版社2008年版，第145页。
[2] [日]石井进著作集刊行会编：《石井进的世界·镰仓幕府》，山川出版社2005年版，第152页。
[3] [日]下村效等编：《日本历史小百科·武士》，东京堂1993年版，第61页。

军"的"举国战时体制",不仅军事和行政组织的官职全部是由现役军人担任,以及行政组织随时转为军事组织的转换机制和官职不分文武、平时的行政长官就是战时的军事指挥官,还具有如下特征:(1)所有武士均集中在战国大名的城下居住,以进行更大规模和更为复杂的军事训练,随时准备出征,并将工商者招来建设领国的政治、军事中心城下町;(2)确立起国内武士的动员体制,"寄亲"、"寄子"制将国内武士编成以有力的家臣为中心的军事指挥系统,"贯高"制统一规定家臣武士应承担的军役任务;(3)战时从农民中征集来的"足轻"(步兵)被编入常备军,列入家臣团的末端,开始脱离农业生产。

"德川家康建立的社会组织、政治组织,全部是以武士为中心的武断的军国主义作为基础。"① 随着德川幕府的建立,将军和大名的军事组织也成了中央和地方的政治组织,幕府和藩国依然首先是军事组织,依然保持平战结合、军政统一的组织机制。幕府的各级官吏,由将军的家臣武士谱代大名和旗本、御家人担任;各藩国政权组织的官吏,由藩主的家臣武士担任。将军和大名的军事据点,就是中央和地方的政治中心。将军既是全国的最高军事长官和最有实力的武士首领,又是全国的最高统治者;将军的幕府既是全国的最高军事司令部,又是全国的最高政权组织。"平时的政治组织,随着可以改换成军事组织,……官员没有文武之分,平时作为事务编制的人员,到战时就能原封不动地变成指挥系统。"所有"官职,战时全部转为军事编制。"② 地方各藩国的政权组织也是如此,"江户时代的藩的原型,是战国大名的军事、行政组织。"③ 幕府的将军和藩国的大名平时是中央和地方政权的首脑,战时是中央和地方军事组织的统帅;幕府的老中(统辖大名)和若年寄(统率旗本和御家人)转为将军的参谋长,藩国的"家老同时是组头,作为侍大将指挥作战。"④ 德川幕府还制定了严格的军役制度,《德川实纪》和《日本财政经济史料》详尽记载了1633年从200石中级武士到100000石大名的军役任务。

近代日本继承和发展这一平战结合的体制,"内阁(政府)负责对外交涉及战争动员,特别是建立举国一致的支持战争体制,军部则负责具体

---

① [日]武士道学会编:《武士道入门》,ふたら书房1941年版,第156页。
② [日]坂本太郎:《日本史概说》,商务印书馆1992年版,第284—285页。
③ [日]大石学:《近世藩制、藩校大事典》,吉川弘文馆2006年版,第4页。
④ [日]藤野保等:《德川家康事典》,新人物往来社2007年版,第175—176页。

指挥和战争行动的实施。"①

五 以战争促发展的发展方式

武士以战争为职业,自产生以来就与战争结下了不解之缘,一部武士的发展史,就是一部扩张军事领地的战争史。战争既是武士的生存土壤,又是武士的发展动力,战事越多,武士的权力越大、财富越多、发展越快。戴季陶曾明确指出:"战争的事越多,武士的权力越是强大。"② 日本学者也承认:"武家产生和成长的关键在于合战。"③ 经济上,战争能使武士获得战利品,是武士发财致富的根本途径;政治上,战争能使英勇善战的武士获得主君的赏识和提拔;社会上,战争能使武士获得名誉。总之,战争是武士增值财富、扩大权力、提高地位和获得荣誉的主渠道,是武士夸耀荣誉、光宗耀祖的崇高事业。因此,"武士以胜利为第一要义",追求战场上的丰功伟绩。

平安时代,武士通过战争将国家的公有土地转为自己的军事领地。平氏武士团自高望王以降,经过三代人约50年的扩张战争,在10世纪初已独霸关东。源赖信、源赖义和源义家祖先三代,在"平忠常之乱"、"前九年之役"、"后三年之役"的战争中,使源氏武力滚雪球似地不断膨胀,成为全国第一大武士团,负责京都的治安和皇宫的警卫。源义家以"天下第一勇士"出入朝廷,地方豪族武士纷纷聚集在其麾下。

源赖朝继承了先祖赖义、义家的传统,在源平大战中不断将公家的政治权力和土地财富赏赐给关东武士。一次次的扩张战争和论功行赏,使天皇朝廷的政治权力和公家贵族的庄园成了武士的战利品。赖朝在战争中创建起武家政权后,继续将公家的政治权力和土地财富作为战利品赏赐给大大小小的军阀,扩大武家的统治权限、统治范围和经济基础,武士也由此成了掌握国家权力和拥有军事领地的统治阶级。北条氏在"承久之乱"后,将没收来的3000多所庄园作为战利品赏赐给有军功的关东御家人。还任命有战功的关东御家人为这些领地的地头——"新补地头",其他未

---

① 殷燕军:《近代日本政治体制》,社会科学文献出版社2006年版,第311页。
② 戴季陶:《日本论》,海南出版社1994年版,第37页。
③ [日] 中村吉治:《武家和社会》,吉川弘文馆1973年版,第70页。

设置地头的庄园也一律补任了新地头,使武家统治范围从东国扩展到西国。

室町幕府建立后,武士阶级在持续半个多世纪的"南北朝战争"中,武力剥夺公家的权力和土地,将公家势力赶出政治舞台。足利义满统治时代,确认公家和寺社领地土地所有权的权力、审判领地纷争的权力,天皇即位大典和大尝会以及伊势神宫的改建和修缮等所需经费的临时性征课权、京都的警察权和土地问题的市政权、都市商人的征税权等原属朝廷的权力,一一转归幕府行使。守护则乘南北朝战乱之机,在地方各国剥夺国司、郡司的权力和贵族领主的土地。在南北朝"这场军事混战中,一个主要的受害者正是镰仓幕府时期安然无恙的国司和郡司,因为现在'守护'们夺取了越来越多的公共土地。后醍醐天皇试图改弦易辙的结果是适得其反。"① 而且,"在南北朝时代,守护将国衙机构纳入守护体制,以国衙目代层作为守护代。"② 14世纪末15世纪初,全国都处于武家政权一元化的军事统治之下。"应仁之乱"后,在战争中崛起的战国大名又形成独立于幕府体制的战国大名领国制。无权、无兵的天皇朝廷则越发窘迫,因缺少经费,以致从后柏原天皇开始,九代天皇都没有举行即位大礼。③

丰臣秀吉在武力统一全国后,扩张欲望恶性膨胀,率先将扩张战争的矛头指向亚洲大陆。1592年3月进攻朝鲜半岛。5月攻占朝鲜京城,7月朝鲜国土大部沦陷。军事上的胜利进一步刺激了丰臣秀吉的扩张野心,立即制订了称霸亚洲的庞大扩张计划,梦想征服中国后,将中国的领土分封给他的家臣和武将,进而建立以日本为中心的军事帝国。

"偃武兴文"的德川时代虽然没有像丰臣秀吉那样发动实质性的扩张战争,但是,武士阶级的思想家却提出了系统的扩张思想、扩张纲领和扩张路线,奠定了近代日本侵略扩张政策的思想基础。

本居宣长宣扬"八纮为宇"的对外扩张思想,梦想征服世界。林子平的《海国兵谈》明确将日本进攻的目标确定在日本的邻近国家。本多利明主张对外开发和殖民,其《经世秘策》狂妄叫嚣武力征服世界,使日本成为世界第一强国。强调为君之道的秘诀,在于以军事侵略谋求国家

---

① [美]康拉德·希诺考尔等:《日本文明史》,群言出版社2008年版,第85页。
② [日]下村效等编:《日本史小百科·武士》,东京堂1993年版,第103页。
③ [日]辻达也编:《日本的近世·2·天皇和将军》,中央公论社1991年版,第26—27页。

利益。佐藤信渊鼓吹向外侵略扩张，建立以日本为中心的军事帝国。藤田幽谷提出建立主宰世界的日本大帝国的思想主张。会泽安（会泽正志斋）的《新论》（1825）认为日本是"神州"，是"大地之元首"、"万国之纲纪"，日本应"皇化"万国，"使海外诸蕃来观德辉"；认为西欧冲击造成的危机关系到日本的"国体"，是有关"戎狄之道"与"神圣之道"存亡的斗争；提出以"富国强兵"作为对付西欧冲击的根本方法，将"巨舰之制"与"水操之法"作为"富国强兵之要务"的支柱。《新论》（尚未印刷的抄本）流传极广，1830年还有人秘密刊印，幕末志士几乎无人不读，在武士中具有绝对的影响。[①] 日本被迫开国后，吉田松荫、佐久间象山等倒幕维新的先驱继承和发展"富国强兵"思想，要求实行"富国强兵之大计"和"囊括五大洲之大经济"。[②] 吉田松荫明确提出：将失之于欧美的"交易之处"，"偿还于鲜（朝鲜）、满（中国东北）之土地"，其扩张补偿主张后来成为明治政府的一大战略。著名的启蒙思想家福泽谕吉，也极力鼓动武力侵略朝鲜和中国。

近代日本在维新三杰等"武士阀"的主导下，将"挟天皇号令天下"的中世纪军国政治发展为"奉天皇之命"的近代军国政治，其统治思想、基本国策、权力构造、政治机制、发展方式等，无一不是对中世纪军国政治的继承和发展。

[①] ［日］信夫清三郎：《日本政治史·第1卷》，上海译文出版社1982年版，第145—149页。

[②] 同上书，第259—263页。

第六章

武家统治思想的武士道

1192年，镰仓幕府正式成立，武士和武士道的历史也翻开了崭新的一页，武士成了执掌国家大权的统治阶级，武士道成了统治阶级的统治思想和主导地位的价值理想、道德规范。源赖朝和北条氏率先将国家政治生活中的观念价值、制度价值和法律价值的地位与权力赋予武士道，将其奉为全社会价值理想的标尺和伦理道德的支柱，以强化武士政权的统治制度和统治秩序。于是，"源氏的坂东武士道"由源氏和关东武士的应有之道，演变成为武家社会的时代精神、武家政权的统治思想和武家法律的基本元素。如果说平安武士道主要用于武士团之间的军事征服的话，那么武士治国时代的武士道则主要用于武士阶级对被统治阶级的军事征服——军事统治。武士道的核心内容"忠诚的伦理观念"和"武勇的战争精神"，分别成为武士阶级对被统治阶级实施精神统治和肉体统治的工具。

武士道之所以在武士治国时代得到前所未有的大发展，之所以会一步步发展成为社会的价值理想，就缘于武士治国时代的政治、经济和社会制度，都是在武士道的指导下建立起来的；反过来，武士治国的政治、经济和社会制度又为武士道发展成为社会的价值理想和伦理支柱提供了制度保障。

一 镰仓武士道

镰仓武士道是平安武士道的继承和发展，适应武士治国的需要，镰仓武士道的内容更丰富，特色也更鲜明。日本学者桥本实认为："镰仓武士道以忠节、武勇为两大特色，此外，还有质素、礼仪、名誉（惜名）、信义、清廉等精神。细数的话共有10余项。"[①] 镰仓武士道主要由"源氏的

---

① ［日］桥本实：《日本武士道史》，地人书馆1935年版，第158页。

武士道"和"北条氏的武士道"所构成。

（一）源氏的武士道

镰仓时代的 140 余年间，源氏将军时代约为 40 年，剩下的 100 余年属于北条氏执权时代，而且，即使是二代将军赖家、三代将军实朝的 20 余年间，统治大权也是掌握在北条氏手中。因此，纯粹的源氏将军时代不过是赖朝的大约 20 年时间，源氏的武士道实为赖朝的武士道。

赖朝大力强化忠诚道德，主要措施，一是"御恩"，与关东武士结成同舟共济的利益关系；二是武神崇拜，对忠诚和服从将军赋予神的旨意。

1180 年 8 月 17 日，赖朝（1147—1199）响应"以仁王令旨"在伊豆起兵；10 月 6 日攻占相模的镰仓，以之为根据地。接着，就以关东武士"保护者"的身份自居，通过满足关东武士的土地利益，与之结成御恩与奉公的主从关系、利益关系。建立御家人制度之初，赖朝就明确宣布：凡拥护"仁王令旨"、听从指挥者，政治上原任职务，执行如故，"私领本宅，领掌如故。"一切经济权益均受保护，有功者还授予"新恩地"。每次战斗胜利后，赖朝都要举行大典，论功行赏，将没收来的土地作为"恩赏"给予有功的关东武士。赖朝保障御家人的安全，确认其所领支配权；御家人忠诚于赖朝，尽奉公义务。

源赖朝不仅是源氏的嫡系继承人，也是"源氏坂东武士道"的继承者、弘扬者和建设者。"镰仓武士道，其实就是赖朝将东国的武人气质上升为时代精神。"[①] 源氏武士道的核心内容——"忠节精神"，正是从赖朝与御家人之间以利益为基础的主从关系里滋生出来的。"镰仓武士在以主从关系为基础的实践生活中，滋养出镰仓武士独特的精神。对将军的御恩尽忠节构成为第一义的要素。""对主君的御恩献身奉公——即尽忠节，是镰仓武士的金科玉律。"[②] 1189 年，赖朝以征讨奥州的藤原氏为名，对包括南九州的武士广泛进行军事动员，一方面再现赖义"前九年之役"中源氏对御家人支配的正当性，确认东国武士团对源氏的谱代从属关系，另一方面以此作为"检验御家人忠诚度的试金石"。征服奥州后，千叶常

[①] ［日］高桥富雄：《武士道的历史·第 1 卷》，新人物往来社 1986 年版，第 83 页。
[②] ［日］桥本实：《日本武士道史》，地人书馆 1935 年版，第 133—134 页。

胤、畠山重忠等一批有勋功的御家人获恩赏，"接受动员而未参战的武士，安芸国的叶山介宗赖被没收所领，丰前国伊方庄地头贞种被取消地头职。"①赏罚分明，严厉惩处未履行尽忠奉公职责的御家人，维护了赖朝和御家人"御恩"与"奉公"的源氏武家"家法"，强调对将军的绝对忠诚和服从。

赖朝还通过武神信仰，强化源氏武士道的忠节精神及其对御家人的控制力。"镰仓殿对御家人的支配不只是物质层面的，还包括观念形态。支配御家人观念形态的主干，就是幕府的守护神——鹤冈八幡宫。""使源氏的氏神成为御家人的守护神，进而又升华为幕府的守护神。"②赖朝通过以国家权力赋予"鹤冈八幡宫"武勇之神和护国之神的含义，强化御家人对将军的忠诚与服从。"因为八幡是护国神，武士的理想是护国，武士为了实现自己的理想而借助八幡的力量，感受八幡的神威。在此思想基础上，产生出对将军的忠诚和对将军的神的崇敬相一致的忠诚的伦理性。"③平安中期，源氏武士团已形成信仰"鹤冈八幡宫"与忠于源氏合二为一的思想意识。武家政权建立后，赖朝通过"八幡神"的信仰，追溯源氏与御家人之间的累代主从关系，使御家人相信"崇敬将军就是崇敬八幡神"，服从赖朝（幕府）就是服从神意和崇敬祖先。若对赖朝不忠，既是不遵神意，又是对祖先的背叛，即对神、对祖先的大逆不道。

赖朝大力倡导的源氏武士道还有武勇精神，武神崇拜也扮演了不可替代的角色。"武神的意义在于支撑构成武士道主干的武勇精神"。"在武士的生活中，兵法乃至武士的作法和合战的心得等都渗透着神道的基础性影响。"④"镰仓武士尚武思想的鼓吹者赖朝崇拜武神"，"通过对鹤冈八幡宫的信仰，强调武家主义。"⑤赖朝非常重视和热衷于奖励武艺，经常组织流镝马、笠悬、小笠悬、相扑、竞马等军事训练。多次组织围猎，统率各武士团进行综合性实战训练，如1193年的富士围猎。下野国那须野、信浓国三原、骏河国富士野、武藏国入间野、相模国大庭野等东国各地的狩猎场，

---

① ［日］五味文彦：《日本的时代史·8·京、镰仓的王权》，吉川弘文馆2003年版，第133页。
② ［日］冈田清一：《镰仓幕府和东国》，续群书类从完成会2006年版，第87页。
③ ［日］奥田真启：《武士团和神道》，白扬社1939年版，第118、124页。
④ 同上书，第274、277页。
⑤ ［日］桥本实：《日本武士道史》，地人书馆1935年版，第148—149页。

都是赖朝组织军事训练的场所。通过军事训练、军事竞赛增强武士的战斗能力，培育武士的"勇猛之心"、"杀伐之心"，要求武士具备敢于战斗的勇猛精神、无所畏惧的拼命精神和嗜血成性的好战精神。在组织军事训练、军事竞赛的同时，赖朝又奖励武勋，熊谷直实因治承四年追讨佐竹毛四郎之功，补任为武藏国大里郡熊谷乡地头；下河边平行因射术精良而受褒扬，称为"日本无双之弓取"。于是，坂东武士崇尚武勇的精神成了武家社会的时代风尚。"景时和能员都是将军的宠臣。景时依靠非凡的机智，能员凭借乳母之缘和姻亲关系，分别受到将军重用。可是，一般的御家人并不承认机智啦、婚姻啦是理想价值。武士的理想依然是武勇。"①

源氏武士道的重要内容还有俭朴。"赖朝在镰仓创建幕府后，鉴于平氏陷于文弱，为此，力戒骄奢，提倡俭朴，着力发挥武士道的精神。"②要求御家人"切勿贪图酒食、聚敛钱财、放荡享乐"。源赖朝之所以将幕府建在镰仓，原因之一就是要远离京都贵族骄奢淫逸的生活方式，防止武士趋于怠惰、懦弱，丧失忠诚、武勇之品格，重蹈平氏覆辙。在赖朝身体力行示范效应的带动下，"镰仓武士奉行俭约，但又不是守财奴，为了做好一朝有事之准备，或是给予部下更多的恩赏，或是培育更多的部下，以增强自己的战斗力。"③

田中义能说："赖朝正主从关系，戒卑怯未练，高扬质素勤俭，极大地唤起了武士道的精神。"④ 赖朝以武家最高统治者的身份和权力赋予武士道制度价值、观念价值，大力倡导武士道的忠节精神、武勇精神和质素、勤俭等要素，并以之作为赏罚标准，极大地推动了武士道的发展。

（二）北条氏的武士道

赖朝去世后，北条氏掌握幕府实权，也继承了赖朝倡导的武士道精神和敬神观念等。

对北条氏武士道贡献最大的当数北条泰时。1224年，泰时推进政治机构的法典整备、组织化和体系化，"将对'镰仓殿'个人的忠诚，转化为对

---

① ［日］上横手雅敬：《镰仓时代》，吉川弘文馆2006年版，第121页。
② ［日］田中义能：《武士道概说》，日本学术研究会1934年版，第28页。
③ ［日］俵本浩太郎：《新·士道论》，筑摩书房1992年版，第66页。
④ ［日］田中义能：《武士道概说》，日本学术研究会1934年版，第29页。

幕府体制的忠诚。"① 增设执权的副手"连署"和设置职位仅次于执权和连署的"评定众",共同协商决定幕府的重要政务。同时,"从为政者的立场解释镰仓武士之道"②,1232 年(贞永元年)主持制定第一部武家法典"御成败式目"(史称《贞永式目》),更是武士道发展史上的里程碑。

《贞永式目》的制定依据或来源,一是武家社会数百年来的习惯、道德,二是赖朝以来的先例。"支撑式目的法的精神是'道理'。所谓道理,即正、邪的意思,判断正邪的标准,即以主从之忠、亲子之孝为核心的武士的实践道德。"③《贞永式目》一方面以武士道为武家根本大法的依据,另一方面又通过武家根本大法赋予武士道政治意识形态的地位和权力。"贞永元年(1232 年)制定的御成败式目作为最初的武家法典,也是镰仓时代武士文化的最高成就。幕府不是由原来的公家法,而是以武士在现实生活中产生的实践道德——'武者之习'为基础进行裁决。""与公家法不同,武家法典基于武家社会独自的习惯(武者之习),有不少引人注目的新规定。"④ 式目共 51 条,文字易懂,内容务实。第一条,"可修理神社专行祭祀之事"里说:"神者依人之敬增威,人者依神之德添运。"沈仁安先生将其内容概括为五类,一是规定守护、地头的职权,二是御家人的领地继承,三是领地纠纷的裁决,四是朝幕关系的处理原则,五是其他刑罚等。该法律以御家人为对象,涉及行政、司法、财产继承和武士的行为准则、道德规范。

式目以法律的形式巩固武家的胜利成果、维护武家社会的统治秩序,政治上,在第 3 条"诸国守护人应奉行之事"中,对武家统治系统的守护、地头制度赋予法律依据,进一步明确守护的职责,即大犯三条。要求武士向公背私,不得假御家人之名越权妄为,严禁"非国司而妨国务,非地头而贪地利"。经济上,在领地纠纷中维护武士的既得利益,如第 7 条规定赖朝以后历代将军所赐之领地,即便旧领主提出诉讼也不得变更,"滥诉之辈应予停止"。第 16 条规定"承久之乱"时被没收的土地已"充给勋功之辈",旧领主"自今以后,应停止胡乱要求"。第 27 条规定有功

---

① [日]上横手雅敬:《镰仓时代》,吉川弘文馆 2006 年版,第 230 页。
② [日]小泽富夫:《作为历史的武士道》,ぺりかん社 2005 年版,第 65 页。
③ [日]上横手雅敬、元木泰雄、腾山清次:《院政、平氏和镰仓政权》,中央公论新社 2002 年版,第 242 页。
④ [日]上横手雅敬:《镰仓时代》,吉川弘文馆 2006 年版,第 11 页。

之辈"随奉公之浅深"予以奖励。式目还以法律的形式要求各级武士严格履行职责,无论是"权威"者,还是"关东将军御所之女官,不得怠慢殿上当然之公事"。

式目颁布的意义,一是为武家提供了审判依据,使武家统治走上法治化道路;二是将武士在数百年战争生活中形成的"武者之习"规范化,制定出武家自成一统的法律,武者之习的权威性由此有了制度保障和法律价值;三是有关御家人的法律规定,巩固了幕府与御家人的主从关系,继政治和经济军事化之后,法律也走上了军事化道路,成为武家军人政治加强军事力量的重要工具。式目最初以武士为对象,施行于武家统治地区,随着武家势力越来越强盛、公家势力不断衰落,武家法律逐渐扩大到全国,并且凌驾于公家律令法之上。

北条氏武士道的另一重要内容出自北条泰时的弟弟北条重时(1198—1261)之手,重时 1230 年至 1247 年担任有"小幕府"之称的六波罗探题,1247 年(其女婿北条时赖任执权)至 1256 年任幕府"连署",辅佐镰仓幕府第 5 代执权北条时赖,具有丰富的军事统治经验,是镰仓时代著名的武士政治家,为镰仓幕府执权政治的完善做出了重要贡献。

北条重时的武士道代表作是《六波罗殿御家训》和《极乐寺殿御消息》。《六波罗殿御家训》共 43 条,写作于任职六波罗探题时期,专为训诫已任幕府要职的长子北条长时而作,向其传授如何作为人主和一家之主,以及武家的治人、治家秘诀,强调弓马之道乃武士之职分和美德。《极乐寺殿御消息》共 88 条,后追加 4 条,与《六波罗殿御家训》教训的内容不同,如果说《六波罗殿御消息》侧重于武家社会主君的治人之道,那么《极乐寺殿御消息》则是家臣的尽忠奉公之道。《极乐寺殿御消息》依据佛教的因果报应论具体论述日常道德,内容包括宗教(信仰)、奉公、武艺、亲兄弟、妻子、妇女儿童、礼仪作法、衣物、住居、友人、仆从、百姓、商人的心得。基本理念一是强调"正直之心";二是关于对主君的奉公心得,强调为主君的奉公精神不是对主君之恩的报偿行为,也不是以恩为目的奉公,而是修得佛果的佛法修行途径,要抛弃私心、存正直之心;三是"慈悲之心"。[①] 第 47 条强调:"谨遵佛法、持心正直,今

---

① [日]小泽富夫编集、校订:《武家家训·遗训集成》,ぺりかん社 1998 年版,第 354—355 页。

生可以无佞，后世往生乐土。比如父有德，子任高官，非一己之力，乃神佛护佑也。以弓箭之道为首，诸事上扬名显德，莫不以持心正直为要。父正，其子受益，诸人称善，于是子孙繁荣，为人生至喜。佛法兴，则万世法盛。佛法衰，末世临，人不以佛法为本，则祸及子孙。"第87条明确指出："执弓矢之身，须常记义理。武士之心，武技义理犹如车之两轮。知义理，舍身舍家不舍正义，遇强不屈。熟谙义理，可执弓矢，不谙此道，难以拒敌。两轮之修，不可偏废。古人云，人死留名，虎死留皮。一身性命，系有定数，实不足惜。人生所求，本多不得偿，不可不知。"①在《北条重时家训》中，武者之习俯拾即是。

在镰仓时代，佛教禅宗也成了武士的宗教信仰，取代神道教成为武士道最主要的思想渊源，武士道也从"神道的武士道"进入"禅道的武士道"时代，"武士好禅"就是始于镰仓时代。崇禅的内容，将在"武士道与日本民族文化的融合"一章中详尽论述。

二　室町和织丰武士道

室町幕府和织丰时代是武家政治全面发展的时代和"战争如同家常便饭的时代"，"忠诚的伦理观念"不断遭到武将们强有力的挑战，不过，"武勇的战争精神"则得到了淋漓尽致的发挥。"室町末期，幕府势力衰弱并出现所谓群雄割据状态，在各地以实力扩张兵势的所谓群雄们，制作家训家宪训导子孙，督促部下，大兴武士道以谋求自身的发展，武士道又渐渐得势。"② 此时的武士道以"家宪"、"家训"为代表，因此，日本学者称之为武士道发展史的"家宪"、"家训"时代，主要内容是：忠节、礼仪、武勇、敬神、崇禅、名誉、信义、俭朴等。

（一）南朝的武士道

"南朝"即后醍醐天皇在吉野建立的天皇政权，南朝的武士道主要是指追随后醍醐天皇的有力武将楠木正成、新田义贞、名和长年等人体现的武士道，以效忠天皇为特征。

---

① ［日］小泽富夫编集・校订：《武家家训・遗训集成》，ぺりかん社1998年版，第45、53页。
② ［日］田中义能：《武士道概说》，日本学术研究会发行1932年版，第38页。

居住在皇室领地，受到皇室恩遇的小土豪楠木正成（1294—1336），素以河内（大阪府）"地侍"（亦称国侍，即不供职于幕府的乡村武士）首领闻名。1331年，后醍醐天皇因兵变计划泄密逃到奈良，在木津川南岸地势险要的笠置城建立据点，招兵倒幕。期间，楠木正成来投。天皇问正成："草创天下，有何计谋可致稳操胜券，四海太平。"正成回答说："武士之道，在于武略和智谋。若论武略，集六十余州之兵也难胜武藏、相模两国镰仓武士。若论智谋，可摧而即垮，攻而破坚。"[1] 1332年末，后醍醐天皇之子护良亲王与正成分别在吉野、河内再次举兵讨幕。1333年5月镰仓幕府灭亡后，后醍醐天皇起程回京，6月2日楠木正成率领部下7000余人沿途拜接，天皇还感慨万千地对正成说："今日之成功，全赖卿家之忠诚善哉。"[2] 后醍醐天皇入京亲政后，对有功之士论功行赏，正成叙从五位下检非违使、左卫门尉、摄津介。

1336年4月，足利尊氏率兵40万进逼京都，后醍醐天皇令正成拒敌。5月25日，正成率700骑在凑川迎击足利尊氏的30万大军，战斗从早上10点持续至下午4点，经过浴血奋战，终因寡不敌众而失败。《太平记》"正成兄弟讨死之事"一节中说：正成率700骑步卒抗击足利氏大军，三时（相当于今天的6个小时）内交战16次，最后仅剩73骑。[3] 正成率幸存的70余骑突围至广严寺山下，与胞弟楠木正季互刺而死。其余幸存将士，也切腹自尽。正成临终前问正季还有何愿望，正季回答说："愿与兄长七生报国，消灭朝敌。"[4] "七生报国"遂成武士道史的绝世名言。由于楠木正成舍命效忠的是"天皇"，因而被幕末尊皇攘夷志士推崇；由于楠木正成的效忠对象与明治时代以来"皇道的武士道"相吻合，因而成为日本"皇军""忠君爱国"的楷模。

正成的长子楠木正行（？—1348）坚守其父遗训，继续与足利氏的幕府军战斗，成为幕府军的一大劲敌，最后战死沙场，被评价为"孝行、忠君"的楷模式人物。

与足利尊氏一样，新田义贞（1301—1338）也是出自源义家之子源义国的各门武家，因居住在上野国新田庄而称为新田。其父朝氏，幼号新

---

[1] ［日］高桥富雄：《日本武士道史·第1卷》，新人物往来社1986年版，第269页。
[2] 引自冯玮《大国通史·日本史》，上海社会科学院出版社2008年版，第221页。
[3] ［日］小泽富夫：《作为历史的武士道》，ぺりかん社2005年版，第83页。
[4] ［日］田中义能：《武士道概说》，日本学术研究会发行1932年版，第37页。

田小太郎，在上野地方具有相当大的势力。不过，两者在北条政权的地位却有着天地之别。"足利氏是镰仓幕府成立以来世代与北条氏通婚的有力御家人，足利高氏时在幕府拥有仅次于北条氏的地位，除本领下野外，具有上总国、三河国的守护职。"新田氏是北条政权排斥和打击挤压的对象，"新田氏的本领新田庄大部分成为'得宗'被官和北条氏系寺院所领，包括本宗家的惣领——总领新田义贞也失去了总庄地头的实权"，"并成为没落的地方御家人"。① 他们反叛镰仓幕府的原因也大不相同，足利氏是图谋取代北条氏，新田氏是自身利益受到北条氏侵害。元弘之乱时，义贞属幕府军，1333年正月拟攻打楠木正成的千早城，途中接到护良亲王的令旨收兵回府。京都的六波罗探题陷落后，义贞转变态度，同年5月在新田庄生品明神社前举兵反幕，并于5月22日攻陷镰仓，北条高时自杀，镰仓幕府灭亡。6月，建武政权成立，新田义贞因讨幕之功叙从四位下，任上野介、越前守、播磨守、越后守护、播磨守护，与足利尊氏并列为武者所头人（长官），两者都想取得建武政权的主导权。足利尊氏背叛建武新政权后，义贞曾作为新政权的主将与楠木正成打败尊氏。后在尊氏由九州进攻京都时设防于摄津，凑川之战失败后保护恒良亲王逃往北陆，并在北陆构筑南朝军的据点。此后，以金崎城、杣山城为据点力战足利氏的幕府军。1338年，与斯波高经苦战，藤岛之战失败后自杀而亡。

在日本军国主义恶性膨胀的昭和时代初期，田中义能从皇道主义、国家主义立场出发，高度赞扬效忠皇室的新田义贞，认为新田义贞的尽忠之志丝毫不亚于正成，出身名门而为皇室献其一生，其忠魂义胆广为流传，发挥了武士道的精华。② 其实，在武士道发展中被奉为尽忠典范的楠木正成和新田义贞，之所以为南朝尽忠均是出于自身的利益需要。小泽富夫也明确指出："南北朝武力对峙期间，一般武士并不在乎哪一方天皇的正当与否，'只关注恩赏'。"③ 从自己的实际利益出发，决定效忠天皇或效忠足利氏将军。

（二）北朝的武士道

"北朝"即足利氏挟光明天皇（1321—1380）号令天下的武家政权。

---

① 《战乱的日本史（合战和人物）·5·南北朝内乱》，第一法规出版株式会社1988年版，第28—29页。
② [日]田中义能：《武士道概说》，日本学术研究会发行1932年版，第38页。
③ [日]小泽富夫：《作为历史的武士道》，ぺりかん社2005年版，第84页。

北朝的武士道一是幕府的武士道，主要是指幕府的法令《建武式目》；二是任幕府要职的著名武将的武士道观，如斯波义将、今川了俊、伊势贞亲。与足利氏一样，斯波氏和今川氏也是源义家之子源义国的后裔，伊势贞亲则是伊势平氏的后裔。

足利尊氏建立武家政权后，在沿用《贞永式目》的同时，结合当时的形势，于1336年颁布《建武式目》17条作为足利政权的施政纲领。《建武式目》的"政道之事"认为"政在安民"，"早休万人愁"。"古人曰，居安犹思危，今居危，盖思危哉。"因此，"远以延喜、天历两圣之德化，近以义时、泰时父子之行状为近代之师，施万人归依之政道，是为四海安全之基。"① 强调要继承镰仓以来公家（延喜、天历两圣即醍醐天皇、村上天皇）和武家（北条义时、北条泰时）的优良传统和道德。宣布要"以忠诚于足利氏而又有军功者为守护"；要求"禁奢侈，行俭约"，"镇暴行，止贿赂"。② 武士道的核心德目——"忠诚"成为足利政权任用守护等官吏的政治原则，要求为政者以"俭约"、"清廉"为道德规范。

斯波义将（1350—1410）曾侍奉义诠、义满、义持三代将军，三次担任辅佐将军职务的"管领"，兼任越前、越中、能登、若狭、佐渡、信浓的守护，作为辅助义满的管领在处置诸大名的对立抗争、实现南北朝的议和统一上显示出杰出才能，还参与义满制定僧禄之职（禅宗的僧职、五山十刹及其诸流的统括、人事管辖，任命相国寺住持春屋妙葩）、制定五山十刹住持的年限等，与京都五山的禅僧关系密切。第二次出任管领职务期间作《竹马抄》（1383），内容是武士的文武教养和心的修养，认为执弓矢者与佛法者用心相同。义将在《竹马抄》序言中特别强调："为主君舍弃生命乃武士之本意。"关于君臣关系，义将批判基于个人私欲的主从结合，认为"仕奉主君时虽有人认为应首先受恩赏，然后再据此考虑尽忠，但其想法是错误的。人生在世，不可忘记主恩。欲望未能满足即怨恨世道与主君的人，是无情的人"。③《竹马抄》强调的武士精神还有敬神崇佛、正直之心、重名誉、重礼仪、明身份等。

今川贞世（1325—1420）也曾侍奉义诠、义满、义持三代将军，被

---

① 《日本精神文化大系·第5卷》，日本图书中心2001年版，第3—4、7页。
② 同上书，第4—6页。
③ ［日］小泽富夫：《作为历史的武士道》，ぺりかん社2005年版，第67、104页。

认为是精于文武两道的著名武将。1367年，成为幕府的引付头人，兼任侍所头人和山城守护。同年，将军义诠去世，贞世剃发出家，号"了俊"。1371年出任九州探题，1375年攻陷南朝经营九州的中心地带太宰府，1381年攻占菊池氏的根据地隈部城和良城亲王的据点染土城，为确立幕府对九州一元化统治做出巨大贡献。1395年被解除探题职并被召回京都，幕府对其在任25年及其献身的恩赏只有半个骏河国，心怀不满的了俊回到领国。1399年，因涉嫌参与策划大内义弘等大名的反幕活动（应永之乱）而遭足利义满放逐，次年被剥夺全部领地，就此隐居。

《今川了俊制词》也称《今川壁书》，是了俊为其后嗣之弟仲秋而作，作于1412年。《今川了俊制词》共23条，几乎涉及武士道的所有基本元素。明确指出武者之家要文武兼备，"不知文道，武道终不能得胜"；"既为诸士之首，若无智慧才学，处事失当，必受上下非难。"强调敬神崇祖，全力奉公，"不可毁坏神社"，"不可毁坏先祖山庄寺塔"；"不可轻公务，重私用，不惧天道"。推崇武勇精神，"弓马合战，本乃武家之常，当着意修行"；"侍者，第一要以合战为念，否则不足为人敬爱，此节古来名将皆有训诫。""既生武家，当专武事，疏忽所领，不养兵卒，天不笑而不为耻，实是可惜。"倡导俭朴，力"戒穷奢极侈"。认为武家首领应"明辨忠奸，以行赏罚，是为首要。"[①]

伊势贞亲（1417—1473）出自武门名家，代代以幕府政所执事、殿中惣奉行、御厩别当为家职，是政所执事贞国之子，自称兵库助、备中守、伊势守。幕府礼仪秩序的确立，伊势氏发挥了指导性作用。代代将军家的嫡子均由伊势家领养，第八代将军义政（1436—1490）便是由伊势贞亲夫妇养育，贞亲也因此而深得义政信任，1460年6月成为政所执事，与相国寺荫凉主秀琼真蕊共掌幕政实权，政所权势大为提高，有"政所政治"之说法。贞亲贪念权财，私欲膨胀，收受贿赂，应仁之乱前后的文献里将其称为"佞臣"。

《伊势贞亲教训》共38条，主要内容一是敬神佛，二是侍奉幕府的心得，三是文艺武艺的学习，四是平生的举止。在贞亲心中，敬神信佛是谋求伊势家佳名和繁荣的手段。他还告诫子孙说：身为武士，弓马至关紧要，

---

① ［日］小泽富夫编集・校订：《武家家训・遗训集成》，ぺりかん社1998年版，第76—78页。

必须牢记在心,每日勤加磨炼。即使是在犬追物等活动中不能表现出武艺精湛,也会使名誉受辱。① 贞亲对嫡子的最大期望,不是内心的修养,而是"保身之术",重视服装、容貌、才艺,使伊势家作为"天下之镜"的家名传之子孙后代。因此,有人将《伊势贞亲教训》视为"保身术读本"。

(三)战国大名的武士道

战国武士道的主要载体或资料是"战国家法"(或称家训),即战国大名为统治领国而规定的君臣关系(主从关系)和家臣必须遵守的法规。

"下克上"型战国大名朝仓敏景(1428—1481)的《朝仓敏景十七条》,大概是最先制定的战国家法,为1471年至1481年间制定。朝仓氏原是以坂井郡黑丸为本领地的国人领主,身份上是守护斯波氏的被官(家臣),先是乘主家斯波氏内讧与守护代甲斐氏联手扩大势力,1471年成为守护后,又以一乘谷为根据地打败甲斐氏,终于将越前一国掌握在手中。

《朝仓敏景十七条》的内容从日常生活到领国的治国,首先,是以忠节取人,"于朝仓之家,不可定宿老(指世袭的家老之职),凭自身才能忠节品决";"家中奉公人等,有虽非才俊而心志坚强者,尤可善待。"其次,倡导俭朴,"朝仓一族,年初出仕,须着印有家纹之布衣。如恃仗财力而穿着华贵,则国中武者必竞着光鲜,衣衫粗陋者必抑愧,以致称病不肯出仕。一年不出,二年不出,日后朝仓侍者稀矣。"最后,用兵之道。"可胜之战,可下之城,却因选吉日,虑方角,迁延时日,贻误战机,何其可惜。纵是吉日,便飓风中使船,或独骑知千军,亦必落败。反之,即使方角时日不吉,若能详察敌我之虚实,善用正攻与奇袭之战术,用心筹划,临机成变,亦必获胜。"《朝仓敏景十七条》中还有一条引人注目的内容,即第15条规定:"本国之内,除当家垒馆之外,切不可建筑城郭。禄米之家臣,悉迁于一乘谷,其乡其村只置代官下司。"② 该条被认为是兵农分离,以及将家臣武士悉数集中于主君之城下町的先声。

北条早云(1432—1519)出自伊势平氏,是小田原北条氏(也称后北条氏)的创始人。早云也属"下克上"型战国大国,与大和的松永久

---

① [日]小泽富夫编集·校订:《武家家训·遗训集成》,ぺりかん社1998年版,第82页。
② 同上书,第95—96页。

秀、美浓的斋藤道三并称"战国三枭雄"。早云原来是个连固定领地都没有的浪人，因其姐是骏河守护今川义忠（伊川了俊的后人）的宠妾，遂成为今川氏门下食客。1476年2月，因帮助今川义忠之子今川氏亲（早云之妹的儿子）平定内乱的功劳，成为骏河兴国寺城的城主。通过不断的武力扩张，终于在1516年成为最早雄踞关东的战国大名。

北条早云的《早云寺殿二十一条》制定时间不详，大约作于在小田原构筑居城自号早云庵宗瑞之后。《早云寺殿二十一条》是"具体生活的实践训"，从起床到就寝的一日生活心得，如日常举止、对主君的奉公等。第1条和第5条分别说："第一须虔心敬佛"，"虔诚礼拜，固然当行。然更为紧要者，乃正直和平之心。敬上怜下，去伪存直，有便是有，无便是无，方合天意。即便不求，但有是心，必有神明护佑。存心不正，则为天道所弃。"第6条强调节俭，"刀具衣裳，莫思攀比，适可而止。若为好看，寻人借贷，是为无益虚荣，反落人笑柄。"第8、9、10、13条是奉公和礼仪的规定，第14条要求"对上下，对万民，不可有一字半句虚言。些微小事，亦应据实。虚言一出，便即成癖。若被指正，一生之羞。"第12、16条是关于学习的规定，"闲暇时，将书本揣于怀中，于人不留意处，可翻看阅读。无论醒、睡，均不可忘，文字才能熟稔。书道亦同此理。""公务之余应习马术。乘马走步之功扎实以后，再行习抖缰等其余妙技。"第21条提倡文武两道，"文武弓马之道乃武家之常，自不待言。古法文左武右，非兼修不可并得。"① 武士道精神要素的敬神信佛、奉公、朴素、勤学、诚心、礼仪、武勇等，随处可见。

武田信繁（1525—1561）出自武门名家源氏，乃源赖义之第三子新罗三郎源义光的后裔，是武田信虎的次子、战国名将武田信玄的同母弟，官封左马助（中国式名称"典厩"）。嫡子武田信丰后袭官左马助，称"今典厩"，因而通常称信繁为"古典厩"。信繁作为"武田二十四将"的柱石，全力辅佐信玄。1561年，在与上杉谦信的川中岛合战中阵亡。

《武田信繁家训》作于1558年，涉及内容极广，包括忠诚、武勇、习文、歌道、家臣·家来、领民、主人的心得、日常生活等，所引典籍主要出自《论语》、《孝经》、《三略》、《吴起》、《孙子》、《史记》、《春秋》

---

① ［日］小泽富夫编集·校订：《武家家训·遗训集成》，ぺりかん社1998年版，第124—131页。

等，以及称为《碧严录》的佛书。其99条家训囊括了所有武士道要素，如"忠诚"，第1条即规定："侍奉主上，永不可生逆心"；再如"武勇"，第2、4、10条告诫说："战场不可贪生。吴起曰，必生则死，必死则生。""专修武勇。三略云，强将手下无弱兵。""修习弓马，至关紧要。"又如"敬神信佛"，第72条规定："要虔诚信佛神。云，但合佛心，多得助。"此外，对"军略战法"、"以功立身"、"赏罚分明"、"用人"、"勤学"、"礼仪"、"正直"、"交友"、"谨言"、"休闲娱乐"[①]等都有详细规定。

关西大名毛利元就（1497—1571）是安艺的国人领主毛利弘元的次子，父母在其元服前双双去世。1516年兄长去世，甥幸松丸继任家督。1523年，9岁的幸松丸去世，元就继任家督，成为郡山城主。在此期间，毛利氏不过是安艺、备后三十家国人领主中的一家。1533年，叙任从五位下、右马头。历经二三十年的征战，1566年灭亡尼子义久后，在日本西部地区确立起毛利氏的霸权。

《毛利元就遗诫》作于1557年11月，共14条。从第1条至第9条均是训诫三个儿子要同心协力，共保毛利家繁荣昌盛。第10条说："我等杀生之业，不意甚多，自忖难逃因果报应。我心甚哀汝等，汝等处事定要谨慎。如报在元就一世，自无话说。"第11、12、13条，是元就作为战国老将的"体验谈"，包括征战、武勇，特别是敬神信佛。"每朝对日礼拜，念佛十遍，不仅可求后世，而且可求今生。"在第13条中，明确将1555年严岛之战的胜利归于严岛明神的加护，告诫三个儿子"信奉严岛明神，心志要坚。"[②]

上述战国大名的武士道，涵盖了忠诚、武勇、礼仪、名誉、俭朴、克己、勤学等武士道德目。

（四）信长和秀吉的武士道

织田信长和丰臣秀吉的权力是霸者的权力——霸权，其武士道也带有霸权的性质。

---

① [日]小泽富夫编集·校订：《武家家训·遗训集成》，ぺりかん社1998年版，第114—117页。

② 同上书，第175—178页。

日本学者高桥富雄认为："织田信长的武德事业，是武德、剑德，是通过武力威压海内的统一宣言。因此，其天下人的思想，是霸道思想。"① 信长以"天下布武"为己任，其武士道是"天下布武的武士道"，其特征是以武力为基础，以"恩赏"为纽带，对功臣封赏大片土地，对敌人赶尽杀绝，以彰显其"天下布武的武士道的权威"②，激发家臣的"忠义"和"武勇"。在天下布武的过程中，信长一边与国内武士和征服国的武士结成以"封地"为纽带的主从关系，一边制定家臣武士必须遵守的法规，即家臣武士必须遵守的武道、武德。信长武士道的核心是武道，主要内容是武勇精神和武功、武技，要求属下家臣以武艺、武勇的兵道作为自己的本分和应该具备的条件，以"武道"在战场上的"建丰功，立伟业"，为自己获取物质利益、武家名望和权力地位。同时，"天下布武的武士道"强调对主君的绝对"忠诚"，包括礼、义、廉、耻等，是强调"忠义"的一死奉公之道，要求家臣武士以"忠义"的武德侍奉主君。

敬神信佛也是"天下布武的武士道"的重要内容。信长欲在桶狭间以不足3000之兵抵挡今川义元的3万之敌，"亲自到热田神宫"求助于神力，得胜后，敬神之志益强。在"天下布武"的征程上，策彦周良、泽彦宗恩两位声名显赫的禅僧紧随其后，信长受他们的影响皈依禅宗。"信长在安土城内建造的临济宗院摠见寺，是有着七堂伽蓝的正式寺院，占据了安土城城郭的一部分场所。"③ 在军事上，策彦周良和泽彦宗恩还充当织田信长征战杀伐的军师。

秀吉的武士道可称之为"走向天下人的武士道"，核心内容是"武勇"和"忠诚"。在走向"天下人之道"的过程中，秀吉始终坚持军事至上的发展战略，通过丰臣氏的论功行赏、领国体制、检地、兵农分离、军役体系、控制全国的经济中心等措施，削弱大名的军事实力和独立性，以绝对凌驾于大名之上的武力控制大名的武力，强迫大名效忠和服从自己。

在征服的过程中，秀吉或是将被征服的土地恩赏给属下部将，与之建立共同的利益关系，使其成为丰臣系大名，如秀吉政权"五奉行"的前田玄以、浅野长政、增田长盛、石田三成、长束正家；或是以承认臣服者

---

① [日]高桥富雄：《武士道的历史·第2卷》，新人物往来社1986年版，第60页。
② 同上书，第72页。
③ [日]小田和哲男：《培育战国武将的禅僧们》，新潮社2007年版，第189页。

的原有领地及其统治权为恩赏，与之建立主从关系，迫使臣服者奉公效忠，如前田利家之外的"五大老"（德川家康、小早川隆景、毛利辉元、宇喜多秀家、上杉景胜）和陆奥的伊达氏、萨摩的岛津氏、常陆的佐竹氏等。从建造大阪城开始，秀吉就通过各种活动检验大名的"忠诚"。例如，1583年建造大阪城时，强令大名出钱、出力，承担土木建筑的"普请役"。1588年在京都的聚乐第迎接后阳成天皇行幸时，召集信长的次子信雄和德川家康等大名宣誓，世世代代拥戴天皇，不得违抗关白的命令，与其说这是向天皇宣誓效忠，不如说是向秀吉宣誓效忠。征讨北条氏时，命令各国大名均须出兵，不从者将会受到失去领地的处分。

"忠诚"既是武士道的核心内容，它支撑武士团的和谐与统一，提升武士团的战斗力，还是维持武家政治制度结构的纽带。没有"忠诚"的道德约束，就没有武士团的战斗力，也就没有武家的统治地位。因此，自从武士诞生以来，武家首领都非常注意培养家臣武士的忠诚道德。但具有讽刺意味的是，违背武家"忠诚"道德的实例比比皆是。"织田信长被家臣所杀，丰臣秀吉并未在信长死后对织田家尽忠节，而是杀害主家夺取天下。德川家康也没履行对秀吉的承诺，辅佐秀赖，而是违约，发动大坂之战杀害秀吉之子秀赖。"[①] 这些事实表明，武士的忠诚道德既需要以恩赏为基础，也需要武力的控制。武家首领从来都不相信武士会以绝对的忠诚报效主恩，他们历来认为除恩赏外，还必须凭借武力才能让家臣武士效忠和服从于自己。

三　江户武士道

江户武士道直接来自室町、战国和织丰武士道，既有相同之处，又有相异之处。相同之处在于都是武士的伦理道德和武士治国的统治思想、伦理道德的支柱和理想价值；相异之处主要在于：室町、战国和织丰时代的武士生活在战乱频仍的战争年代，以战场为人生舞台，主要扮演战斗者的社会角色、履行战斗者的社会职责，其武士道是"战斗者之道"，指导武士夺取战争的胜利，即指导武士在战场上夺天下；江户时代的武士生活在偃武兴文的和平时代，以榻榻米为人生舞台，主要扮演执政者的社会角

[①] ［日］时野佐一郎：《真实的武士道》，光人社2008年版，第12页。

色、履行执政者的社会职责,其武士道是"为政者之道",指导武士治国安民,即指导武士在榻榻米上治天下。此外,室町、战国和织丰武士道是"自然形成的武士道",江户武士道是"人工合成的武士道";室町、战国和织丰武士道以禅宗为最主要的思想渊源,是"禅道的武士道",江户武士道以儒学为最主要的思想渊源,是"儒道的武士道"。

江户武士道包括幕府的武士道、幕臣的武士道、大名和三河武士的武士道、学者的武士道。

(一) 幕府的武士道

幕府的武士道由将军德川氏制定的法令、法规构成,明确规定"执政者"——武士必须遵循的规范,核心是绝对效忠和服从将军。

1611年4月12日,德川家康在二条城向在京的22位西日本大名发布最早的法度——"三条誓文",第一条为江户幕府继承源赖朝以来的武家政治传统,第二是各藩不得藏匿犯人,第三条为各藩发现叛逆和杀人者,应迅速追捕法办[①],并让诸大名在誓词上签字,发誓要忠诚和服从将军。次年1月5日,将"三条誓文"发布给东国的55位大名。接着,又在1月15日向伊达政宗等11位大名发布"三条誓文"。

1615年,儒学家林罗山(1583—1657)和五山禅僧金地院崇传(有"黑衣宰相"之称,1569—1633)根据德川家康的指令,参照"贞永式目"和"建武式目"等起草武士在现实生活中必须遵守的行动准则。同年7月以幕府将军德川秀忠的名义颁布,即《元和武家法令》。"元和令"作为武家基本法,也被各大名的藩法所援用。1635年,德川家光颁布《宽永武家法令》21条。以后历代将军继位都对法令进行增删,但其根本精神并未改变。《元和武家法令》13条如下:

(1) 应专心致志,修练文武艺能。左文右武,古之法也,不可不兼备矣。弓马之事,乃武家之要项。兵者凶器,不得已而用之;惟治不忘乱,可不勤修练乎!(2) 不可聚饮游荡。溺于女色,耽于赌博,乃亡国之根源。"令条"(足利幕府1336年颁布的建武式目)所载,禁制峻严。(3) 各藩不得隐藏犯法之人。法者礼节之本也。法以制礼,理不能逾法。故犯法之人,不得轻恕。(4) 各藩大名小名(小名指1万石以下者),及

---

① [日] 进士庆干:《近世武家社会和诸法度》,学阳书房1989年版,第15—16页。

其所属差役士卒等人，如有发现叛逆或杀人者，应即迅速追捕法办之。野心之徒，乃倾覆国家之祸首，危害人民之蠹贼；岂可容忍！（5）从今以后，本藩之外，不得与他藩之人交往。习俗因藩而异。以本藩秘事告之于他藩，或以他藩秘事传之于本藩；奸诈之事，由此发端。（6）各藩城垣，如需修缮补葺，必先呈报。至于新城之兴建，在所严禁。城过百雉，国家之害；深沟高垒，大乱之本也。（7）邻藩若有标奇立异，结党营私等事，应即迅速呈报。人而结党，必非善类，以党为恃，同上逆君父，或勃豀邻里。不守古制，标奇立异，图谋不轨也。（8）不可私缔婚姻。婚合者，阴阳和同之道也，不可轻率。"睽"曰：匪寇婚媾，志将通，寇则失时。"桃夭"曰：男女以正，婚姻以时，国无鳏民也。以婚成党者，奸谋之源也。（9）规定各大名参觐时之随从人数。参觐之时，各应按照身份行事。"续日本记"制曰："不预公事，不得任意结集部族；京畿以内，二十骑以下不得集行。"是不可多聚士卒也。封邑在一百万石以下、二十万石以上者，不得超过二十骑（骑指有资格乘马的中上经上武士），十万石以下者，按此酌减。（10）衣裳品级，不可混淆。君臣上下，各有其别。白色入紫色之绸缎衣服，未经准许者，不得擅自着用。挽近扈从士卒，有饰以绫罗锦绣者；殊非古法。（11）杂役诸人，不得擅自乘轿。古者乘轿，各依其人。有不需请准而可乘轿者；有需请准之后，方可乘轿者。然挽近诸家扈从士卒，甚多乘轿，是诚僭妄之至。今后各藩大名及其家族，不须请准即可乘轿。将军近侍诸人、医者、阴阳道家、六十以下老人以及病人，则须请准之后方可乘轿。若有扈从士卒妄自乘轿者，其主人应负罪咎。公家（世居京都的天皇近臣）、皇室出家人以及僧侣诸人，乘轿不受限制。（12）各藩武士必须俭约自奉。富者骄奢逸乐，贫者耻其不及；风俗凋弊，莫甚于此。故严令禁上矣奢。（13）藩主应选拔良才。治国之道，在于得人；明察功过，赏罚必当。国有善人，其国殷盛；国无善人，其国必亡。此先哲之明诫也。上列诸事，各应遵守。[①]

1635年颁布的《宽永武家法令》，将"武家法令"从13条增至21条，规定更为详尽。

[①] ［日］石井紫郎校注：《日本思想大系·27·近世武家思想》，岩波书店1974年版，第454—455页；参见张荫桐选译《1600—1914年的日本》，生活·读书·新知三联书店1957年版，第1—3页。

幕府还针对直属中下级武士颁布有"诸士法度",如获宽永九年(1632年)的"诸士法度"9条,宽永十二年(1635年)的"诸士法度"23条,宽文三年(1663年)的"诸士法度"23条。

《宽永诸士法度》23条主要内容有:(1)砥砺忠孝,严守礼法。经常注力于文艺武道之修练。言行举止,唯义理是从,不可为伤风败俗之事。(2)旌旗、弓矢、枪炮、甲胄、马具等各种兵器以及兵员名额,应切实注意,不可与规定之数额相违。(3)不可贪图奢华,勿于武器之外,耽爱其他不必需之用具。万事须以俭约为本。(4)近年武家诸族,以至于低位武士,建造住屋,均过分华丽。自今以后,务须各依其位,遵照律例,简朴行事。(5)近年武家诸族,以至于低位武士,婚娶式典,备极华丽。今后,各色用具,不可过分豪奢,纵属高位之家,亦应俭约自奉。(6)宴客之杯盘木碟,禁用金银彩色。……所有宴客之事,务须简约;饮酒不可醉乱。(7)(将军使者)传谕音讯时,(各地武士)馈赠于使者之礼品,或为黄金一枚,或为银锭十枚,各依身份,依次递减。(8)遇有执行死罪时,除奉命诸人之外,其他人等不得围聚刑场。(9)严禁口角争斗。他人口角争斗时,从旁助势者,其罪更重于争斗者本人。凡有口角争斗之时,诸人不得围聚。(10)万一于殿堂之上,发生口角争斗时,当由值日禁卫处理之,不得妄自纠集其他禁卫。于不设值日禁卫之处,附近诸人应加劝阻。不可袖手旁观,以致滋生恶事。(11)若有失火事情,官吏及其特许者以外,不可趋聚。但既为官吏所指定者,必须前往。(12)不得雇用在其原主处犯有罪案之人。如知其所犯罪状如叛逆、杀人、盗贼者,应立即押往至其原主处。(13)武家各族中若有犯罪重大者,虽为将军亲属,亦须依法处理,不得隐庇姑息。(14)领地之内,一切施政,均有定制。不得于年贡俸禄之外,违法加收。(15)各领地间,山川境界以及宅地畔域,不论何事,不得私自发生争论。(16)组中武士,兼为衙门吏役者,若与他组发生争论时,同组诸人不得助威作势。应于队长、组长之间互作商谈。遇有难办之事,应向官厅报告。(17)百姓之间讼事,如双方属于同一领地之内,应由地头(统治者本人封邑的中级武士)处理之。如讼事中之一方其他地头治下之百姓,则应与双方队长、组长商议裁决之。(18)关于后嗣之事:应一健在时收立养子,并呈报上级。若于临死弥留之际,仓促收立养子,则纵有遗言,亦作无效论。门第不合之人,不得收为养子。虽有亲生之子,亦不得为其立下不合于门第之遗言。（19）不可私结党徒，逞势助斗。不可妨碍公事。漫题滥写，胡乱张贴，赌博淫行，以及其他不合武士身份之者，均不可为。（20）（各级武士）无论高位低位，于其自身应用各物之外，不得囤聚货物经商牟利。（21）步行武士之衣着，限于纱绫、绉纱、条纹绸、粗绸、丝麻混织布以及棉布等各种衣料。此外不准使用。（22）不可万事依靠于部属。对于部属之品德，须时常检点，不得疏忽。（23）（将军）谕旨，无论由何人传布，不可违背。上列各项，务须遵守，若有违犯者，视其罪之轻重，必予处分。①《宽永诸士法度》中的武士道元素，一目了然。

德川氏的武士戒规还有德川氏的家法《德川成宪百条》、《东照宫御遗训附录》等。核心内容是：（1）奉公效忠、绝对服从。强调家臣各得其主并享受相应待遇"是天理，将之法也，士之道也，仁之术也。"②（2）提倡文武两道，强调尚武精神。《德川成宪百条》第35、36条说："治世不忘乱世，武术不可懈"，"剑乃武士之魂。"③（3）尊崇五伦五常，正君臣之道。《德川成宪百条》第40条规定："以不乱君臣、父子、夫妇、兄弟、朋友五物为人之大伦。"④ 强调君臣之道"是天理"。君为天，臣为地，臣下忠诚和服从主君是天经地义的。

上述德川氏的武士道中，中国儒学思想随处可见。

（二）幕臣的武士道

幕臣的武士道，是幕府重臣以幕府的武士道为基础的武士道观，如伊势贞丈的《伊势贞丈家训》和室鸠巢的《明君家训》，前者是武士的"为士之道"，后者是藩国大名的"为君之道"。

幕臣伊势贞丈（1717—1784）是伊势平氏的后裔，自室町幕府以来伊势家就以礼法家的身份侍奉将军，精通公武两家的礼仪、典故、官职和法令等。《伊势贞丈家训》作于1763年，内容包括五常之事、五伦之事、先

---

① ［日］石井紫郎校注：《日本思想大系·27·近世武家思想》，岩波书店1974年版，第463—465页；参见张荫桐选译《1600—1914年的日本》，生活·读书·新知三联书店1957年版，第6—9页。
② ［日］石井柴郎校注：《日本思想大系·27·近世武家思想》，岩波书店1974年版，第475页。
③ 同上书，第471页。
④ 同上。

祖之事、家业之事、衣食住之事、神佛之事、酒色财弈之事、苦乐之事、慎独之事、省身之事、改过之事、非理法权天之事、俭约之事、堪忍之事、自暴自弃之事15项，即武士必备的"武士之心"和"武士之操行"，忠节、武勇、信义、名誉、礼仪、俭朴、敬神等武士道要素全在其中。

五常之事——仁、义、礼、智、信，尤其强调"信"，认为"仁义礼智诸条，若无信，皆伪"。

五伦之事解读父子、君臣、夫妇、兄弟、朋友五伦之道，阐明其重要性，"不知此五伦之法，则于亲不孝，于君不忠，夫妇不睦，兄弟不和，朋友交往不正，无理非道事多，遭人憎恨怨谤，甚而致祸。"

（1）先祖之事，要求"敬仰先祖"，"若轻慢先祖，致先祖之魄作祟，则灾祸不断，身家子孙危厄。"（2）家业之事，解说士农工商的操守，特别是武士的操行，"既生武家，便应在武艺上用功。武士不知武艺，如同猫儿不知捕鼠，百无一用。""然若会诸般武艺而无武士之心者与操行，亦与町人百姓会武者无二。武士之心者，即五常之心。武士之操行者，以五伦之法为首，本书所列之宗旨皆为武士之操行。"（3）衣食住之事，强调不可奢侈。（4）神佛之事，认为"日本国中之人皆为神之子孙，要敬仰神明，不可亵渎毁伤。只要居心正直，不需祈求，神明自佑。""此世持正直心，不失五常五伦之法，善守人之操行，来世必能成佛。"（5）酒色财弈之事，阐明酒色财弈的弊端，视其为"祸患之根本"，武士必须谨慎对待。（6）苦乐之事，告诫武士须以乐观心态面对人生。（7）慎独之事，即洁身自好、珍惜名誉。"恶本易显，所谓恶事传千里，遥僻之所，俄顷即知。""欲隐一恶，必做各种伪饰，造各种谎言，然愈是作伪，终成恶显之因。""不欲人闻，不欲人见之隐事，万不可有。"（8）省身之事，"即己之行事善恶，时常思想回顾，寻己之不良无理处"。（9）改过之事，即改正过失，正己之恶行，并以不改为耻。（10）非理法权天之事，"非者，无理。理者，道理也。法者，法规也。权者，权威也。天者，天道也。非不胜理，理不胜法，法不胜权，权不胜天。"（11）俭约之事，"俭约云者，戒无益之费，不乱花一钱，然于有益当为者，千金不吝。""辨别无益有益，适时宽紧财用，是为俭约，宽紧适度，取其得当，是为俭约。"（12）堪忍之事，"堪忍者，容忍抑受也。为人当抑其所欲。五常五伦之道，不用忍耐二字不得行。万事若无忍耐之心，则善灭恶生。""只有主君之敌，父母之敌，此二者不可堪忍。"（13）自暴自弃之事，将自虚假自弃者，视为人面兽心。"虽生人面，其心同兽类。"①

幕臣室鸠巢（1658—1734）为江户时代中期的著名朱子学家，是第八代将军德川吉宗的侍讲。《明君家训》作于1692年，井上哲次郎监修的《武士道全书·第4卷》中称为《假设楠正成下诸士教二十条》，是一藩藩主要求藩士的20条行动准则，自1715年京都书肆柳枝轩出版以来，广为流传，有登城之士人揣一册之说。《明君家训》要旨如下：（1）鼓励进言献策。"各位要深察吾心，常进忠谏"。"古之圣贤之君，尚求谏于群臣，况如吾者，赖先祖积善之余庆，得继君位，居各位之上，古朝夕只恐生质不肖，有悖各位之心。因此，无论自身之行止，或是领国之为政，大事小情，只要有些微不宜，或各位心有所思，但请尽言，勿须多虑。"（2）励学问，知为人之道。"家中之士，无论贵贱，应励学问。""学问者，乃为人之道，生为人者，不知不行，便如禽兽一般。较之朝夕衣食，尤为急务。""有生之日，便只一日悟道，亦是不枉此生。即便长命百岁，若怠于学而不知为人之道，虽生何益。"（3）孝父母，友兄弟，以位为本。"各位于父母要尽孝，兄弟竭尽友爱；亲族虽远类，亦当不违道理，亲敬和睦；旁辈之间，以信为本，心底不藏私伪，对待家臣，慈悲怜悯。"（4）谨言慎行，固守士道。"一言一行，不可乖离士道。固守操节，口不言伪，身不徇私，居心纯正，外无伪饰，举止不乱，礼仪端正，对上不谄，不弃患难，飞扬勇决，沉稳厚重，不道猥琐之辞，不言他人恶语。（5）人品贞信，为士之本。"固守节操，人品贞信者，纵然不谙世故，举止有不合礼法处，出口有粗鄙之言，亦非为士之瑕疵，丝毫不必以其为苦。"（6）待人之道，礼让谦退。"家中之士，俱有以礼让谦退为本。""虽因时运，人分贵贱，本来有别，然侮慢他人者，浅陋可鄙。"不可"对位卑者无礼。""位高权重者，诸事谦下，方显持重，亦合道理。"（7）行为举止，皆要质朴。"举止行为，当合士之法度，为士者，当礼下于人，举止平易，不可矫揉造作，方为士之本意。"（8）师法圣贤，以人为镜。"不恃才学，不曲己诌人。""吾之家臣、家老、头目，当以子游为镜，诸士当以灭明为范，无事莫往家老头目处探问音讯，尽应有之礼则可。家老头目，莫以下属追随为荣。"（9）诸士聚会，不失体面。"士之

---

① ［日］石井田紫校注：《日本思想大系·27·近世武家思想》，岩波书店1974年版，第87—103页。

相交，每一言出，要合礼法，瞻前顾后，多引古书义理之事，不可有失体面，如此方合士之意。然密友之间随意谈笑，自当别论。"（10）牢记身份，勿忘武备。"家中之士，勿忘武备。所谓武备，乃于身份相应之人马、武用器具。骑射剑枪亦要修习"，"军法当常用心"。"平日修习，临战场方不致有失。"（11）心系武备，不在于形。"不忘武备，乃平生所系。要视如常务，且恒记于心。""武士好武，当在于心，不在于形。"（12）丧葬礼法，追思之意。"父母、兄弟、妻子死去之时，送葬礼法，虽古之圣人有定，然今难骤然而行。当依追赶思之意。"（13）服丧之时，依情而定。"父母死而不知哀，必不知君恩人情。无论如何刚强，如何合武士法度，不明此理者，不足为倚靠之士。"（14）忠孝义理，不可偏缺。"亲族之中有背国法犯罪者，若知而上报至亲者，乃不知士法。""平生契友知而上报者，亦不知士之法。但如此有背国法之不忠辈，强要隐匿，欲凭借机变，逃脱罪责，其情属实，自当加罪。""若谋叛逆，当受国罚，我自以之为大事，以国为重"，"不会轻易疏漏。""然而便有此事，子告父亦不知士法。君父义理皆重，忠孝俱不偏缺。""若说纵为父子兄弟，有罪亦当上报，于我自是美德，然士之风仪却恶。总之在我心底，不欲列位曲义理而于我一人尽忠节。即使背我，只要列位各尽义理，于我亦是珍重。"（15）款待宾客，尽心为要。"家中之中，日常聚会之菜肴，要各依定例，一汤一菜，自然不可草率。""菜肴乃主人之礼，以尽心招待为要。"（16）弃奢侈，尚质朴。"家中之士，不可好华丽。马匹、武具、刀具，亦是合用即可，所佩所持皆要简素。"（17）修房建屋，理应简素。"不可大兴土木，营造房舍。唯能遮风避雨者可也，不可僭越简素之分，依据身份，房舍大小理应有别。"（18）常用之物，不可奢华。"衣食住之外，武士须备马具、武具。其外常用之器物各别，只要得用便好，奢华之物一概不用。"（19）量入为出，不损生计。"诸士要合身份。计算所收之分量，斟酌金银之使用。"（20）武士之职，在于义理。"利害不索于怀，一意凭志向行事，方合义理。喻于义理，自然疏于利欲，喻于利欲者便疏于义理。喻于义理者为士，喻于利欲者为町人。""要舍利欲之心，厉廉耻之行，对百姓町人，不应有丝毫不当之为。"[①]

[①] ［日］石井田紫校注：《日本思想大系·27·近世武家思想》，岩波书店1974年版，第68—83页。

与《伊势贞丈家训》一样，《明君家训》也涵盖了武士道的所有德目。

（三）藩国大名和三河武士的武士道

大名是领有 1 万石土地以上的上级武士，既是将军的家臣，又是所在藩国的武士首领和最高统治者。据小泽富夫《武家家训·遗训集成》记载，有 20 余位藩国大名作有武家家训、遗训。下面简要介绍其中 5 位大名的家训，以窥藩国的武士道。

亲藩大名会津藩主保科正之（1611—1672）是二代将军德川秀忠与妾所生之子，肥后守保科正光的养子，1631 年正光死，袭封遗领信浓国高远 3 万石，1636 年，移封至出羽国山形藩 20 万石，1643 年转封陆奥国会津藩 23 万石，为会津藩第一代藩主。1651 年，受三代将军家光遗命辅佐四代将军家纲，主导幕政，作为幕政的主导者和藩主，幕政、藩政成效显著。《保科正之家训》共 15 条，作于 1668 年，1672 年正之死后，历代藩主以之作为藩祖遗训，每年春秋两次藩士总登城（进城）之际，由学校奉行宣读，自藩主以下全体家臣着正服跪伏拜听，成为藩之惯例。在此后的 200 年间，《保科正之家训》一直是会津藩士的精神规范。历代藩主和家老，就任之际都要在神君——保科正之肖像前血誓谨遵家训，以之治理藩政。而且，会津藩校日新馆，向 10 岁以上藩士子弟教授《保科正之家训》，称之为"日新馆童子训"，也是会津藩的教育目标。

《保科正之家训》各条如下：（1）于大君（将军），要一心忠勤，不可以列国（他藩）之例自处。若怀二心，则非我子孙，汝等万万不可相从。（2）武备不可息。选士为本。上下之分不可乱。（3）敬兄爱弟。（4）妇人女子之言一概不可听。（5）当重主畏法。（6）家中当塑良风。（7）不可行贿求媚。（8）不可偏袒、不公。（9）选士不可取巧言谄媚之佞人。（10）赏罚之事，家老之外，不可参与知闻。若有僭越者，当从严惩办。（11）不可让近侍者告之人善恶。（12）政事不可凭利害曲柱道理，评议不可挟私意拒人言。有所思，当争论，不可藏掖。争执如何激烈，亦不可心怀芥蒂。（13）犯法者，不可宥。（14）社仓乃为民意，非为求利者也。岁饥则当开仓出济，不可他用之。（15）若失其志，好游乐，致骄奢，则有何面戴封印，领土地哉？必上表令其蛰居。以上 15 件之旨，以后可传于同职者也。①

"戊辰战争"中，会津藩谨遵其"家训"第一条，不论男女老幼都坚定地站在幕府一方，几乎倾城作战，成为幕府军的核心力量，15—17岁的少年武士组成"白虎队"，妇女也组成"娘子军"参战。"1869年（明治二年）6月，明治政府在九段坂上营造招魂社，合祀了戊辰战争的战殁者3588人。……这个招魂社里合祀的仅限于官军战殁者，不包含称为贼军的旧幕和东北诸藩战殁者。对抵抗到最后的会津藩兵，禁止移动尸体，3000人的腐烂尸体在山野间放置数月。可见官军、贼军之别。"②尽管会津藩遭到新政府最严厉的惩处，然而，少年白虎队颇具传统武士风范的切腹自杀，却用生命诠释了武士道精神，以之为题材的电视剧——《白虎队》自播出以来，备受日本民众欢迎。

谱代大名土井利胜（1573—1644）是家康的家臣土井利昌之子，一说是家康之子，与家康关系密切，幼时即为家康的近侍，二代将军秀忠诞生后在其身边侍奉，深得秀忠信任，秀忠死后又被三代将军家光委以重任，1610年以后任幕府老中，1638年又任幕府大老，被评价为将军的第一辅臣，是三河谱代武士中新型的官僚型武士。1602年，受领下总国香取郡小早川1万石，以后不断受到增封。1633年移封为下总国古河16万石，成为大藩藩主。《土井利胜遗训》共19条，是为训诫其子利隆（利胜死后袭封古河藩主）所作。前4条讲奉公之事不可大意，忠信为本，勤于政事，藩中诸侍要励忠义，多学习，注重仁义礼智信。其余条目为任用家老、用人、目付、大将、仕置役、近习用人、御头、目付役以下、地方吟味役、町奉行等职务的方法。

谱代大名井伊直孝（1590—1659）之父井伊直政是德川军的先锋武将和"德川四天王"中首屈一指的功臣，在1600年的关原之战中立下汗马功劳。直孝1603年开始侍奉秀忠，1608年任"番方"书院番头，1610年转任大番头，大阪冬阵时代替生病的兄长直继参战。1615年2月，根据家康"兄直继多病，应当继汝父直政为家督，掌军务"③的指令，直孝代兄袭封近江国中的15万石，成为第二代彦根藩主。在同年的大阪夏战

---

① ［日］小泽富夫编集·校订：《武家家训·遗训集成》，ぺりかん社1998年版，第265—267页；参见中村彰彦《会津武士道》，PHP研究所发行2007年版，第72—77页。
② ［日］高桥典幸等：《日本军事史》，吉川弘文馆2006年版，第300—301页。
③ ［日］小泽富夫编集·校订：《武家家训·遗训集成》，ぺりかん社1998年版，第494页。

中，与其父同为德川军先锋，因功获得家康5万石的加封。此后，又屡有加封，1633年成为30万石的大名。1651年，根据家光遗命参与幕政。直孝之后，井伊家7代任幕府执权职、大老职，幕府末期大老井伊直弼是井伊家第15代。《井伊直孝遗训》共13条，"忠诚"和"武勇"色彩极浓。遗训的基干是第1条，要求"幕命必谨，即使是无理的命令也须绝对服从将军，以对将军家的绝对奉公为藩政之基"。第2、3、8条都是关于武勇的论述，强调"武道昼夜不可忘，时刻准备为将军诛讨叛逆之辈"；"心系武勇"，"侍要潜心武艺"①。此外，遗训还要求学习文道，敬神崇祖。

外样大名岛津义久（1533—1611）是由守护大名转化而来的战国大名，在信长和秀吉统一天下时期，从九州南端的一个守护大名迅速发展成为领有79万石的大藩。1600年的关原之战中，义久属于对抗德川氏的西军，不过，战后德川家康还是安堵了义久的70多万石所领。幕府末期，岛津氏的萨摩藩又成为推动倒幕维新的重要力量，"维新三杰"中的西乡隆盛、大久保利通都是出自萨摩藩。《岛津义久教训》共20条，主要内容是爱民惜民，取民有度，如"怜悯百姓，法之根本"；"使民以耕作之暇"；"以民之利为先，以己之利次之"；"民困顿，则君无财"。节俭，勿"营造华丽屋舍"，正直，"以威势压人，其身从心不从。以正直使民，民弃身家性命而不背反"。赏罚得当，"薄惩罚，厚劝赏"；"吾喜之人，有罪亦当罚。吾厌之人，忠君亦当赏。"举贤用能，"能齐家者，亦能治国。怜恤下民者，君之器也。"交友，"不可交恶友"②。

外样大名加藤清正（1562—1611）出生于尾张国爱知智郡中村，因与丰臣秀吉是同乡，自幼侍奉秀吉，1580年得播磨国神东郡120石俸禄。后奉秀吉之命参加围攻因幡国鸟取城、备中国冠山城展露武功，在贱岳之中因功成为七本枪之一。1583年，领近江、河内、山城国3000石，成为拥有"与力"20人的部将。1588年，领肥后北部八郡19.5万石，成为熊本城主。秀吉出兵朝鲜时，清正与小西行长、黑田长政一起作为先锋；秀吉死后，其与石田三成对立。1600年的关原之战中从属于家康，转战

---

① ［日］小泽富夫编集·校订：《武家家训·遗训集成》，ぺりかん社1998年版，第237—239、494—495页。

② 同上书，第192—193、386—388页。

九州各地，攻略宇土小西、柳川立花氏，因功成为肥后一国除球磨、天草两郡外的 54 万石大名。《加藤清正掟书》是对本藩家老及其他家臣的七条训诫，（1）"奉公之道不可大意。寅时（清晨 3 至 5 时）起修兵法，进早餐，习弓射、步枪、马术。武士中武勇过人者，可加增禄高领地。"（2）"在外游乐，仅限于猎鹰、鹿狩、相扑。"（3）"平日应依身份置武具，蓄养家人，军用之时，不惜金银。"（4）"与同僚交往，一主一客之外，莫置旁人。食用糙米。但修习武艺，应集众人。"（5）"作战之法，为侍须知。有追求奢华者，当判其罪。"（6）"操刀只为杀人，万事系于一心。""有武艺之外执刀习舞者，命其切腹。"（7）"生于武士之家，执刀赴死为本。日常若不深究武士道，一旦事起，则不能从事赴死，故须穷究武士道之意，至要至要。"① 《加藤清正掟书》特别强调武士"以执刀赴死为本"，七条训诫几乎都与武勇有关。

"近世大名与战国大名最根本的差异，在于失去了作为在地领主的基本机能，幕府手中拥有改易、减封、转封的统制权，大名成为'钵植大名'。"② 一个个强悍的大名，无不处在将军的掌控之中，不敢心生二心。"冈山藩藩主池田光政说：国之大事有二，一是祭，二是军营。祭指祭祀祖先，即祭祀池田氏的先祖；……军营以对将军的奉公为核心。在光政的意识里，祭和军政，就是孝和忠。"③ 对德川氏的忠诚和服从，也成了大名共同的基本准则。

日本学者认为："德川家康取得天下的一大原因，就是三河时代的谱代家臣团的强固组织。"④ "自古以来，说到士风之美（武士道），无出于三河武士之右者。战国割据之时，属于德川氏旗下，有理无理，只知有德川而不知其他，为家为主，眼看必败必死也要勇往直前。此即三河武士。"⑤ 如同镰仓时代主流地位的武士道来自源氏的坂东武士道一样，江户时代主流地位的武士道，由德川氏三河家臣团的武士道发展而来，以三河武士为典范。

---

① ［日］小泽富夫编集・校订：《武家家训・遗训集成》，ぺりかん社 1998 年版，第 195—196、388—389 页。
② ［日］小泽富夫：《作为历史的武士道》，ぺりかん社 2005 年版，第 178 页。
③ ［日］藤井让治：《日本的近世・3・统治结构》，中央公论社 1991 年版，第 169 页。
④ ［日］儿玉幸多：《日本历史・18・大名》，小学馆 1975 年版，第 54 页。
⑤ ［日］高桥富雄：《武士道的历史・第 3 卷》，新人物往来社 1986 年版，第 182 页。

三河武士本多忠胜（1548—1610）世代侍奉德川氏，祖父忠丰侍奉广忠战死，父亲忠真侍奉家康战死。本多忠胜也称平八郎，南征北战数十年从未负伤，是"德川四天王"中最为勇猛的武将，深得家康信赖。1584年，信雄与家康联手对抗秀吉，忠胜仅率500骑便立大功，秀吉因此而感慨家康手下猛士。1590年，随家康进入关东，受领10万石。此后，作为武功派元老备受家康重用。关原之战时，跟随二代将军秀忠，与榊原康政并马战斗，取敌首级90余。1601年，受封伊势桑名15万石。忠胜为德川氏霸权的确立尽献身奉公之忠，成为江户初期武功卓越的大名。本多忠胜的家训极为简洁，训诫子弟坚守武士之道，注重内心的修炼，做一个立志于正道的、武艺高超的勇猛之士。

鸟居元忠（1539—1600）之父伊贺守吉忠，是侍奉七代清康、八代广忠和九代家康的三河谱代家臣，元忠自幼侍奉家康，勇武过人，屡立战功，被称为三河武士中的武士。1600年的关原之战中，元忠受命坚守伏见城，率1800名守城兵士与4万敌军血战，终因寡不敌众全军覆没，元忠切腹自尽。关原之战前，元忠作《鸟居元忠遗诫》给嫡子鸟居忠政，告诫忠政："今上引兵关东之际，知我忠心赤胆，命我屯兵上方，据守伏见要冲，正合武运冥理。能为天下士先，舍命报得君恩，成就一家声名，原是我积年夙愿。""要得高官厚禄，沉迷欲心，滋生贪望，岂有不惜命的。既惜命，能成何武功。生于武家，不以忠君为事，只念一生富贵，外谄内奸，丢耻舍义，子孙后代，武名玷污，实是可惜。但愿我子孙发扬武道，使先祖之名，再播于世。"[①] 1602年，家康念元忠之忠节又增新恩6万石。

三河武士大久保忠彦左卫门1575年侍奉家康，至1615年大阪夏阵的40年，是与主君一起浴血奋战的三河谱代之侍。其《三河物语》被认为是"三河武士道"的经典之作，详细记载了大久保跟随德川氏征战的事迹。《三河物语》这样描述德川氏与三河家臣团的主从关系：家康的父亲广忠在鹰狩途中，看见自己的谱代家臣近藤正在泥水里耕作。广忠的随从认为近藤对主君不敬，要求治罪。广忠却一边流泪一边说：是近藤吧，想不到你这样辛苦地奉养家人。每次有战事你都冲锋在最前面，从不顾惜生

---

① ［日］小泽富夫编集・校订：《武家家训・遗训集成》，ぺりかん社1998年版，第182页。

命，多次建立战功，而作为主君的我实在是由于封地有限，才不能让你过上安稳的生活。要自己耕田养活家人的不只是你一个人，因为你是我亲近的家臣，所以才如此坚忍。这样的家臣是我的财富。你的样子一点也没有什么可羞耻之处，反倒是做主君的我的耻辱。以后我依靠你们这样的家臣扩张我的领地，到时候也可以给你们更多的封地。你先这样养活家人吧，我期待你能够舍命地奉公。快去耕田吧。近藤为广忠深厚的情意所感动，流着泪发誓说："不顾妻子儿女，愿为主君奉献生命。"① 大久保通过广忠与近藤的对话，述说家臣对主君御恩的献身精神。对于侍奉过家康、秀忠和家光三代的大久保来说，三河武士之道就是谱代家臣与主君一心一体、生死与共之道。

（四）学者的武士道

学者的武士道，主要指各藩国学者为武士制定的理想化生活方式和价值追求。"奇怪的是，如和辻哲郎博士所指出的那样，致力于引领武士走向道德化的人，不是林罗山等御用学者，而是中江藤树、熊泽蕃山、山鹿素行等浪人出身的武士。"② 江户时代倡导武士道教义的学者，无不精通儒学，教义的或学者的或学问的武士道，也称为儒学的武士道。

1. 中江藤树、山鹿素行、贝原益轩和吉田松荫

中江藤树（1608—1648）生于近江国高嶋郡小川村（今滋贺县），父亲吉次在村中务农，因祖父侍奉伊豫大洲的加藤侯，遂随祖父赴大洲，15岁时祖父去世，藤树承嗣其位。藤树11岁时在《大学》中读到"自天子以至庶人，皆以修身为本"，便立志为"圣人"。出仕大洲侯后，更努力于学业。18岁时父亡，回乡省亲欲迎同去大洲以尽孝，母以年老不从。归藩后，曾请求退职回乡，未获允准。读《枭鱼传》时，读到"树欲静而风不止，子欲养而亲不在"，决意弃仕，发誓不事二君。此后，诸侯召之亦固辞不就，一意尽孝和讲学。藤树忠诚笃实，身体力行，实践王阳明的知行合一说，世人称之为"近江圣人"。

---

① ［日］小泽富夫：《作为历史的武士道》，ぺりかん社2005年版，第159—160页。
② 转引自［日］源了圆《德川思想小史》，外语教学与研究出版社2009年版，第67—68页。

中江藤树是阳明学和武士道教义的鼻祖，其武士道教义的经典之作《文武问答》从文武一德出发，系统阐述"文武一统"的武士道观。（1）"文武本为一德，如天地之造化而分为阴阳一样。""没有武的文不是真实的文，没有文的武不是真实的武。""武道的目的是为了行文道，所以武道之根是文。"同时，"文道又以武的威慑力治国，因此文道之根在于武。""经天纬地，以文正天下五伦"，"以武治天下一统。""文以仁为德，是文艺之根本。文乐礼乐书数是艺，是文德之枝叶。义是武之德，是武艺之根，军法射御兵法等为艺，是武德之枝叶。第一学根本之德，第二习枝叶之艺，文武合一。"（2）"勇"分"仁义之勇"和"血气之勇"，仁义之勇在于明德、守义理和行道，为了主、亲不惜舍命，是至大之勇，即"大勇"。血气之勇则不辨道理无理、义不义，以欲心为本，只知以猛胜人，军败之时舍弃主君。此外，还强调"诚"为武家之第一急务。① 总之，藤树构想的武士道观不是反对武道，而是以"文武一统"为基础。小泽富夫认为在武士道理论的构建上，他从心法之学的立场提出了儒道即士道的理论，将士道定义为仁义之道，但是，关于现实的执政者——武士的职分及理念、道义的理论，尚欠缺体系性、具体性。

会州人山鹿素行（1622—1685）是儒学家和"古学派"的创始人，从古学的角度弘扬武士精神，构建起体系化的武士道理论，在武士道发展史上留下了不朽之名。其"士道论"被认为是"士道"的代表或正统，井上哲次郎甚至称其为武士道的祖师。素行自幼聪慧过人，9岁入林罗山门下学儒学，后创古学派；15岁从小幡景宪钻研兵学，后创山鹿流兵学。1652年，应播州侯浅野长友之聘滞留播州8年。后归江户从事文武两道的讲授，听其讲学者上自诸侯下至一般武士和浪人，弟子多达2000余人。1666年著《圣教要录》三卷，批判幕府的正统儒学——程朱学，被流放到播磨赤穗藩，1675年得幕府许可回到江户。素行留居赤穗前后长达近20年，感长友的知遇之恩，以儒学道义和武士应该遵守之精神培育赤穗藩士。素行的武士道影响深远，赤穗藩大石良雄等46人通过为主君复仇的行动实践了素行的武士道，山鹿高恒、津轻耕道、大道寺友山等继承素行的学统，吉田松荫在幕末复活素行的武士道，新渡户稻造和井上哲次郎的武士道也以素行的武士道为基础，军阀乃木希典为明治天皇殉死切腹也

---

① ［日］井上哲次郎监修：《武士道全书·第4卷》，国书刊行会1998年版，第246—252页。

有受素行武士道感化的成分，日本学者桥本实据此认为素行的武士道教义并非空理空论的文字。

素行儒学化武士道论的代表作，一是《武教小学》，一是《山鹿语类》中的《士道论》。《武教小学》分"夙起夜寐"、"燕居"、"言行应对"、"行住坐卧"、"衣食住"、"财宝器物"、"饮食色欲"、"放鹰狩猎"、"与受"、"子孙教戒"10讲，认为"为士之道，委身于主君，当守死于全道。"①《武教小学》影响极大，是江户武士的道德化生活规范的必读教科书。

《山鹿语类》共45卷，分为：（1）"君道"，卷1—12；（2）"臣道"，卷13—15；（3）"父子道"，卷16—18；（4）兄弟、夫妇、朋友之"三伦道"和"总论五伦之道"，卷19—20；（5）"士道"，卷21—32；（6）"圣学"，卷33—43；（7）"枕块记"（有关素行之父去世时祭仪、服丧的记录），卷44—45。在君道、臣道、父子道、三伦道、士道之后，分别是论述各重要项目原理的"君谈"、"臣谈"、"父子谈"、"三伦谈"、"士谈"。

"君道"即君主道德和君主施政的原则。"臣道"即为臣之道。有日本学者解释说："臣道即君臣之间的应有状态，是武士阶级内部的问题。从整体上看，素行的臣道强调君臣之别是天地之自然法则。""人伦之大纲，以君臣为最大。"

"所谓士道，即作为士农工商四民之长的武士的应有状态，是武士阶级与其他阶级相关联的问题。"②《山鹿语类》第21卷，即"士道"，被认为是武士道"道的自觉"的核心，由六篇组成，一立本，二明心术，三练德全才，四自省，五详威仪，六慎日用。

"立本"要求武士"知己之职分——凡所谓士之职，在于省其身，得主人而尽奉公之忠，交友笃信，慎独重义。然而，己身有父子、兄弟、夫妇等不得已之交接，此亦天下万民悉不可无之人伦。而农工商因其职无暇，不得不经常相从以尽其道。士则弃置农工商业而专于斯道，三民之间苟有乱伦，速加惩罚，以待正人伦于天下。因此，武士必须具备文武之德知。外用剑戟弓马，内行君臣、朋友、父子、兄弟、夫妇之道。文道充之于心，武备整之于外，以为三民之师表。……时刻不忘报主君之恩、父母

---

① ［日］井上哲次郎监修：《武士道全书·第3卷》，国书刊行会1998年版，第41—49页。
② ［日］多田显著，永安正幸解说：《武士道的伦理·山鹿素行的场合》，丽泽大学出版会2006年版，第50页。

之惠。否则，乃是盗父母之惠、贪主君之禄，一生之间唯终于盗贼之命"。① 在武士由"战斗者"转为"为政者"之际，"《山鹿语类》第二部，不厌其烦地重申武士的道德首先在于知己之职分。战国武士忙于争夺生产手段（土地）和生产物，己之职分首先在于武，最大的奉公在于驰骋战场。近世武士离开农村作为消费者居住在都市，除武的方面外，还要发挥新的社会任务。为此，必须创造适应和平社会的武士道德，作为支配、指导农工商阶级的新规范。""素行从儒教的教化政治出发，认为武士以修德、治国、教化三民为本务。"②"山鹿素行将武士道提高到政治哲学的高度教育武士。"③ 日本学者的评论固然有其依据，然而，素行内外有别的双重标准和道德，即在武家社会内部行君臣、朋友、父子、兄弟、夫妇之道，在武家社会外部——对农工商阶级和其他民族、其他国家用剑戟弓马之道，更是不容忽视的。

"明心术"，即养气存心，论养气、度量、志气、蕴藉、风度、辨义利、安命、清廉、正直、刚强。"练德全才"讲励忠孝、守仁义、详事物、博学文。"自省"，即自戒；"详威仪"要求武士勿不敬、慎视听、慎言语、慎容貌之动、节饮食之用、明衣服之制、严居宅之制、详器物之用、总论礼用之威仪。"慎日用"强调总论日用之事，正一日之用，辨财用受与之节，慎游会之节。④ "明心术"等五项，乃是武士完成"己之职分"必备的道德修养和行为准则。

素行的《武士相守日用》明确指出："武士一生言行，勇不可失，少时失其勇，第一失志，第二为外物所惑，第三背义，第四忘职业，第五耻多，第六万事恶敷，武之道缺、士之勤废，是为勇之不足也。"⑤ 在素行眼中，"勇"是武士的立身之基。

综上可见，素行儒学化的"士道论"论述了和平时代武士的生活方式和理想价值，与官方的"执政者之道"一样，旨在"为幕藩体制的稳定化服务"。⑥ 在明治维新至"二战"的数十年间，素行内外有别的

---

① ［日］井上哲次郎监修：《武士道集·上卷》，春阳堂藏版1934年版，第62—63页。
② ［日］崛勇雄：《山鹿素行》，吉川弘文馆1987年版，第201、203页。
③ ［日］风间健：《武士道教育总论》，壮神社2002年版，第155页。
④ ［日］井上哲次郎监修：《武士道全书·第3卷》，国书刊行会1998年版，第135—277页。
⑤ 同上书，第347页。
⑥ 唐利国：《武士道与日本的近代化转型》，北京师范大学出版社2010年版，第49页。

双重标准和道德被发挥得淋漓尽致。王家骅先生说："山鹿素行儒学化的武士道理论，对此后日本思想文化和日本民族性格优劣两方面的影响都是不容忽视的。"① 历史事实也证明王家骅先生这一评价的正确性。

贝原益轩（1630—1714）与中江藤树一样，也是阳明学的崇拜者和宣传者。自祖父时起侍奉筑前福冈的黑田侯，其父利贞以医侍奉，两个兄长乐轩和存齐皆以学问而闻名。益轩幼时聪颖悟好学，后益发勤奋钻研，先以医为业，后以学问侍奉藩公，在职40余年，备受恩遇。益轩学识渊博，手不释卷，一生著述不息，84岁时还著有《养生训》7卷。其享有盛名的武士道著述是《文武训》中的《武训》。"文武训"共6卷，前4卷为《文训》，后2卷为《武训》。

《武训》上卷开首便说："武有本末，忠孝义勇为兵法之本，是武德。节制谋略为兵法。节制即调配人员（人数）的行兵之道，是所谓军法。弓矢剑戟等兵器之术为兵法之末。武艺以兵法为本，兵法以仁义为本。""武士之道，内以忠孝义理为兵法之本，外习武艺，以武备相助。身为武士，若不知忠孝义理之道，不熟兵法武艺，不具武备，必将失去武士之业。""军器三十六，以弓为上，武艺十八般，以射为最。""武艺数量众多，以骑射为先。""文武如同车之两轮、鸟之两翼。"《武训》下卷，除强调"治世不忘武，无事之时习武而不后悔，人无远虑必有近忧"外，要求武士具备知仁勇三德，"武有本末，知仁勇之德是本。如无武德，则武道不立。弓马刀枪之类是艺，是末。""无论是大将，还是士卒，都须崇信知仁勇三德。""知义理，守平生之志，不失刚勇。"还提出了大将的行军用兵之道，如"号令明，赏罚信，与士卒同甘共苦。""作为大将，用兵作战之道在于义、术、勇、知。"② 可见，贝原益轩的武士道强调以武为本。

兵学家、开国攘夷论的倡导者、实行者吉田松荫（1830—1859），是长州藩士杉百合之助常道的次子，名矩方，通称寅次郎，也称二十一回猛士。1835年，松荫继嗣到叔父、山鹿流兵学教师吉田家，因而继承了吉田家家学。此外，松荫还向弘前藩士山鹿素水学山鹿流兵学，向长州藩士山田亦介学长沼流兵学，向松代藩士佐久间象山学西洋兵学和炮术。松荫自幼好学，喜读山鹿素行的著作，11岁应藩主之召讲授素行的《武教全

---

① 王家骅：《儒家思想与日本文化》，浙江人民出版社1990年版，第302页。
② ［日］井上哲次郎监修：《武士道全书·第2卷》，国书刊行会1998年版，第265—296页。

书》。1856年开办"松下村塾",开讲《武教全书》。"安政五国条约"签订之际,吉田松荫高喊攘夷,结果在"安政大狱"中被捕往江户处死,时年29岁。然而,松荫之死,激发了其门人推翻幕府统治的暴力行动。1860年3月,幕府大老、"安政大狱"的制造者井伊直弼在樱田门外被水户、萨摩两藩藩士刺死。

松荫在素行士道论的基础上,提出了被有的日本学者誉为"武士道宪法七条"[①]的"士规七则"。即(1)凡生为人,宜知人之所以异于禽兽,盖人有五伦,而君臣父子为最大。故人之所以为人,忠孝为本。(2)凡生于皇国,宜知吾所以尊于宇内,盖皇朝万世一统,邦国士大夫世袭禄位,人君养民,以续祖业,臣民忠君,以继父志,君臣一体,忠孝一致,唯吾国为然。(3)士道莫大于义,义因勇行,勇因义长。(4)士行以质实不欺为要,以巧诈文过为耻,光明正大,皆由是出。(5)人不通古今、不师圣贤则为鄙夫耳,读书尚友,君子之事也。(6)成德达材,师恩友德居多焉,故君子慎交游。(7)死而后已四字,言简而义广,坚忍果决,确乎不可拔者,舍是无术也。"上述士规七则,约为三端,曰立志以为万事之源,择交以辅仁义之行,读书以稽贤圣之训,苟有得于此,亦可以为成人矣。"[②] 与山鹿素行的士道论相比,吉田松荫的《士规七则》中皇道主义更为浓烈。

松荫门下人才辈出,涌现许多为倒幕维新立下赫赫功勋的杰出人物,如高极晋作、久坂玄瑞、木户孝允、前原一诚、山田显义、伊藤博文、山县有朋、井上馨等。80余名门生中,有爵位、赠位者、有位者多达37人。因此,明治政府的第二代核心领导人伊藤博文为松下村塾题诗说:"道德文章叙彝论,精忠大节感神明。如今廊庙栋梁器,多是松门受教人。"由于松荫门下不少人是倒幕维新的核心领导人,因而松荫的武士道直接影响近代日本的历史变革。

2. 山本常朝、大道寺友山和北条竹风

与山鹿素行的"士道"倡导"道的觉悟"不同,山本常朝(1659—1721)的《叶隐》坚持"死的自觉"。"士道以人伦之道的自觉为根本,

---

① [日]武士道学会编:《武士道入门》,ふたら书房1941年版,第210页。
② [日]井上哲次郎监修:《武士道全书·第7卷》,国书刊行会1998年版,第180—181页。

而武士道则以死的勇敢、死的觉悟为根本。"①《叶隐》闻书之一开章第一句话就要求"武士必须心系武道",第二句话明确指出:"所谓武士道,即觉悟死。"认为:"武士道应该具有向天下显示武勇的觉悟。"② 山本常朝"死的觉悟"的武士道,推崇战国武士。他说:五六十年前,武士每天朝晨都要梳洗、剃须,在头发上熏香,修剪手足指甲并用轻石仔细打磨,为整洁自己的仪容而毫不懈怠。每天打磨自己的武器不让它出现一点锈迹,沾染一丝灰尘。武士之所以这样做,是因为每天都有今日必死的觉悟,否则当死突然降临,而武士的仪容不整,则会让敌人看到他平时没有必死的决心,而受到嘲笑。③ 在德川氏为代表的武家统治者致力于振兴道德教化、转换战国杀伐之心的新形势下,《叶隐》依然倡导充满杀伐气息的"战斗者之道",自然为当局所不容。

兵学家大道寺友山(1639—1730)是山城国伏见人,但其父侍奉越后高田侯松平忠辉。友山先是在江户向小幡勘兵卫景宪和北条安房守氏长学习兵学,后又向山鹿素行学习,儒学修养极深。壮年时,寄居浅野家,并成为会津侯的客人。晚年应越前侯之招,备受恩遇。"友山俭约大度,忠信待人,知义命,能容众。"其论述武士道教义的《武道初心集》,分为上、中、下三卷,上卷11项,包括总论、教育、孝行、士法、不忘胜负、出家士、义不义、勇者、礼敬、马术、军法战法;中卷17项,治家、亲族、俭约、家作、武备、从仆着具、武士、廉耻、择友、交谊、绝交、名誉、大口恶口、旅行、戒背语、阵代、临终;下卷16项,奉公、臣职、武役、谨慎、言辞、谱牒、陪从、有司、假威窃威、聚敛、豆支配、懈惰、处变、述怀、忠死、文雅。上卷"总论篇"开头便是:武士者,自元月元日晨以箸取杂煮糕饼之刻起,至岁末除夕,能日夜以死为常念、为本心而不懈奉侍者也。"士法"篇认为:武士道分为二法四段。二法即常法、变法。常法分士法、兵法;变法为军法、战法。"所谓士法,即朝夕清洗手足,保持身体洁净,每朝结发,根据时节穿着相应的礼服,佩带肋差,腰不离扇子。与宾客相会,依尊卑之序尽相应礼义,慎说无益之言,食一碗饭,喝一杯茶,也要体现武士之风。读书写字,潜心武家古宝古法,行住坐卧的行仪

---

① [日]相良亨:《武士的思想》,ペリかん社1984年,第74页。
② [日]井上哲次郎监修:《武士道集·中卷》,春阳堂藏版1934年版,第200、204页。
③ 同上书,第219页。

做法，要无愧于武士身份。""所谓兵法，即勤于修炼决定胜负的武技武艺，如刀术、箭术、骑术、枪术等。""所谓军法，家中大小武士之义，称军兵士卒，身着甲胄、手执兵仗，向敌地进发的姿态即军阵。""所谓战法，敌我双方交战夺取胜利之法。""不忘胜负篇"强调："身为武士，行住坐卧，心中日夜不忘胜负之气。……腰带刀剑，片刻不忘胜负之气。""义不义篇"要求武士"要有专心务义、戒不义的觉悟，存善弃恶。""勇者篇"说，"武士道最重要的是忠义勇，忠勤的武士，节义的武士，勇刚的武士。"中卷"临终篇"认为："武士临战场，决不当顾身家。出阵应有战死之决心，以生命付诸一掷，方得名誉。与敌骑决胜负，将被敌取首级时，敌必正色问我姓名，即应朗报己名，莞尔授颈，不可有懊丧畏缩之态。负致命伤时，若尚有气力，必向藩头、组头或同伙报告，不露痛苦，处以冷静无事之色，方不失为武士第一要义。"① 友山倡导的武士道，涵盖了武士道的所有德目，影响也很大。

兵学家的代表性武士道，还有北条竹风的《士道心德书》，其武士道教义共16项。（1）"士之道即武也。""常治以文，变治以武。""士不能武道，则士亦游民也。"（2）"士之法虽多，基本之处有三，即谋、智、计。"（3）"士之体，士以威勇刚强为体"，"士不可以不刚毅。"（4）"士之用，士以正气为用"，"常用以正道，变用以诡道。"（5）"武士之术即军旅之道、战法也。"（6）"士之品：士有主、将、士分段，各有大小轻重之差别。"（7）"士之仁，仁之术即赏罚也"，"行士之仁情，明赏罚、以勤善惩恶为大要。"（8）"士之礼，士之礼有常变二个，即军礼和常礼。所谓军礼，即出军、出门之仪式。或胜利有欢呼，或验首级、战场、阵中、行军等礼仪。所谓常礼，即君礼、臣礼、亲礼、婚礼、迎礼、远座礼、退座礼、祝嘉礼、丧礼等。"（9）"士之心以存勇为大要，所谓勇，即心气不动摇，不失常，是英雄好汉。"（10）"士之大本忠孝节义。"（11）"士之言：不假不伪。"（12）"士之行，敬上、尊老、爱幼、怜下、不慢智者、不贱愚者、不变约；能惧不见处不闻处，以正和直进退动静。"（13）"士之做法：以严厉为要，行住坐卧正威仪、行仪做法能慎。"（14）"士之心系，常备胜负之气，常怀必死之心。"（15）"士之艺，从弓马到枪、剑术、柔术、铁炮等，

---

① ［日］井上哲次郎监修：《武士道全书·第2卷》，国书刊行会1998年版，第297—341页。

士之职分。"（16）"士之和：和朝风俗，学和歌之道。"① 北条竹风《士道心德书》的武士道教义，强调武士之道在于武。

有影响的武士道理论家还有斋藤拙堂、中村元恒、津轻耕道、力丸东山、井泽蟠龙、蟹养斋、林子平等。

伊势国津藩士斋藤拙堂的《士道要论》明确指出：士以武为业，而其职必资于文，文所以知道也。士道虽广，不过文武。士大夫为四民之首，上事君，下临民，其风当正。所谓士风正，即心有礼义廉耻。质朴强毅乃士之本色，作为国家之爪牙，士风不能不正。士以死于君之马前为第一职分，首要之形象是常备士风，养勇气，闻雷霆而不惊，起风波而不疑，泰山裂前不变色。② 信浓国高远藩士中村元恒的《尚武论》特别强调尚武，"我邦是武国，西土是文明，文国尚文，武国尚武，固其所矣。""我邦固为武国，有武而国昌，无武则国衰；国之兴替，唯在武事之盛衰。""我邦武国，自有武士道，此不假儒道，不用佛意，我邦自然之道也。文国尚孝，武国尚忠。""我邦学者，勿为道学先生，恐其陷于佛也。勿为词章，恐其流文人也。平日治武术，以识义理、养廉耻为要。武云、武云，戈矛之云乎哉。而不知义非武也，不辨廉耻非武也。又戈矛弓矢不备则非武也。米粟不多则非武也。"③ 肥后国熊本藩士井泽蟠龙的《武士训》要求武士"片刻不可忘记君恩，忘记君恩者，有如禽兽"。"臣之事君，犹如妇之从夫。妇一生只守一夫，臣终其一生只事一君。""人臣当以事二君为耻。"④ 弘前藩士津轻耕道轩（山鹿素行次女之子）继承其外公山鹿素行的衣钵，在《武治提要》中将武治分为"武治之本"和"武治之道"。上篇"武治之本"包括武德、武智、武义、武事、武备、武勇。下篇"武治之道"由立志、修身、齐家、知人、举人、正职役、明事物、立规矩、民政、省察、讲武、赏罚、风化、大治、传玺组成。明确指出："武德有文武，治内以文，治外用武。"并且特别强调武勇，认为"武勇乃百行之基，立志为百行之渊源。勇薄其志难立，其志不立亦无勇。志立则勇，勇成志亦立，勇和志互为表里。"⑤ 斋藤拙堂等人的武士道教义，影响也极为深远。

---

① ［日］井上哲次郎监修：《武士道全书·第5卷》，国书刊行会1998年版，第283—293页。
② ［日］井上哲次郎监修：《武士道全书·第6卷》，国书刊行会1998年版，第293—300页。
③ 同上书，第320—333页。
④ ［日］井上哲次郎监修：《武士道全书·第4卷》，国书刊行会1998年版，第259—260页。
⑤ ［日］井上哲次郎监修：《武士道集·上卷》，春阳堂藏版1934年版，第383—395页。

第三编

武士道对日本民族精神的塑造

从8世纪至20世纪，历经上千年漫长的历史岁月，武士道已经融入日本的民族精神、民族文化和价值理想的细胞之中，形成日本人独特的民族性格、民族传统和价值理想。从今天日本人的所作所为和日本政府的内外政策中，武士道价值理想随处可见，印证和展现了武士道对日本民族精神的塑造。

本编由第七、八、九、十章组成。第七章"武士道基本德目"，论述忠诚、武勇等武士道精神德目，剖析其与武士作为职业军人的生活方式、人生价值及其切身利益的关系，剖析其与武士夺取战争胜利和实施军事统治的关系，即回答武士道是什么、武士为何要以之作为精神信条、武家统治者为何要奉之为精神统治的工具。第八章"武士道向农工商阶级的普及"，论述平安时代至江户时代的漫长岁月中，武士道向其他阶级的普及，从日本民族的角度阐明武士道对日本民族精神的塑造。第九章"武士道与日本民族文化的融合"，论述武士道与日本民族文化的三大主干"神道教"、"佛教"、"儒教"作为思想渊源，两者相互滋养、相互融合、相得益彰，从日本文化的角度阐明武士道对日本民族精神的塑造。第十章"'天皇主义武士道'与近代社会的价值理想"，论述近代日本在"维新三杰"等"武士阀"的主导下，对传统武士道的继承、扬弃和创新，武士道由中世纪的"武家主义武士道"演变为近代的"天皇主义武士道"，并且成了全体日本国民的最高道德和价值理想，成了日本民族精神的代名词。

第七章

武士道基本德目

在古代世界，斯巴达人的军事训练以严格著称，罗马人则以军纪严明享誉世界。不过，无论是军人的军事训练，还是军人的军规军纪，其目的都在于保持强大的战斗力，夺取战争的胜利。日本的武士道也是如此，"忠诚"也好，"武勇"也罢，无非为了保持战斗力和夺取战争的胜利。

在日本的武家社会，武士道既是夺取战争胜利的指导思想和行动准则，又是武士获得战利品（土地、权力、名誉等）的条件和武家社会价值评价的标准。是否遵循武士道既影响战争的胜败，又影响战利品的分配和武家社会的价值评价，进而影响武士及其子孙后代经济收入的多寡和社会地位的高低等。总之，所有武士道德目均与夺取战争的胜利、战利品的分配和武士社会的价值评价息息相关。

历经平安时代数百年的历史积淀，到武士治国时代武士道基本德目大体定型，主要是：忠诚、武勇、信义、名誉、礼仪、廉洁、勤学等。洪炎秋先生说武士道的德目"都是维持主从关系，应付实地战争、保持武士品格所不可不有的德目，是武士阶级所共悬的修养的目标。"这一对武士道德目的内涵或功能的剖析，相当到位。然而，洪先生的这一见解只适合江户时代旨在内省自励的武士道。在武士道一千多年的漫长历史上，"维持主从关系、应付实地战争、保持武士品格"不是目的，目的是夺取战争的胜利。毕竟武士道是军人道德，毕竟对于以战争为职业的武士来说，"第一义的是夺取战争的胜利"和获得战利品。

一　忠诚——武士集团赖以生存和发展的核心要素

最强调忠诚和服从的社会群体是以战争为职业的军人，最强调忠诚和服从的道德是军人道德，最严明的纪律是军纪，军人以服从命令为天职，古今中外概莫能外。没有忠诚便没有服从，没有服从军队的军令指挥系统便会瘫痪，更谈不上军纪、步调一致、协同作战和令行禁止等夺取战争胜利的决定性因素，很难想象一支没有统一指挥、统一行动和协同作战的军队能打胜仗。因此，"忠诚"是一切武装集团赖以成立和发展壮大的核心要素。

日本武士是典型的世袭制职业军人，他们作为私人培植的武装力量而产生，即使在武士治国时代作为国家的军事力量而存在，也依然保有私人武装的特性。不过，武士的"战斗通过集团进行，所以要绝对服从集团的指导者——主君。为此，武士的心理伦理第一是忠诚。"① 武士道作为武士夺取战争胜利的指导思想和行动准则，是典型的军人道德，产生之初是武士团内部私人性的道德规范和行动准则，私人性军人道德对忠诚的强调绝不亚于国家军队，何况武士团内部主君与从者之间还有着"施恩"与"报恩"的关系，这种"恩惠"与"效忠"的关系正是武士团赖以成立的基础，也是将武士个体或小集团聚集在一起的决定性因素。对于武士生活和战斗的军事组织——武士团来说，要保持武士团的和谐和稳定，保持和提升武士团的战斗力，进而夺取战争的胜利，忠诚绝对是必不可少的精神德目。"贵族的地位源自古代传统的国家权力，维持武士地位的力量，则是武士内部武力的结合。"② 若是没有忠诚将武士团成员的思想统一到武士团首领身上来，凝聚人心、军心，那么，构成武士团重要支柱的军事主从关系便难以维系，武士内部武力的结合便难以持久，武士团也就处于随时可能分裂的状态，军队便没有服从和统一指挥、协同作战，因而也没有足以夺取战争胜利的战斗力。

武士道的"忠诚"，不仅是军人道德之根本，还是武家社会以忠诚换恩赏的生存法则或游戏规则，尽忠者赏，不忠者罚。自武士产生以来，战利品的分配原则之一是对主君的绝对忠诚和服从，武士必须以忠诚换取财富、权力、地位和名誉。山鹿素行将"忠诚"作为武士的职分。林子平（1738—1793）也明确指出"忠是事君之道"。③ 戴季陶的《日本论》称之为"食禄报恩主义"。日本的武家社会有"父子一世、夫妇二世、主从

---

① [日]中本征利：《武士道的考察》，人文书院2006年版，第33页。
② [日]家永三郎：《日本道德思想史》，岩波书店1984年版，第89、87页。
③ [日]井上哲次郎监修：《武士道全书·第5卷》，国书刊行会1998年版，第170页。

三世"传统习俗，主从关系高于父子关系、夫妇关系。主君对从者施恩，要求从者报恩（奉公效忠）。"主君给从者恩赏，要求从者报恩——奉公"；"主君……根据从者忠与不忠的程度，给予赏罚。""从者要以服军役及其他奉侍报答主君，必要时还需舍弃生命。"①"从者之所以要为主君献出生命，是为了报答主君的恩顾。""从者为主君献身，不过是保全家和子孙的手段。"② 自从武士产生以来，武士团的主君便对得主君之恩却不向主君奉公效忠者规定了种种惩罚措施，如剥夺武士的士籍、收回恩赏，直至处死。主君强调"忠诚"，而从者则强调恩赏，如果主君不给恩赏，从者也会拒绝效忠，即"恩断义绝"。

　　武家政治是主从政治，武家社会的军事主从关系既是武士道的源头，也是武家政治制度的轴心和组织体系。源赖朝的镰仓武家政权以封建的军事主从关系为基础，幕府要职和地方的守护地头均由与将军结成主从关系的御家人担任，强化将军与御家人之间主从关系的精神观念就是忠诚。贝拉的《德川宗教：现代日本的文化渊源》也敏锐地认识到，武家政权的"制度结构主要通过上下级之间的忠诚关系来保持统一"。因此，武家统治者作为施恩者，通过政治、经济、思想和法律等措施强化从者报答主恩的忠诚献身精神，进而强化作为武家政权基础的主从关系。1232年制定的武家宪法《贞永式目》明确规定"仆忠主"，将从者对主君的"忠诚"从道德规范上升到法律强制的层次。此后，无论是战国大名的"家法"，还是江户幕府的武家法令，都将忠诚作为法律制度。武家社会甚至还通过人质制度，强迫从者报恩——奉公效忠。德川家康的《东照宫御遗训附录》记载说："善辨忠与不忠是明君，不能善辨忠与不忠是愚将。"在家康眼中，明君与愚将的区别就在于是否善于辨别臣下的忠与不忠。

　　新渡户稻造的《武士道》认为："在多么宝贵的生命都可为之牺牲的最贵重不过的事情中，就数忠义。它是把各种封建道德联结成一个匀称的拱门的拱心石。"③不错，在武士道诸德目中，"忠诚"确实是武士道的灵魂、核心和首要德目，居首要地位，起统率作用。然而，对于"忠诚"是以恩赏为前提条件，武士崇尚"忠诚献身"的真谛在于换取主君的恩

---

① ［日］樱井庄太郎：《名誉和耻辱》，法政大学出版局1971年版，第64、322页。
② ［日］家永三郎：《日本道德思想史》，岩波书店1984年版，第89、96页。
③ ［日］新渡户稻造：《武士道》，商务印书馆2001年版，第50页。

赏和扬名天下，武士只忠于给予自己恩赏的直接主君，"当主从契约与向天皇的奉侍发生矛盾时，武士会毫不犹豫舍弃后者而保全前者"，完全以自己的利益为转移，"忠诚"自始至终都是超越政治是非的"愚忠"等，新渡户稻造却避而不谈。

总之，武士道的"忠诚"既是维系主从关系的精神观念和武士以忠诚换恩赏的生活方式，又是武士夺取战争胜利的思想意识和行动准则，还是武家政权的组织原则和法律制度。武士以绝对的、无条件的忠诚，跟随主君夺取战争的胜利，并为自己争名誉，为家庭和子孙后代争特权。若不对主君尽忠，将被逐出武家社会，子孙后代在精神上永无翻身之日。

二 节义——忠诚道德的捍卫者和监督者

"节义"在武士道精神德目中仅次于"忠"，其功能或作用主要以武家社会所谓"正义的道理"命令武士时刻不忘报答主君的"恩惠"，绝对忠诚和服从主君，以死于主君马前为人生的最大荣耀。需要指出的是，自武士道产生以来，"节义"始终与"恩惠"密不可分。平安和幕府时代"武家主义武士道"的"节义"是以主君的恩惠为基础的"主从之义"，主要指报答"主君之恩"，履行对主君奉公效忠的义务，最大的"节义"是报答主君的"三世之恩"，跟随主君战斗到底，甘愿为主君、为自己所属的利益集团舍弃生命。明治维新后"天皇主义武士道"的"节义"，主要是指报答"皇恩"，强调对天皇的绝对效忠和服从，以天皇的旨意作为自己的神圣使命，为了天皇不惜献出生命。与"忠诚"等武士道精神德目一样，"节义"作为武士道的精神德目也是为了夺取胜利。武士的胜利，一方面是指夺取战争的胜利，获取战利品；另一方面是指征服被统治阶级的胜利，巩固武士阶级的统治地位。

武士道的"节义"，正人君子的"义"和江湖义气的"义"、市井义气的"义"相互交织，难解难分，时而倾向于正人君子之"义"，时而倾向于江湖义气的"义"。不过，在武士道一千多年的历史上，居主导地位的还是江湖义气的"义"和市井义气的"义"。原因恰如日本学者家永三郎所言："在以保全和扩大所领为最高价值意识上结成的主从道德，缺乏公共精神是不言自明的。""依存于主从道德而进行的战斗行为，不过是缺乏公共战斗目标的私斗而已。"① 福泽谕吉的《文明论概略》也明确指出："我国的战争只是武士与武士之间的武争，而不是人民与人民之间的战争，是一家与另一家之间的战争，而不是国家与国家之间的战争。因此在两家武士作战时，人民只是袖手旁观，不管是敌方还是我方。"② 私人性武装力量的战争，不过是满足小集团私利的战争——私斗；私人性武装集团的"义"，绝非为国家、为民族的大义。平安时代的武士是为庄园主看家护院的保镖和打手，平安武士道的"节义"，主要是江湖义气的"义"和市井义气的"义"，以本集团的狭隘利益为归依。尽管镰仓、室町、战国和织丰时代的武士是无可争议的统治阶级，但依然具有私人武装的特征，他们所进行的战争大多是武士团之间为了"夺取生产手段和生产物"的战争，因而居主导地位的还是江湖义气的"义"和市井义气的"义"。明治维新至日本在1931年制造"九一八"事变走向法西斯军国义主义以前，以及第二次世界大战后，武士道作为日本现代化和战后经济复兴的主要精神动力，正人君子的"义"才取代江湖义气的"义"居主导地位。

在江户幕府的法制化时代，德川氏将军颁布的《元和武家法令》第3条明文规定："法以制理，理不能逾法"，以遵守幕府法令、效忠和服从幕府的"义"取代效忠和服从藩主的"义"。1702年12月，赤穗藩以大石良雄为首的47名浪人武士履行为主君报仇雪恨的义理，刺杀幕府高官吉良义央。对此，幕府一方面称道大石良雄等47人以死效忠主君，又以大石良雄等无视"公仪"为由——幕府严令切腹自杀。

与此同时，武士道理论家纷纷用儒家学说阐释和规范"节义"。大道寺友山将"义"比作善，"所谓义与不义，是为善与恶"，"义即善，不义即恶"。③ 幕臣伊势贞丈（1717—1784）认为"所谓义者，乃义理是也。纵然于我有损，于理当行，则必行。纵然于我有利，若不当行，则决不可行，是为义。"④ 林子平在《学则》中说："义是勇的对手，是决断的心。就是凭道理下决心而毫不犹豫的意志。应该死的场合就死，应该攻讨的场

---

① ［日］家永三郎：《日本道德思想史》，岩波书店1984年版，第99页。
② ［日］福泽谕吉：《文明论概略》，商务印书馆1997年版，第139页。
③ ［日］井上哲次郎监修：《武士道集·上卷》，春阳堂，1934年版，第298—299页。
④ ［日］石井紫郎校注：《日本思想大系·27·近世武家思想》，岩波书店1974年版，第89—103页。

合就攻讨。"① 真木和泉（1813—1864）则比喻为："节义犹如人体之骨骼，没有骨骼，头就不能端正地处于上面。手也不能动，足也不能立。因此，一个人即使有才能、有学问，没有节义就不能立身于世。有了节义，即使粗鲁、不周到，作为武士也就足够了。"② 吉田松荫的《士规七则》第3条强调："士道莫大于义，义因勇行，勇因义长。"将义作为武士的职分，作为武士之所以成为武士的依据。

"武家主义武士道"的"义理"，主要有"恩的义理"（"主君之恩的义理"、"父母之恩的义理"）、"名誉的义理"等。武士的义理是基于主从关系的义理，对主君的义理居首要地位。"恩的义理"是对主君尽忠、对父母尽孝，"名誉的义理"是在受人侮辱或被人责为失败者时"洗刷"污名的责任，即报复或复仇的责任。"义"或"义理"既是指武士的义务，又表现为武士履行义务的敬业精神、牺牲精神和使命感、责任感。不对主君尽效忠奉公义务，就是"知恩不报"，被武家社会视为最大的不义。近代和现代"天皇主义武士道"、"恩的义理"，则要求全体国民都要以生命报答"皇恩"。

"义"作为命令武士效忠和服从主君的权威性道德力量，一方面从思想上支撑武士追随主君，将对主君的奉公尽忠作为自己的天职；另一方面强化封建主从关系，强化以个人效忠为基础的武家统治制度。

三 武勇——夺取战争胜利的军事能力

夺取战争的胜利是所有军人永恒不变的价值追求。在生死攸关的战场上，讲的是"成者为王、败者为寇"的丛林法则，要么胜利，要么失败，没有平局之说，唯有胜利才能证明一切。当然，要夺取战争的胜利，就要有胜过对手的军事能力（军事实力）。

武勇即武士建立军功、夺取战争胜利的军事实力。无论是在战场上保存自己、消灭敌人和体现自身价值，还是在战场上夺取胜利和建立军功、获得战利品，都需要靠武勇说活。因此，"武士不可或缺的德目之一是武勇。武勇是完成忠孝节义及武士之名誉、体面之道。他们崇尚武勇、重视

---

① ［日］井上哲次郎监修：《武士道全书·第5卷》，国书刊行会1998年版，第171页。
② ［日］新渡户稻造：《武士道》，商务印书馆2001年版，第23页。

武术修炼，培养胆力，戒卑怯软弱。"① 武勇既是武士道的核心德目，也是武士的标志。

针对武士"以夺取战争胜利为第一要义"的生存方式和人生价值，许多武士道理论家都要求武士时刻心系战争的胜负。大道寺友山的《武道初心集》强调："身为武士，行住坐卧，心中日夜不忘胜负之气。……武士腰带刀剑，片刻不忘胜负之气。"② 林子平的《学则》说："勇是义的对手，即胜气之事也，文武诸艺，心术心法，如无胜气，则无大的成就，胜气乃成就之基。"③ 北条竹风的《士道心德书》认为："士之道即武也"，"士不能武道，则士亦游民也。""士之心以存勇为大要，所谓勇，即心气不动摇，不失常，是英雄好汉。无所畏惧，不是完全之勇。包括面对色欲而心不动，面对大山崩裂而色不变，面对人犯而不怒，面对大军而无事，面对死亡而不怯，面对贫家衰亡而心不屈，对高官高位不恐，美人面前心不夺，临万事而心绪不臆。"④ 山鹿素行的《武士相守日用》要求"武士一生言行，勇不可失，少时失其勇，则第一失志，第二为外物所惑，第三背义，第四忘职业，第五多耻，第六万事不勤，武之道缺，士之勤废，是为勇之不足也。"在《谪居童问》和《治平要录》中，山鹿素行反复强调：以武为本，忘武则弃本失基。山鹿素行的外孙津劲耕道子在《武治提要》中说：武勇乃百行之基，立志为百行之渊源。志立则勇，勇成志亦立，勇和志互为表里。⑤ 由此不难看出，武勇在武士道中的地位及其意义，以及武士道是武士夺取战争胜利之道。

武勇包括武和勇两层含义："武"是武士杀伐征战、攻城掠地、夺取战争胜利和保存自己、消灭对手的格杀能力，即武士的军事实力。"勇"是敢于冲锋陷阵、出生入死和不畏强敌的勇猛精神、杀伐之心。战争的胜负既取决于军事实力的强弱，又取决于敢于亮剑的勇猛精神——斗志、杀气。在武家社会对武士行为的评价中，"勇"常常居于武之上，为武士赢得名誉。对武家首领来说，武勇还意味着善于带兵、善于用兵、善于激发武士的武勇精神，带领所属武士夺取胜利。即大道

---

① ［日］武士道学会编：《武士道入门》，ふたら书房1941年版，第84页。
② ［日］井上哲次郎监修：《武士道全书·第2卷》，国书刊行会1998年版，第306页。
③ ［日］井上哲次郎监修：《武士道全书·第5卷》，国书刊行会1998年版，第171、172页。
④ 同上书，第284、289—290页。
⑤ ［日］井上哲次郎监修：《武士道集·上卷》，春阳堂藏版1934年版，第395页。

寺友山在《武道初心集》概括的兵法、军法、战法。"所谓兵法,即勤于修炼决定胜负的武技武艺,如刀术、箭术、骑术、枪术等";"所谓军法,家中大小武士之义,称军兵士卒,身着甲胄、手执兵仗,向敌地进发的姿态即军阵";"所谓战法,敌我双方交战夺取胜利之法"。[①] 在武家社会,武家首领肩负着率领武士集团夺取战争胜利的重任,最重要的资质就在于武勇,或称武道。"武家栋梁的首要条件,就是武艺=弓马之艺卓越出色。"[②]《陆奥话记》说源赖义具有武的资质,平直方以之为婿,并将自己的镰仓府邸和直方血统的权威及其相模国内的从者让给赖义;也正因为赖义武的资质,关东武士纷纷与之结成主从关系,甘愿唯赖义之命是从。

　　武勇既是武士的生存方式,也是武家统治者实施军事统治的需要。幕府政治建立后,以源赖朝为代表的武家统治者,内要防止地方军阀犯上作乱、取而代之,外要镇压"公家"势力的倒幕活动和被统治阶级的武力反抗,无一不以增强军事实力为当务之急。武家统治者通过组织各种形式的军事训练和具有实战意义的狩猎活动,培育武士的"忠诚"和"武勇"精神。"赖朝非常重视和热衷于奖励武艺。不间断地组织进行流镝马、笠悬、小笠悬、相扑、竞马等训练","还经常进行狩猎"。"赖朝通过镰仓武士的柳营生活,努力培养武士精神和协作团结。这一倡导武勇的方针,被后来视赖朝为偶像的幕府当事者继承,世代作为传统方针加以实践。其中,北条时赖、时宗尤其热心。"[③] 即使在天下太平的江户时代,将军德川氏也依然强调武勇精神。《武士诸法度》和《宽永诸士法度》开首第1条就是:"弓马之事,乃武家之要项。"《德川成宪百条》第35、36条明确指出:"治世不忘乱世,武术不可懈","剑乃武士之魂"。三代将军德川家光奖励武艺,召集天下武技出众者到御前竞赛,形成好显武功的时代风尚。八代将军德川吉宗大力复兴马术、炮术、弓术、水泳、水马、流镝马、犬物追等武技,推动了尚武风气的高涨。

　　其实,武士的生活本来就是作战、备战,平时的军事训练和军事竞赛即备战,强健了武士的体魄,锻炼了武士的技能,强化了武士的忠诚意识

[①] [日] 井上哲次郎监修:《武士道全书·第2卷》,国书刊行会1998年版,第305—306页。

[②] [日] 野口实:《武家栋梁的条件》,中央公论社1994年版,第3页。

[③] [日] 桥本实:《日本武士道史》,地人书馆1935年版,第152—153、156页。

和战争意识，做好了战争准备。

　　武家社会以尚武为特色，要求武士的家人也像武士一样崇尚武勇。幕末著名人物胜海舟（1823—1899），明治维新后历任海军卿、枢密顾问等要职。据说他幼年时不幸被狗咬伤睾丸，医生治疗时，其父手提利剑指着海舟的鼻子说："不许哭，哭出声来有你好看。只要你一哭，我就会让你像一名武士那样堂堂正正地死掉！"一代代武士子弟从幼年时代就接受的战争教育和武勇精神的熏陶，既影响着他们一生的生活方式和人生观、价值观，又在日本社会形成根深蒂固的尚武传统。

　　武家社会最为推崇的武勇典范主要有：13岁随父参加"前九年之役"，在危急关头表现神勇、战功卓著的源义家；16岁参加"后三年之役"（1083—1087），眼睛中箭仍射杀敌骑的镰仓权五郎景正；"打起仗来，父亲死了也罢，儿子死了也罢，飞马越过继续拼杀"的关东武士；"为家为主，眼看必败必死也要勇往直前"的三河武士。

四　礼仪——体现权势品级及修养的行为规范

　　"礼"即明身份、知礼仪，要求武士的言行举止、衣食住行等与身份相符。如果说"忠诚"是家臣效忠主君的内在要求的话，那么礼仪则是家臣服从主君——军事首领的外在表现形式。众所周知，在各种社会组织中，军队最重视礼仪，军队的礼仪（军礼）既是军威的象征，也是士兵服从长官的标志。武士是职业军人，礼仪当然地成为武士道的德目之一。

　　源赖朝建立起武家政权后，严厉训诫御家人必须重视礼仪，绝对服从幕府的命令。"礼仪"的修炼主要在于保持武士的品格，所谓"武士的品格"，一是统治者的品格，即统治者高于农、工、商等社会群体的风度和威严；二是战斗者（军人）的品格，即以服从为天职的军人风格；三是从者的品格，即武士集团内部的主从秩序。与之相对应，武士的礼仪，也可分为统治者的礼仪、战斗者的礼仪和从者的礼仪。最重要的就是战斗者的礼仪——下级对上级的礼仪。"在镰仓时代以降的武士中间，最尊崇的礼仪就是战时的进退和平时的应对。"[①] 武士道德目的礼仪，也反映了武

---

　　① ［日］田中义能：《武士道概说》，日本学术研究会1934年版，第74页。

士道精神观念无一不是为了夺取战争的胜利。

平安时代，武士团内部已形成一整套不成文的礼仪，如主君与从者、主家与分家、嫡子与庶子的礼仪，以及战场上听从主君号令的礼仪、祈求神明保佑"武运长久"的礼仪、战阵的礼仪、赏罚的礼仪等，以"主从礼仪"最为重要。在武家社会，结成主从关系有一定的程序。以源赖朝与关系御家人的主从关系为例，成为将军的御家人要履行以下手续：（1）行初参礼；（2）初参献名簿；（3）将军赐下文；（4）给予将军或代理委任者的文书，继承时也要履行同样的手续。概而言之，即御家人向将军表示臣服，宣誓效忠；将军向御家人颁发领地证明书"本领安堵下文"，承认其领地的合法性和双方结成主从关系。此后，御家人就要对将军行家臣的礼仪，即效忠和服从的礼仪。1180年12月12日，"311个御家人"拥戴源赖朝为"镰仓之主"的仪式，既显示了赖朝作为最高军事首领的地位和权威，也是家臣武士对集团主君的臣服礼仪，武家社会私人性的主从礼仪由此成了武士政权的君臣之礼。

北条重时的《北条重时家训》（《六波罗御殿家训》）通过与身份相符的礼仪，对内显示武家社会的主从秩序，对外体现武士作为统治者的威严。室町时代，将军足利义满敕许今川左京大夫氏赖、伊势武藏守满忠、小笠原兵库头长秀三人整理礼法，制定武家应用之礼，逐渐形成三大礼法流派，以源赖义之子新罗三郎源义光的后裔小笠原长秀所创"小笠原流"最为著名。

江户时代的《武家诸法度》，对武士礼仪举止的规定，从社交礼法到穿衣戴帽、吃饭喝茶、住房大小、建筑式样等无所不包。1615年的《武家诸法度》第10条，"衣裳品级，不可混淆。君臣上下，各有其别。"第11条，"杂役诸人，不得擅自乘轿。"1635年的《武家诸法度》第10条和第11条，又对此进行强调。1635年的《诸士法度》第1条，要求"严守礼法"。1840年的《青标纸》，更是对武士住房的占地多寡、住宅大门及建筑式样，一一明确规定。总之，大凡武士，无论居家、外出、公务，还是集会、谒见藩主或将军，一举一动，都有严格的礼仪规范，若有违反，必受严厉的惩处。

将军德川氏最为看重和强调的是君臣之礼。《德川成宪百条》第96条将君臣关系比喻为自然界的天地关系，"天覆地载君臣也"，君臣之道是"天理"，君为天，臣为地，臣效忠和服从君是天经地义的法则。通过君臣之礼，强化将军德川氏作为最高统治者和军事统帅的地位。

武士道理论家的代表作中也有不少关于礼仪的论述。如山鹿素行"士道论"的代表作"士道"，由立本、明心术、练德全才、自省、详威仪、慎日用六篇构成。"立本"要求武士"得主人而尽奉公之忠"，以效忠和服从主君培育从者的品格；后五项是统治者的品格，以"明心术"和"自省"加强内心的道德修养，以"练德全才"使武士励忠孝、讲仁义和博学多识，以"详威仪"和"慎日用"——严守日常生活中的种种礼仪使人感到威严。大道寺友山的《武道初心集》中的"士法"也主要是武士作为从者必备的品格：朝夕清洗手足，保持身体洁净，每朝结发，根据时节穿着相应的礼服，佩带肋差，腰不离扇子。与宾客相会，依尊卑之序尽相应礼仪，慎说无益之言，食一碗饭，喝一杯茶，也要体现武士之风。读书写字，潜心武家古宝古法，行住坐卧的行仪做法，要无愧于武士身份。① 北条竹凤《士道心德书》中的"士之礼"由军礼和常礼组成，"军礼"是战斗者的品格，即出军、出门、胜利欢呼、验首级、战场、阵中、行军等礼仪。"常礼"则主要是从者的品格，即君礼、臣礼、亲礼、婚礼、迎礼、远座礼、退座礼、祝嘉礼、丧礼等。在江户时代，与佩刀一样，礼仪也是武士的身份象征。

新渡户稻造认为："礼道之要，在于练心。""通过不间断地修炼正确的礼法，人的身体的一切部位及其机能便会产生完善的秩序，以至达到身体与环境完全和谐，表现为精神对肉体的支配。"不过，武士修炼礼法的深层次意义，恐怕还在于强化武家社会的主从秩序，展示统治者的威严和高人一等的特权地位，以及随时准备镇压其他阶级武力反抗的气概。

五 诚信——凝聚军心、以命相托

"诚信"，即信实、诚实、口无二言、言行一致。换言之，"诚信"即值得信赖。在各种社会群体和社会组织中，最需要讲诚信的可能当数军人和军事组织，原因是军人的职业需要同舟共济、生死相依，军事组织的战斗力与诚信密不可分。武家社会是军人社会，以诚信强化主从关系、应对战争生活和保持武士品格，增强武士团内部的凝聚力、战斗力，为夺取战

---

① ［日］井上哲次郎监修：《武士道集·上卷》，春阳堂1934年版，第291页。

争的胜利奠定基础。尽管任何社会组织都需要以诚信来维系，不过，唯有军人的诚信是以性命相托的诚信。

武士是军人，武士道德目的诚信是军人道德的诚信。在武士家社会，"诚信"包含主从间的诚信、相互间的诚信和个体与群体间的诚信三个层次。武士道是由武家社会的主从关系滋生出来的，武士道德目的诚信首先是主君与从者之间的诚信。诚信既是维系主从关系的道德力量，又是武士作为军人的职业需要，还是武士作为武士团（利益共同体）一员的群体生活方式。武士以夺取战争的胜利为第一要义，诚信若是遭到践踏，取而代之的猜疑和欺诈就会瓦解武士团——利益共同体的基础，削弱甚至丧失夺取战争胜利的战斗力。

武士道德目的诚信，首先是武家社会主君与从者之间的诚信——主从道德的诚信，或武士团内部主君与从者之间的"主从之道"（主从契约），即主从双方切实遵守"恩赏"与"效忠"的主从契约，主君给予从者恩赏和提供保护，从者绝对效忠和服从主君，双方各尽其责，值得对方信赖。在武家社会，一旦结成主从关系，便意味着从者将自己及其子孙后代的兴衰荣辱统统寄托在主君身上。如前所述，1091年源义家与其弟源义纲相争，据说就是起因于藤原实清和清原则清争夺河内国所领，纷争双方分别向各自的主君求援，于是，实清、则清之争演变成为义家和义纲的兄弟之战。这一事件既表明主从关系高于血缘关系，也说明主君也需对从者守"信"。正是由于主君——赖义、义家守信，值得托付终身，因此，关东武士甘愿为之献身。

主从关系事关主君统治地位和武家政权的长治久安，因此，以主从关系为基础的武家政权建立后，武家统治者便运用国家行政权力要求从者必须诚实可信，严守主从之道。

在武家社会，主君有着制约"不诚"行为的强制性力量，武士不敢不诚实守信。原因是武家社会的"忠"与"诚"，首先是主从之"忠"、主从之"诚"。主君保障和扩大家臣的权益，绝不能容忍家臣武士对自己不诚。倘若武士有不诚之举，不仅会丧失全家赖以生活的经济来源，而且还会让家庭和子孙后代蒙受耻辱。江户幕府的和平时代，武士"除主君给予的俸禄外，没有其他一文一粒的收入"。于是，"诚信"越来越成为对从者单方面的要求，"诚信"对从者的约束力也越来越强。

主君以诚信待从者，从者以生命报效主君，即从者的诚信以主君的恩赏为先决条件。因此，家永三郎说："在主从道德里，恩顾与奉公具有不可分割的关系"，"武者之习本来就具有强烈的功利性质"。① 纵观武家社会一千多年的历史，特别是幕府政治近700年的历史，如若主从双方都能切实履行恩赏与效忠的"主从契约"，那么，主从关系便稳定有序，源于主从关系的武士道德目便能在维系主从关系、增强战斗力、巩固武家政权等方面发挥作用。反之，若是主君破坏恩赏与效忠的主从契约，从者便不再效忠主君，即主君无恩赏，从者难效忠。主从关系的基础动摇后，主从关系自然难以维持，武家政权便会走向衰落。

1221年，面对皇室的倒幕府活动，幕府之所以短短三天内便在关东集结起19万骑平叛武力，表明幕府与关东御家人都能遵守恩赏与奉公效忠的主从契约。"承久之乱"后，幕府论功行赏，关东御家人依军功的大小，或是得到叛乱者的土地，或是得到"地头"职，幕府与御家人之间的主从关系越发稳定，镰仓幕府也进入持续此达半个世纪的发展时期。13世纪70年代的抗元战争中，镰仓武士大多建有军功，必须给予恩赏。可是"文永、弘安两役，一所战利品都没有"。"时宗只得将自家领地的肥前国神崎庄（神崎町）等3000余町拿出来，分成二町、三町一份，作为恩赏地。但要充分满足有功者，依然是不可能的。"② 幕府拿不出恩赏给有功将士——不讲诚信，破坏了幕府与御家之间御恩与效忠的关系，御家人制度开始动摇，成为镰仓幕府走向衰落的重要原因之一。江户幕府时代，主君削减甚至停发从者的俸禄，从者"恨主如仇"，主从关系的基础被破坏，同样是江户幕府衰落的重要原因之一。

六 名誉——激发斗志的道德资源

"名誉"即名、体面、名声、荣誉、人格和知耻，也是人的尊严。与忠诚、武勇一样，军人也是最强调名誉的社会群体，将帅的名誉往往影响部队的士气，因而名誉常常成为战前动员的要素。世界上所有民族，都视名誉为人的第二生命，都以名誉为做人的准则。不过，在日本武士的心目中，名誉比生命更重要。

---

① ［日］家永三郎：《日本道德思想史》，岩波书店1984年版，第101页。
② ［日］奥富敬之：《镰仓北条氏的兴亡》，吉川弘文馆2003年版，第169—170页。

武士道的名誉或惜名精神，作为军人道德的重要元素，强调"显武名"、"扬祖先之名"，以惜名的信念抵制"卑怯未练"，从日本的《军记物语》即战争小说里可以看到许多有关名誉的事例。

在"后三年之役"中，源义家设刚座（刚勇者之座）、臆座（胆怯者之座），以"名誉"刺激家臣武士拼死战斗的武勇精神。镰仓权五郎景正在战斗中"宁可被敌箭射死，也不愿被人以足踩住面颊而生"，完美地诠释了"生于弓马之家者，惜名不惜死"的名誉观。在平安和镰仓时代的合战中，开战之际的所谓"语言战"，内容"从追溯先祖的功勋，到宣扬今日合战的正义性和敌方的不义，压倒敌方的士气。"① 如源平大战期间，石桥山合战之际，北条时政责骂大庭景亲不忠不义，"为了一时之恩，而舍弃累代之主。"平宗盛在坛浦之战中成为俘虏，时人指责宗盛"不仅玷污自己的一身武名，而且玷污祖先之名。"②

在源平大战中，第一个冲入敌阵者既可建立大战功，又可为自己赢得好名誉，于是，源氏军队频频出现争打头阵、争夺功名的现象。这一现象既反映了武士对军功、对战利品的渴望，也体现了武士对名誉的追求。在镰仓时代，争打头阵、争夺功名依然极为盛行。在幕府时代，武士举着绘有家纹（族徽）的军旗参加战斗，军事首领对"刚勇者"、"胆怯者"一目了然，尽管这是出于表现忠诚和建立军功的需要，也是武士珍惜名誉和获取更大名誉的需要。

武士是世袭的职业军人，以武勇为生存资本，在战场上体现人生价值，以战争的胜利（战场上的军功）证明自身价值。因此，武士非常看重武勇的名誉，这也是武士的价值追求。"武士与朝臣处于完全不同的环境，武士崇尚武勇，朝臣鄙视武勇。"③ 武士以武勇为家庭和子孙后代谋福利，以武勇作为效忠主君和获取恩赏的基本手段，其尊严、形象和实力的名誉评价，自然与武勇密不可分。如前所述，《伊势贞亲教训》第14条甚至告诫子孙说：身为武士，弓马至关紧要，即使是在犬追物等活动中不能表现出武艺精湛，也会使名誉受辱。④ 可见，"最为牵动武士之心的

---

① ［日］石井进著作集刊行会编：《石井进的世界·1·镰仓幕府》，山川出版社2005年版，第95页。
② ［日］桥本实：《日本武士道史》，地人书馆1935年版，第170—171页。
③ ［日］川上多助：《武士的勃兴》，岩波书店1934年版，第46—47页。
④ ［日］小泽富夫编集·校订：《武家家训·遗训集成》，ぺりかん社1998年版，第82页。

首先是武勇之名"。① 武士梦寐以求的理想价值，正是武勇的"名誉"。

当然，武士"惜名不惜命"的名誉观具有浓厚的功利性。正如日本学者樱井庄太郎在《名誉与耻辱》一书中揭示说，"因为从者得到名就意味着接近主君给予恩赏的机会，失去名则意味着远离和失去恩赏。""功名是与恩赏直接关联的亲兄弟，是当代武士一切行动的基础。"② 武士"舍身求名"的动机，还是在于"保家和使子孙昌盛"的目的，留万世之名，荫及子孙。

在第二次世界大战中，武士道的名誉观念成为鼓舞日本士气的道德资源。1941年1月8日，以陆军大臣东条英机之名发布给全体"皇军"的《战阵训》（即"昭和时期的武人鉴"），强调"知耻者强，常思乡党家门之面容，益发奋勇战斗，以报答父母乡亲的期待。""生不受虏囚之耻，死不留罪祸污名。"日军在败局已定之时的种种自杀式进攻和极端的自杀手段，也与之密不可分。

七　俭朴——防止贪图享乐、贪生怕死的规约

所谓"俭朴"，即节俭、朴素。贪生怕死乃军人之大忌，导致军人贪生怕死的因素固然多种多样，追求骄奢淫逸的物质享受无疑是最重要的因素之一。"俭朴的反面是骄奢、华美，骄奢、华美使自己流于文弱，陷于淫靡，其结果是怠惰、懦弱，忠诚、武勇尽失。""平家之所以灭亡，就是因为失去了俭朴之风，追求骄奢、华美。"③

武士是军人，"俭朴"旨在防止武士贪图享乐、贪生怕死，从而保持旺盛的战斗意志，保持夺取战争胜利的强大战斗力；将武士的理想价值从物质引向精神，让忠义、武勇、诚信等武装武士的头脑，避免因追求物质享受而背弃主从关系的责任与义务，进而危及武家政治的统治基础。

源赖朝将幕府政权建在镰仓，除镰仓是"先祖之地"、"要害之地"外，更是因为镰仓远离京都，远离贵族骄奢淫逸的生活方式，可以防止武士丧失忠诚、武勇之品格。赖朝厌恶骄奢淫逸，严厉惩处贪图物质享受的

---

① ［日］石井进：《日本历史·12·中世武士团》，小学馆1974年版，第119页。
② ［日］樱井庄太郎：《名誉与耻辱》，法政大学出版局1971年版，第21页；参见家永三郎《日本道德思想史》，岩波书店1984年版，第95页。
③ ［日］田中义能：《武士道概说》，日本学术研究会发行1932年版，第80页。

御家人。据记载，赖朝因事召见筑后权守俊兼时，俊兼身着华丽的绸面棉袄，赖朝大为愤怒，离座取下俊兼的佩刀，切下其绸面棉袄，并严加训斥说，汝虽是富有才干之武士，可偏偏不知俭约，千叶常胤、土肥实平领有比汝大的土地，却只穿粗布衣服，不好奢华，家有富余，多养几名郎从，以随时准备奉公。俊兼无言辩解，不断谢罪，发誓谨遵教诲，方被赦免。赖朝惩治华美、奖励朴素，且率先垂范，于是，镰仓御家人奉行俭约，多余钱财或用给部下的恩赏，或培育更多部下，以增强奉公效忠的战斗力。

掌握幕府实权的北条氏奉赖朝"戒奢侈、奖俭朴"的方针为金科玉律，努力阻止奢侈风潮的侵袭。北条泰时厉行俭约，留下了一世俭朴的美谈。北条时赖墨守赖朝以来的俭朴方针，通过俭约朴素培养诚实刚毅的风尚。北条氏之后的足利氏也能坚守俭朴，足利尊氏之施政纲领——《建武式目》的主要内容之一，就是"禁奢侈、行俭约"，"禁止官吏贪污受贿"。江户幕府颁布的《武家诸法度》规定："禁止骄奢"，"以俭约为旨"。《宽永诸士法令》第3、4、5条和第21条都是关于廉洁俭朴的规定，要求武士"不可贪图奢华，勿于武器之外，耽爱其他不必需之用具。"江户幕府的第五代将军纲吉，"早餐三菜一汤，晚餐五菜一汤，夜餐三菜一汤。""广岛藩藩主浅野长勋早上吃豆腐，昼和晚两菜一汤。"① 幕府和藩国还规定了接待宴席的标准，1663年幕府和小田原藩的宴请标准，幕府"招待老中级的宴席为三汤十菜和鱼五种，大名的临时宴是二汤七菜。"小田原藩的"喜庆和接待正客是二汤七菜，常时交际是一汤三菜。"② 将军和大名的饮食尚且如此俭朴，一般武士的日常饮食可想而知。

由于武家统治者戒奢侈、奖俭朴，并且身体力行，因而武家社会基本上保持了俭朴之风，而且，这种俭朴的价值观和生活作风，也传承到了现代日本社会。今天日本人饮食简单、普遍节约，与江户时代的武士家庭天天粗茶淡饭不无关系。

当然，武士道"俭朴"的价值取向和生活作风，首先源于武士作为战斗者的职业需要，服务于武士夺取战争胜利的目的。

---

① [日]武士生活研究会编：《图说近世武士生活史入门事典》，柏书房1991年版，第196—197页。

② [日]下村效等编：《日本史小百科·武士》，东京堂1993年版，第215页。

八　勤学——以文道资助武道

武士道德目的"勤学"一方面与武士作为战斗者的价值追求密不可分，另一方面又是武士作为执政者的需要。关于武士勤学的目的和学问的意义，日本学者福地重孝做了颇为深刻的剖析，认为："与科学一样，学问也是作为实现富国强兵的手段而存在。""研究兰学本质上在于获取对敌利器。……兰学的目的在于防御和制敌而理解西洋和获得西洋文化。……武家社会共有的意识是'知敌'。"[①] 武家统治者历来都非常重视武士教育，旨在培养武家社会的接班人，继承和弘扬武士夺取战争胜利的能力、指导思想和行动准则，发扬光大武家社会以武士道为核心的价值理想。

武士以战争为职业，每一场战斗都是生与死的较量。战场上的生死存亡，全在备战时对弓马骑射和刀术、剑术等战争技能的修炼。武士团的战斗力，源于武士团全体成员的战争技能和战争精神，因而主君要求从者勤练杀伐技能，并经常组织军事训练和军事竞赛，成绩突出者有奖，表现不佳者则遭人耻笑、武名受损。例如，源赖朝经常组织流镝马、笠悬、小笠悬、相扑、竞马等训练，下河边平行因射术精湛而受赖朝褒奖，称之为"日本无双之弓取"。在这种奖励战争技能和战争精神的社会氛围下，恐怕要想不让武士勤学、勤练杀伐技能都不行。

"武士之子，武士之父母养之，教以武士道，成武士。"[②] 培养武士是武士家庭的职责，在一代又一代培养武士的活动中，武士家庭也逐渐形成了培养武士的传统和文化。17世纪中叶以前，武士弟子的教育以战斗者的职业教育为特色，主要是父子相传，言传身教。5、6岁听武勇的传说故事、忠义等先祖的逸事、奇闻等，培育其节义的观念和刚毅、清廉的志向；7、8岁学习读书写字；11岁学习学问；13、14岁到20岁前后，学习剑术、枪术、弓术、铁炮、军旅诸艺，若有余力，便读和汉诸家书籍，主要是武艺。学问的本意，在于明天地人伦之道，不怠家业，不懈武备，

---

① ［日］福地重孝：《士族和士族意识》，春秋社1956年版，第6、126页。
② ［日］丸山真男：《日本政治思想史研究》，生活·读书·新知三联书店2000年版，第301页注（8）。

不失忠孝二道。① 概而言之，武士子弟学习的基本内容，一是武士的技能、艺能，即"用兵和作战等合战的技能"。一是忠诚、武勇等武士道精神的思想品德。武士子弟在成长过程中就深深地接受以征战杀伐为荣的暴力思想，正是这些血管中流淌着暴力思想的武士子弟，使得日本的军国主义传统根深蒂固。

17世纪以降，即武士主要充当执政者的江户幕府时代，也是武家社会历史上最为重视教育的时代，幕府颁布的《武家诸法度》明确规定，武士以修文练武为业，要求武士文武兼备。于是，进行学术研究和传授学问、对一般武士进行基本教养的学校雨后春笋般在各地出现，这些学校分为幕府的学校、藩国的学校和民间的私塾三类。幕府的学校以"昌平坂学问所"为代表，学生主要是旗本和御家人的子弟，学习朱子学。藩校即藩国设立的学校，代表性的有尾张藩的明伦堂、会津藩的日新馆、米泽藩的兴让馆、长州藩的明伦馆、熊本藩的时习馆、萨摩藩的造士馆等，藩校总数为300所左右，学生以藩士子弟为主，七八岁入学，学习到15～20岁，教育内容以文武兼修为理想，进行武道的修炼，文道的学习。私塾主要盛行于江户前期，最著名的是吉田松荫的"松下村塾"。随着幕府和多数藩国纷纷开办学校，私塾趋于衰落，随着学校教育的作用越来越大，家庭教育的作用相应降低，主要承担入学前幼年阶段的教育。

武士是军人，军人的教育是军事教育，军事教育教导的是克敌制胜之道。自从武士诞生以来，知敌、胜敌始终是武家社会教育的核心内容，尤为强调胜敌之术、胜敌之道的教育。即使是天下太平的江户时代，武士的教育也不完全是理念的学问，学习课目称为六艺，"即修炼礼、乐、射、御（马术）、书、数等文武两道的技艺。"熊泽蕃山1686年著的《大学或问》，论述了理想的武家子弟教育。即8、9岁开始学习读书写字、礼仪做法的基础，11、12岁读经典，13、14岁学习正规的礼仪做法，14、15岁开始学习马术、弓术，15、16岁学习经典的道理文义，20岁前后独立自学。② 武士道教育旨在培养武士履行职责所必需的品质和技能，学以致用。"文"，培养武士为主君献身的思想品质；"武"，培养和提高武士为主君履行职责的搏杀能力。武家社会认为，"读书实际上是助职、助业的

---

① ［日］小泷淳：《武士道和武士训》，日本公论社1943年版，第129—130页。
② ［日］武士生活研究会编：《图说近世武士生活史入门事典》，柏书房1991年版，第236页。

实学。"① "士以武为业,而其职必资于文,文所以知道也。"② 中村元恒的《尚武论》特别强调:我邦学者,勿为道学先生,恐其陷于佛也。勿为词章,恐其流于文人也。平日治武术,以识义理、养廉耻为要。③ 总之,武士以武为业,读书的目的在于提升本业"武"的能力,文道的意义在于资助武道,在于增强夺取战争胜利的能力。

此外,从新渡户稻造的《武士道》第 12 章"自杀及复仇的制度"中,24 岁的左近、17 岁的内记和 8 岁的八磨三兄弟的切腹自杀,从 1868 年"戊辰战争"中会津藩 20 名 16、17 岁的少年武士——"白虎队"员的切腹自杀,可以清楚地看到武士不仅学习以军刀征服世界的胜敌之道,还学习不能以军刀征服世界便以玉碎迎接死亡的自杀之道。

"江户时代的武士教育是文武兼备,但文从属武。"④ 武家社会的家庭教育、学校教育和社会教育以培养能征善战的杀手为己任,赤裸裸地宣扬和强调武力,教导武士子弟如何克敌制胜,鞭策武士子弟到战场上去"建功勋"、"立伟业",以战场上的胜利体现和证明自身价值;要求武士子弟绝对忠诚和服从主君,时刻牢记自己并不是家庭的私有财产,而是武家社会的公有财产,必须随时准备为主君献出生命。武士子弟从幼年时代就接受这种知敌、胜敌的军事教育,必将影响其一生的思维方式、行为方式和人生观、价值观。不难想象,这种持续了上千年之久的军国主义教育,将对日本社会产生何种影响。

武士道既是武士夺取战争胜利的指导思想和行动准则,又是武士创造的道德体系和价值体系,幕府政治的建立,标志着它对公家贵族的道德体系和价值体系的胜利,成为日本社会占据主导地位的道德体系和价值体系。武士治国的近 700 年间,一方面,它作为武士治国的统治思想和政治意识形态,维护武家军国体制;另一方面,武家军国体制又从政治、军事、经济、法律和文化教育等方面,维护、完善和提升这一道德体系和价值体系。一千多年的历史积淀,武家统治者的精心培育,终于使之成为日本社会最强大、最权威的道德体系和价值体系,渗入到日本民族和日本文化的每一个细胞之中,成为日本最具象征性和民族特色的传统。

---

① [日] 高桥富雄:《武士道的历史·第 3 卷》,新人物往来社 1986 年版,第 21 页。
② [日] 井上哲次郎监修:《武士道全书·第 6 卷》,国书刊行会 1998 年版,第 293 页。
③ 同上书,第 333 页。
④ [日] 福地重孝:《士族和士族意识》,春秋社 1956 年版,第 4 页。

第八章

武士道向农工商阶级的普及

武士道不是一天形成的，武士道向其他社会阶级的普及（或称武士道的世俗化）也不是一日之间实现的。平安时代和幕府时代，其他社会阶级的模仿，武家统治者的强制性灌输，武士道犹如细雨润物，日渐渗透于社会各阶级。正如美国学者贝拉的研究所说，"事实上武士道的伦理在德川时代……已成了国家伦理，至少占有了国家伦理的大部分。"19世纪末，明治政府以近代"天皇主义武士道"取代中世纪"武家主义武士道"，通过"全体国民武士化，武士道德全民化"政策，武士道终于"成了全体国民的理想"，这也标志着历时千年的武士道普及过程终于完成。当然，武士道向农工商三民普及的历史过程，也是武士道与日本民族文化相互渗透、相互滋养的历史过程。

武士道在向其他阶级普及的过程中，也通过对其他阶级的价值理想进行批判性的继承和改造，以丰富和完善自己的价值理想，使之更具生命力和影响力。

一 平安武士道的普及

平安时代，"弓矢之道"、"弓箭之道"和"坂东武者之习"、"兵之道"等称谓已日渐广为人知。《平家物语》和《源平盛衰记》里还记载有所谓"平氏的'贵族的武士道'和源氏的'坂东武士道'"。《今昔物语》也说平安后期存在两个武士道，即"都城兵家之道的武士道"和"东国猛士之道的东国武士道"。其实，这些称谓的流传和落户于京城，就是平安武士道开始向其他社会阶级渗透的结果。

平安时代的"武者之习"、"兵之道"是武士道的本源或雏形，我国学者张玉祥先生将其称为"战争道德"。① 家永三郎认为这是武士"维持武力结合的必要规范",以主君的恩惠和从者的奉公为基础"发挥武力"。②"战争道德"也罢,"维持武力结合的必要规范"和"发挥武力"也罢,目的都只有一个,那就是夺取战争的胜利。因此,笔者认为平安武士道作为典型的"军人道德"、"战争道德",是武士夺取战争胜利的指导思想和行动准则,不仅在平安武士争夺土地财富和政治权力的战争中茁壮成长,而且还向其他社会阶级渗透。

平安时代的武士是日本古代天皇制中央集权国家的"反叛者"、"非法者",处于在野地位,因而平安武士道向其他社会阶级的渗透尚无国家行政权力的倡导和强制手段。然而,由于武士日渐成为利益纷争的解决者,成为国家社会治安和统治秩序的维持者,又为武士道的普及开辟了新的途径。通过武力推进武士道向农、工、商等阶级的渗透,也是平安武士道普及的一大特点。

随着庄园制的兴起和国家经济基础的崩溃和军制瓦解、军备废弛,国家法律、国家权力不能有效解决社会成员之间的利益纷争,人们便转而通过非正常的渠道和手段来寻求纷争的解决。比如,寻求关系或权力,将土地寄进给地方豪强、中央权门贵族,奉之为领家或本家(名义上的土地所有者),以确保其庄园的土地所有,或取得庄园土地的"不输"、"不入"权。更多的时候则是向其他社会势力(包括黑恶势力),特别是非法武装求助,以极端手段解决问题。虽然对天皇制国家来说武士是"反叛者"、"非法者",但他们拥有解决利益纷争的撒手锏——武力,因而一旦社会成员之间出现利益纷争往往是向武士申诉。

更具历史意义的是,9世纪中叶,由于社会治安恶化,地方政府开始利用武士维持地方治安。10世纪30年代的"将门之乱"后,就连京都朝廷的治安、中央贵族的警卫和地方叛乱的镇压等,都要依靠武士的力量。社会成员的利益纷争求助于武士的武力,国家社会治安求助于武士的武力,一方面为武士施展用武之地提供了机会,为武士的发展提供了动力,不断有人加入武士的行列,壮大了武士的势力。"将门之乱"时,将门的武装力量除自己的1000多名私兵(从类)外,还动员了8000多人的同盟

---

① 吴廷璆主编:《日本史》,南开大学出版社1994年版,第149页。
② [日]家永三郎:《日本道德思想史》,岩波书店1984年版,第88页。

军（伴类），武士的势力由此可见。另一方面也为武士道的传播提供了机会，为武士道的发展提供了动力，越来越多的人知晓和认同武士道，知晓和认同武士的道德观念和价值观念。

在武士的发展史上，平安时代的武士既是地方叛乱的罪魁祸首，又是平定地方叛乱的大功臣，并在制造叛乱和平定叛乱的战争中发展壮大。9世纪，"屡屡发生袭击国衙、烧毁国衙仓库等事件"，于是，"国司任命当地武士作为检非违使、押领使和追捕使——'国衙三使'，让他们征收和运送租税，追捕盗贼等。"[1] 接着，中央政府也在9世纪末10世纪初任命了一批武士作为军事指挥官——押领使、追捕使，命其平定地方动乱。由于国家权力机关利用武士维持社会治安、平定叛乱，"武者之习"也随着武士的足迹由乡村走向地方权力中心，甚至落户于京城，提升了武士道的权威性和影响力，增强了武士道对其他社会阶级的渗透力。

值得一提的是，"将门之乱"后，"武士成为争执（诉讼）纷争解决者的角色（＝武力请负人），无论是京都还是地方政权，都将纷争交给他们。"[2] 正是这次震动朝野的地方叛乱，"开辟了平乱功臣及其子孙走向中央政界的道路，奠定起贞盛流平氏、秀乡流藤原氏、经基流源氏发展的基础。"[3] 此外，"他们在东国的合战经验，在东国形成的称为'兵之道'的特有行动样式和以骑射为中心的战斗形态，也落户于京都。而且，随着他们的后裔进出于地方，又广泛地渗透到诸国。""通过东国合战而确立起武人名声的边境军事贵族，凭借其名声进出于诸国。于是，在东国形成的'武者之习'、'兵之道'也渗透到西国诸国。"[4] 例如，经基之子满仲因与藤原摄关家结成主从关系，实现源氏武力与藤原氏权力的结合，赖信、赖义、义家三代作为"京侍"而活跃于京都。赖信因平定"平忠常之乱"的勋功，历任伊势、河内、甲斐、陆奥、信浓、美浓、相模等国守，并任镇守府将军；赖义平定"安倍氏之乱"后，"会坂以东弓马之士大半为其门客"，并历任伊豫、河内、伊豆、甲斐、相模、武藏、下野、陆奥等国守、镇守府将军。由于赖信、赖义和义家三代军事上的胜利，源氏武士团滚雪球似地迅速膨胀；与此同时，"源氏的坂东武士道"也跟随

---

[1] ［日］下村效等编：《日本历史小百科·武士》，东京堂1993年版，第30页。
[2] ［日］关幸彦：《武士的诞生》，日本放送出版协会1999年版，第118页。
[3] 同上书，第159页。
[4] ［日］元木泰雄：《武士的成立》，吉川弘文馆1994年版，第56、74—75页。

着赖信、赖义、义家征战杀伐的足迹高歌猛进，声名远扬，还因其祖孙三代的"京侍"地位落户京城。

其实，平氏的关东经营比源氏要早得多，平将门公开反叛朝廷时源经基还未真正建立起源氏武士团。从平氏之祖高望王889年被任命为上总介至"将门之乱"，经过三代人约半个世纪扩张，平氏已称雄关东，形成平氏武士团的"坂东武者之习"，培植起对抗朝廷的军事实力。"将门之乱"后，平乱功臣——平贞盛之子平维衡从关东的常陆转到近畿的伊势地方发展，成为伊势平氏之祖，平氏的"坂东武者之习"也跟随平维衡来到了近畿地方。伊势平氏将平氏发动地方叛乱的道路改为投靠中央权门贵族的道路，11世纪末终于攀上白河上皇，充当"院"的武力支柱——"北面武士"。上皇不仅将平定社会动乱的机会给予平氏，还创造机会让平氏施展武力，至12世纪初伊势平氏的势力已超过源氏。平正盛、平忠盛历任伊势、伊贺、因播、若狭、但马、备前、赞岐、播磨、安艺等国守，平氏先祖的"坂东武者之习"由此传到畿内和西国。

12世纪中叶，皇室和藤原摄关家以及贵族内部争夺朝廷最高权力，引发"保元之乱"和"平治之乱"，平清盛凭借平定保元、平治之乱的胜利成为京城最有实力的武士团首领，先后升任纳言、内大臣和太政大臣，获得了显赫的政治地位，掌握了朝廷的实权，开创了20余年的平氏政权时代。平氏"都城兵家之道的武士道"——受京都贵族风尚影响的平氏武士道，也与平氏政权一起在京城盛极一时。

战争的胜利无疑是平安武士道普及的重要契机。一方面，无论是源氏还是平氏，每一次奉朝廷之命平定社会动乱后，都会得到相应的恩赏；另一方面，每一次平叛战争胜利后，都有一批地方豪族加入其武士团。这样，"武者之习"便随着武士势力范围的扩大而扩大。比如，"平忠常之乱"后，源氏成为"武力第一家"的同时，镰仓成为源氏的根据地、关东成为源氏的势力范围；"前九年之役"和"后三年之役"，赖义、义家父子先后平定奥州和出羽最大的"俘囚"势力后，各地豪族纷纷主动臣服，寻求保护，源氏的"坂东武者之习"也由此落户于不断膨胀的源氏私地和势力范围。

从1180年8月源赖朝奉"以仁王令旨"起兵讨伐平氏，至1185年3月坛浦海战中平氏全军覆没，这场催生武家政权的"源平大战"历时5年，动员了全国的武士，战火波及全国。"1189年，赖朝亲率28万远征军征讨奥州。"①"这场从奥羽到九州都卷入的、长达10年的日本史上不曾有过的内乱的结果，平氏灭亡，由源赖朝在东国确立起镰仓幕府。"② 而始终与源氏军队一起东征西讨、南征北战的源氏"坂东武士之习"，在战争中显示了顽强的生命力和强大的感染力、影响力。赖朝灭亡平氏，既是东国武士对畿内和西国武士的胜利，也标志着源氏"东国猛士之道的武士道"对平氏"都城兵家之道的武士道"的胜利。进入武家政治时代后，源氏的东国武士道也成了武家政权的统治思想和立国路线。

除了武力推进平安武士道的普及这条主渠道之外，由于平安时代的武士与农民之间尚无不可逾越的身份界限，武士转化为农民、农民转化为武士的现象并不鲜见。加之，平安时代的武士与领地上的农民有着种种联系，特别是"武士馆"周边的农民，潜移默化之中也受到了"坂东武者之习"的熏陶。

总之，在平安时代的数百年间，伴随着关东武士征战杀伐的足迹和军事领地、势力范围的扩大，"坂东武者之习"也逐渐从关东传播到其他地区，从武士群体向其他社会阶级渗透，武士道以忠诚和武勇为核心的道德观念和价值观念也逐渐被其他阶级所认同。

二 镰仓武士道的普及

幕府时代的近700年间，武士是决定日本国家的社会制度、大政方针和发展方式的统治阶级，武家文化是日本主导地位的文化，武士道是武士治国的统治思想、伦理道德支柱和法律制度，乃是不争的事实。

1192年，源赖朝被天皇任命为"征夷大将军"，武士政权的合法性得到了象征着日本传统精神权威的天皇的承认。于是，武士阶级取代公卿贵族成了政治上的统治阶级、社会上的主流阶级和日本文化最主要的创造者，武家文化成了占据主导地位的文化，武士道也从武士夺取战争胜利的指导思想和行动准则，发展成为统治阶级的统治思想和政治意识形态，成为占主流地位的道德观念和价值观念，以及制度的和法律的道德规范和行

---

① [日]田口宏雄：《武士道的源流·从骑马民族到武士的黩武系谱·下卷》，新生出版社2005年版，第251页。

② [日]元木泰雄：《武士的成立》，吉川弘文馆1994年版，第189页。

为准则。以武士道为统治思想的统治制度、统治模式、发展方式和社会结构、文化战略、伦理道德等，共同以武士道塑造日本人的民族精神和价值理想。因此，镰仓武士道在塑造民族精神和价值理想的过程中，发挥出远比平安时代更大的作用。

赖朝在镰仓创建起武家政权后，将"源氏东国猛士之道的武士道"奉为武家政权的统治思想，以之巩固建立起主从关系基础上的武家政权，维护武家社会主从序列的统治秩序。赖朝的武家军国体制以武力为立国之本和治国之本，将扩军备战作为武家政权的至上命题，"忠诚的伦理观念"成为统治御家人和维持武家统治秩序的精神工具，"武勇的战斗精神"则成为巩固武家政权和镇压其他社会阶级的主要武器，即山鹿素行等武士道理论家反复强调的"内治以文、外治以武"。

以源赖朝为代表的武家统治者的理想追求，不仅是对全日本的军事征服、军事统治，而且还梦想以武士道从思想上征服日本社会，将武士道的道德体系和价值体系推广到全国城乡。为此，武家统治者利用手中的军政大权，不遗余力地捍卫和发展以武士道为核心的武家道德体系和价值体系，并以强制性手段向全体社会成员灌输。"赖朝开幕以来，大力倡导和奖励武士之道，对违反武士之道者，坚决严惩，决不宽赦。"于是，"源氏东国猛士之道的武士道"也成了武人执政时代价值评判和奖惩机制的标准、时代精神的象征。违者坚决严惩，无论被统治阶级还是御家人武士，就连天皇、上皇也不能幸免。

1221年，幕府粉碎了皇室发动的倒幕活动——"承久之乱"后，武家军国政治取得了对公家贵族政治的决定性优势，武士阶级的统治地位不断巩固、统治权力日益扩大，公武二元政治开始向武家一元化政治倾斜。1232年（贞永元年），幕府执权北条泰时颁布了以"武者之习"为基础的武家宪法《御成败式目》51条。[①]《御成败式目》（也称《贞永式目》）不是依据或模仿天皇朝廷的律令法，而是根据武家社会的"道理"、赖朝以来的惯例制定的，将武士在数百年战争生活中形成的"道理"规范化，并制定出武家独自的法律，对室町、战国、织丰和江户时代的武家法制均有着极深的影响。北条泰时在给其弟北条重时的信中称，《式目》是幕府推行"政道之要点"，是"武家之习，民间之法"的成文化。《御成败式

[①] 成败即审判、惩罚，式目即条规。

目》的颁布，标志着武士道由私人性武装集团的道德规范和行为准则发展成为国家法律的道德规范和行为准则，武士道在社会控制中的作用，也由道德、习俗的软控制上升为法律制度的硬控制，违反武士道就是违反法律，将受到相应的法律制裁，从而对整个社会都具有很强的约束力。

镰仓时代，遍布各地的武家政权机关同时又是武士道的传播机关。幕府的地方统治系统——"守护"、"地头"制度确立后，由与幕府有着共同利益关系的关东御家人担任，这些人来自源氏根据地和源氏武士道的故乡，以忠于幕府和模范践行镰仓武士道而著称，他们带着浩浩荡荡的属下武士——武士道的种子进驻地方各国和各地庄园，凭借武力贯彻执行幕府以武为本的统治政策，巩固和发展武家统治，向被统治阶级灌输武士道的道德观念和价值观念。平定"承久之乱"后，幕府除严惩叛乱首犯、废黜仲恭天皇和流放三上皇外，还没收了参与叛乱的皇室、贵族、寺院的庄园3000余所，按照御家人"勋功之深浅"，委派有军功的关东御家人去管理这些庄园，其他未设地头的庄园也委派关东御家人武士充任地头。对叛乱者的处置和任命新地头，巩固了武家政权，确立起武家对公家的绝对优势，大大提高了镰仓武士道的权威性和影响力。而且，通过任命这些新地头，将幕府的军事统治推广到全国。随着武家统治伸展到了全国，武士道也和"新补地头"一起来到这些新设地头的地区，特别是此前源氏武士道影响力较为薄弱的西国地区。

镰仓武士道的普及除国家行政力量的推进外，还有军事扩张和军事征服的功效。源赖朝自1180年在关东举兵以来，为了激发关东武士的战斗精神，不断将没收来的土地作为恩赏给予关系武士，甚至越过中央朝廷和"本所"任命"介"（国司的次官）和庄官（即庄司），以及郡、乡的地头。随着源平大战的胜利，在镰仓武家政权的建立过程中和建立之后，越来越多的关东御家人从赖朝手中得到东国和西国的土地——"新恩给予"。大体上讲，源赖朝给予关东武士的新恩，主要在西国。例如，在远江、骏河、伊豆三国各地拥有"本领"（原有领地）的武士，由于讨伐平氏和"承久之乱"的战功，也得到畿内和西国的"新所领"和地头职，很多都移居到这些地方。尤其是在"承久之乱"后，幕府没收了叛乱者的庄园（所领）3000余所，任命有勋功的关东御家人担任地头。许多东国武士除本领外，还在西国得到"新恩给予"，并移居西国。据日本学者研究，"以承久之乱为顶峰的众多内乱和政变，幕府没收了反幕府方面的所领，分配给御家人作为恩赏。离开本领迁移到西国的御家人称为'西迁御家人'。在西迁御家人中，大友、毛利、小早川、吉川、相良、涉谷、熊谷、山内首藤、深堀氏等，不少人成长为有力的国人和大名级别者。千叶、宇都宫、二阶堂氏等有力的庶流也有定居西国的例子。"① 日本学者丰田武甚至说："在镰仓时代，关东武士向东、向西频繁移居。这种移居，与欧洲中世初期日耳曼民族在各地的民族移动相比，也是划时代的现象。可以说，日本的民族移动就在于镰仓武士向东北及西国的移居和发展。"② 且不说关东武士的大规模移居是否能与欧洲的日耳曼民族大迁徙相提并论，不过，关东武士自源平大战后持续数十年的大规模地迁居到东北和西国这一事实，确实使源氏武士道的地盘空前膨胀，有力地促进了镰仓武士道的普及。

　　丰田武教授还论述了坂东武士的移居与镰仓时代苗字层出不穷的因果关系。"留传至今的许多苗字都带有地域特色，以常见的地名为基础，其中，田中、山本、中村、渡边、佐藤、高桥、铃木、木村等，分布全国并占苗字的70%—80%。""探寻其缘由，在于武士团移住的全国化，由此可见武士团移住的重要性。""在武士的移居中最引人注目的，乃是东国武士以镰仓幕府的成立为契机的移居。""另外，还有镰仓中期以降兴起的北条氏家臣的移居、足利氏及其家臣的发展。"③ 关东武士带到移居地的除"苗字"外，当然还有他们在数百年战争生活中养成的"坂东武者之习"，这也佐证了镰仓武士道普及的成效。

　　镰仓幕府时代，在赖朝创建镰仓武家政权至13世纪80年代"霜月骚动"（旁系御家人与嫡系御家人武力冲突）的大约100年间，幕府保护御家人的利益，御家人效忠和服从幕府，有效地巩固了武家政权和武家统治秩序。在此期间，武家政权的强制推行和其他社会阶级的模仿，有力地促进了武士道世俗化的历史进程，为武士道价值体系和道德体系在全社会的确立奠定了基础。

---

　　① [日]宫地正人编：《新版世界各国史·1·日本史》，山川出版社2008年版，第146页。
　　② [日]丰田武：《中世的武士团·丰田武著作集·第6卷》，吉川弘文馆1982年版，第427—428页。
　　③ 同上书，第429、459页。

三　室町和织丰武士道的普及

　　与源赖朝缔造的镰仓幕府一样，室町和织丰政权也是建立在主从关系基础之上的武家军国政权；主从关系稳定则武家政权稳定，主从关系动摇则武家政权动摇，而能够维护和强化主从关系的唯有从主从关系之中滋生出来的武士道。因此，武家统治者无不倾尽全力加强武士道建设，通过武士道建设巩固武家政权的基础，维护武家统治制度和统治秩序。总之，武家统治者需要用武士道维系主从关系、强化武家政治的政权基础，武士道需要武家统治者创造的生存和发展空间，两者是相互依赖、相得益彰的关系。

　　室町和织丰时代武士道的普及，是镰仓武士道普及的继承和发展。尽管室町和织丰时代是"战争如同家常便饭"的时代，不过，这一时期武士也得以最充分地发挥战斗者的社会职责，凭借武力全面推进武家政治，全面剥夺公家贵族的权力和财富，使天皇朝廷丧失了作为一个政权而存在的实际意义，武士道的普及也在武士一个又一个战争胜利的凯歌声中大踏步地前进。

　　不言而喻，室町武家政权推进武士道普及最权威而又最有力的手段是国家权力。足利尊氏建立起武家政权后，效法源赖朝和北条氏以武士道作为武家政治的统治思想和社会的伦理道德支柱，除继续沿用《贞永式目》外，又结合当时的形势，按"量时设制"的原则，于1336年颁布武家新法典《建武式目》17条，以法律的形式加强武士道建设，提高武士道的权威性，规定人们必须遵循武士道的道德规范和行为准则。三代将军足利义满对敢于违反武士道者——敢于不对足利政权奉公效忠者，坚决严惩。1390年，趁身任美浓、尾张、伊势三国守护职的土岐氏家族发生内讧，将其变为美浓一国的守护。次年，又乘山名家族内乱之机，率兵征讨最大的守护大名——身兼11国守护的山名家族，将山名氏削弱为仅仅管辖3国的守护。1399年，率军征讨中国地方身兼6国守护之职的大名大内义弘（1355—1399），通过打击这些不对足利政权奉公效忠的超级守护大名，增强足利氏将军和武士道的权威性。

　　室町幕府为清除推进武士道普及的障碍，将公家势力彻底赶下政治舞台。足利氏将军对威胁武家政权的皇室等敌对势力的最后据点——"南朝"采取强大的军事攻势，不遗余力夺取天皇朝廷残存的政治、经济权力和公家贵族手中残存的权益。继"承久之乱"取得对公家的决定性胜利之后，武家又在南北朝战争中给予公家致命性的最后一击。"南北一统"之后，天皇手中的权力被剥夺殆尽，公卿贵族被赶出政治舞台，公武二元政治转化为武家一元化政治。这也标志着以武士道为代表的武家文化对公家文化的彻底胜利，标志着武士的道德观念、价值观念对公家道德观念和价值的彻底胜利，清除了武士道世俗化道路上的思想障碍。此后，就如同社会上没有任何势力能与武士争夺政治权力一样，在精神领域内也已无任何道德观念和价值观念能与武士道比肩。

室町武士道普及的一个鲜明特色，就是通过战争扩大武士道的势力范围和影响力。室町幕府始于争乱，终于争乱，在其存在的 240 年左右时间里，先是持续半个多世纪的南北朝时代，南朝与北朝的战争、幕府与大名和大名与大名的战争，数十万武士在各自主君的率领下南征北战、东征西讨，就像播种机一样，所到之处都留下了武士道的种子。"南北一统"后不久，又是地方大名之间和地方大名与幕府的战争，持续 10 年的"应仁之乱"后，日本进入了长达 100 年的战国时代，数量众多的大名竞相扩张领地、争夺军事霸权，战争频率、战争规模都堪称前所未有，几乎每一寸土地都有关东武士的足迹，武士道也由此在更大范围内反反复复地传播。

南北朝战争期间，迫于守护大名的压力和农民的反抗斗争，各地乡村的"国人武士"为确保自己的既得利益和势力范围，纷纷扩充武装力量、增强军事实力，家臣武士不断增多，有的国人武士甚至凭借实力发展成为战国大名。"应仁之乱"后的战国时代，战国大名之间的扩张战争益发激烈，他们动员一切力量参加战争：商人筹集军粮、武器，上层农民则被纳入家臣团充当步兵——"足轻"，移居大名的城下町，集中进行军事训练，直接参加战争。武士团越来越庞大，表明"武士道群体"的规模也在不断膨胀，从而有力地促进了武士道的世俗化。

其实，战国大名在军备竞赛的过程中，也非常注重武士道的建设。"水能载舟，亦能覆舟"。一方面数量庞大的家臣团队伍是战国大名夺取战争胜利的根本保证，另一方面数量庞大的家臣团队伍也能置战国大名于死地。要成功地控制家臣团，除武力之外，就是以武士道控制家臣的思想。前述战国大名的家训（也称战国家法或分国法），既是他们控制家臣武士的法律措施，也是他们通过法律措施加强武士道建设的证据，战国家法中涵盖了忠诚、武勇、礼仪、名誉、俭朴、克己、勤学等武士道德目，既加强了对家臣武士的控制和领国的武士道建设，也大大推动了领国的武士道普及。

室町和织丰时代普及武士道的重要力量还有禅僧。本来，禅僧的职责是布道，然而因镰仓武家政权的扶持才逐渐传播开来的禅宗，始终依附于武家统治者。自镰仓时代起，禅僧就开始在布道过程中传播武士道。战国时代，失去幕府保护的禅僧纷纷从京都走向各战国大名的领国，他们作为最重要的知识群体，集僧侣与教师于一身，一些德高望重的禅僧还是"王者之师"，如武田信玄之师临济宗禅师歧秀元伯（甲斐的长禅寺住持）、上杉谦信之师曹洞宗禅师天室光育（长尾家菩提寺林泉寺住持）、伊达政宗之师虎哉宗乙、德川家康之师太原崇孚（即雪斋，因养育今川义元而知名的禅僧）等。[①] 战国大名对禅僧给予"寺领"，禅僧对战国大名尽"奉公"效忠的义务，双方也存在施恩与报恩的主从关系，即禅僧也要遵循主从关系的原则。他们战时则作为阵僧随同出征；平时为战国大名祈求"武运长久"，在向各阶级、各阶层布道和讲学的过程中，讲授武士道的道德观念和价值观念，宣扬武士的做人准则，促进了武士道向广大民众的渗透。关于禅僧的详细情况，参见下章"武士道与日本民族文化的融合"。

四 江户武士道的普及

江户时代（1603—1867）是武家政治史上将军权威最为强大的时代和日本历史上少有的和平时代，不过，幕府将军运用国家行政权力加强武士道建设的力度，比起镰仓、室町幕府有过之而无不及，并且通过彻底剥夺家臣武士的经济独立性，迫使武士必须严守武士的道德规范和行为准则。这样，江户武士也比镰仓和室町武士更为模范地遵守武士道，越发成为其他社会阶级效法的楷模，以致民谣也唱道"花是樱花，人是武士"，武士道对农工商阶级的影响力由此大为提高，全面渗透于农工商阶级的生

---

① ［日］小和田哲男：《培育战国武将的禅僧们》，新潮社2007年版，第三章"武将年幼时的老师禅僧"。

活之中。按照美国学者贝拉的说法，"武士道的伦理在德川时代……已成为国家伦理，至少占有了国家伦理的大部分。"

江户时代是普及武士道最富成效时代，与历史的积淀有着密不可分的关系。从平安时代武士的产生和发展，至武士治国的镰仓、室町和战国时代，武士道始终与武士、武家政治同呼吸、共命运，先是充当武士夺取战争胜利的指导思想和行动准则，继之又担负起武士治国的统治思想和立国路线的重任。以源赖朝为代表的武家统治者则将武士道奉为政治意识形态、伦理道德支柱和法律制度的基础，并强加给农工商阶级。漫长的历史岁月，滋养着关东武士在平安时代以来，特别是镰仓时代日本的所谓"民族大迁徙"期间在全国各地播下的武士道种子，使之逐渐融合于农工商阶级的血液之中，从而形成日本社会以武士道为核心的道德体系和价值体系。

江户武士道的普及之所以成效显著，还由于武家统治者的强制推行。为了巩固将军德川氏最高武家统治者的地位，保证德川氏的"武命长久"，德川氏运用政治、经济、军事和法律等强制性手段，强迫所有武士把"得主人而尽奉之忠"作为自己的神圣职责。

德川氏巩固武家政权、发展武士道的制度措施主要有：政治上，德川氏以军事主从关系作为武家政权的基础和法定的政治制度，幕府的中央和地方政权官吏全部由与德川氏结成主从关系的武士担任；地方各藩国的藩政机构，则由与藩国大名结成主从关系的藩士担任。将军有权根据藩国大名是否效忠于德川氏和效忠的程度，对大名进行改易（剥夺武士的士籍）、除封（剥夺领地和俸禄）、减封（减少俸禄）和转封或移封（转移封地）。军事上，德川氏拥有绝对凌驾于藩国大名之上的军事力量，将军的幕府是全国军事力量的最高统帅部，藩国大名拥有相应的军事力量，但须绝对听从幕府的军令，大名无权私自向领外派遣一兵一卒。经济上，德川氏是全国土地的最高所有者和最大的军事领主，大名的领国是将军分封的，是将军的"恩赏"；并以禄米分封制（石高分封制）取代土地分封制，彻底剥夺一切武士的经济独立性；将军掌握大名的经济命脉，大名掌握藩士的经济命脉，离开主君就意味着失去经济来源，由武士沦落为"浪人"。法律上，将军德川氏是全国的最高立法者，幕府颁布的法令全体社会成员都必须遵守，即使贵为天皇也不能例外。在德川氏颁布的《武家诸法度》、《诸士法度》，以及德川氏的家法《德川成宪百条》、《东照宫御遗训附录》，详细规定了必须遵守的武士道德，特别是对将军德川氏的忠诚。

德川氏巩固武家政权和发展武士道的制度措施，大大强化了武士道对全体社会成员的约束力，为塑造武士道价值体系和道德体系提供了强有力的制度保障。

江户武士道对农工商等被统治阶级的感染力、渗透力，还得益于中国的儒家学说。天下太平的江户时代，武士的社会角色由战斗者转变为执政者、社会职责由征战杀伐转变为治国安民。由于德川家康等武家统治者以儒家朱子学作为武士提高执政能力的政治哲学，由于以山鹿素行为代表的武士道理论家实现了武士道与儒学的结合，武士道也由此进入了"儒道的武士道"的新阶段。经过儒家朱子学政治哲学、伦理哲学的严密论证，大大提升了武士道的合理性、权威性。同时，武士道与儒家朱子学的结合，也可以说是武者与智者的结合。经过儒学朱子学的陶冶，武士从征战杀伐的杀手演变为知书达礼的君子，越发受到人们的尊重，促进了农工商阶级对武士道价值体系和道德体系的认同，加速了武士道价值体系和道德体系向农工商阶级的渗透进程。

武家统治者以国家机器推动江户武士道的世俗化，思想家和教育家则通过学术研究和传授知识向民众宣扬武士道精神。江户时代，武士以"修文练武"为业，垄断学术和文化教育，是日本社会最庞大的知识群体，主导学术思想，开创学术流派，引领学术潮流，推动外来文化日本化，创造了日本繁荣的封建文化，特别是以武士道为核心内容的武家文化。他们利用自己的学术思想和学术声望，在思想文化领域宣扬武士道，如以阳明学派的创始人中江藤树、熊泽蕃山和古学派的开创者山鹿素行等为代表的一流学术大师。

江户时代也是学校教育大发展的时代，除前述约300所以武士子弟为教育对象的幕校、藩校外，还有以农工商子女为教育对象的数千所"寺子屋"。寺子屋教学内容大同小异，其"训蒙读物"包含武士道的经典著作《武士训》、《武教小学》、《士道要论》等几十种。[①] 诚如宋成有先生所言："通过寺子屋的德育教育，学童学到了效忠主君、孝敬父母、尊长爱幼、礼敬师长、勤俭诚实、知书达理、安分守己的道德伦理。正是因为

---

① 吴廷璆：《日本史》，南开大学出版社1994年版，第228页。

寺子屋教育的德育内容符合维系幕藩领主统治的需要，不存在反体制的危险性，往往得到领主的保护。"① 1724 年由町人资助在大阪创办的汉文私塾"怀德堂"，其三条办学宗旨中的第一条规定"学问之道在尽忠孝，勤职业；讲授须遵循这一宗旨。"② 还"将武士道所津津乐道的'忠'、'孝'，以及奉公意识，作为町人子弟教育的准则，一体奉行。"③ 不言而喻，广大学生在学校中接受的武士道思想，必将使他们的价值观念和道德观念打上武士道的烙印，对于武士道价值理想在日本社会的确立具有尤为重要的作用。

江户武士道普及进程的快速发展，还得益于普及武士道的传播群体空前膨胀。在江户时代的日本，除幕末依然登记在册的约 40 万武士外，还有大量浪人武士。据日本学者研究，仅 1600 年至 1651 年的半个世纪，"就产生约 40 万浪人（平均每年 8000 人）"。④ 从 17 世纪后半期开始，各藩国出现财政困难，削减家臣团，又使不少武士成为浪人。此外，丰臣秀吉的兵农分离政策，强迫乡间武士作出选择，要么随藩主移居城下町去做领取薪俸的武士，要么留在农村被划为农民，不少土地多的武士害怕失去土地而选择留在农村，成为村长和农村社会的首领。在籍武士、浪人武士和农村乡士，总数应在 100 万左右，加上他们的家属，为 500 万左右，约占 3000 万全国总人口的六分之一。而且，还有数十万农村的"村方三役"和城市的"町役人"，他们是幕藩领主统治农村和城下町的基层行政官吏，作为幕藩统治者与农民、工商业者之间的桥梁和拥有称姓、带刀等权力"准武士"，既是武士道的接受者，又是武士道的传播者，在与幕藩领主相处的过程中，或是主动学习、模仿武士精神，或是被动接受武士精神的感染，又在与普通农民和工商业者的共同生活中，自觉或不自觉地将学到的武士精神感染他人。

武士道对日本社会价值理想的塑造，可从农民的"农人道"和工商业者的"町人道"窥其一斑。据日本学者坂本太郎考察，在江户时代，

---

① 宋成有：《新编日本近代史》，北京大学出版社 2006 年版，第 52 页。
② ［日］相良亨等编：《江户的思想家们》（下），研究社 1982 年版，第 77 页。转引自宋成有《新编日本近代史》，北京大学出版社 2006 年版，第 49 页。
③ 宋成有：《新编日本近代史》，北京大学出版社 2006 年版，第 49 页。
④ ［日］进士庆干：《江户时代武士的生活·生活史丛书·1》，雄山阁 1980 年版，第 274 页；参见［日］栗田元次《江户幕府政治·1》，岩波书店 1935 年版，第 36—37 页。

"主君以绝对权威支配家来，家来竭力服从和忠于主君的伦理道德，广泛地渗透到庶民阶级。""家臣对将军、大名的权威和服从是武家社会的伦理，这种权威和服从的伦理，也渗透到名主和村民、主人和仆人、地主和佃户、先生和弟子、义父和义子等一切人际关系之中，采取虚拟的、扩大的家族、主从、身份的结合，规范人们的生活。"① 也就是说，武士内部的主从关系已渗入到町人和百姓之中。商人思想家石田梅岩（1685—1744）倡导的"心学"运动，以武士道德作为商人道德的楷模，强调"可为世人之镜者为士"，"作为光洁之镜，凡事应以士为法"。② 有的商人说："以为吾非武士，乃无主之身，此大谬也，人莫不有君臣之分。店主即君，店伙则臣。"（《我津卫》）甚至主张："纵令店主如何无理非道，店伙决不可违抗店主，不行店伙之道。"（《松影思镜》）③ 将家族关系、雇佣关系比作主从关系、君臣关系，效法武士对主君的绝对忠诚和服从。农民中间广为流传的农人训诫书，以武士道的绝对服从要求农民，如常盘贞上的《百姓分量记》宣称："凡在上之物称天，在下之物称地。天高而尊，地低为卑。百姓配于地而卑，应重视农事，尽心于天授之职分。"④ 农民思想家二宫尊德（1787—1856）的《杂集》也强调："下须敬上，须纳年贡，勤诸役。"⑤

可见，明治维新前的日本社会已经处于武士道价值理想全面确立的门槛上了，明治政府的"全体国民武士化，武士精神全民化"政策，则充当了武士道价值理想全面确立的助产婆。

---

① [日] 坂本太郎：《世界各国史·14·日本史》，山川出版社1982年版，第323、325页。
② 转引自 [美] 贝拉《德川宗教：现代日本的文化渊源》，生活·读书·新知三联书店1998年版，第196页。
③ [日] 家永三郎：《日本道德思想史》，岩波书店1984年版，第201页。
④ 同上书，第210页。
⑤ 同上。

第九章

武士道与日本民族文化的融合

日本民族文化的三大主干——神道教、禅宗佛教和儒学，分别在不同的历史时期充当武士道的主要思想渊源。在武士道产生、发展和演变的历史上，平安时代是神道的时代，神道教独立支撑武士道；镰仓、室町和织丰时代以禅道为主，神道和儒道辅佐；江户时代儒道居支配地位，神道和禅道起辅助作用。即8世纪至12世纪末为"神道的武士道"—13世纪至17世纪前是"禅道的武士道"—17世纪至19世纪为"儒道的武士道"。

"原始神道可以用来说明天皇统治在血缘上的正当性，佛教可以用来'镇护国家'或祈求'转病延寿，安住世间'，儒学则可以提供天皇制政治统治的原理。日本人并不拘泥于不同的信仰和价值在理论上的差异，而更为注意这些信仰和价值观的功用。'有用即有价值'这种非理论的实用主义正是日本人多维价值观模式的来源。"[1] 大体上说，神道负责为武士祈求武命长久、战争胜利，禅道充当武士夺取战争胜利的宗教信仰和方法，儒道则为武士治国安邦提供政治原理和伦理哲学。

一 神道——祈求战争胜利的武神崇拜

8—12世纪的平安武士道，以日本的民族宗教"神道教"为思想渊源。

新渡户稻造在其《武士道》第二章"武士道的渊源"中说："由神道的教义所刻骨铭心的对主君的忠诚、对祖先的尊敬以及对父母的孝行，是其他任何宗教所没有教导过的东西，靠这些对武士的傲慢性格赋予了服从性。""神道的教义包含了可以称为我们的民族感情生活中两个压倒一切的

---

[1] 王家骅：《儒家思想与日本文化》，浙江人民出版社1990年版，第42页。

特点——爱国心和忠义。"它"彻头彻尾地给武士道灌输了忠君爱国的精神"。"提供了直截了当形式的行为准则。"① 然而，历史事实并非如新渡户稻造所言。首先，其理想化的武士道以江户时代的武士道——"为政者之道"为基础；其次，既与武士作为"叛逆者"、"非法者"登上历史舞台的历史事实不相吻合，也与 17 世纪前武士作为战斗者的社会角色、社会职责不相吻合。神道教之所以能成为武士道的思想渊源，乃是由于神道教的武神崇拜、武神信仰满足了武士祈求"武命长久"、战争胜利的心理需要。

（一）依赖"神灵"夺取胜利

17 世纪前的武士以战争为职业，对武士来说，战场既是生命终结的坟墓，又是获取财富、权力和地位的源泉。正是这种在战争中求生存、求发展的生存方式，决定了他们孜孜以求、魂牵梦绕的始终是战争的胜利，只有夺取战争的胜利，才能保持生命的存续、光宗耀祖和造福子孙，才能获取战利品和"武名"，才能体现和证明自身价值。

神道教作为武士道的思想渊源，主要是以它的"武神崇拜"支撑武士祈求战争胜利、"武命长久"的心理需要。"由于八幡神、鹿岛、香取、诹访神、妙见菩萨等具有武神意义，因此，深得众多武士的崇敬。"② 即使是在 20 世纪的大东亚战争中，战争之际，出征军人的家族及相关人员还到神社去祈求战争的胜利。③ 尽管明治维新后"天皇的武士道"强调"忠君爱国"，但是，祈求"武命长久"、战争胜利，依然是神道教不可或缺的内容。

武士产生后，为了祈求神灵加护，武士团首领便以某一神灵作为自己的氏神（祖先神），向其寻求帮助。"领主级武士团与神联系的著名例证，就是平家与严岛、源家与八幡宫。"④ 鹤冈八幡宫是赖义于 1063 年 8 月劝请至由比乡，1081 年 2 月义家加以修复。据日本学者考证，源氏在"赖信、赖义和义家的时代，成功地使八幡神氏神化"，"以国家层次上的守护神作为自己的氏神"。"《将门记》中作为国家武神而登场的八幡神，在

---

① ［日］新渡户稻造：《武士道》，商务印书馆 2001 年版，第 18—20 页。
② ［日］下村效等编：《日本历史小百科·武士》，东京堂 1993 年版，第 78 页。
③ ［日］井上哲次郎：《武士道总论》，载《武士道全书·第 1 卷》，国书刊行会 1998 年版，第 66 页。
④ ［日］奥田真启：《武士团和神道》，白扬社 1939 年版，第 116 页。

这个时期转变成为源氏的氏神"①，祈求"八幡神"保佑源氏"武命长久"。在《别册历史读本78号·日本武将列传》一书中，平氏总帅平清盛的画像，也是手持经书祈求平氏一门"武命长久"的坐像。

源平大战中，赖朝多次到神社祈求神灵保佑源氏武命长久。例如，举兵攻打平清盛任命的伊豆国"目代"山木兼隆时，到神社"行战胜祈祷"。②"富士川合战的翌日，赖朝参诣三岛社。"③ 赖朝之妻北条政子在赖朝举兵时，也到伊豆山神社去向神灵祈求战争的胜利。北条重时（1198—1261）的家训《极乐寺殿御消息》第1条宣称，"朝夕礼神佛，敬意存于心。得人礼敬，神增威仪，得神眷顾，人保其运。"武家宪法《贞永式目》第1条，即"可修理神社专行祭祀之事"条中，也宣扬"神者依人之敬增威，人者依神之德添运"的互动关系。

战国时代，大名在决定征战前，通常要在府邸或寺社前举行出征仪式，在神前宣读并供献祈祷文，向神诉说战争的理由，祈求神佛加护，并承诺战争胜利后将向神寄进物资和土地。④ 日本学者解释说："我们现代人不会考虑为战争的胜利而祈求神佛加护，但是，战国大名相信神佛与自己一起亲临战场，协助他们战胜敌人。""信神、拜神甚至成了他们生活的一部分。"⑤ 毛利元就颇为详细地叙述了笃信神灵的缘由，其训诫子孙的《毛利元就遗诫》第13条说："我敬奉严岛明神，经年累月，信仰不辍。想当年折敷合战，石田六郎右卫门自严岛携来粮米布匹，已知有神助，由是奋起争战得胜。及修筑神岛紧要工事，我等渡船至此，不意有敌船三艘来袭，一番合战，取敌首级无数，将之置于要麓。其时我心中思想，严岛有助我得胜之祥瑞，元就将渡之际，能逢瑞兆，必乃严岛大明神加护，我于此深信不疑，汝等信奉严岛明神，心志要坚。"⑥ 以骁勇善战著称的武田氏同样坚信战争的胜利得益于神明相助，据日本学者的研究，"信玄、胜赖战前向神佛祈求战场上的胜利，取胜后便向神佛寄进土地，祈求神佛的

---

① ［日］关幸彦：《武士的诞生》，日本放送出版协会1999年版，第187页。
② 《吾妻镜·新订增补国史大系·第32卷》，吉川弘文馆2000年版，第33页。
③ ［日］福田以久生：《骏河相模的武家社会》，清文堂2007年版，第11—12页。
④ ［日］笹间良彦：《图说日本战阵作法事典》，柏书房2000年版，第104页。
⑤ ［日］笹本正治：《战国大名的日常生活·信虎、信玄、胜赖》，讲谈社2000年版，第66页。
⑥ ［日］小泽富夫编集·校订：《武家家训·遗训集成》，第178页。折敷合战也称"严岛之战"，即1555年与陶晴贤军初次交战。

进一步保佑。"① 1560 年，今川义元率 3 万大军西上，企图在途中吃掉尾张国，织田信长欲以尾张国不足 3000 之兵，在桶狭间抵挡今川义元的 3 万之敌，信长"亲自到热田神宫"求助于神力，得胜后，他越发虔诚敬神。由此也可见，武士虔诚敬神的目的在于祈求战场上的胜利。

（二）依赖"神意"强化主从关系

武家统治者除借助神道的"武神信仰"满足其渴求战争胜利的强烈愿望外，还借助所谓"神"的旨意命令家臣武士服从主君，强化武家政权和武家社会内部等级秩序的基础——主从关系。

主从关系是武家社会最重要的社会经济关系和人际关系，也是构建武士集团的支柱和保持军事实力的基础，因此，武家首领始终将强化主从关系作为当务之急。武家首领强化主从关系的措施主要有：一是武力强迫，以武力迫使从者报答主君的恩惠，对主君尽奉公效忠的义务；二是家族关系，对武士团首领赋予家族族长的身份和权威；三是武士道精神德目，武家社会的规则；四是武家法律，武家社会的法律制度；五是"神"的旨意，服从主君就是服从神。而所谓"神"的旨意，就是来源于神道教。

"镰仓殿对御家人的支配不只是物质层面的，还包括观念形态。支配御家人观念形态的主干，就是幕府的守护神——鹤冈八幡宫。""使源氏的氏神成为御家人的守护神，进而又升华为幕府的守护神。"② 将"八幡神"作为源氏与东国御家人的精神纽带，"通过对武神鹤冈八幡宫的信仰，巩固其对武士阶级的统治"。③ 至少在赖义时代，源氏武士团就已形成信仰源氏的氏祖"鹤冈八幡宫"与忠于源氏合二为一的思想意识，使源氏的"武威"与武神的"神威"结合在一起。镰仓武家政权建立后，赖朝以源氏氏神"鹤冈八幡宫"为顶点，加上其下的三岛社的"二所"，进而包括各国一宫的有力寺社，形成镰仓的寺社体制。通过对源氏氏神"鹤冈八幡宫"赋予至高无上的地位，从而对赖朝的统治地位赋予神圣性和权威性。在镰仓幕府祭祀的诸神中，"鹤冈八幡宫"位列首席，除每年正月初一前往参拜外，凡遇重大事项将军都要亲自前往参拜。"鹤冈八幡

---

① ［日］笹本正治：《战国大名的日常生活·信虎、信玄、胜赖》，讲谈社 2000 年版，第 68—69 页。
② ［日］冈田清一：《镰仓幕府和东国》，续群书类从完成会 2006 年版，第 87 页。
③ ［日］桥本实：《日本武士道史》，地人书馆 1935 年版，第 149—150 页。

宫"作为最高武家神和"武士的世界观的理念对象",在武家神道和镰仓武士道中都占有独特的地位,既是武家神道中宗教信仰的武神,又在伦理规范意义上充当武士道的崇敬对象,对维护以赖朝为顶点的主从关系发挥了极其重要的作用。

赖朝不仅以国家权力赋予"鹤冈八幡宫"至高无上的地位,还赋予"鹤冈八幡宫"武勇之神和护国之神的含义。在武士的理想中,护国精神与对护国之神八幡神的信仰合二为一。日本学者奥田真启解释说:"这种思想不单单是八幡神的神格观与护国思想、氏神关系,也与将军的主从关系相一致,据此强化以八幡神之神意而运行的世界观。""因为八幡是护国神,武士的理想是护国,武士为了实现自己的理想而借助八幡的力量,感受八幡的神威。在此思想基础上,产生出对将军的忠诚和对将军的神的崇敬相一致的忠诚的伦理性。"[①] 一方面,通过对源氏氏神——"八幡神"的信仰,将赖朝与御家人的主从关系追溯到赖义、义家与御家人祖先之间的主从关系,即以源氏与御家人之间的累代主从关系,强化赖朝作为源氏武士团主君的权威性、合法性。另一方面,又通过源氏与御家人之间自赖义、义家以来的谱代意识,使御家人相信"崇敬将军就是崇敬八幡神",服从赖朝(幕府)就是服从神意和崇敬祖先。若是对赖朝不忠,就是不遵神意和对祖先的背叛,就是对神和对祖先的大逆不道。概而言之,神道教为武家社会从者对主君的忠诚和服从披上了民族宗教的外衣。

(三)依赖武神激发武勇精神

武勇精神既是武士道不可或缺的重要内容,又是武士道的本质特征,在武士道产生、发展和演变的历史上,武勇精神贯穿始终。对武勇精神的崇拜甚至迷信,一方面源于日本原始时代的尚武习俗、关东的骑射文化,另一方面又与神道信仰中的"武神崇拜"密不可分。

武士以武勇为生存资本,武家政权以武力为立国之基和治国之本,武家统治者以武力作为"治国平天下之要法"。源赖朝创造性地将武神信仰与尚武精神结合起来,"通过对鹤冈八幡宫的信仰,强调武家主义。"[②] 以武神信仰激发关东御家人的尚武精神。

---

① [日]奥田真启:《武士团和神道》,白扬社1939年版,第118、124页。
② [日]桥本实:《日本武士道史》,地人书馆1935年版,第148—149页。

如前所述，武士产生后，武士团首领便以某一神灵作为自己的氏神（祖先神），企图通过武神崇拜求得神灵的加护，增强武士团的武力，最大限度地发挥武士团的武威，从而取得战争的胜利。久而久之，武家神道的"武神"信仰也就融入武士道的思想体系之中，通过信仰和祭祀以"鹤冈八幡宫"为代表的武神祈求武略开运、武运繁荣。由于"八幡又是武士道里最灵验的神"，因此成为武神信仰的核心。"武神的意义在于支撑构成武士道主干的武勇精神"。"在武士的生活中，兵法乃至武士的作法和合战的心得等都渗透着神道的基础性影响。"①诚如日本学者奥田真启所言，"武神的意义在于支撑构成武士道主干的武勇精神"。武士之所以崇拜、迷信武神，无非武神崇拜对武勇精神赋予了宗教性或神性。正是在武神信仰、武神崇拜的宗教支持下，武勇精神被发挥到极致，甚至被扭曲和滥用，穷兵黩武也成了武士的理想追求。

概而言之，武家神道的"武神信仰"满足武士祈求武神保佑、"武命长久"的心理需求，有助于武家统治者控制家臣武士，有助于激发武士的武勇精神。也就是说，武家神道的"武神信仰"有助于武士在战场上求生存、求发展的生活方式，有助于武士实现"以夺取战争胜利为第一要义"的理想追求。

二 禅道——夺取战争胜利的宗教信仰

13世纪至17世纪前的日本是"禅道的武士道"时代，禅宗佛教取代神道教成为武士道最主要的思想渊源，为"战斗者之道"的武士道提供宗教支持。"在武士兴盛的镰仓时代，经常面对死亡威胁的武士，要活下去就不得不杀死对手，对佛教当然会表现出强烈的关心。"②按森岛通夫的说法，武士又要杀人——犯下杀生罪，又想升入天国，因而关心佛教。其实，武士关心佛教还由于禅宗"死生如一"的生死观，使武士进入无我境地，完全断绝了生死羁绊，从而有助于武士临战之时具备"忘我"、"忘亲"、"忘家"的意识，这也与赖朝要求武士"将生命作为侍奉主君的手段"是相通的。

---

① [日]奥田真启：《武士团和神道》，白扬社1939年版，第274、277页。
② [日]森岛通夫：《透视日本》，中国财政经济出版社2000年版，第47页。

（一）武家政治与禅宗

禅宗从传入日本到在日本流传开来经历了数百年之久。日本著名佛教史专家村上专精的《日本佛教史纲》说，据说在孝德天皇朝的白雉年间（650—654），道昭大僧都在唐学法相宗的同时又从相州的慧满禅师学禅宗，回国在元兴寺开设禅院。这是日本有禅宗的开始。后在天平年间（729—748），道璿律师又传入中国北宗禅，大安寺的行表继承他的禅，后又传给传教大师。嵯峨天皇的弘仁年间（810—823），唐朝僧义空率法弟道昉到日本。皇后桔氏（名嘉智子，即檀林皇后）创建檀林寺供他们居住，大力倡导禅宗。这是日本倡导禅宗的开始。[1] 然而，直到荣西从宋朝回到日本，禅宗才在日本广为流传，原因固然不少，最重要的原因还是缺乏强有力的倡导者、保护者和扶持者。

奈良时代的日本宗教界，影响最大的是佛教，就连日本固有的神道教也不得不退避一隅，从属于佛教之下。在此后的数百年间，即武士产生和武力崛起的平安时代，最盛行的宗教依然是佛教，日本的神道信仰和神道教仍旧依附于佛教。天台宗和真言宗既有天皇朝廷的提倡，又有控制庄园经济的权门贵族可供依持，因而成为最盛行的佛教宗派。大体上讲，平安晚期的日本社会已形成"公家"、"武家"和"寺家"（佛教势力）三家，公家贵族有政权，武家军人有武权，寺家势力有神权。此外，寺家还拥有众多庄园和自己的武装力量——僧兵，因而无论是公家还是武家，谁也不敢小视寺家，都想使之为我所用，并适当加以抑制。

禅宗在日本流传开来乃是武家政权提倡、保护和扶持的结果。1180年和1184年，武家政权的军事、行政和司法三大统治机构"侍所"和"政所"、"问注所"相继成立。1192年，源赖朝被天皇任命为"征夷大将军"，武家政权的合法性得到日本传统精神权威的承认，至此至尊与至强、权威与权力二元分离的政治格局正式形成。正当刚刚取得政权的武家在宗教信仰界几乎"一无所有"、急需建立自己的宗教思想和文教制度之际，恰好日本临济宗的开山祖师荣西从中国宋朝回到日本传播禅宗。

1168年4月，荣西乘船入宋，同年9月带着30余部天台宗章疏回国。20年后的1187年3月，荣西再次乘船入宋，在天台山万年寺向临济

---

[1] [日]村上专精：《日本佛教史纲》，商务印书馆1999年版，第172页。

宗黄龙派第八代嫡孙虚庵怀敞禅师学禅。1191年，怀敞授给荣西法衣（僧迦梨衣，即有九条至二十条的袈裟）、临济宗传法世系图以及柱杖、应器（钵）宝瓶、坐具等，又向他授菩萨戒，赠书送行。7月，荣西回到日本。可是，荣西在京都——即在天台宗、真言宗等旧佛教（贵族佛教）地盘上的传教活动并不顺利，经常遭到天台宗、真言宗等佛教势力干扰。于是，荣西便到镰仓传教。武家政权对这个尚无政治背景的新兴宗教——禅宗，采取了与京都贵族迥然有别的态度和政策。

禅宗之所以得到武家政权的欢迎、保护和扶持，一是武家需要有自己的宗教武器，通过禅宗"摆脱公家旧佛教的影响，创建自己的伽蓝与京都的公家抗衡，进而掌握全国的教权"①，同时也可以得到"寺家"的支持；二是禅宗的说教有利于武士"忘我"、"忘亲"、"忘家"，抱着视死如归的心态奔向战场，效命主君。此外，武家军事首领极力将从者对佛祖的信仰转化为对武士团首领的尊崇。在武家政权的大力提倡、保护和扶持下，禅宗日益普及，特别是在统治阶级——武士阶级中具有巨大影响，天台宗和真言宗等贵族佛教则因公家贵族的衰落而衰落。随着禅宗成为占统治地位的宗教，武家政权也掌握了全国的教权。

禅宗之所以能成为武士信奉的宗教，根源在于它适合武士的需要。第一，满足武士现世杀人、来世得救成佛的愿望。禅宗宣扬"自力本愿"，即人们通过主观意志便可"成佛"；宣扬人人有"佛性"，只要清除内心的"妄念"，达到"空心"境地即可"成佛"。特别是满足了武士在此岸世界大开杀戒，在彼岸世界又能获救的愿望，即为犯杀生罪的武士进入天国大开方便之门。第二，"死生如一"的生死观。禅宗的"生不可喜，死不可悲"，与武士"驱驰于矢石之间，出入于生死之门"的生活状态相吻合，与武士在临战之际需要具备"三忘"思想是相通的。第三，"道在日用"、"自修自悟"的简易教理和修行方法。禅宗主张"不立文字，教外别传；直指人心，见性成佛"②，只需坚持坐禅冥思就能清除"妄念"成佛，不强调形式主义的持戒和修行，因而特别适合于文化水平低而又成天忙于作战备战、无暇读经礼佛的武士。

禅宗需要武家政权的保护，武家政权需要禅宗建立武家的文教制度和

---

① 《体系日本史丛书·18·宗教史》，山川出版社1981年版，第195—203页。
② ［日］村上专精：《日本佛教史纲》，商务印书馆1999年版，第124页。

掌握全国的教权；武家政权保护禅宗和禅宗甘当武家政权的御用宗教，就像武家社会主从之间施恩与报恩的关系一样。据《吾妻镜》记载，荣西以"律师"、法会、"导师"的身份为幕府主持佛事、祈祷。1199 年 9 月，在幕府主办的供养不动明王的法会上，荣西担任修法导师，源赖家和尼将军北条政子皈依禅门。1200 年，在源赖朝去世一周年的法会上，幕府又请荣西担任导师。① 北条政子将源义朝的一块邸地献给荣西，在此建寿福寺。1202 年，二代将军赖家把京都东南部的一块土地给荣西建建仁寺。武家政权对荣西的信任和尊崇由此可见。北条氏主政时期，北条时赖、北条时宗和北条贞时，先后在镰仓建造专修禅宗的建长寺、圆觉寺，此后建长寺、圆觉寺与寿福寺、净智寺、净妙寺五大禅寺合称为"镰仓五山"。此外，还有"镰仓十刹"，即相模的净智、禅兴、东胜、万寿寺，筑前的寿福寺、山城的万寿、真如、安国寺，丰后的万寿寺，上野的长东寺。北条氏对禅宗的推崇和对禅僧的礼遇，还表现为主动派出许多入宋僧、入元僧到中国学禅，以及直接从中国请禅僧来传教，如兰溪道隆（1213—1278，1246 年赴日）、大休正念（1215—1289，1269 年东渡日本）、无学祖元（1226—1286，1279 年抵日）等。1246 年兰溪道隆到日本，1252 年北条时赖创建建长寺请兰溪道隆入住。

为了报答武家统治者的礼遇之恩，这些入日禅僧通过上堂拈香的祝词，肯定武家政权的统治体制，并且通过传教活动为建立武家伦理发挥了重要作用。我国著名的日本佛教史专家杨曾文先生的研究也明确指出："从道隆以后，来自兀庵普宁、大休正念、无学祖元、一山一宁等人以及日本从宋归国的禅僧南浦绍明等人，也采取上堂拈香为天皇、幕府将军、执权侍祝寿祝福的做法，并成为禅寺常规法式之一。""武家支持禅宗。禅僧特别是来自宋元的禅僧，确实为巩固武家的社会地位，建立武家伦理、文化起了积极作用。我们从正念赞扬时赖、时宗、贞时等武家领袖的法语中可以很清楚地看到这一点。"② 在抗击元军的"文永之役"和"弘安之役"中，大休正念和无学祖元等不仅和僧人一起读经修法，祈祷佛、神降伏敌军，还以授禅法语的形式增强幕府执权北条时宗、北条贞时抵抗元军的信心和勇气。

---

① 《吾妻镜·新订增补国史大系·第 32 卷》，吉川弘文馆 2000 年版，第 560、564 页。
② 杨曾文：《日本佛教史》，人民出版社 2008 年版，第 335 页。

室町幕府虽然始于争乱、终于争乱，但却是日本禅宗（临济宗）的全盛时期。以将军足利氏为代表的武家统治者继承镰仓幕府"笃信禅旨"的传统，全力推崇禅宗。于是，镰仓的"五山十刹"也在京都照样修建。"京都五山"有天龙、相国、建仁、东福、万寿五寺；"京都十刹"是山城的等持、临川、真如、安国、大福田宝幢五寺，以及筑前的圣福寺、丰后的兴圣万寿寺、骏河的兴国清见寺、美浓的定林寺、羽州的崇福寺。此时，"京都、关东的新佛教都在扩大传教范围，但其中唯有禅宗占据统治地位，上至天皇下至将军、地方武士，都皈依禅宗。"① 1339年8月，足利尊氏开创天龙寺请梦窗疏石（1275—1351，宇多天皇的九世孙）国师做第一代祖，还请梦窗国师做自己的精神顾问。三代将军足利义满时代，五山禅僧成为幕府的政治顾问，而且，"当时的外交活动多由五山禅僧参与，他们作为正使、副使出使中国，相国寺成为掌管外交事务的场所。"② 由此也可见禅宗与武家统治者的关系。

"应仁之乱"后，幕府无力保护禅僧，禅僧流落到地方各国，战国大名取代幕府成为禅僧的保护者。战国大名对禅僧给予"寺领"，作为回报，禅僧也要"奉公"，平时为战国大名祈求"武命长久"，战时作为阵僧随同出征。也就是说，战国大名与禅僧的关系也具有了主从关系的性质。战国时代的禅僧，既是传授禅法的禅师，又是精通儒学的教育者，许多战国大名以禅僧为师，如武田信玄之师临济宗禅师歧秀元伯（甲斐的长禅寺住持）、上杉谦信之师曹洞宗禅师天室光育（长尾家菩提寺林泉寺住持）、伊达政宗之师虎哉宗乙、德川家康之师太原崇孚（即雪斋，因养育今川义元而知名的禅僧）等。③ 还须指出的是，不少著名禅僧甚至以总大将的身份率军征战，如今川义元的军师雪斋曾多次作为今川军的总大将出战。禅僧充当战国大名的顾问或军师也相当普遍，如织田信长的军师策彦周良和泽彦宗恩、德川家康的军师元佶和崇传。

（二）武士道与禅宗

禅宗对武士道的形成和发展具有不可替代的巨大影响，乃是学界共

---

① ［日］村上专精：《日本佛教史纲》，商务印书馆1999年版，第123页。
② ［日］坂本太郎：《日本史概说》，商务印书馆1992年版，第232页。
③ ［日］小和田哲男：《培育战国武将的禅僧们》，新潮社2007年版，第三章"武将年幼时的老师禅僧"。

识。井上哲次郎的《武士道总论》将禅宗的作用概括为五点：（1）仁慈，武士道本来就有陷入杀伐之倾向，必须以仁慈之心取胜；（2）俭朴，磨炼勤俭朴素的生活意志；（3）练胆，武士随时都会面临决战，需要时时练胆，增强胆量；（4）勇猛，打破生死牢关，精神上勇猛果敢，表现武士的大勇；（5）决心，生死之际毫不犹豫的决心。① 新渡户稻造说："佛教给予武士道以平静地听凭命运的意识，对不可避免的事情恬静地服从，面临危险和灾祸像禁欲主义者那样沉着，卑生而亲死的心情。"② 桥本实在《日本武士道史》一书中，通过禅宗的本质阐述其作用，一是以自力思想为根本要义，即通过自己的修业达到开悟境地的自力本愿是禅宗的真髓、是根本要义；二是现世的、现实主义的思想成分，通过坐禅克服现实世界的一切烦恼；三是通过禅宗的人的训练、人格的陶冶，培育坚韧不拔、超脱生死的精神力量。概而言之，禅宗的本质是以自力主义为基础的现实主义的、不屈不挠的、超越生死的坚韧不拔的精神力。③ 井上哲次郎和桥本实的见解，基本反映了武士以武为业的生活方式；新渡户稻造的观点则有些流于空谈空论。不过，井上哲次郎的"仁慈说"也显得过于牵强，一方面仁慈从来不是武士道的精神德目，另一方面武士以杀生为业，要求他们在杀戮与被杀戮的职业生活中具备仁慈之心显然不切实际。而且，禅宗本来就是驱使武士效命疆场、拼死取胜的宗教思想，"仁慈"一说显然不符合其教义。

　　禅宗作为武士道的思想渊源，主要是为13—17世纪前战斗者之道的武士道提供宗教支持，这一时期的武士道精神元素无一不受其影响。

　　1. 支撑武士"忘我"、"忘亲"、"忘家"的"三忘"意识

　　镰仓、室町和织丰时代的武士是掌握国家权力的统治者，但依然主要扮演战斗者的社会角色，履行战斗者的社会职责，死亡的威胁始终如影随形。而禅宗直面死亡的生死观，与武士必须面对死亡的命运是相通的，与武士临战之际要具备"三忘"思想是相通的。

　　对于生死之事最能够泰然处之的社会群体，当数以祈祷为业的教界神职人员，战胜自我、直面死亡本来就是他们必备的品质。宗教神学中也有

---

① ［日］井上哲次郎：《武士道总论》，载《武士道全书·第1卷》，国书刊行会1998年版，第37—38页。
② ［日］新渡户稻造：《武士道》，商务印书馆2001年版，第18页。
③ ［日］桥本实：《日本武士道史》，地人书馆1935年版，第186—187页。

现世（生前）和来世（死后）之分，神职人员追求的不是享尽人间（现世）的荣华富贵，而是灵魂得救，升入天堂。如果灵魂得救，死亡便是进入天堂，是幸福之事，而非令人恐惧、害怕和痛苦之事。在宗教使命的驱使下，神职人员甘愿尝尽人间之苦，甘愿舍弃生命，在各种难以想象的恶劣环境中传教布道，人们对此并不陌生。

禅宗对于生死之事有自己独特的宗教思想，认为"生一时也，死亦一时也。亦如春而夏也，夏而秋也，秋而冬也"，就如同自然循环一样。中日禅僧在日本传播禅宗时，都以死生如一的思想告诫和影响武士。例如，大休正念传禅时常常教导武士如何直面死亡，宣称"击碎生死牢关，便见过去心不可得，现在心不可得，未来心不可得。所谓一念不生，前后际断，方可出生入死。如同游戏之场，纵夺卷舒，常自泰然安静。胸中不挂寸丝，然立处既真，用处得力。"① 道元在日本曹洞宗的传布中心永平寺，也传播禅宗"生亦一时，死亦一时，如春而夏也，夏而秋也，秋而冬也"这种直面死亡的生死观，培养武士战胜自我、直面死亡的品格。

禅宗"生不可喜，死不可悲"的生死观，在宗教思想上提供了与武士的生活状态、心理状态相一致的麻醉剂，令武士否定了作为执迷根源之自我，安心进入"生为梦幻，死为常驻"的无我境界。日本学者永田广志说："禅宗的主观唯心主义即说教'心即是佛'，把可以叫作知的直观那种恣意而空洞的真理感看作至高无上，和以灭绝人性使人心如木石为特点的克己主义确实适合武士阶级的心理。在镰仓时代以来开始形成的武士道中可以发现不少禅宗的影响，这决不是偶然的。"② 禅宗的生死观，成功地将武士铸造成不要命的职业杀手。武士在受命切腹时，含笑用刀刺进自己的腹部结束生命，也与禅宗的生死观密切相关。

还须指出的是，禅宗的生死观对武士的影响还得益于禅僧身体力行的示范效应。虽然在社会分工中武士与禅僧有着天壤之别，武士以杀人为业，禅僧以祈祷（助人）为业。不过，两者都是需要奉献生命的职业，武士在俗界以生命侍奉主君，禅僧在圣界以生命侍奉佛陀。禅僧以生命忠诚于佛陀和坦然面对死亡，就如同引路人一样，为武士以生命效忠主君和直面死亡做出了榜样，因而禅僧的告诫对武士极具权威性。

---

① 王辑五译：《1600年以前的日本》，商务印书馆1983年版，第41页。
② ［日］永田广志：《日本哲学思想史》，商务印书馆1978年版，第18页。

2. 处变不惊的战争心理

禅宗的宗教信仰、宗教感化不仅滋养着武士道的忠诚道德，也为武士道的武勇精神和勇猛之心注入了强大的力量。禅僧既是直面死亡的典范，也是处变不惊的楷模，同样是不争的事实。武勇精神的发挥和战争的胜利，既取决于军事武器、军事技能，也与战争心理密切相关。武士要夺取战场上的胜利，除了过硬实用的战争技能和杀伐之心之外，还要有处变不惊、临危不乱、沉着冷静的战争心理。日本学者古贺斌明确指出了武士道与战争心理的密切关系："我认为武士道是构成与战争有着密切联系的'士气'因子"，"是战争心理学"。[①] 禅宗要求坐禅者——武士修炼出"山崩地裂也无所惧"的胆力，就是使武士以处变不惊的心理充分发挥武勇精神。前述井上哲次郎所说的"练胆""勇猛""决心"，桥本实所说的"坚韧不拔、超脱生死的精神力量"，同样指的是武士必须具备的战争心理。

3. 增强夺取胜利的信心和勇气

武士以夺取战争的胜利为价值理想，禅宗以宗教思想帮助武士树立必胜的信心和勇气。井上哲次郎在论述禅宗对武士道的第五个影响"决心"中举例说，元兵侵入南宋逮捕祖元并欲将其斩首时，祖元作偈曰："乾坤孤筇卓地无，喜得人空法亦空。珍重大元三尺剑，电光影里春风斩。"元兵因看他泰然自若，便将他赦免。1280年无学祖元东渡日本后，极受掌握幕府实权的北条时宗、北条贞时等武家统治者的信赖，其处变不惊的禅法深深地影响着广大镰仓武士。祖元在日传禅期间，常常以"无畏"和"莫烦恼"砥砺武士，宣称"若能空一念，一切皆无恼，一切皆无怖，犹如着重甲入魔贼阵，魔贼虽众，不被贼害，掉臂贼魔中，贼魔皆降伏。"[②] 1281年忽必烈再次发动对日远征。面对蒙古10万大军的突袭，执权北条时宗向祖元求助，祖元以"莫烦恼"三字相赠，增强时宗战胜元军的信心和勇气。

必须指出的是，在日本禅宗的鼎盛时代——室町时代，以祈祷为业的禅僧也卷入战争之中，直接在战场上为犯杀生罪的武士解罪。日本学者森茂晓的研究强调说："叙述南北朝时代战争和宗教的关系时，必须注意阵僧的活动。所谓阵僧，即战时和武士一起奔赴战场，在武士死时进行临终

---

① [日]古贺斌著，香内三郎解说：《武士道论考》，岛津书房1974年版，第1、11页。
② 王辑五译：《1600年以前的日本》，商务印书馆1983年版，第41页。

念佛，安置死骸，向遗族和有缘者介绍武士战死的情况。南北朝时代战争如同家常便饭，阵僧活动的机会和场合非常多。"① 这一时期，禅僧最重要的任务之一便是在战场上充当阵僧。"武士临战，攻入敌阵，杀死对手是武士当然之使命，但是，犯杀生罪也是事实。如果犯杀生罪，死后往生极乐净土则无望。因此，有力的武士们带着禅僧到战场，为阵亡者授之十念，使之往生极乐净土，满足其愿望。""这种和武士一起亲临战场的僧侣，称为'阵僧'。""所谓十念，即念诵'南无阿弥陀佛'10遍，对以杀生为职业的武士来说，这是在精神上使自己从坠入地狱的恐怖中获救的一种手段。"② 禅僧一边纵容武士犯杀生罪，一边引导武士进入天国，这恐怕也是日本禅宗最鲜明的特点。

荣西和道元从中国引入临济宗和曹洞宗后，禅宗便与武士、战争结下了不解之缘。在"禅道的武士道"时代，禅宗作为居统治地位的宗教信仰，不仅帮助武家统治者夺取了全国的教权，建立起武家政权的文教制度，而且对武士道精神世界产生了广泛而深远的影响。与日本固有的神道教一样，禅宗主要是支撑"战斗者之道"的武士道，服务于武士夺取战争胜利的价值理想和人生目标。禅宗的生死观从精神上化解武士对死亡的恐惧，并为武士进入极乐世界大开方便之门，从而使武士无所顾忌大开杀戒。

三 儒道——"治国平天下"的政治思想

大约在13世纪中叶，中国的儒家朱子学作为禅宗的附庸传入日本。不过，在禅宗居支配地位的"禅道的武士道"时代，儒家朱子学只是禅僧们借以弘扬禅宗的理论工具，直到17世纪初才成为武士道最主要的思想渊源。与神道、禅道的效用迥然不同，儒道不是激发武士的杀伐精神，而是要转换武士的杀伐之心，帮助武士治国安邦、征服民心。

（一）武家政治与儒家朱子学

日本学术界将日本的封建时代分为两个阶段，江户幕府建立前，即17世纪前称为"中世"，17世纪以后称为"近世"，与之相对应，17世

---

① [日] 森茂晓：《战争的日本史·8·南北朝动乱》，吉川弘文馆2007年版，第131、137页。
② [日] 小和田哲男：《培育战国武将的禅僧们》，新潮社2007年版，第124、125、127页。

纪前的武士称为"中世武士",17世纪以后的武士称为"近世武士"。

关于中世武士与近世武士的本质区别,日本学者说:"近世武士只能通过复仇、斗殴等单独发挥作为战斗者的能量,这是近世武士与中世武士最根本的不同点。"① "关原之战决定性地确立了德川氏的霸权,战国以来下克上的思想打上了终止符。战争的终结,武功派的活动舞台随之谢幕,他们也成了无用之物。"② "元和偃武的近世武家时代,由从马上取天下的时代,进入守文、守成的时代。……武士道也称为士道,意味着士君子之义。创业之道为武士道,守成、守文之道为士道。用语的变化,也反映了武士道原理的变革。"③ 江户幕府的建立,标志着武家社会的历史由"创业"时代进入"守成"时代,武士的社会角色、社会职责和价值目标因此发生了根本性的变化,社会角色由打天下的战斗者转变为治天下的执政者,社会职责由征战杀伐转变为治国安邦,价值目标由夺取战场上的胜利转为治理天下,即征服被统治阶级、巩固武士阶级的统治地位和统治秩序。

随着形势和任务的变化,武士道的效用也必须从帮助武士打天下转化为帮助武士守天下,也就是说打天下的武士道必须转化为守天下的武士道。显然,打天下的武士道的思想渊源——神道、禅道已不适应治天下的形势需要,正是在这样的历史转折关头,"治国平天下"的中国儒学取代驱使武士征战杀伐的禅宗成为武士道最主要的思想渊源,武士道也由"禅道的武士道"转化为"儒道的武士道"。总之,儒学在江户时代成为武士道最主要的思想渊源,是形势发展的需要,是武家统治者治国安邦、征服民心的需要。

众所周知,杀伐可以打天下,但是杀伐不可以治天下。日本学者也认为在守成时代,"很难原封不动地将……战国武士特有的精神气质作为德川社会武士的指导原理。德川家康深感有必要从道义上为武士们的新的生活方式提供根据而不是回到过去时代,骑着马打下的天下不可以骑着马来治理,在这一基础上他引进了儒教"。④ "从马上得到政权的德川家康,为了确保既得的政权,深深感到,欲转换战国杀伐之心,就需要振兴道德教

---

① [日] 柴田纯:《江户武士的生活》,讲谈社2001年版,第132页。
② [日] 藤野保等:《德川家康事典》,新人物往来社2007年版,第177页。
③ [日] 高桥富雄:《武士道的历史·第2卷》,新人物往来社1986年版,第173页。
④ [日] 源了圆:《德川思想小史》,外语教学与研究出版社2009年版,第67页。

化。"① 儒家朱子学传入日本后，经过镰仓、室町时代数百年历史岁月的流传、浸润，已逐渐为人们所接受。战国时代晚期，不少战国大名出于统治领国的政治需要，均借重中国儒学"治国平天下"的政治思想。王家骅先生曾明确指出：战国大名的分国法都不同程度地受到儒家思想的影响，特别是《武田信玄家法》、《大内家壁书》和《长宗我部元亲百条》。② 儒学影响的扩大，为儒学日后脱离禅宗而独立发展创造了条件。

丰臣秀吉时代，德川家康是实力最为雄厚的大名，1590 年协助秀吉剿灭关东地方的强大势力北条氏后，成为领有关东六国（武藏、骏河、伊豆、上总、下总、上野）、领地 240 万石的大名，并且运用中国儒学的政治思想治理领国。据丸山真男的《日本政治思想史研究》介绍："在幕府开创以前，家康就显示了对儒学的关心，根据罗山的《惺窝先生行状》记载，文禄三年（1593 年），家康就把惺窝招到了江户，使之讲授《贞观政要》。关原之战以后，在京师，他也多次从惺窝那里聆听圣学。惺窝一生未仕，但由于他的推荐，罗山（林罗山，藤原惺窝的弟子——笔者）就得到了家康的礼遇，并在庆长十二年（1607 年）成为幕府的政治顾问，大受重用，'罗山于国家创业之际，大受宠任，起朝仪，定律令，大府所需文书，无不经其手。'"③《德川实记》说："虽以马上得天下，然生来即具神圣之性，渐知不可以马上治天下之道理，常遵信圣贤之道。"④ 关于武家统治者推崇儒家朱子学的原因，王家骅先生的阐析非常精辟、到位："最为符合江户幕府统治者需要的，莫过于朱子学。""这是因为朱子学以富于思辨性的精致理论形态，论证了现世封建秩序的合理性。""朱熹经常撷拾一些自然现象，利用自然的规律性去论证封建伦理纲常的必然性，用以肯定现世的封建秩序。""朱子学虽抛开了宗教的外衣，却比宗教更利于维护封建秩序。德川家康及其继承者以及藤原惺窝、林罗山等人，如同中国宋代以后的封建统治者一样，所看中的恰恰是朱子学的这一方面。"⑤ 随着朱子学成为占主导地位的意识形态，武士道也从禅道的武

---

① ［日］丸山真男：《日本道德思想史》，生活·读书·新知三联书店 2000 年版，第 9 页。
② 王家骅：《儒家思想与日本文化》，浙江人民出版社 1996 年版，第 257 页。
③ ［日］丸山真男：《日本政治思想史研究》，生活·读书·新知三联书店 2000 年版，第 8 页。
④ 转引自［日］丸山真男《日本政治思想史研究》，生活·读书·新知三联书店 2000 年版，第 9 页。
⑤ 王家骅：《儒家思想与日本文化》，浙江人民出版社 1996 年版，第 90 页。

士道转入儒道的武士道时代。

江户时代也是武家统治的法治化时代，为了加强对公家朝廷、神社寺院、藩国大名、直属武士的控制，分别制定了《禁中并公家诸法度》《诸宗诸本山法度》《武家诸法度》《诸士法度》。还有统治农工商的法律制度，如《乡村诸法令》《土民管制条例》《庆安告谕》《庆安三触》等。幕府颁布的这些法律中，渗透着浓重的儒家思想。具有江户时代武家法律渊源地位的《德川成宪百条》，直接效法中国儒家的"仁政"、"德政"和"礼治"。将"仁"奉为施政执法的根本要旨。第23、25、26、76和第85条等都强调"仁"的重要性；第23条说"治国平天下之法在于仁"；第76条宣称"国君好仁，天下无敌"；第81条强调"为政以德"，宣称："万国之辜咸归于帝位不德，天下之不平咸归于将军不肖。德，共在一心，贵贱不隔之地也。为上者不可须臾遗失。"倡导"礼治"，强调"不可傲武威、蔑帝位、滥天地君臣之礼"，"君臣父子夫妇兄弟朋友，五物不乱以为人之大伦。" 1635年的《武家诸法度》第20条规定"有不孝之辈可处罚科。" 1683年的《武家诸法度》第1条要求大名"应励文武忠孝，正礼义。" 1710年的《武家诸法度》第1条更强调"应修文武之道，明人伦，正风俗。" 1635年和1663年的《诸士法度》第1条都规定：幕府的直属武士"应励忠孝，正礼法，常习文武道艺，专义理，不可乱风俗。"中国儒家思想的影响由此可见。

（二）武士精神与儒家朱子学

在武士道的发展史上，以神道和禅道为思想渊源的"中世武士道"，旨在培育夺取天下的战斗者，激发武士的武勇精神，摧毁现存的统治秩序，驱使武士在马上打天下，以杀伐之心为特征；以儒道为思想渊源的"近世武士道"（儒道的武士道），旨在培养治理天下的执政者，以儒家政治思想和伦理哲学将打天下的战斗者改造成为治天下的执政者，为武士提供了治理天下的政治思想和伦理思想，对德川氏缔造的武家统治秩序赋予合理论，论证武家社会的为君之道、为臣之道和为人之道，强调安分守己、恪守现存秩序。

1. 强化主从关系、巩固君臣秩序

在主从关系基础上诞生的武士道，包括伦理道德、战争精神和统治思想三方面的内涵。伦理道德的武士道，一是主君与从者间的道德准则，一是武士个人与武家社会间的道德准则。17世纪以前，即神道和禅道的武士道时代，武士作为战斗者成天忙于作战、备战，神道和禅道的效用或长项是驱使武士征战杀伐，在战场上体现人生价值，因而"主从之道"始终停留在"施恩"与"报恩"的层面上。17世纪以后的近世武士已由战斗者转化为执政者，这样，规范主从之道——君臣之道、巩固君臣秩序的任务也随之提上了议事日程，并且历史地落在了儒学的肩上。由于武家社会的统治秩序首先是主从秩序或君臣秩序，因此，维护和强化武家社会的统治秩序，关键就在于规范主从关系、巩固君臣秩序。室町时代的幕府政权表明，主从关系或君臣秩序混乱，整个社会必将随之陷于大乱，武家政权也必将随之坍塌。

中国儒学的长项不是推翻现存秩序，而是维护现存秩序。儒学论证的"为君之道"、"为臣之道"和"为人之道"，肯定现世秩序的合理性，有助于维护现存的统治制度和统治秩序。将"君为臣纲、父为子纲、夫为妻纲"奉为上天的安排，是永恒的和不可改变的；以及"君臣、父子、夫妇、兄弟、朋友"、"仁、义、礼、智、信"等儒家道德要求，为规范和强化主从关系提供了理论工具，对"效忠主君"、"孝顺父母"的朴素信念给予权威认证，对武家社会的主从结构、主从秩序赋予合理性。

德川家康以儒家朱子学论证"天地君臣之礼"——德川氏统治秩序的合理性，防止战国时代的"实力主义"风潮冲击现世秩序。《德川成宪百条》第9条明确规定"不可先六艺而后五常"（"六艺"即礼、乐、射、御、书、数的技能训练，"五常"为仁、义、礼、智、信的道德要求），第40条特别强调"君臣父子夫妇兄弟朋友，五伦不乱以为人之大伦。"《武家诸法度》也要求藩国大名"明人伦，正风俗"。以林罗山为代表的官方御用儒学家，通过朱子学"天"的思想论证德川氏消灭主君丰臣氏遗孤的正当性、剥夺天皇政治权力的合理性，利用朱子学"理"的思想，肯定现世秩序。山鹿素行等武士道理论家，则以朱子学对原来不成体系的"武者之习"加以伦理化、系统化。于是以"仁、义、忠、孝"为核心的儒学德目成为武士道的基本内容，即忠节、仁义、武勇、礼仪、诚心、廉耻、克己等。[①]在儒家朱子学的支撑下，武士的实践道获得了权威思想的认证。

[①] 宋成有：《武士精神与明治时期的日本现代化》，载罗荣渠主编《各国现代化比较研究》，陕西人民出版社1993年版，第99页。

2. 规范人伦道德、提供为人之道

武士道的不少精神元素直接源于儒家思想，乃是学界共识。新渡户稻造的《武士道》明确指出："至于说到严格意义的道德教义，孔子的教诲就是武士道的最丰富的渊源。君臣、父子、夫妇、长幼以及朋友之间的五伦之道，早在经书传入以前，就是我们民族本能地认识到了的，孔子的教诲只不过是把它们确认下来罢了。有关政治道德方面的他的教诲的特点是冷静、仁慈，并富于处事的智慧，这些特别适合作为统治阶级的武士。孔子的贵族的、保守的言论极其适应了武士政治家的要求。继孔子之后的孟子，对武士道也发挥了巨大权威。""孔孟的书是青少年的主要教科书，是成年人之间讨论问题的最高权威。"① 井上哲次郎《武士道总论》则用大量事例进行更为详尽的论证，他说："《卫灵公》曰：志士仁人，无以生以害仁，有杀生以成仁。""《孟子》中的《告子篇》曰：'生，亦我所欲也；义，亦我所欲也。二者不可得兼，舍生而取义者也。'""《孟子》中的《滕文篇》曰：'富贵不能淫，贫贱不能移，威武不能屈，此谓之大丈夫也。'这里的大丈夫也就是我国的'ますらむ'，即与'武士'同义。""《论语》中《为政篇》的'见义不为，无勇也'；《阳货篇》的'君子义以为上，君子有勇而无义为乱，小人有勇而无义为盗'；《泰伯篇》的'临大节而不可夺也'等，都是有益于武士修养的名言。""《公孙丑篇》中曾子向孔子请教后说，'吾尝闻大勇于夫子矣'。总之，儒教精神对原本发达的武士道进一步起到了推波助澜的作用。"② 此外，《德川成宪百条》、《武家诸法度》和《诸士法度》，以及山鹿素行的士道论和吉田松荫的"士规七则"里，来自儒学的道德规范同样随处可见。

我国学者王家骅也说规范主从关系和家族关系的"'忠'与'孝'无疑都是来自中国儒家的概念。"③ 美国学者贝拉的《德川宗教：现代日本的文化渊源》认为："在好几个世纪里，儒教已渗透到日本人的意识和习惯里。诸如忠、孝之类的中心概念虽然已被完全日本化了，但决没有丢失儒教传统中这些用语的完整意义，至少是它们的重要部分。"④ 总之，尽

---

① [日]新渡户稻造：《武士道》，商务印书馆2001年版，第20页。
② [日]井上哲次郎：《武士道总论》，载《武士道全书·第1卷》，国书刊行会1998年版，第35—37页。
③ 王家骅：《儒家思想与日本文化》，浙江人民出版社1996年版，第297页。
④ [美]贝拉：《德川宗教：现代日本的文化渊源》，生活·读书·新知三联书店1998年版，第70页。

"忠"以报效主君、尽"孝"以报答亲长、遵"礼"以明确身份、守"义"以履行职责等,都是来自中国儒学的人伦之道。

由于武家社会的制度结构是纵向垂直的主从结构,主要通过上下级之间的忠诚关系来保持统一,因此,日本的武家社会也对中国的儒学道德观念、价值观念进行了必要改造,使之适合于建立在主从关系基础上的武家统治系统。武士道的"忠"凌驾于"孝"之上,以给予自己恩惠的直接主君为效忠对象,山鹿素行的"士道论"将"得主人而尽奉公之忠"作为武士的职分。其实,这也体现了"儒学的武士道"的实效性和功利性。

3. 构建理论体系、充实思想内容

江户时代的近世武士,已由夺取天下的战斗者转化为治理天下的执政者,与之相适应,武士道的功效也必须由鞭策武士征战杀伐转为指导武士治国安民,提升执政者的执政能力和综合素质。为此,山鹿素行等武士道理论家以儒家朱子学对武士的实践道德进行改造,推陈出新,形成以朱子学为新体系和新内容的武士道理论,使武士道内涵更趋合理化、系统化、理论化,儒家思想也由此成为武士阶级——统治阶级的指导性意识形态。武士道理论家在儒家思想的指导下创作了大量武士道理论著作,如山鹿素行的《武教小学》和《士道论》,中江藤树的《文武问答》,贝原益轩的《文武训》,大道寺友山的《武道初心集》、《岩渊夜话》和《落穗集》,山本常朝的《叶隐》,等等。贡献最大的便是被井上哲次郎誉为武士道祖师的山鹿素行,素行的"士道论"被公认为"儒学化武士道"的代表或正统。有日本学者评论说:"山鹿素行从整个武士阶级的立场出发,以指导性教学伦理的实践为基础,确立武士道政治哲学。"[1] 井上哲次郎甚至将素行的《武教小学》及《语类》,奉为"武士道的宪法"。

素行"士道论"的贡献还有:(1) 直接以儒家人伦道德的核心内容"忠节"、"义理"等,表现"尽忠死难"的所谓"武士精神",明确规定武士的职分在于"得主尽忠","省其身,得主人而尽效命之忠","自觉和实践人伦之道"。(2) 为武士制定了一套提升执政能力和综合素质的道德规范、规矩和礼法,如"立本"、"明心术"、"练德全才"、"自省"、"详威仪"、"慎日用"等,使武士的综合素质、道德修养与执政者高人一等的特权身份相一致,以此显示执政者的地位、权力和威严。

---

[1] [日]佐佐木杜太郎:《日本的思想家·8·山鹿素行》,明德出版社1978年版,第2页。

儒学化武士道不仅将武士从战斗者改造成为执政者，将充满杀伐气息的"战斗者之道"改造成为富有理性的"为政者之道"，而且为武士提供了治国安邦、征服民心的政治哲学，为武士道的进一步普及提供了普遍的价值取向，为武士的价值理想最终成为现代社会的价值理想奠定了思想基础。

第十章

"天皇主义武士道"与近代社会的价值理想

1868年明治政权的建立，标志着日本由封建社会转入资本主义社会。但是，正如万峰先生在《台湾学者的日本武士道观》一文中所说："日本武士道虽然产生于日本中世纪，然而它决非在中世纪就打上休止符的历史事物。在日本历史上，武士道按照其独特的辩证法一直发展、演变至今。"进入近代社会后，在"维新三杰"等"武士阀"的主导下，以效忠天皇的"天皇主义武士道"取代效忠武士团主君的"武家主义武士道"，并且以国家行政力量和天皇的精神权威推行"全体国民武士化和武士道德全民体"政策。于是，"天皇主义武士道"成为近代日本伦理道德的支柱和价值理想，成为近代天皇制政权教育人、塑造人、培养忠良臣民的核心内容，即成为全体日本国民做人、做事的道德规范、价值理想和行动准则。

一 继承和发展武士道的诸要素

武士道之所以没有随着封建制度的终结而画上句号，原因主要有：（1）武士成为日本现代化的主角，具有继承和弘扬武士精神的强大社会势力；（2）武家文化承上启下的历史作用，使武士道不会因为社会形态的变化而烟消云散；（3）"与万国对峙"的基本国策，需要武士精神提供支撑并促使其付诸实行；（4）军权至上的军国体制，是需要弘扬武士精神的政治体制。

（一）传承武士道的社会势力

以"维新三杰"为代表的中下级武士不仅是推翻幕府政权的组织者、

领导者和骨干力量，还是日本资产阶级政权的设计者、创建者和核心力量。进入资本主义时代后，政治、军事、经济和文化等领域居支配地位的都是武士，他们先是在武士道的指导下推翻旧政权和建设新政权，继之又在武士道的指导下制定国家发展战略和路线、方针、政策。这些日本近代化的主角，既是传承武士道的桥梁，又是"武士道德全民化"政策的制定者和推动者，正是由于他们的大力提倡，武士道才得以顺利地在日本现代社会延续下来和发扬光大。

在近代日本，打天下者坐天下。"明治维新以萨长土肥四藩的势力作为原动力，萨长两藩的势力又压倒性地超过土肥，明治政府自然以萨长两藩为主体。"① 据日本学者统计，"在67名敕任官中，萨藩18人，长藩12人，土佐、佐贺各7人，合计44人，占65%；在2026名奏任官中，长藩345人，萨藩247人，土佐112人，佐贺96人，合计800人，占37%。"②* 另外，"据《百官履历目录》记载，太政官制时代就任政府要职的498名官员中，皇族8人，华族83人，士族399人，平民3人，不明身份者5人，分别占1.6%、16.7%、80.1%、0.6%、1.0%。"③ 新成立的明治新政府，"大辅以上的高级官员出自'萨长土肥'四个藩阀地区的官员占83%。"④ 日本学者高根正昭的研究说："根据1890年的政府统计，萨、长、土、肥四藩的人口不过仅占全国人口的7%。然而，这四个藩却向中央政界输送了人口比率4倍以上的政治精英。而且，他们集中于高级官僚和军事精英。根据1890年抽样调查的样本，局长以上高级官僚有50%是这四藩的出身者。"⑤ 可见，明治政权建立之初，就形成了藩阀主导的政治形态——"藩阀政治"（藩阀即"武士阀"，藩阀政治即"武士阀政治"），而且，实权日益向萨、长两藩藩阀集中。1885年至1924年的23届内阁，萨长阀出任内阁首相的有16届；1888年至1924年的12届枢密院议长中，有8届是萨长阀。明治中期和大正时代位于日本政界最上

---

① ［日］松下芳男：《日本军阀兴亡史·上卷》，芙蓉书房2001年版，第51页。
② 朝日新闻社：《明治大正史·第1卷》，朝日新闻社1930年版，第49—50页。
* 1869年，官僚分为18个等级，一至四等为"敕任官"，五至六等为"奏任官"，其余为"判任官"。1871年修改官制改为十五个等级，一至三等为"敕任官"，四至七等为"奏任官"，八至十五等为"判任官"，十五等以下为等外吏。
③ ［日］福地重孝：《士族和士族意识》，春秋社1956年版，第322页。
④ 秦郁彦：《日本官僚制研究》，生活·读书·新知三联书店1991年版，第97—98页。
⑤ ［日］高根正昭：《日本的政治精英》，中央公论社1976年版，第108—109页。

层的9位元老政治家，黑田清隆、伊藤博文、山县有朋、松方正义、井上馨、西乡从道、大山岩7位明治时代的元老，以及大正时代新增的两位元老桂太郎、西园寺公望，除西园寺公望出身于公卿外，其余全是立有军功的武士。在1885年至1945年的29位内阁总理大臣中，武士出身者为25位[①]，超过85%。总之，从明治维新至"二战"结束的70余年间，武士或武士出身者牢牢掌控着政权。据高根正昭的抽样调查，在1890年、1920年、1936年和1969年，士族（不含大名）占日本政治精英的比例分别是63%、47%、28%、21%。[②]

在军事领域，"明治陆海军是以武士为主体建立起来的。陆军的前身是明治四年的御亲兵，由萨长土三藩的藩兵队组成。此后的镇台，也是首先从诸藩募集原来的武士作为常备兵。海军由幕府和诸藩的舰船以及购买的舰船组建而来。而且，陆海军的干部几乎也是来自各藩武士。"[③] "明治时代，将校者几乎是出身华族和士族，在精神层面上残留着很多连接封建武士团的系谱。"[④]

武士既是近代日本常备军的基础和军事指挥官，又是近代常备军和警察制度、军事学校和武官制度、军事制度和军事指挥系统的缔造者和掌控者。与政治权力一样，军权也主要掌握在萨、长两藩武士手中，明治（1868—1912）和大正（1912—1925）时代的历任陆海军大臣（初为陆海军卿）、陆军参谋本部长（总长）、海军军令部长的职位，即"军部"四巨头，几为长州和萨摩两藩的武士集团把持，形成长州藩武士控制陆军、萨摩藩武士控制海军的权力格局，因而有"长州的陆军"和"萨摩的海军"的说法。长州藩武士的代表人物主要有大村益次郎、山县有朋、桂太郎、寺内正毅、田中义一等，萨摩藩武士的代表人物主要是川村纯一、西乡从道（西乡隆盛之弟）、大山岩（西乡隆盛的表弟）、桦山资纪、山本权兵卫、东乡平八郎等。昭和时代，他们的嫡系和旁系军阀又继续担任陆海军要职，如武士出身的军部法西斯党魁东条英机、宇垣一成、坂垣征

[①] ［日］小林弘忠：《历代首相》，实业之日本社2008年版；［日］八幡和郎：《历代总理通信簿》，PHP新书2006年版；《图说学习日本历史·7·江户时代至现代》，旺文社1979年版；［日］永井和：《近代日本的军部和政治》，思文阁1993年版。

[②] ［日］高根正昭：《日本的政治精英》，中央公论社1976年版，第37页。

[③] ［日］松下芳男：《日本军阀兴亡史·上卷》，芙蓉书房2001年版，第21页。

[④] ［日］藤原彰：《日本军事史·上卷·战前篇》，日本评论社1987年版，第180页。

四郎、山本五十六等。

在经济领域，幕末已有不少武士突破幕府禁令从事工商业。明治维新后，越来越多的武士进入产业界，并且涌现一批士族企业家。有日本学者认为企业家的主流是士族——"士族说"，且不说企业家的系谱主要是武士还是商人或平民，士族企业家极大地提高了工商业者的地位乃是不争的事实。此外，"明治初年公司企业的勃兴，士族扮演主要角色"。① 士族企业家不仅是公司制度的引进者，还是日本资本主义经济的指导型企业家。圆谷弘的《我国资本家阶级的发达和资本主义精神》、菅野和太郎的《日本公司企业发生史研究》、宫本又次的《近世商人意识研究》、土屋乔雄的《日本资本主义史的指导者们》均认为：士族担负着新经济组织指导者的作用。② 士族企业家的代表人物如："五代友厚、涩泽荣一、岩崎弥太郎、安田善次郎、中上川彦次郎、近藤廉平、中野武营、和田丰治、丰川良平、庄田平五郎、原太郎、速见坚曹、原田二郎、益田孝、西村胜二、伊庭贞刚、富田铁之助、加藤正义、中村道太、川田小一郎、吉原重俊、佐久间贞一、村上龙平、本山彦一、牛场贞藏等都是士族出身的绅商，他们在实业界分别发挥着指导性作用，既未被农工商阶级同化，也未失去士族意识。"③ 这些举足轻重的士族企业家——财阀，靠政府的战争政策实现跨越式的发展，热衷于对外扩张。

在文教领域，江户时代，武家统治者对教育特别是武士教育的重视，不仅有力地推动了教育的发展和西学在日本的传播，而且大大提高了武士的文化水准、文化素养，客观上也为日本资本主义的发展储备了多方面的人才。武士还是最先开眼看世界和沐浴资本主义文明的日本人，据日本学者统计，1862年至1867年的短短数年间，幕府和藩国就先后向英国、荷兰、美国和俄国派遣了留学生130人。④ 经过200多年的历史积淀，武士已成长为日本社会最庞大的知识阶层，以及新知识（兰学）群体的主体力量和传播新知识的领导者。在明治时代的知识界，武士占据绝对的支配地位。1877—1901年东京帝国大学的8位院长中有6位出身士族，215名

---

① [日] 安藤精一：《士族授产史的研究》，清文堂1988年版，第178页。
② [日] 福地重孝：《士族和士族意识》，春秋社1956年版，第276页。
③ 同上书，第279页。
④ 《别册历史读本64号：开眼看世界的幕末维新英雄》，新人物往来社2007年版，第105页。

教授中 156 人为武士。成长并活跃于明治时代的 100 位著名科学家中，士族出身者为 69 位。[①] 启蒙思想家中，以"明六社"为例，10 位创始成员中 9 人是武士出身。"作为知识阶级，及时介绍欧美新文化的，也几乎都是武士，他们作为文化的推动力，贡献是很大的。"[②] 活跃于新闻界的著名记者，同样主要是武士，他们通过撰写文章施展才华、扬名于世，开设国会后，他们中的不少人通过发表政论而步入政坛。

概而言之，进入资本主义时代后，武士依然牢牢地把持着政治、军事、经济和文化舞台，构成日本近代化的主角。不言而喻，只要有这些武士道的继承者和弘扬者存在，武士道就不会画上句号。

（二）武家文化承上启下的历史作用

在日本文化的发展史上，武士占有独特的地位和作用。幕府政治时代的近 700 年间，武士是日本文化的主要承担者和推动者，创造了富有民族特色的武家文化，武士道以日本民族文化的三大主干——神道教、禅宗佛教和儒学为思想渊源，在丰富、完善和提升武士道的同时，完成了中国儒家学说和中国化佛教等外来文化的日本化，推动日本文化的进一步发展和成熟。"从大化改新至德川幕府末期，是日本传统文化发展、成熟阶段。这一阶段又以镰仓幕府成立的 1192 年划分为前后两个时期。""在武士政权统治时期，完成了佛教的日本化，出现了主张'神主佛从'的伊势神道教，形成了'士农工商'身份等级制并和武士道，完成了儒学的日本化，使日本传统文化又一次经历了一个螺旋式发展过程，走向高度发展和成熟。"[③] 武家文化不仅上承古代的贵族文化、下启资本主义时代的近代文化，具有承上启下的地位和作用，而且，江户幕府时代垄断文化教育的武士，最先引进和研究西方近代文化，成为沟通日本文化与西方文化的桥梁。

"'武士道'就其狭义来说是伦理文化的一种，而就广义来说则是中世纪武家社会在传统文化基础上推陈出新，创立日本封建主义新文化的一个重要组成部分。在对待民族精神文化传统的问题上，我赞同这样的观

---

① [日] 福地重孝：《士族和士族意识》，春秋社 1956 年版，第 242、246—247 页。
② [日] 坂本太郎：《日本史概说》，商务印书馆 1992 年版，第 385 页。
③ 汤重南等：《日本文化与现代化》，辽海出版社 2006 年版，第 14 页。

点，即认为：传统存在于我们生存的方式之中，传统文化是人们无法切断而不停地从过去向现在以至未来涌动着的流，任何人只能生活在这个流之中，而不能跳到流之外，没有文化的传统是不存在的，没有传统的文化也是不可想象的。日本武士阶级，在长达大约7个世纪之久的历史涌流中，创造和发展了包括武士道在内的日本新文化——武家文化，它在以后的历史流向中又不断经受来自内外、正反两面的影响制约和批判地继承、改造而成为日本民族传统中的重要组成部分之一。这就是近年来人们开始议论武士道至今仍对日本民族精神、民族文化有不可忽视影响和作用的根本缘由所在。我们是历史唯物主义者，对此不能视而不见，充耳不闻。"[1] 万峰先生从文化的角度，深刻剖析了武士道没有随着封建制终结而画上句号的原因。

历史是客观存在的，文化是无法切断的。从邪马台国建立至江户幕府灭亡的日本历史，按社会形态分为奴隶制时代和封建制时代，按统治阶级分为贵族（包括奴隶制贵族和封建制贵族）政治时代和武家军人政治时代。贵族政治时代，贵族是日本文化的主要承担者，主流地位的文化是贵族文化；武家政治时代，武士取代贵族成为日本文化的主要承担者，武家文化取代贵族文化成为主流地位的日本文化。贵族政治、贵族文化和武家政治、武家文化，都是日本历史和日本文化整体的重要组成部分，谁也无法否认贵族政治或武家政治的历史存在，谁也无法将贵族文化或武家文化从日本文化整体中切割出去。

没有继承便没有创新，文化的继承性不以人的意志为转移。武家文化不是建立在荒漠之上的，而是在对贵族文化批判性继承和改造的基础上产生的，武家文化对贵族文化既有扬弃也有继承。当然，除贵族文化外，武士文化还批判性地改造和吸收了其他文化，如来自民众的民众文化、来自中国的儒家文化和佛教文化等。同样，近代日本文化也不是建立在荒漠之上的，而是在对日本的贵族文化、武家文化、民众文化以及近代西方文化的批判性地继承和改造的基础上产生的。

尽管就像武家自产生以来就与公家处于对立态势一样，武家文化也始终与公家的贵族文化处于对立状态，然而，武士并未排斥贵族文化。在武士产生和武力崛起的平安时代，没有接受过文化教育的武士，与作为统治

---

[1] 万峰：《台湾学者的日本武士道观》，《世界历史》1994年第3期。

阶级和知识阶级的公家贵族存在着巨大的文化落差，武士尚无力独自创造自己超越贵族文化的文化，为此，武士文化广泛吸收了贵族文化，并借助贵族文化完善自己的文化样式、丰富自己的文化内容。武家政权初创之时，"赖朝招京都公卿为御家人加以任用，如大江广元、三善康信以及中原亲能、藤原邦通等"。① 行伍出身的源赖朝广招懂吏务的京都公卿贵族到镰仓辅佐政治，以弥补自己的不足，大江广元、三善康信甚至被分别任命为行政机构（公文所）、司法机构（问注所）的长官，成为赖朝处理政务的左膀右臂，这也佐证了武家文化对公家贵族文化的吸收。

日本学者坂本太郎论述镰仓时代的文化时说，"对立的两种文化，并不总是对立的。公家文化也吸收武家文化的长处，改变了自己的面貌；武家文化也受到公家文化的影响，修整形式，丰富内容。这种公家化的武家文化和武家化的公家文化，互相影响、交错，向下一个时代发展下去。"② 其实，在武士产生和武力崛起的平安时代和武士作为统治阶级的幕府时代，武家文化和公家文化一直处于相互影响、共同发展的态势。此外，武家文化也与来自民间的民众文化一直保持着相互影响、共同发展的关系。当然，武家文化在吸收贵族文化和民众文化时，始终坚持"为我所用"的原则，并使之武家化。

在武士产生、崛起和作为统治阶级的一千多年间，在吸收贵族文化、民众文化和外来文化的基础上，武士创造了丰富多彩的武家文化，涉及日本文化的方方面面，如政治文化、军事文化、伦理文化、宗教文化、家纹文化、经济文化、城郭文化、军旅文化、礼仪文化、饮食文化和教育思想，等等。当然，武家文化本质上是战争文化，所有内容都贯穿着军事性。

12世纪末，由于武士已成为日本较高文化的主要代表，日本文化也越来越多地受到这个新兴阶级的兴趣和价值标准的影响。③ 在武士取代贵族成为统治阶级的700年间，武家文化一直占据着官方文化和主流文化的位置。如果说平安时代主要是武家学习贵族文化的话，那么，幕府时代更多的则是贵族文化吸收武家文化。历经一千多年的相互影响、相互吸收，

---

① ［日］桥本实：《日本武士道史》，地人书馆1940年版，第81页。
② ［日］坂本太郎：《日本史概说》，商务印书馆1992年版，第184页。
③ ［美］约翰·惠特尼·霍尔：《日本——从史前到现代》，商务印书馆1997年版，第74页。

以武士道为核心内容的武家文化已经深深地融入了日本文化的血液之中，渗透到了日本文化的灵魂里。正如不可能将中国的儒学和中国化的佛教从日本文化中清除出去一样，任何人也无法将武士道从日本文化中剥离出去，无论是没有中国的儒学和中国化的佛教的日本文化，还是没有武士道的日本文化，都是不可能的和不可想象的。

（三）武力扩张的基本国策

以武力征服世界、建立军事帝国，一直是近代日本武士孜孜以求、锲而不舍的梦想。以"维新三杰"为代表的中下级武士在武士道的指导下，率领萨、长等藩的军队发动明治维新政变，创建维新政权，成为近代日本的指导者和建设者。

关于西乡、木户、大久保等维新领导人的特点，美国学者约翰·惠特尼·霍尔分析说："维新领袖的特点是一律受过高水平教育和特殊训练。大多数都在自己藩内以军事技能或学问而得到承认。结果他们在青年时代就有活跃的业绩，例如做大名的顾问、外交代理人或是新军队的组织者，军事方面的业绩，也许是最普遍的。西乡、大村、江藤、广泽、板垣和许多别人，都是第一流的大名部队的军事领袖。伊藤被任用为翻译，木户是大名的顾问，这些人所受教育也很值得注意。他们从小就按武士要求接受严格的军事训练（其中许多人成为出色的剑客），目的是培养实干能力和尚武精神。"[①] 日本学者新渡户稻造更明确指出："翻开现代日本的建设者佐久间象山、西乡隆盛、大久保利通、木户孝允的传记，还有伊藤博文、大隈重信、板垣退助等还活着的人物的回忆录来看一看——那么，大概就会知道他们的思想以及行动都是在武士道的刺激下进行的。"[②] 户部良的研究认为：维新领导人几乎都是武士出身，"他们在封建体制下也并非单纯的军事精英"，"他们作为政治领导人常常从军事角度理解国际关系，重视军事的作用。"[③] 上述研究认为维新领导人的特点主要是：（1）出身于武士，自幼接受严格的军事训练和武士道的教育；（2）具有深厚的政治、军事素养，既是军事精英，也是政治和文化精英；（3）他们的思想

---

① ［美］约翰·惠特尼·霍尔：《日本——从史前到现代》，商务印书馆1997年版，第206页。
② ［日］新渡户稻造：《武士道》，商务印书馆2012年版，第96页。
③ ［日］户部良一：《日本的近代·9·逆说的军队》，中央公论社1998年版，第161—162页。

以及行动都受到武士道的教育熏陶；（4）强化军事特别是军权的地位，常常从军事的角度理解政治关系和国际关系。

这些近代日本的指导者和建设者以武士道为指导思想、从武的视角审时度势，因而维新政权在建立之初便确立了武力扩张的基本国策。1868年1月，新政府军与旧幕府军对决的鸟羽、伏见战争爆发后，越前藩藩士由利公正（三冈八郎）参与受"参与会议"委托起草新政府的"国是之大本"。随后，土佐藩藩士福冈孝弟（藤次）参与又对由利公正的草案进行修改。最后，新政府责成总裁局顾问木户孝允以由利、福冈稿为基础，制定"国是之大本"。木户在明治政府的施政纲领《五条誓文》中，明确提出的要"求知识于世界，大振皇基"。同时，1868年4月6日，木户在所谓"定前途之大方向"，即天皇宣布"国是五条"时，借天皇的宸翰指出了"为君之道"，规定天皇的职权是："开拓万里波涛，布国威于四方，措天下于富岳之安。"① 由此可见，维新政权成立还不到半年，就将武力"大振皇基"、"布国威于四方"确定为近代日本的"国是之大本"。

1871年废藩置县前后，天皇制武士政权制定了"以'与万国对峙'为最高目标，以'富国强兵'为政策主体，以'殖产兴业'、'文明开化'为辅翼的基本国策，开始了急行军式的近代化进程。"②"'富国强兵'更是三大政策之首，实是'强兵富国'，其主要措施就是改革军制，建立新的近代军队及军人精神，积极扩军备战和进行侵略战争。""作为三大政策之一的'富国强兵'是明治时代军事立国的路线，宣扬'尚武'乃日本'国质'的'武国论'。"③ 其实，"富国强兵"政策乃是日本武士的传统政策。在群雄争霸的战国时代，依靠武力、占地为王的战国大名在以武立国理念的指导下，纷纷推行富国强兵和军事至上政策，以经济发展支撑军备竞赛，动员一切人力、物力为战争服务。

西乡、木户和大久保先后去世后，政府实权转入伊藤博文、山县有朋等武士阀手中。为了实现"与万国对峙"的国家目标，1880年11月，陆军参谋本部长山县有朋在给天皇的奏折《近邻兵备略》中，强调"兵之多寡"重于"国之贫富"，扩充军备乃"燃眉之急"。"兵强则民气始可

---

① ［日］信夫清三郎：《日本政治史·2》，上海译文出版社1988年版，第201、204页。
② 宋成有：《新编日本近代史》，北京大学出版社2006年版，第105页。
③ 汤重南：《太平洋战争的祸首》，载李玉、骆静山主编《太平洋战争新论》，中国社会科学出版社2000年版，第9—10页。

旺，始可言国民之自由，始可论国民之权利，始可保交往之平等，始可收互市之利益，始可保国民之富贵。"① 山县的主张反映了整个统治集团的政策倾向，于是，"富国优先"的"富国强兵"政策也演变为"强兵优先"的"强兵富国"政策。《近邻兵备略》的出笼标志着"大陆政策"的第一步——情报准备或调研工作结束，标志近代日本"军事立国"思想和以战争促发展的发展方式全面启动。

1890年12月，内阁首相山县有朋在施政演说中公开抛出他的"主权线"和"利益线"谬论，即"强兵富国"和对外侵略扩张的总方针"大陆政策"。宣称："盖国家独立自卫之道有二，一是守卫主权线，二是保护利益线。何谓主权线？疆土是也。何谓利益线？同我主权线之安危有紧密关系之区域也。""方今立于列国之间，欲维持国家之独立，仅仅守卫主权线已不足，非保卫利益线不可。"② 山县的"大陆政策"将邻国的疆土作为自己的利益线，并明确表示要以武力拓展主权线、开发利益线，将朝鲜和中国纳入日本的"保护"之下，以军事侵略谋求日本人的最高利益。"这样，天皇制政府便很快把民族独立与确立国权的民族使命转移到侵略软弱的邻国，'耀国威于海外'的道路上去了。"自"天皇制诞生的时候起就具有浓厚的军国主义倾向，参谋本部的设立，便正式宣告天皇制采取军国主义了"。③ 其实，1868年提出以武力"布国威于四方"的"国是之大本"后，近代日本就迫不及待地发动了侵略扩张战争。1874年，大久保利通一手策划了侵略中国台湾的战争。次年，又挑起侵略朝鲜的"江华岛事件"，并在1876年迫使朝鲜签订不平等的《江华条约》。1879年，正式吞并琉球，改称冲绳县。

一部以"大振皇基"、"布国威于四方"为"国是之大本"的日本近代史，就是一部对外侵略扩张的战争史。日本学者也认为："在近代日本百年的历史上，除最后的二十年外，是没有间断的战争的历史。不只是日清、日俄、第一次、第二次世界大战，还有以事变和出兵之名对台湾岛、朝鲜、中国和西伯利亚的侵略，用兵约80年。没有战争时，便进行战前的处理，为下一次战争作准备。""战争和战争准备、军国主义是近代日

---

① ［日］大山梓编：《山县有朋意见书》，原书房1966年版，第91—93页。
② 同上书，第196页。
③ ［日］井上清、铃木正四：《日本近代史·上册》，商务印书馆1972年版，第99、101页。

本历史的最大特征。政治、经济、思想、文化和国民意识、国民生活全部被军国主义所制约。学问和艺术从属于军事目的……教育为培养忠实的士兵、培养军国的干部这一目的服务。"①"像这样没有间断地从战争走向战争的国家，近代世界史上，除日本外找不到第二国。"② 近代日本不断从战争走向战争，军人和军权在国家政治生活中的地位益发重要，军国体制也迅速发展，一步步走向发展的巅峰——军部法西斯政权体制，直至最后灭亡。

（四）军权至上的军国体制

中世纪的"武家政治"是将军"挟天皇号令天下"的军国政治，武士——军人是把持国政的特权阶级，军权是最具权威性的权力，军阀凭借武力直接对国家实施军事统治。近代日本则是军阀集团"奉天皇之命"的军国政治，军阀在国家权力结构中占据核心地位，军阀手中的军权是至上无高的权力，具有"君权"的权威，军阀操纵国政的军国政治贯穿日本近代史的始终。与中世纪的武家军国政治一样，近代日本的军国政治，都是在武士道的指导下建立的，都是滋生和发展武士道的政治体制。

1. 军阀主政的政治体制

从某种意义上说，近代日本的兴亡史也是军阀的兴亡史。我国学者宋成有说："所谓军阀，即以军部为中心的特权高级军官组成的政治集团。""日本军阀的基本特点是：第一，拥有特权。""第二，操纵政权。""第三，藩阀根性。""第四，武士道根性。"③日本学者松下芳男认为："所谓军阀，即不正当地利用军制及军制惯例对国政施以重压的军部内的一批政治军人。""第一，军阀是一批政治军人。""第二，军阀是有机会参与国政的一批军人。""第三军阀是对国政上施以重压的一批军人。""第四，最大特征是不当利用或滥用军制及军制惯例的特权。"④ 军阀之所以能"操纵国政"或"对国政施以重压"，关键在于武力扩张的基本国策和以战争促发展的发展方式需要依赖武力、依赖军阀。

在日本近代政治史上，学术界将藩阀（武士阀）元老、军阀和政党主

---

① ［日］藤原彰：《天皇制和军队》，青木书店1998年版，第72页。
② ［日］井上清、铃木正四：《日本近代史·下册》，商务印书馆1972年版，第719页。
③ 宋成有：《新编日本近代史》，北京大学出版社2006年版，第177—183页。
④ ［日］松下芳男：《日本军阀兴亡史·上卷》，芙蓉书房2001年版，第15—16页。

导下的政治形态,称为"藩阀元老政治"、"军阀政治"和"政党政治"。

"藩阀元老"即接受明治、大正天皇诏敕、享有"元勋优遇"特权,并负有"匡辅大政"之责的开国元勋。有日本学者认为:虽然"宪法上的咨询机关枢密院作为天皇的政治顾问,而发挥重要作用的是元老。""明治时期,元老关系到开战媾和的决定等最重要的国策,承担藩阀相互间的调整,决定包括总理大臣在内的重要人事。大正、昭和时期,元老的主要任务是推荐后继首相,在只剩下西园寺公望一个元老的昭和期,元老的任务只剩下推荐首相。""但作为'内阁制造者'的元老的政治地位依然非常高。"① "不言而喻,首相的任命权在天皇,但是,实际上需要有元老的推荐。"② 在9位元老中,8位是在倒幕维新中立有军功的"武士阀"元老。此外,黑田是陆军中将,山县、西乡、大山是陆军或海军元帅,桂是陆军大将,即9位元老中有5位是握有兵权的军阀。

实际上,在"藩阀元老政治"、"军阀政治"和"政党政治"三种政治形态中,"军阀政治"是持续时间最长的政治形态,因为"藩阀元老政治"中即包含"军阀政治"。且不说太政官制时代,仅在内阁制度建立后的1885年至1924年的约40年间,出任内阁总理大臣的军阀就有黑田清隆(陆军中将,在位544天)、山县有朋(陆军元帅,在位1210天)、桂太郎(陆军大将,在位2886天)、山本权兵卫(海军大将,在位549天)、寺内正毅(陆军大将,在位722天)、加藤友三郎(海军大将、元帅,在位440天)等。

据日本学者统计,明治十二年(1879)和明治二十二年(1889)的官员中,军人分别占26%和26.5%。③ 在43届战前内阁中,军人担任首相的军人首相内阁为20届;执政时间10446天,在战前首相执政的21840天中占47.9%。④ 首相之下的国务大臣中,军人阁僚也占有相当大的比例。"第一次伊藤内阁的军人阁僚率为63.1%,第一次黑田内阁和第一次山县内阁的军人阁僚率分别是53%和52%。""在1923年至1943年的20

---

① [日] 藤原彰:《天皇制和军队》,青木书店1998年版,第159页。
② [日] 北冈伸一:《日本的近代·5·从政党走向军部·1924—1941年》,中央公论新社1999年版,第19页。
③ [日] 松下芳男:《日本军阀兴亡史·上卷》,芙蓉书房2001年版,第131—132页。
④ [日] 永井和:《近代日本的军部和政治》,思文阁1993年版,第58页。

年间，军人官僚的数量由136人增至804人，增加了近6倍。"① 军阀担任首相，各级国家政权机构中充斥着大批军人官僚，这既是军阀政治和军国体制的真实写照，也反映了国家政治以军事为基础的本质特征。

近代日本还将军阀政治扩展到殖民地。"在日清战争以后新版图的领土上，军政不用说，民政方面也是以现役军人作为施政长官……在这里也显示了殖民地的军阀政治。"② 例如，台湾总督先是海军大将桦山资纪，继之是陆军大将桂太郎、乃木希典、儿玉源太郎、佐久间马太和安东贞美等，总督拥有行政权和军令权。朝鲜总督先后是陆军大将寺内正毅和长谷川好道等，初代关东都督是陆军大将大岛义昌，桦太厅初代长官是陆军中将楠濑幸彦。

2. 军权等于"君权"的军权王国

军权具有君权的权威，始于参谋本部的设立。1878年12月颁布并实施《参谋本部条例》，陆军实行军政、军令二元分离，设立与陆军省平行的参谋本部，陆军省负责军政，参谋本部掌管军令。"所谓军政，即军队的编成、维持和管理；所谓军令，即军队的指挥命令。""设置参谋本部，使军令机关从军政机关中独立出来。理由是在作战时必须保守机密和迅速，拒绝了对作战的政治介入，成为招致恶名的统帅权独立的端绪。"③条例第2条规定，参谋本部长由天皇任命，参与策划帷幄之机务。军权由此具有了"君权"的性质，帷幄上奏制度也由此诞生。参谋本部长直属天皇，地位与太政官平行而高于陆军卿，即军令大权归天皇，代行军令大权的军方对政府处于优势地位。内阁制度确立后，"虽然内阁总理有权可以决定政策，但没有权保障其地位。参谋本部的法律地位虽不能支配政权，然而实际政治作用上可左右内阁的成败。"④ 1893年，继陆军参谋本部之后，海军军令部也成为独立于政府的军令机构，海军军令部长也拥有"直属天皇，参与帷幄机密事务"的特权。

1889年颁布的《大日本帝国宪法》第11、12条规定，天皇统率陆海军，天皇决定陆海军之编制及常备兵额。对此，我国学者武寅教授剖析说："这两条规定中有两点是值得格外重视的，即第一，它把军权与君权

---

① ［日］永井和：《近代日本的军部和政治》，思文阁1993年版，第96—97、183页。
② ［日］松下芳男：《日本军阀兴亡史·下卷》，芙蓉书房2001年版，第101页。
③ ［日］高桥典幸等：《日本军事史》，吉川弘文馆2006年版，第316页。
④ 戴季陶：《日本论》，海南出版社1994年版，第128页。

直接联结在一起,使军权在权力层次上,上升为一种至高无上的和绝对的权力;第二,它把军权置于议会、内阁、司法机构等所共同组成的权力制衡系统之外,使军权成为一种不受监督和制约的特殊权力。军权在理论上的这种特殊地位,与它在国家政治实践中所支撑的武力扩张的基本国策、富国强兵的战略目标,以及靠战争起家的经济现实结合在一起,使军权在国家政治体制中成为一种最强有力,并且最具有实质性权威的政治力量,使以军权——君权为核心和顶点而形成和运作的军国与军国政治,成为宪政体制的内在灵魂,成为最能影响和左右整个宪政运作体系的内在的和实际的权力系统。"①英国学者大卫·巴迪认为:"1889年的宪法规定军队'独立于最高权力之外'。这意味着日本的国会和内阁都无权指挥军队,军队只听命于天皇。久而久之,军方认为他们不受政府控制。"②明治宪法的颁布标志着军权等于君权,成为绝对的和不受制约的权力。

直属天皇的军权政治上独立于国家的一般行政权力,组织上是自成一系的独立王国。这个军事王国的最顶端是元帅府,相当于军事上的元老。"从军阀史的角度看,首屈一指的是制定元帅府条例和军事参议院条例。明治三十一年一月十九日制定的元帅府条例,将陆海军大将中勋功卓著者选拔列入元帅府,给予元帅称号,作为大元帅天皇军事上的最高顾问。""制定该条例的理由是适应对俄战争之准备的军事需要。""元帅府的存在,结果是成为军阀势力的一大根据地。""元帅大将没有定年制,是终身现役。虽然没有一定的国法上的职务,没有定期的聚会、没有出务的官厅,只是奉敕时对陆海军进行检阅。事实上,元帅坐在军事的最高地位,是站在指示军政、军令两机关的权威立场,对国政具有巨大威力,这也是制定元帅制的内在原因。"③ 1898年1月制定的元帅府条例共四条,"第一条,列于元帅府之陆海军大将,特赐元帅称号。第二条,元帅府军事上为最高顾问。第三条,元帅得奉敕检阅陆海军。第四条元帅附属佐尉官各一人,作为副官。"④ 元帅府设立时只有4名元帅,即陆军的小松宫彰仁亲王、山县有朋、大山岩和海军的西乡从道。至"二战"结束时,元帅府成员共为30人(陆军17名,海军13名)。

---

① 武寅:《近代日本政治体制研究》,中国社会科学出版社1997年版,第238页。
② [英]大卫·巴迪:《日本帝国的终结》,青岛出版社2013年版,第22页。
③ [日]松下芳男:《日本军阀史》,芙蓉书房2001年版,第187、191页。
④ 孟祥沛点校:《新译日本法规大全·第3卷上》,商务印书馆2008年版,第139页。

"军事参议院相当于军事上的枢密院……是天皇军事上的咨询机关……专任的军事参议官具有离役职将官待机位置的性质。"① 1903年的军事参议院条例,"第一条,军事参议院为在帷幄之下应对重要军务咨询之所。第二条军事参议院遇有咨询,开参议会,具奏其意见。""第四条,军事参议官如下:元帅、陆军大臣、海军大臣、参谋总长、海军军令部长、特补军事参议官之陆海军将官。"② 事实上,真正起到军事枢密院作用的是元帅府。

军权王国的中坚部分是军令机关和军政机关,即最高军事指挥机关陆军参谋本部和海军军令部,以及它们在内阁的行政代表陆军省和海军省。这个通常所称的"军部"作为军权独立最集中和最具代表性的核心部分,既是帷幄上奏权、战时大本营最高军事指挥权以及其他体现军权独立的种种特权的执行机关,也是军权干政的执行机关,其在军权王国的地位,与内阁在行政系统的地位相当,因此,学术界也把军部视为军权王国中的内阁。在军部任职的陆海军将校级军官,一般都经过陆军幼年学校、陆军士官学校和江田岛海军兵学校、陆军大学校和海军大学校的系统培训。完成系统学习并经过选拔后,一些骨干军官还经历了海外留学、海外任职、军旅实践等多种训练。"陆大毕业生中成绩特别优异者,通常是在参谋本部的一部、二部,或陆军省的军务局,如到现地则是重要军,例如像关东军参谋的这种地位,往返于欧美主要的驻外武官。他们里面精英中的精英,还经历了陆军省军务局的军事课、参谋本部第一部第二课(作战)的工作岗位。"③ 在明治末年和大正初年,这些学阀的军阀开始接替藩阀的军阀出任陆军大臣和参谋总长。

军权王国还包括宫内省的侍从武官长和侍从武官。"侍从武官常侍奉天皇,司传达关于军事之奏上、奉答及命令,又观兵演习、行幸及其他祭仪、礼典、宴会、谒见等。"④ 军权王国的基础是天皇的军队"皇军"以及"在乡军人会"。

3. 军权独立和军权干政

"军阀在国政上施以重压,是明治维新以来通过实力实现的。可是,

---

① [日]藤原彰:《天皇制和军队》,青木书店1998年版,第161页。
② 孟祥沛点校:《新译日本法规大全·第3卷上》,商务印书馆2008年版,第140页。
③ [日]藤原彰:《天皇制和军队》,青木书店1998年版,第52—53页。
④ 孟祥沛点校:《新译日本法规大全·第3卷上》,商务印书馆2008年版,第49页。

让其公然发挥实力的是法令。"① 支撑军阀武力干政的法令,一是明治宪法第11、12条对"统帅权独立"赋予的法律依据,二是内阁官制第7条的"帷幄上奏权",三是兵部省职员令的"军部大臣武官专任制"。

"军部的绝对主义性格或者绝对主义天皇制的最大依据,就是统帅权的独立原则,即议会、政府连一个指头也不能触及独立的统帅权。"② 统帅权的独立,始于参谋本部独立于政府部门和参谋本部长直属天皇。根据参谋本部条例,"无论是平时和战时,凡事关军令均以参谋本部作为辅佐天皇的最高机关。因此,在军令事项上优于陆军卿,而且,在当时的官制上独立于国务和统帅上直接辅佐天皇的太政官的三职,特别是从太政官独立出来。""不经太政官而直接将军事上奏天皇亲裁,不仅是军制上,而且意味着整个体制的大转变。总之,参谋本部可以不受政府的掣肘指挥军队。"③

《内阁职权》和《大日本帝国宪法》分别从内阁职权和宪法的角度,追认统帅权独立的原则,"国务与统帅并立"的二元政治体制正式形成,军部与内阁、军权与施政权分庭抗礼。1885年的内阁制权第6条规定:"各省大臣主任事务向总理大臣报告,但事关军机,由参谋本部长直接上奏,陆军大臣就其事件报告总理大臣。"确认了参谋本部长的帷幄上奏权,但仅限于有关军机。1889年的内阁官制第7条规定:"事关军机军令,奏上,依天皇之旨,陆军大臣、海军大臣报告总理大臣",范围扩大到"军机、军令"。④《大日本帝国宪法》第11、12条规定:"天皇统帅陆海军"、"天皇决定陆海军之编制及常备兵额"。宪法的起草者伊藤博文在《宪法义解》中解释说:第11条表示"(天皇)统帅兵马,乃至尊之大权,专属帷幄之大令";第12条表示"陆海军的编制及常备兵额亦由天皇亲裁。这固然要专职大臣辅佐,但亦同帷幄大权,属于至尊大权,无须议会干涉"⑤,为统帅权的独立奠定了法律基础。

军阀在垄断军权、扩张军权的同时,还通过军权干预内阁的施政权。军权干政的渠道主要是:(1)帷幄上奏权;(2)军部大臣武官专任制;

---

① [日] 松下芳男:《日本军阀兴亡史·上卷》,芙蓉书房2001年版,第89页。
② [日] 藤原彰:《天皇制和军队》,青木书店1998年版,第115页。
③ [日] 雨宫昭一:《近代日本的战争指导》,吉川弘文馆1997年版,第53—54页。
④ [日] 藤原彰:《天皇制和军队》,青木书店1998年版,第167页。
⑤ [日] 井上清:《日本军国主义·第3册》,现代评论社1975年版,第39页。

（3）军令制定权。它"不仅保障了陆海军在军事上独立于政府、议会及其他外部势力，而且保障了陆海军不论在战时还是平时都与政府平起平坐、抗衡，并经常胜过政府，成为操纵国政的最大政治势力。"① 平时，军权与施政权分庭抗礼，以内阁为代表的国家行政系统不得过问军事；战时，军权凌驾于施政权之上，即便是内阁总理大臣（文官）也不得列席"大本营会议"。

"帷幄上奏权"即陆军参谋总长、海军军令部长、陆海军大臣在"事关军机军令"方面，享有越过内阁总理大臣直接上奏天皇的权力。军部利用内阁不得过问军事的原则，扩大上奏范围，使军权介入政治。军方常常滥用"帷幄上奏权"，扩大职权范围，向行政系统伸展军权。1896年4月，伊藤首相就对军部滥用帷幄上奏权提出抗议，他对陆军大臣大山岩说："事关军机军令上奏者，首先应属于军机军令而急需处理者，此自不待言。然而，由于其界限不明，属于与行政事务之事项亦通过帷幄上奏而得到允裁之现象往往有之。是以与行政事务直接有关者，或不经阁议实碍于保持行政各部之统一者，上奏前望事先经阁议商榷。务请妥善处理。"② 由此可见军权介入政治且凌驾于政治权之上的程度。

"军部采取统帅权独立制和军部大臣武官专任制，使军阀如虎添翼。"③ 所谓"军部大臣现役武官制"，主要是指陆海军大臣由现役将官担任。从1871年至1945年，"任军部大臣者陆海军里除初代海军卿胜海舟外都是现役大中将，可是胜是幕府时代担任陆军奉行的军政家"。"在专任制、现役制之下，任何大政治家、大政党不考虑军部意向，不以现役将官担行军部大臣，要组织内阁都是不可能的，要维持内阁也是绝对不可能的。没有军部大臣，内阁就不可能存在。军部大臣的现役将官专任制具有如此巨大政治力。军阀的这种力与统帅权独立的力相结合，发挥出内阁之上的权力。制定这一制度是总理大臣山县有朋、陆军大臣桂太郎、海军大臣山本权兵卫。这一制度使军部居城固若金汤。"④ 英国学者大卫·巴迪也明确指出："在战前，没有军队的批准也不能任命陆军大臣！而没有陆军大臣，政府就不能继续执政，这是公认的事实。换言之，实际上是军队

---

① ［日］井上清：《日本军国主义的形成》，岩波书店1968年版，第323页。
② 同上书，第321页。
③ ［日］松下芳男：《日本军阀兴亡史·上卷》，芙蓉书房2001年版，第191页。
④ 同上书，第92—94页。

控制着政府。"① 军部大臣既是国务大臣，又是军部的代表，作为国务大臣，却不对内阁的政策承担责任；作为军部的代表，按照军部意愿决定去留。此外，他们不像一般阁僚那样随内阁更迭而更换，只要需要便可借用天皇敕许的名义无限期地连任。在战前的43届内阁中，陆海军大臣留任、连任的分别为22届和26届。没有陆海军大臣内阁便不能成立，因而陆海军大臣的进退直接决定内阁的命运，元老是"内阁制造者"，陆海军大臣却决定内阁的命运。第二次西园寺内阁时代，内阁拒绝陆军增加两个师团的计划，陆军大臣上原勇作便单独向天皇奉呈辞表，得不到陆相后任的西园寺内阁随之垮台。

军权干政的第三个重要渠道是"军令"。在日俄战争中，日本取得对世界强国俄国的军事胜利，大大提高了军部的权威，增强了军部发言权。军部乘势于1907年9月12日制定了第一号军令，在统帅权独立的名义下，陆海军获得了独自军事司法权、军事行政权和军事立法权，可以说成了国中之国。藤原彰认为："第一号军令里关于统帅的事项，以'经过敕定的规程'作为军令，不需要像其他法律和敕令那样需经总理大臣以下的副署，只是陆海军大臣副署的规程。"② 松下芳男分析说："军令与普通行政命令性质不同，专门之外的立法机关，如行政机关不得参与……军阀在统帅权独立的名义下，以之作为正式令之例外。即第一条，基于法令发布的军令作为敕令不得否认，不需内阁总理大臣副署，只需主任的军部大臣副署即可。第二条，军令即敕令，不需要法制局审查，不需要枢密院讨论，由军部大臣独断。""军阀们由此得以高举统帅权独立的旗帜。""军令具有敕令的性质。作为敕令，本来制定正式法令需要内阁总理大臣及陆海军大臣副署，但却排除'内阁总理大臣西园寺公望'的副署，只需陆军大臣寺内正毅、海军大臣斋藤实副署即可公布。""根据军令即敕令，只需军部大臣副署，军部大臣拥有了优越于内阁、优越于议会的权能……军令的主倡者是陆军军阀的首领山县有朋。军令的制定，使军阀得以恣意妄为。"③ 军权即君权、军令即敕令，于是，掌握军权和军令（敕令）制定权的军部得以左右内阁，全面干预国家政治生活。

---

① ［英］大卫·巴迪：《日本帝国的终结》，青岛出版社2013年版，第128页。
② ［日］藤原彰：《日本军事史·上卷·战前篇》，日本评论社1987年版，第139—140页。
③ ［日］松下芳男：《日本军阀兴亡史·上卷》，芙蓉书房2001年版，第258—260页。

二 天皇主义的近代武士道和价值理想

近代天皇制武士政权是中世纪武士政权的嫡系后裔,全盘继承了武家政权以武为本的统治思想、立国理念、运作模式和发展方式,以及利用武士道进行道德动员和统一思想、统一行动的传统。为了实现"与万国对峙"的国家目标,把持权力中枢的"武士阀"运用国家政权的强制性力量和天皇的精神权威,对武士道进行批判性的继承和改造,以效忠天皇的"天皇主义武士道"取代效忠主君的"武家主义武士道"。封建武士夺取战争胜利的指导思想和行动准则成了现代日本人夺取侵略战争胜利的指导思想和行动准则,武家政治时代的价值理想成了现代日本的价值理想。

"天皇主义武士道"根据"与万国对峙"的现实需要加工而成,日本学者也承认:"从明治维新近代国家形成以来,在日清战争、日俄战争,继而昭和时期侵入满洲和中国,以及'大东亚共荣圈'大目标下的战争时代,由政治家、学者、军人倡导的武士道,真不知在国民道德论和军人精神教育方面曾发挥过何等人为的作用。从这个意义上说,真实的武士道因此反而消失,恐不过分。"总之,"以往研究的武士道是人为的武士道论,是为实现某种目的而被改变了的产物,而非对武士道固有思想的阐扬。"[①] 维新领导人为了使自己的统治具有合法性,特别强调对天皇的忠诚。"明治政治家们唯一要做的工作就是让全体日本人在思想上对天皇绝对忠诚,确立这种最高的道德。""近代日本作了种种努力,使'忠'的对象转向具体的人并且特指天皇本人。""'这是天皇御旨',这一句话就可以唤起忠,其强制力要超过任何现代国家的号召。"[②] 维新领导人使忠于天皇成为最高道德,目的在于利用人们对天皇的忠诚,以天皇的权威要求国民在思想上和行动上与政府保持一致。

(一)天皇主义武士道的政治思想

官方的"天皇主义武士道"主要出自军方之手,特别是出自日本军阀第一人山县有朋之手。"天皇主义武士道"以国家法令的形式颁布,通

---

① [日]小泽富夫:《作为历史的武士道》,ぺりかん社2005年版,第1—2页。
② [美]鲁思·本尼迪克特:《菊与刀》,商务印书馆2002年版,第88—90页。

过国家权力强制推行，先是作为军人道德，继之扩展为全民道德。

"明治建军以来，军人精神的核心内容实际上是镰仓武士以来的武士道精神。"① 1871 年 12 月，兵部大辅山县有朋主持制定了《军人精神基本》七条，强调："军队为发扬皇威保护国家而设，加入军队者应坚决遵守以下条文，决不违背。""1. 以诚心为本，尽忠节，不可有不信不义不忠之所为；2. 尊长上尽敬礼，与等辈致信义，不可粗暴倨傲；3. 长上命令，不问其年如何，立刻服从，不可抵抗、干犯；4. 尚胆勇，勤勉军务，不应胆怯、柔懦；5. 不可有夸耀无谋小勇、好争斗、藐视他人，招致世人厌忌等事。6. 修道德以素质为主，不可流于浮华、文弱等；7. 尚名誉、重廉耻，不可有贱劣贪污事。"② 士兵在入伍的宣誓仪式上，要宣读《军人精神基本》七条，并署名按印，这一仪式一直持续到 1934 年。③《军人精神基本》七条将武士道的"忠节、信义、勇敢、素质、服从"作为近代军人必须遵守的基本精神，并将封建武士各忠其主的多元化效忠演变成了只效忠天皇的一元化效忠，"武家主义武士道"开始向"天皇主义武士道"演变。

1878 年 10 月，山县有朋又以"陆军卿的名义发布了《军人训诫》，把忠实、勇敢、服从作为维持军人精神的三大元素。"④ 并且解释说："作为军人精神的第一大元素'忠实'的真谛，是'拥戴我大元帅皇上，报效国家'。对第二、第三大元素的'勇敢'、'服从'一般性地解释为'每临战斗则敢冒危险以成就功名'，'维系军队而使三军浑然一体'，从而将'忠君爱国'突出为明治新武士道的首要德目。"⑤《军人训诫》进一步重申对天皇的忠诚。

1880 年，担任参谋本部长的山县有朋又命令西周起草《军人敕谕》，于 1881 年完成。1882 年 1 月 4 日，以天皇的名义向陆海军人颁布《军人敕谕》，宣称"我国军队世世代代由天皇统率之。朕乃汝等军人之大元帅，赖汝等为股肱，汝等仰朕为头首，其亲特深。朕保护国家，应上天之

---

① ［日］松下芳男：《日本军阀兴亡史·上卷》，芙蓉书房 2001 年版，第 21 页。
② 《从史料看日本的发展》近代篇。引自王金林《日本天皇制及其精神结构》，天津人民出版社 2001 年版，第 239—240 页。
③ ［日］户部良：《日本的近代·9·逆说军队》，中央公论社 1998 年版，第 59 页。
④ ［日］安冈昭男：《日本近代史》，中国社会科学出版社 1996 年版，第 169 页。
⑤ 宋成有：《新编日本近代史》，北京大学出版社 2006 年版，第 182—183 页。

惠，报效祖宗之恩；汝等军人应竭尽其职，以振我国之稷威。汝等皆守其职，与朕一心，尽力保护国家，我国苍生当永享太平之福，我国威烈当光华于广大世界，朕如是深望汝等军人。"①《军人敕谕》的主要内容是：第1条，"军人必须尽忠节"，"保护国家，维护国权"；第2条，"军人必须守礼仪"，"下级承上官之命令，实即承朕之命令"，"上级对下级不可稍有轻侮傲慢之举"；第3条，"军人必须尚武勇"，"夫武勇乃我国自古以来的贵重所系，无武勇则不配为我国臣民"，"军人担负亲临战场对敌之职，片刻也不可忘记武勇"；第4条，"军人必须重信义"，"信即践行己说之言，义即尽己之本分"，切勿因"小节之信义而误大纲之逆顺，或守私情之信义而迷失公道之是非"，"遗污名于后世"；第5条，"军人必须以质素为旨"，骄奢华靡"一旦出现在军人之间，则如传染病蔓延"，"士风兵气顿衰"，不可等闲视之。强调"诚心"至关重要，"此5条乃我军人精神，一片诚心则为5条精神之精神。"还将这5条精神视为"天地之公道，人伦之常经"。②尽管《军人敕谕》的5条军人精神都是江户武士必须遵守的规范，然而，经过天皇钦定，又赋予了新的含义，具有了绝对的权威。

关于《军人敕谕》的特征和意义，日本学者户部良认为："军人敕谕的最大特征是强调国军是天皇的军队。"③高桥富雄说："军人精神的五条精神，即'忠节'、'礼仪'、'武勇'、'信义'、'质素'，是'皇国武士道'的纲领。""通过军人敕谕，新的武士道——军人精神成为日本人的道和人伦。""军人敕谕、教育敕语进一步大力推进'道的世俗化'。"④还说：这种军人之道，即"新武士道"是"天皇之道"、"日本之道"，武士道由此从侍奉封建主君的武士道转为仕奉天皇的武士道。⑤田中义能也认为：敕谕实为武士道之经典。⑥

《军人敕谕》颁布后，随即下发给陆海军官兵背诵和执行。通过在军队中集体"捧读圣敕"，形成与天皇"浑然同心一体"的"皇军"精神

---

① ［日］井上哲次郎监修：《武士道全书·第1卷》，国书刊行会1998年版，第1—2页。
② 同上书，第2—5页。
③ ［日］户部良：《日本的近代·9·逆说军队》，中央公论社1998年版，第66页。
④ ［日］高桥富雄：《武士道的历史·第3卷》，新人物往来社1986年版，第150—153页。
⑤ 同上书，第150—155页。
⑥ ［日］田中义能：《武士道概说》，日本学术研究会发行1932年版，第63—64页。

信条。通过征兵制建立起来的近代军队,终于成了天皇的军队。"《军人敕谕》所鼓吹的军人精神实际是封建时代武士道的继承和发展。由于日本当时实行所谓的'国民皆兵'制度,因而军人精神与国民道德是相通的。"① 因此,《军人敕谕》的颁布,既标志着山县有朋组建"皇军"的目的终于实现,也标志着"天皇主义武士道"的形成。

1890年10月,时任内阁总理大臣、陆军大将的山县有朋在文相芳川显正、法制局长井上毅、侍讲元田永孚等人的协助下,拟定《教育敕语》,并以天皇的名义颁布,从国民教育的角度,将"天皇主义武士道"从军人普及到全体国民。《教育敕语》宣称:朕唯我皇祖皇宗肇国宏远,树德深厚。我臣民克忠克孝,亿兆一心,世济厥美。此乃我国体之精华,而教育之渊源亦实在于此。尔臣民应孝父母,友兄弟,夫妇相和、朋友相信,恭俭持己,博爱及众,修学习业启发智能,成就德器。进而扩大公益、开展世务,常重国宪、遵国法,一旦有缓急,则应义勇奉公,以辅佐天壤无穷之皇运。如是,不仅为朕之忠良臣民,亦以显扬尔祖先之遗风焉。斯道实为我皇祖皇宗之遗训,子孙臣民俱应遵守,通于古今而不谬,施于内外而不悖也。朕庶几与尔臣民共同拳拳服膺,咸一其德。②

关于《教育敕语》的地位和作用,有日本学者说:"《教育敕语》以敕语具有的绝对权威确定国民的教育方向","将国民的道德意识统一到对天皇的忠诚上。"③《教育敕语》将"武士道德全民化"运动推向高潮,将武士道精神上升为全体国民的精神。"教育敕语作为我国的德育方针,在唤起武士道精神上发挥了重要作用,特别是教育敕语列举的德目分为常时道德和非常时道德。非常时道德强调:'一旦有缓急,则当义勇奉公,以辅佐天壤无穷之皇运'。"④ 要求国民"克忠克孝,亿兆一心",平时"孝父母,友兄弟,夫妇相和、朋友相信,恭俭持己"、"重国宪、遵国法";战时(对外侵略战争时),"则应义勇奉公,以辅佐天壤无穷之皇运。"

"天皇主义武士道"主要用于"与万国对峙"的国家目标,以之对国

---

① 王家骅:《儒家思想与日本文化》,浙江人民出版社1996年版,第182页。
② 世界历史编辑部编:《明治维新再探讨》,中国社会科学出版社1981年版,第182页。
③ 梅溪升:《教育敕语成立史·天皇制国家观的成立·下》,青史出版社2000年版,第165页。
④ [日]井上哲次郎监修:《武士道全书·第1卷》,国书刊行会1998年版,第53—54页。

民进行战争教育和战争动员,将国民的思想和行动统一到侵略扩张的基本国策上来。"明治、大正、昭和时代,日本政府出于国策的需要鼓吹武士道精神,广泛进行战争教育。"① "教育敕语颁布后,'武士道教育'、'尚武主义'和'武道教育论'在我国教育界再度复兴","在甲午战争爆发之际,进一步向国民大众宣称武士道是我国自古以来的民族精神。"② 诚如我国学者李威周教授所说:《军人敕谕》颁布后,"这种转化为近代军人精神的武士道与日本不断对外侵略互为因果,同步发展,既利用对外侵略的'赫赫战功'以宣扬武士道,又利用武士道来煽动对外侵略。"③ 在近代日本,侵略战争之所以成为官民一致的共识和举国一心的行动,"天皇主义武士道"起了直接的推动和引领作用。

出自军方之手的"天皇主义武士道"经典,还有1941年1月8日以陆军大臣东条英机名义发布的《战阵训》。井上哲次郎的《武士道全书·第1卷》将其排在《军人敕谕》之后。日本武士道学会编的《武士道入门》一书,将其放在开首第一篇。小泽富夫说《战阵训》出笼的背景,是《军人敕谕》确立的武士道越来越被从当政者的立场加以利用,这种倾向因昭和时期军国主义的抬头而日益强化,武士道"演变为所谓国家主义的武士道",并且,随着昭和时代军国主义益发抬头和以大东亚共荣圈建设名义下的战争而进一步强化。④

《战阵训》由序、本训一、本训二、本训三和结语构成,具体规定了"皇军"在侵略战争中必须遵守的规范。其序言第一句就宣称:夫战阵,以大命(天皇御命)为基,发扬皇军之神髓(指神武精神),攻必取、战必胜,遍布皇道,……临战阵者,须深刻体会皇国之使命,坚持皇道,将皇国之威德施于四海。

本训一包括:(1)皇国;(2)皇军;(3)军纪;(4)团结;(5)协作;(6)攻击精神;(7)必胜的信念。宣称"大日本是皇国,由万世一系的天皇统治","皇恩遍万民,圣德光八纮"。"军队在天皇统率下,体现神武精神,显扬皇国威德,扶翼皇运。""献身服从实乃我军精神之精华。"

本训二包括:(1)敬神;(2)孝道;(3)敬礼举措;(4)战友情;

---

① 风间健:《武士道教育总论》,壮神社2002年版,第218页。
② [日]坂田茂:《近代日本的爱国思想教育·上卷·2》,星云社1999年版,第777—778页。
③ 李威周:《论日本武士道》,载《中日哲学思想论集》,齐鲁书社1992年版,第285页。
④ [日]小泽富夫:《作为历史的武士道》,ぺりかん社2005年版,第240、253页。

(5) 率先躬行；(6) 责任；(7) 生死观；(8) 惜名；(9) 质实刚健；(10) 清廉洁白。这些内容将对外侵略战争作为将士的神圣使命，要求其发扬献身奉公精神，超越生死一意完成任务。并且强调："知耻者强，常思乡党家门之面容，益发奋勇战斗，以报答父母乡亲的期待。""生不受虏囚之耻，死不留罪祸污名。"

本训三包括：(1) 战阵之劝诫9条；(2) 战阵之用心9条。

结语宣称"上述各条源自'敕谕'，又归之'敕谕'。""以之实践战阵道义，力求完美践行圣谕。""战阵之将兵，须体察此趣旨，愈发奉公至诚，克尽军人本分，报答皇恩。"①

日军侵占中国东北期间，曾将《战阵训》与明治天皇的《五条誓文》、《军人敕谕》等编成《诏敕集》，作为奴化教育的基本教材，发给伪满的军队和学校。

与主要用于自诫内省的江户武士道不同，"天皇主义武士道"从诞生之日起就主要是充当军国主义精神支柱，作为"杀人与战争之道"而纳入近代和现代军国主义战争轨道。为军国主义战争政策进行思想动员和组织准备，使侵略扩张战争成为官民一致的共识和举国一致的战争，支持日本从战争走向更大规模的战争。在"天皇主义武士道"精神的武装下，"皇军"成为人类历史上绝无仅有的一支不要命的、泯灭人性的军队。就连日本学者也说，国民"在人性完全消失的那一刹那，也就变成了'天皇陛下的士兵'。"② 明治维新至"二战"结束前的历史表明，天皇的士兵——"皇军"是古往今来最具野蛮性、疯狂性、掠夺性和敢打自杀战的军队。

例如，在甲午战争期间，日本侵略军攻陷旅顺后曾野蛮地屠杀大批和平居民。英国人胡兰德的《中日战争之国际公法》揭露说："当时日本将卒之行为，实逸出常度之外。四日间残杀非战斗者妇女幼童。从军之欧洲人及特约通讯员目此残虐之状况，然无法制止。唯有旁观，不胜叹惜。此时得免杀戮之华人，全市内仅三十六人，然此三十六人为供埋葬其同胞之死尸而被残留者。"英美报刊也谴责说："日本国为蒙文明皮肤、具野蛮筋骨之怪兽。"③

---

① [日] 井上哲次郎监修：《武士道全书·第1卷》，国书刊行会1998年版，第7—17页。
② [日] 岩崎昶：《日本电影史》，中国电影出版社1983年版，第233页。
③ 范文澜：《中国近代史·上册》，人民出版社1961年版，第256页。

再如，1937年日军占领无锡后，第十师团的野田毅少尉和向井敏明少尉相约进行残杀中国人的"百人斩"比赛，先杀100人者为胜，后因无法断定谁先杀了第100人，于是又约定以150人为新目标，继续比赛。《东京日日新闻》（今《每日新闻》）还将野田毅和向井敏明吹捧为"英雄"。据《远东国际军事法庭判决书》记载，"在日军占领后的最初六个星期内，南京及其附近被屠杀的平民和俘虏，总数达20万以上。""这个数字还没有将被日军所烧毁的尸体，投入长江的尸体，或以其他方法处理的人们计算在内。"《远东国际军事法庭判决书》还说：侵华日军占领南京后，"全城无论是幼年的少女或老年的妇人，多数都被他们奸污了。并且在这类强奸中，还有许多变态的和淫虐狂行为的事例。许多妇女在强奸后被杀，还将她们的躯体加以斩断。在占领南京的一个月中，在南京市内发生了2万起左右的强奸事件。"① 1936年成立的"731部队"，先后用二三千人进行活体实验，以开发各种疫苗，制造细菌武器。"而且，当年弃置在东北的化学武器多达200多万发，至今仍在当地造成儿童、妇女的伤亡。"② 侵华日军还将烧、杀、抢、掠和强奸妇女作为鼓舞士气的措施，侵占南京时的第六师师长陆军中将谷寿夫的《陆战》课讲义，竟然宣称："打了胜仗之后和在追击敌人时，掠夺、抢劫和强奸妇女，反而可以鼓舞士气。"③

又如，在侵略战争中，"皇军"将关东武士野蛮凶残的"焦土战术"发展为烧光、杀光、抢光的"三光政策"，以肉弹战术诠释关东武士敢于拼命的杀伐之心和战斗中"献身的攻击精神"。日俄战争期间，长州藩军阀、第三军司令乃木希典强迫士兵实行"肉弹"攻击，组织敢死队，踏着死尸、冒着酷暑冲锋。在第二次世界大战中，弹尽粮绝之际的自杀式进攻，败局已定之时各式各样的"神风特攻队"——敢死队，塞班岛争夺战中包括女子在内的非战斗人员的集体投海自杀，无不淋漓尽致地诠释了要么以军刀征服世界，要么以玉碎迎接死亡的武士精神。

（二）天皇主义武士道的学术思想

甲午战争后，日本军国主义恶性膨胀，一批学者，特别是新渡户稻

---

① 张效林译：《远东国际军事法庭判决书》，五十年代出版社1953年版，第56页。
② 苏智良：《日本历史教科书的真相》，人民出版社2001年版，第105页。
③ 转引自［日］若规泰雄《日本的战争责任》，社会科学文献出版社1999年版，第116页。

造、井上哲次郎等从欧美学成归国的学者，纷纷为日本"与万国对峙"的国家目标推波助澜。他们在"天皇主义武士道"的指导下，运用近代文化知识重新诠释武士道，论证武士道的合理性和日本民族的优越性，从传统武士道中发掘道德资源构建近代日本的国民道德和价值理想。于是，在19世纪末20世纪初形成了持续近半个世纪的武士道研究和宣扬的热潮，出现了一大批影响深远的武士道著述。在这些学者中，影响最大的几位武士出身并沐浴过西方文明或接受过西方近代教育的学者有福泽谕吉和新渡户稻造、井上哲次郎等。知识界领袖福泽谕吉的"脱亚论"鼓吹日本应对中国、朝鲜进行侵略、瓜分和掠夺，直接推动日本对中国和朝鲜的侵略战争，其武士道经济思想则对改变重义轻利的传统武士道观念发挥了积极作用。新渡户稻造将武士道美化成为理想化道德，并使之走向世界。井上哲次郎是"皇道主义武士道的典型代表，他通过构建近代日本的国民道德使武士道重新发挥了作用"。① 福泽谕吉的武士道经济思想将放在商人的武士道中论述，这里集中论述新渡户稻造和井上哲次郎的武士道。

1. 新渡户稻造的武士道

新渡户稻造（1862—1933）是南部藩士新渡户十次郎的第三子，1884年至1891年留学美国和德国，取得博士学位。1899年，在美国养病期间用英文写成《武士道》一书，同年由美国费城利兹和比德尔公司出版。此书刚一出版，立即被译成波兰、德国、俄国、意大利、西班牙、挪威等多国文字，日本的武士道也由此像樱花一样闻名海内外。从1900年至今，此书的日译本层出不穷，据日本学者佐藤全弘统计，"二战"前有樱井鸥村（1908年）、近藤晴卿（1935年）、矢内原忠雄（1938年）的，"二战"后有名和一男（1968年）、奈良本辰也（1983年）、须和德平（1998年）、饭岛正久（1998年）和佐藤全弘（2000年）的。② 2003年和2010年，又先后由PHPエディターズ・グループ株式会社、筑摩书房出版了岬龙一郎和山本博文的译本。

新渡户稻造在《武士道》第一版序中阐明其写作动机：一是为了回答比利时法学家德·拉德维尔的问题，"没有宗教！那么你们怎样进行道

---

① 卞崇道：《关于明治思想中武士道的一个考察——以井上哲次郎的〈武士道的本质〉为重点》，《延边大学学报》2009年第3期。

② ［日］新渡户稻造著，佐藤全弘译：《武士道》，教文馆2000年版，第8页。

德教育呢？"一是"由于我的妻子经常问我如此这般的思想和风俗为什么在日本普遍流行、理由何在而引起的。"然而，真实动机并非完全如他所言。一方面，1899年正是日中甲午战争之后4年、日俄战争之前5年，日本加快侵略扩张步伐，大肆宣扬武士道，广泛进行战争教育之际。另一方面，此时的国际舆论也在抨击日本，特别是日军在甲午战争中的"旅顺大屠杀"，给外国人留下了日本人野蛮、暴虐的印象。"正在此时，博士在本书中以洋溢的爱国热情、赅博的学识和雄劲的文笔向世界广泛宣扬了日本道德的价值，其功绩是可同三军的将帅相匹敌的。"① 其写作的指导思想则是：（1）通过将武士道美化成为"基于永恒真理之上"的理想道德，树立日本民族精神的崇高形象；（2）通过为武士道辩护，为近代日本以"与万国对峙"为最高目标、以对外侵略扩张谋求"国家利益"的基本国策辩护。总之，"给予德·拉德维尔先生和我的妻子以满意的回答"，仅仅是新渡户稻造写作《武士道》的一个附庸风雅的借口，而为日本军国主义的恶性膨胀进行辩护和鼓吹才是其真实用心。

日本学者南博在《日本人论》第五章"法西斯主义的日本人论"第二节"大和魂与武士道"中说："明治政府强调富国强兵及扩大军事力量，仍有必要强化武士道精神，对武士道予以重新评价。江户时代武士道的效忠对象包括'幕府和藩'双重结构，明治之后，只限于军队对天皇一元化的效忠。对应这个局势，产生了武士道论及大和魂论的新诠释，这些论点又与军国主义、日本精神主义相结合。"新渡户稻造等的"日本人论是以大和魂和武士道精神为基础，展现日本国民性的某个层面，战争时期的这些作品多以提高战争士气、效忠天皇为目的，具有鼓吹军国主义的强烈企图"。② 南博不仅准确把握了新渡户稻造的写作动机，而且指出了其《武士道》"具有鼓吹军国主义的强烈企图"。

新渡户稻造《武士道》一书的特点：

（1）美化和拔高日本的武士道。例如："再也没有比卑劣的举动和狡诈的行为更为武士所厌忌的了。"（第三章）"就武士而言，仁爱并非盲目的冲动，而是适当地考虑到了正义的仁爱，而且并不仅仅是某种心理状态，而是其背后拥有生杀予夺之权的仁爱。"（第五章）"克己的理想，按

---

① ［日］新渡户稻造：《武士道》，商务印书馆2001年版，第1页。
② 南博：《日本人论》，广西大学出版社2007年版，第148、151页。

照我国国民的表现来说，在于保持心境的宁静，或者借用希腊语来说的话，就是达到德谟克里特称为至高至善 euthymia 的境界。"（第十一章）"武士道正像对刀的正确使用看得至大且重一样，认为滥用它是不对的，而且憎恶滥用。"（第十三章）"就奉献的教义而言，武士道是基于永恒真理之上的。"（第十四章）。在其所论述的武士道德目中，第五章"仁——恻隐之心"篇幅最大，甚至超过第九章"忠义"。然而，正如美国学者本尼迪克特的《菊与刀》所言，"事实上，'仁'在日本是被排斥在伦理体系之外的德目，丧失了它在中国伦理体系中所具有的崇高地位。"① 日本学者森岛通夫也承认："疏忽'仁'和强调'忠'，应被认为是日本儒教所独有的特征。""在日本，最重要的美德是'忠'而不是'仁'，随着日本逐渐接近现代时期，这一特点越发显著。"② 为了美化和拔高武士道，新渡户稻造不惜置历史事实于不顾。

（2）"不是以文献的、历史的武士的实态为依据。"③ "基本不依据第一手资料，严格说来并不是一本学术著作。"④ 撇开历史、撇开武士、撇开真实的武士道，以 140 余位东西方（特别是欧美）有影响的政治家、著名学者、宗教领袖的著名论述、经典格言作为武士道理想化的依据，以西方的历史和文学典故作为衬托日本的道德价值丝毫不亚于欧美列强的素材。

（3）避开充满杀伐气息的"战斗者之道"，以富有理性色彩的"为政者之道"为对象，掩盖武士道嗜杀成性、野蛮血腥的阴暗面。明治维新前的武士道，分为 17 世纪以前的"战斗者之道"和 17 世纪以后的"为政者之道"。前者旨在砥砺武士在战场上的杀伐之心，鞭策武士以征战杀伐、穷兵黩武为人生理想。

（4）强烈的军国主义思想意识，赞美武士道为日本在甲午战争中的胜利赋予的力量。宣称"注入活力的是精神，没有它即使是最精良的器具几乎也是无益的，这种陈腐的话无需再重复了。最先进的枪炮也不能自

---

① ［美］鲁思·本尼迪克特:《菊与刀》，商务印书馆2002年版，第83页。
② ［日］森岛通夫:《日本成功之路——日本精神与西方技术》，经济日报出版社1986年版，第5页。
③ ［日］时野佐二郎:《真实的武士道》，光人社2008年版，第11页。
④ 唐利国:《近世武士道研究在日本》，北京大学日本研究中心编《日本学》2006年第13期。

行发射,最现代化的教育制度也不能使懦夫变成勇士。不,在鸭绿江,在朝鲜以及满洲,打胜仗的乃是指导我们双手,让我们的心脏搏动的、我们父辈祖辈的威灵。"只字不提"皇军"在甲午战争中灭绝人性的旅顺口屠城,就连妇女幼童也不放过的暴行。

新渡户稻造生活的时代,正是武士道对刀的滥用越演越烈的时代和军国主义恶性膨胀的时代。1874年侵略中国台湾;1876年强迫朝鲜签订不平等条约——《日朝修好条规》;1894年侵略中国的甲午战争,1904—1905年的日俄战争,就发生在他写作《武士道》一书的1899年和"增订第十版序"的1905年之前。对此,新渡户稻造竟然视而不见,还一味美化武士道,掩盖武士道的军国主义要害。

日本以外的外国人最先接触的武士道就是新渡户稻造的《武士道》。然而,连日本学者家永三郎也不得不说,"必须认识到:明治以后的伦理学家美化为普遍道德、在欧美各国也大肆宣扬的所谓武士道,是江户时代形成的观念形态,而封建社会成长期武士道德的实际内容,却具有按照这种观念来看有点无法想象的性质。"① 新渡户稻造给读者,特别是给日本以外的读者描述的武士道,并非日本历史上真实的武士道,他刻意回避、掩盖日军在侵略战争中的种种反人类暴行,不仅妨碍外国人全面、准确地认识武士道和日本,而且影响日本人正确认识武士道和明治维新至"二战"前的日本历史。

2. 井上哲次郎的武士道

在近代武士道的发展史上,新渡户稻造的贡献是为武士道和日本军国主义辩护,将武士道美化成为理想化道德并推向世界,提升日本人的民族优越感;而井上哲次郎的贡献则是从山鹿素行的士道论中发掘道德资源,并在《军人敕谕》和《教育敕语》的指导下构建资本主义时代的日本道德,推动武士道的近代化转型,为近代日本"与万国对峙"的国家目标和以战争促发展的发展方式服务。

井上哲次郎(1855—1944)也有"西洋"留学的经历:1880年毕业于东京大学文学部哲学科后,先是任职于文部省,继之在东京大学任职,1884年受文部省派遣留学德国,专攻哲学;1890年回国,次年获博士学位。井上回国之际,时逢"天皇主义武士道"经典《教育敕语》的颁布,

---

① [日]家永三郎:《日本文化史》,商务印书馆1992年版,第89页。

文部省委托其作《敕语衍义》(1891)，代表官方解读《教育敕语》。井上在学术界享有极高的地位和声望，1923年从东京大学退职后，依然是该校名誉教授，此后历任大东文化学院院长、日本哲学会会长、斯文会副会长，还是贵族院议员。尽管1926年9月因《我国体与国民道德》一书而招致祸端，被剥夺一切公职，但他仍孜孜不倦地宣扬军国主义法西斯武士道。1942年，即日本的对外侵略战争不断扩大以至发展为太平洋战争时，88岁的井上还出版了《武士道的本质》一书，并监修《武士道全书》，继续为日本的军国主义战争政策摇旗呐喊。

井上哲次郎的武士道论述虽多，但学术专著极少。其代表作：一是1901年受陆军教育总监部委托所作的讲演《谈谈武士道》，内容包括：(1) 武士道概说；(2) 武士道的发展；(3) 武士道的祖师和经典；(4) 武士道的存续；(5) 武士道的将来。该演讲由荒浪市平速记，经井上校阅后同年由《兵事杂志社》以《武士道》为书名印刷出版，军部人员人手一册。二是1942年八光社出版的《武士道的本质》，此书实为井上哲次郎的武士道论文集，而非学术专著。全书包括：(1) 武士道；(2) 武士道的历史；(3) 武士道概论；(4) 武士道的八大特色；(5) 战阵训与武士道；(6) 日本战捷的原因；(7) 楠公论；(8) 乃木大将与武士道；(9) 东乡元帅与武士道；(10) 大东亚战争与日本精神；(11) 大东亚战争所感；(12) 附录。三是收入《武士道全书·第1卷》的"武士道总论"。由序、本论、结语构成，本论包括：(1) 武士道的名称；(2) 武士道是日本特有的东西；(3) 武士道的意义；(4) 武士道的德目；(5) 武士道的起源和发展；(6) 儒、佛二教的影响；(7) 从文献上看武士道之三派；(8) 文和武的关系；(9) 一致协力；(10) 武士道的死生观。

井上哲次郎的武士道以近世武士道（特别是山鹿素行的武士道）解释官方的"天皇主义武士道"，服务于近代日本的军国主义基本国策，因而其武士道思想带有强烈的政治性和时代性，贯穿着皇道主义、国家主义和军国主义。主要内容如下：

第一，武士道的定义和特色。反复强调"武士道是日本民族的实践道德"，"从广义的日本精神的角度说，是日本精神在战斗方面的表现"，"是臣民奉天皇陛下之大诏的御精神在战斗时的实行之道。""武士道本来就是'神之道'在战斗方面的表现。""武士道决不仅仅是指肉体上的力量，而主要是指精神上的力量。如果只是肉体上的力量，那是蛮勇，是暴力而不是武士道。"抬高武士道，宣称欧洲的骑士道崇拜女性，日本的武士道抑强助弱，两者不可同日而语。还说，在大东亚战争中，英国虽有73000多兵力，仍在新加坡要塞向日本军投降。武士道的特色是决不投降，要么胜利，要么灭亡，别无他途。

第二，武士道的历史"与日本民族同时产生"。分为五个时期：(1) 神武天皇至佛教传入；(2) 佛教传入至镰仓幕府；(3) 镰仓幕府至德川幕府；(4) 德川时代；(5) 王政维新至今日（1942年）。第五期"又恢复一君万民即天皇亲政的时代，一扫士、农、工、商的阶级观念，全民皆兵。""武士道不限于武门武士，为了君国，帝国臣民以国防为己任。""结果，不用说日清、日俄二役，即使是世界大战、满洲事变和上海事变、支那事变，进而大东亚战争，都取得显赫的效果，取得令任何人都不得不惊叹的结果。武士道越来越发展的形迹益发显著，今后的形势也必须使其得到更大的发展。"

第三，武士道的德目。"忠孝、节义、武勇、廉耻是早在封建时代就被承认的道德，特别是忠孝。""在日本，忠孝一体，别无二途"，"忠君与爱国全然一致。""日本始终是万世一系的国体，君臣大义古今不变。""日本各个家族的户主是家长，而日本国家整体又构成为一个大家族，此大家族的家长就是天皇。"因此，"武士也只是对天皇尽忠义"。《军人敕谕》列举的"军人应该实行的五条德目的基础"是"诚心"。此"诚心就是古来神道的清明心，即真心。清明心即诚心，诚心即清明心。"《教育敕语》中的"'一旦有缓急，则应义勇奉公，以扶翼天壤无穷之皇运'，作为非常时刻的道德，在实行时也要以'诚心'为基础，其与武士道的精神并无二致。""武士道的德目不少，但归根到底不外是以清明心即真心、诚心对天皇尽全忠。"

第四，儒、佛两教的影响。"儒教自应神天皇十六年输入我国，其后历经约1650余年。儒教给予武士道巨大的影响，是因为儒教不仅与武士道的精神有一致之处，而且，进一步强化武士道的精神，并为其提供了基础。""总之，儒教对原本发达的武士道进一步起到了推波助澜的作用。""特别是禅宗在镰仓时代以后对武士道影响更大。"并将禅宗的影响归纳为五点，即仁慈、质素、练胆、勇猛、决心。"禅宗打破生死迷妄的思想在日本教育了武士，使其懂得重国体尊严，守忠孝大义。"

第五，武士道的将来。宣称"即使武士道的形骸消失了，武士道的精神毕竟还在日本民族的某一部分中存续","虽然日本军队的强大有种种原因,但是,最根本的就在于武士道。""为了国家自卫,必须谋求武士道的存续发展。"认为"所谓将来的武士道,就是抓紧迄今为止的武士道主要精神,促进其与今天道德主义的调和发展。换而言之,今后的方针就是以武士道的精神为基础,使之与能够调和在一起的道德主义共同发展为一个整体"。"研究武士道,旨在发挥其精神,阐明其意义,传之后世。"

第六,推崇山鹿素行。在1901年受陆军教育总监部委托所作的讲演中,井上宣称:"如果说武士道有祖师的话,那么就是山鹿素行。""素行是武士道的化身,是不出世的人杰,素行之前没有素行这种水平的人,素行之后的德川时代也无素行这种水平的人。"认为"山鹿语类的士道篇和士谈篇有很多关于武士道的卓越见解,是金玉般的文字"。将吉田松荫视为素行武士道的继承人,素行"经过若干年后,终于得到了一个有力的门人,这个人不是别人,而是吉田松荫"。"在松下村塾简陋的屋舍中培育出来的80名学生中,出现了以高杉晋作、吉田荣太郎、木户孝允、山县有朋、伊藤博文、井上馨、前原一诚等为代表的许多为明治维新立下非凡功绩的杰出人物,有爵者、赠位者、有位者共达37人之多。"[①]

第七,日军胜利的原因。井上在1901年的讲演中宣称:"日本军队的强大虽有种种原因,最大的原因就在于武士道的存续。日本军队的强大,有人说是输入西洋的机械,机械固然是必要的,即使像支那人(对我国的蔑称)、朝鲜人这样的民族也可以用钱购买,但是,发挥机械威力则需要依靠人的精神,起关键作用的是日本的武士道精神。"在1942年的《武士道总论》之九"一致协力"中,又强调"在日清战争和日俄战争中,我国与敌国相比更好地体现了同心协力,这是取胜的重大原因"。"日本是一君万民的国家,一亿国民一心同体,遵循圣旨必然取得胜利乃是国民的信念。明治以来的诏敕都强调同心协力。""与外国交战之际,一亿国民团结一心,共同对外。"

井上哲次郎的武士道直接服务于近代日本的军国主义基本政策,我国学者的研究认为:"井上哲次郎的武士道论有保守主义、国家主义和侵略

[①] 李秀石:《明治维新的先驱——吉田松荫》,载《世界历史》编辑部编《明治维新的再探讨》,中国社会科学出版社1981年版。

主义三个特点,而这三方面都与法西斯主义有相通之处。"① "井上哲次郎从国家主义立场出发宣扬极具日本特殊性的皇道主义武士道,在日本近代思想史上产生了重要影响。"② 1942 年,年近 90 岁的井上哲次郎还在《武士道总论》结语部分赞美日军的肉弹攻击法,吹嘘日本独有的靖国神社,号召前线将士在靖国神社相会,将进入靖国神社做"护国神"视为人生的最大光荣和理想归宿。

学者的武士道还有田中义能的《武士道概说》、平泉澄的《武士道的复活》、桥本实的《日本武士道史》、武士道学会编的《武士道入门》、佐伯有义的《日本武士道史》等。他们都是在全面弘扬"天皇主义武士道",为统治当局的军国主义战争政策鸣锣开道。例如,田中义能称:"武士道乃是我国民从强大的国家观念出发,以大成天壤无穷之国家为理想。"平泉澄说:"明治五年的征兵令,废除了武士和农工商的区别,全民皆兵,使全体国民都成为武士。及至今日,全体国民悉为武士……一朝有事,皆执剑而起。"桥本实说:"从前有元寇入侵国难之际,近有日清、日俄两役,及至满洲事变和现今的日支事变,我国民上下一致,发扬牺牲精神,以完成克服国难之赫赫伟业,说是武士道之赐一点也不为过。"佐伯有义在《武士道全书》的编者之辞中说:"今天,我国与世界最强国英美两国正面为敌,在海上、陆上、空中,从正面粉碎其精锐,立下了世界历史未曾有过、绝无仅有的最伟大功绩。""这些胜利的原因之一,在于发扬我武士道精神。"

概而言之,学者的武士道主要是宣扬和论证官方的"天皇主义武士道",为"天皇主义武士道"成为国民道德增添说服力,并为国家的军国主义基本国策助力。

(三) 天皇主义武士道的经济思想

武士道经济伦理的近化性转型主要是在启蒙思想家福泽谕吉 (1834—1901) 和 "日本现代化之父"涩泽荣一(1840—1931)的推动下实现的。前者通过办学传播经济思想,批判武家社会传统的贱商意识,其

---

① 唐利国:《井上哲次郎的武士道论与法西斯主义》,北京大学研究中心编《日本学》第 10 集,2000 年。
② 卞崇道:《关于明治思想中武士道的一个考察》,《延边大学学报》2009 年第 3 期。

"实学"思想始终强调以经济为中心，为资本主义工商业培养人才；后者在实业界奋力开拓，一生中创办了500多家企业，并将其成功的经验概括为"论语加算盘"，其"士魂商才"、"义利合一"的经济伦理影响了几代企业家。

福泽谕吉的武士论代表作是作于明治二十四年（1891年）的《瘦我慢之说》（忍耐之说）。在《瘦我慢之说》中，福泽谕吉"将武士道视为日本之道的根本"，认为"忠君爱国"是"立国之公道"，"国民有报国的义务"；赞美德川时代三河武士的武士道精神，称之为"瘦我慢"（忍耐）；宣称"古来士风之美（武士道），不出三河武士之右也。战国割据之时，属德川家旗下，有理无理，只知德川而不知其他。为家为主，即使必败必亡在即也要勇往直前。此即三河武士，德川家的天下，拜瘦我慢之赐。此瘦我慢主义，乃保持国家之道。"[①] 将武士道作为立国之要，反映了福泽谕吉根深蒂固的武士道思想。

在武士道的近代性转型中，福泽谕吉推动国民的思想从道德中心主义向重视经济活动的方向转换。1873年，福泽谕吉撰写《账合之法》，宣称"商卖亦学问也，工业亦学问也。""依天之定则劳心者而得其报者，皆商卖也。故官员为政而得月薪亦商卖也，古之武士勤军役而得禄亦商也。然人皆知贵武士、官员之商卖，而贱买卖制作物品之商卖。此何故？毕竟不知贵商卖而以为学问也。"[②] 1875年，又在《文明论概略》中说："我们日本固然贫穷，但天然物产并不缺乏……决非天然的贫国。我们的税法也许苛刻些，但并不是将税款投入大海，它还是留在国内成为财源的一部，但是，日本全国为什么贫穷到现在这种地步呢？这不是因为财力缺乏，而是缺乏理财的能力。"[③] 1893年，在《实业论》一文中强调"实业是贵重而名誉之事"。[④] 福泽谕吉在其创办的庆应大学里，设立文学、理财和法律三个科系，率先将理财——经济作为学科之一，曾在日本社会引起巨大的震动。他还第一个走上大学讲台讲授理财的经济学。

福泽谕吉在庆应大学传播经济思想，重视培养理财的经济人才，教育学生努力从事各种经济活动。在福泽谕吉的培养教育下，"福泽谕吉的弟

---

① [日] 高桥富雄：《武士道的历史·第3卷》，新人物往来社1981年版，第182—186页。
② 转引自王家骅《儒家思想与日本文化》，浙江人民出版社1996年版，第176页。
③ [日] 福泽谕吉：《文明论概略》，商务印书馆1997年版，第167页。
④ [日] 俵本浩太郎：《新·士道论》，筑摩书房1992年版，第210—211页。

子中，不少具有士风者进入实业界。"① 福泽谕吉先后派遣大批自己的学生到企业就职，其中不少人对日本近代企业的发展起到了奠基性的作用。福泽的得意门生中上川彦次郎到刚刚从旧式银号脱胎出来的金融机构三井银行工作，将三井银行逐渐建设成为一家近代化的巨型银行。以后，藤山雷太、武藤山治、藤原银次郎等学生又进入大日本制糖公司、钟纺公司、王子制纸公司工作②，通过他们的努力，这些企业逐渐被改造成为近代化的大企业，在日本近代化的进程中都曾经起过重要的作用。在明治时期的财阀经营者中，"三井""三菱""住友""安田""大仓""藤田"等企业中都有福泽谕吉的学生。③ 日本学者福地重孝认为："福泽谕吉门下涌现出许多体现士魂商才的经济人……这些经济人的确应当称之为'绅商'，但是，这并不是士族的町人化，而是近代町人的士族化……经济人的社会地位通过士族出身的实业家而大为提高。"④ 他的学生日比翁助曾经将历史上的旧式布店改建为日本最为著名的三越百货商店，另一学生庄田平五郎则努力从事东京丸之内地区的开发工程，建成了"日本的华尔街"。⑤ 正是由于福泽谕吉的庆应大学培养了大批经济管理人才，因而日本人常说："公司在庆应。"总之，福泽谕吉的经济思想有助于变革"重义轻利"的武士道传统观念，将人们的思想从封建的道德中心的束缚中解放出来；由于福泽谕吉的思想教育了整整一代明治时期的日本国民，从而推动了日本近代化的发展。

"福泽谕吉以商品经济的观点，把过去的武士和当今官员取得俸禄或月薪，等同于工商业者获得利润，认为他们之间无高低贵贱之分。"⑥ 与福泽谕吉尖锐批判贱商意识相比，涩泽荣一的《论语讲义》和《论语加算盘》则寻找儒学的传统伦理观与近代资本主义伦理观的契合点，为经济领域内武士道近代性的完成做出了不可替代的巨大贡献。一方面，他以所谓的"道"对"富与贵"赋予合性理。重新解释《论语》的"富与贵，是人之所欲也，不以其道取之，不处也"，认为"富与贵"是"人之

---

① ［日］俵本浩太郎：《新·士道论》，筑摩书房1992年版，第212页。
② ［日］宇田川胜、生岛淳：《向企业家学习的日本经营史》，有斐阁2011年版，第23页。
③ ［日］宫本又郎：《日本的近代·11·企业家们的挑战》，中央公论社1999年版，第333—334页（明治时治财阀经营者一览表）。
④ ［日］福地重孝：《士族和士族意识》，春秋社1956年版，第278页。
⑤ 高增杰：《福泽谕吉的"实学"思想》，《日本学刊》1994年第6期。
⑥ 王家骅：《儒家思想与日本文化》，浙江人民出版社1996年版，第176页。

所欲",是圣贤也认可的,关键是取得"富与贵"的手段是否合于"道",即儒家伦理的"君子爱财取之有道"。另一方面,对"道"赋予新的含义,认为"道"指的是"公利公益",即国家利益,"个人或企业追逐利润,增值资本,如果对增强国家的实力有益,就是光荣的,即符合'大义'。就这样,涩泽荣一以国家利益为媒介把道德与经济、'义'与'利'、'士魂'(武士精神)和'商才'(资本主义经营方式)结合起来,从而把旧的贱商的'义利'观,转变为有利于资本主义工商业发展的伦理观。"[①] 因此,涩泽荣一"义利合一"的伦理观、价值观更容易为武士和武士的后代所接受,自然也更容易为日本国民所接受。

涩泽荣一将国家利益和"天皇主义武士道"的"忠君爱国"作为"义",作为道德之本,从而肯定武士阶级重"义"的价值观念;将符合道义或取之有道的"利",看作为群体、为国家的利和谋求国家富强的利,而非传统商人的不义之利和一己私利,并且通过"公益即私利,私利能生公益",将国家利益与个人利益结合在一起。谋求国家公益,也是为国家做贡献,从而改变武士阶级"轻利"的传统思想,消除其心理障碍。"国家利益高于个人利益的'士魂商才'是明治资本家的典型,在政府的保护、扶持下成长起来的'绅商'是'政商',士族资本家的伦理与西欧资本家有很大差异,为了国家而不惜牺牲自己的利益。"[②]涩泽荣一倡导"产业报国"的思想,强调"股东必须关心国家公益","经商的根本要义在于谋求日本全国的公益"[③],将"忠君爱国"、国家利益导入资本主义活动,以产业报国,具有奉公意识,将追求财富的资本主义活动与国家利益、"忠君爱国"结合起来,从而使人们追求财富的经济活动成为神圣的事业。

涩泽荣一的武士道经济伦理和价值观念,将"忠君爱国"、"国家利益"作为资本主义经济活动的旗帜,颠覆了武家主义"贱利重义"的价值观,代之以新时代"义利合一"的价值观,轻商贱利和官本位风气日趋淡薄,商本位思想越来越被人们所接受。1931年,涩泽荣一去世,皇室成员和政府高官都来为其送葬,这表明商人已从江户时代的"四民之

---

① 王家骅:《儒家思想与日本文化》,浙江人民出版社1996年版,第177页。
② [日]福地重孝:《士族和士族意识》,春秋社1956年版,第6页。
③ [日]涩泽荣一:《雨夜谭》,岩波书店1984年版,第329—330页。

末"成长为受人尊敬的社会中坚。

（四）日本近代社会价值理想的确立

明治政府建立后，把持国家权力中枢的中下级武士运用国家行政力量和天皇的精神权威，对传统的武士道进行批判性的继承和改造。官方特别是军方，先是以武士道为基础构建近代的军人精神，继之又将军人精神扩展为国民道德。学者和企业家以官方的武士道为依据，在学术领域和经济领域推动武士道的转型，为武士道成为全民道德推波助澜。

在传统武士道基础上推陈出新的近代和现代武士道，以"皇国主义"和"军国主义"为基本特征，主要体现为：（1）以天皇为中心的政治思想。效忠于各武士团首领的武家主义忠诚道德，被改造成效忠于作为"现人神"和民族凝聚力轴心的天皇，忠于天皇成为现代日本的最高道德，成为最具号召力的金字招牌。（2）"布国威于四方"的军事思想。将各武士团在日本列岛上扩张军事领地的战争转为日本民族掠夺其他民族的侵略战争，武士道成为近代日本夺取对外侵略战争胜利的指导思想和行动准则。（3）"义利合一"的经济思想。将经商谋利从为了个人转向为了国家和社会，将追求财富的资本主义活动与国家利益、"忠君爱国"结合起来，对经商谋利赋予为了国家利益和"忠君爱国"的神圣性。（4）近代社会的道德思想和核心价值。将武士道扩展为日本全体国民的道德观念、行动准则和价值理想，忠于天皇就是爱国，爱国就必须忠于天皇，追随天皇"布国威于四方"成了全体国民义不容辞的使命。

为了使"天皇主义武士道"真正成为国民道德，明治政权通过"废藩置县"政策，切断了武士与藩国大名的主从关系，使所有武士皆为"皇国子民"；通过"土地改革"和"秩禄俸还"政策，将藩士的家计收入由藩主的御恩转为天皇制中央政府的薪俸，切断了武士与藩主之间的物质纽带；通过改革身份制度，设立华族、士族身份，取消了武士的特殊身份；通过"脱刀令"和"征兵令"，取消武士佩刀和垄断军事的特权。继之，又全力打造新型的武士制度。国民皆兵的《征兵令》既是废除传统武士制度的标志，又是创建新型武士制度的象征。有日本学者说："《征兵令》否定历史上的武士制度，否定作为武士之心的武士道。继而，征兵令又以别的形式大规模地复活武士道，即军人精神——新武士道。此乃对武士道否定之否定的肯定。"① 征兵令"以全体国民为兵，即全民皆兵，使全体国民都成为武士。""武士虽然在明治初年废除，但却将其范围扩大、推广到全体国民。武士道也由此成为全体国民的道德。"②"全体国民的武士化，涵盖了明治以后所有日本知识分子的生活方式。"③ 这样，"天皇主义武士道"便通过军人精神的形式普及到了全体国民。

明治政府的学校教育，通过对学生的武士道教育将武士道普及到全体国民之中，有力地推动了"武士道德全民化"的历程。中世纪武家教育的目的是培养能征善战的武士，以武士道进行思想品德和理想价值教育，以弓、马、骑、射和兵学进行军人的职业技能教育。近代日本教育的根本是培养天皇的忠良臣民，一方面是继续以武士道作为思想品德和理想价值教育的核心内容，另一方面是"将科学、技术和学问作为实现富国强兵的手段"。④ 1868 年公布的施政纲领"五条誓文"第 5 条"求知识于世界，大振皇基"，以"大振皇基"作为教育的目标。1872 年，陆军大辅山县有朋在《论主一赋兵》中提出征兵制与国民教育相结合的方针，"通过小学、中学、兵役而完成这一大国民大学。兵役，是日本国民作为国民之道的最终课程。"⑤ 1872 年，明治政府发布《征兵告谕》，实行国民皆兵制度，"全国四民凡年满 20 岁者，皆编入军籍，以备应急之用。"次年发布的《征兵之编制与细则》规定："国民军除常备后备二军外，全国男子 17 岁至 40 岁者均载入军籍，全国发生大规模战役时，均编入队伍，以供管内之守卫。"⑥ 1890 年 10 月天皇钦定的《教育敕语》，将培养"义勇奉公，以辅佐天壤无穷之皇运"的国民作为教育的目的。

明治政府建立后，武士依然是"求知识于海外"的主体，文部省 1875 年选派的第一批 11 名留学生均为士族青年，工部省 1880 年选派的 11 名留学生也全部是士族。⑦ 更重要的是，"明治初年的教育承担者是武士"，1872 年箕作秋坪、福地源一郎、福泽谕吉等 16 名洋学士族在东京市内创

---

① ［日］高桥富雄：《武士道的历史·第 3 卷》，新人物往来社 1986 年版，第 150 页。
② ［日］平泉澄：《武士道的复活》，至文堂 1943 年版，第 9 页。
③ ［日］鹤见俊辅：《战时日本精神史·1931—1945 年》，岩波书店 1982 年版，第 154 页。
④ ［日］福地重孝：《士族和士族意识》，春秋社 1956 年版，第 6 页。
⑤ ［日］高桥富雄：《武士道的历史·第 3 卷》，新人物往来社 1986 年版，第 149 页。
⑥ 《世界历史》编辑部编：《明治维新的再探讨》，中国社会科学出版社 1981 年版，第 179 页。
⑦ ［日］福地重孝：《士族和士族意识》，春秋社 1956 年版，第 165—168 页。

办了 16 所外语私塾（学生 916 名）；新学制颁布时，第六大学区新潟县第八中学区蒲原郡新发田第六小学的 18 名教师中，士族 16 名、平民 2 名。① 据《日本帝国统计年鉴》记载，1882 年日本全国国立公学（中学校、师范学校、小学校）的教职员队伍中，中学校的 78% 以上、小学校的 40% 以上为士族出身。② 武士作为学校教育主要承担者，其结果必然是向民众普及了武士精神。"武士无疑具有一种平民身上不多见的气质——武士道或曰绅士道的美德，'学制'精神之所在，可谓是将这种美德不再为士族所独占，通过国民教育向一般人民普及，即实现武士道的民众化。"③

"《教育敕语》以敕语具有的绝对权威确定国民教育的方向"，培养"一旦有缓急，则应义勇奉公，以辅佐天壤无穷之皇运"的士兵。为了实现这一目标，1908 年的《小学校令施行规则》规定小学修身课的宗旨是："普通小学校最初教授孝悌、亲爱、勤俭、恭敬、信实、义勇等符合实践之近易事项，渐及于对国家社会事务之一斑，应致力于提高品位、巩固志操，且长进取之气象，尚公德，培养忠君爱国之志气。"④ 对此，日本学者评论说："由此可见，小学教育已经将培养忠实的士兵——国民作为自己的目标。修身教育服务于这一目标，国语、历史、地理和体操也是如此，音乐教育里编排有许多军歌。以此'向思想尚不成熟的小学儿童'，'鼓吹不可不知军人精神'。（波多野春房：《在小学校鼓吹军人精神》，明治四十四年）。"⑤ 这既体现了学校教育有计划地推进"武士道德全民化"，也说明了学校教育的"皇国主义"和"军国主义"特色。学校教育向一代又一代小学生灌输武士道精神的结果，使武士道得以植根于一代代学生的思想深处。

1890 年至 1891 年，文部省将《教育敕语》的誊本下发到全国近 3 万所各级各类学校。接着，政府又在 1891 年 4 月向全国的普通小学"下赐"了天皇及皇后的"御真影"（标准像）。从 1891 年起，政府要求学生必须会背、会默写《教育敕语》。1891 年 6 月，文部省公布了《小学校节

---

① ［日］福地重孝：《士族和士族意识》，春秋社 1956 年版，第 9、175—176、231—232 页。
② ［日］园田英弘等：《士族的历史社会学研究》，名古屋大学出版会 1995 年版，第 90 页。
③ 《教育史》编纂会编：《明治以后教育制度发展史》，龙吟社 1938 年版，第 357—358 页；引自臧佩红《日本近现代教育史》，第 45 页。
④ 转引自［日］藤原彰《日本军事史·上卷·战前篇》，日本评论社 1987 年版，第 143 页。
⑤ ［日］藤原彰：《日本军事史·上卷·战前篇》，日本评论社 1987 年版，第 143 页。

日大祭日仪式的规程》，将拜读《教育敕语》、朝拜"御真影"作为学校的固定仪式，各小学都要在奉安殿等最庄严的地方悬挂"御真影"、《教育敕语》和日本国旗。在纪元节、天长节、元始祭、神尝祭和每年的孝明天皇祭、春季皇灵祭、神武天皇祭等节日中，都必须唱国歌《君之代》，学生和儿童要低头聆听校长戴着白手套毕恭毕敬地捧读《教育敕语》。《教育敕语》誊本下发和"御真影"下赐后，有小学校长因捧读《教育敕语》出现口误而引咎自杀，有小学校长因"御真影"在大火中被烧毁而引咎自杀，有的校长和教师为保护或抢救"御真影"而舍命。

在推进"武士道德全民化"过程中，军部扮演了极为重要的作用。军部不仅通过军队的教育机关（监军部，后改称教育总监部）和军纪、军令等，将军人培养成武士道的楷模，而且，"军部将军队教育扩大到国民的规模，将要求兵士的道德观念注入到国民教育之中。"① 军部向国民灌输武士精神的工具，主要是1910年11月3日（明治天皇的诞辰日）在陆军省领导下成立的"在乡军人会"，"总裁是陆军大将伏见宫贞爱亲王、会长是陆军大将寺内正毅。在乡军人会此时只是陆军军人的组织，大正三年十月，海军军人也加入在乡军人会。"② 在乡军人会的成员，"包括所有退役、预备役、后备役军官、士兵以及第一国民兵役、第二国民兵役人员；其分支机构遍布所有村落、工厂、矿山、交通运输机关、社会团体等，其职能是多方面的，如协助军队和政府进行战争动员、维持地方治安、在政治活动中贯彻军部意图等等。而其中重要的职能之一是作为军国主义体制的一环，在广大人民群众中传播军国主义思想，普及武士道精神，以巩固军国主义体制的社会基础。"③ "截至1925年4月，该会共有会员298万人，1928年实施普通选举法时，在乡军人会员占男子人数的10%、占拥有选举权人数的25%，1930年众议院议员的10%为在乡军人议员。"④

"在乡军人会以'成为联结军队和国民结合的最善良的纽带'（《田中义一传》）为目的，1910年实质上完全是作为军部的外围团体而组织起

---

① ［日］藤原彰：《日本军事史·上卷·战前篇》，日本评论社1987年版，第141—142页。
② ［日］松下芳男：《日本军阀兴亡史·上卷》，芙蓉书房2001年版，第71页。
③ 蒋立峰、汤重南主编：《日本军国主义论》，河北人民出版社2005年版，第390页。
④ ［日］粟屋宪太郎：《昭和政治》，转引自臧佩红《日本近现代教育史》，世界知识出版社2009年版，第185页。

来。""充当将军人精神扩展到国民规模的媒介者。"① 为了增强"在乡军人会"以武士道教化国民的实效,"大正二年五月,还将军人之外的町村长、小学校长等作为特别会员加盟在乡军人会。"② 通过控制町村长和小学校长,让其承担起向国民和学生普及武士精神的任务,推进"武士道德全民化"的历程。

"天皇主义武士道"将国民的思想意识统一到对天皇的忠诚上,统一到军国主义基本国策上,追随天皇"布国威于四方"成为国民的神圣使命。甲午战争"开战后,三井、岩崎、涩泽等实业家组成了报国会,积极筹集军费;妇女们则从事恤兵运动。和政府严重对立的议会,在开战后也通过了巨额预算,做出了协助战争的决议。原计划募集 3000 万元的公债,实募数则达 7700 万元。""佛教各宗随军布教,慰问军队(基督教各派也参加了)。《雪的进军》、《妇人从军歌》等军歌在国民中广为流传,使军队斗志高昂。""日本国内舆论一致,上下协力……"③ 启蒙思想家福泽谕吉在战争打响后,公开撰文支持政府的侵略行为,带头在民间为侵略战争募集军费。得知战争胜利的消息后,竟然激动得热泪盈眶。④ 1898 年作《自传》时还说:"'日清战争'这种官民团结一致的胜利,实在令人高兴,值得庆幸……每当想起这点来都要使我落泪。"⑤ 国民与统治当局保持高度一致,认同并积极支持政府的侵略扩张政策,便是向全体国民普及武士道的成果,便是近代日本社会道德思想和价值理想确立的重要标志。

在世界上,以军人精神构建国民道德和价值理想的国家,除日本外很难找到第二国;封建时代和资本主义时代的思想品德教育致力于将"忠"变成最高道德的国家,除日本外也很难再找到第二国。

日本以"忠诚"和"武勇"为核心价值观,欧美等西方国家则以"自由"和"平等"为核心价值观。"忠诚"和"武勇"对日本社会的影响,绝不亚于"自由"和"平等"对欧美等西方国家的影响。"当 1945 年 8 月 14 日日本投降时,'忠'在全世界显示了难以置信的威力。许多对日本有体

---

① [日]藤原彰:《日本军事史·上卷·战前篇》,日本评论社 1987 年版,第 143—144 页。
② [日]雨宫昭一:《近代日本的战争指导》,吉川弘文馆 1997 年版,第 83 页。
③ [日]安冈昭男:《日本近代史》,中国社会科学出版社 1996 年版,第 327—328 页。
④ 近代日本思想史研究会:《近代日本思想史·第 1 卷》,商务印书馆 1965 年版,第 49 页。
⑤ [日]福泽谕吉:《福泽谕吉自传》,商务印书馆 1995 年版,第 278 页。

验或了解的西方人士都认为日本不可能投降。""这类美国分析家没有考虑到'忠'的作用。天皇说了话,战争就结束了。在天皇的声音尚未广播之前,顽强的反对者们围住皇宫,试图阻止停战诏书的宣布。但一旦宣布,他们就全部服从了。""也就是说,即使投降,最高的法律仍然是'忠'。"①"甚至在第二次世界大战之后,战败的日本人民仍然效忠于他们的天皇,以至于盟军相信,如果废除了天皇制度,他们将会遭受很大牺牲,因为日本人将要进行一场坚决的、可怕和持久的抵抗。"② 欧美等西方国家以"民主"和"法制"保障人们的自由、平等权利;日本则以"武威"和"皇权"强化"忠诚的伦理观念"和"武勇的战斗精神"。

---

① [美]鲁思·本尼迪克特:《菊与刀》,商务印书馆2002年版,第91—92页。
② [日]森岛通夫:《日本成功之路——日本精神和西方技术》,经济日报出版社1986年版,第33页。

第四编

武士道的扭曲与转型

武士道奉行内外有别的双重标准和价值理想，即山鹿素行所说的，"外用剑戟弓马，内行君臣、朋友、父子、兄弟、夫妇之道。"对内，强调对主君和本集团的绝对"忠诚"，是对主君和本集团的"忠诚和献身之道"；对外，强调对其他集团武勇的战斗精神，是对其他集团的"杀人和战争之道"。进入近代社会后，内和外的概念也有了变化，内即日本，外即日本以外的国家。

　　本编由第十一、十二和第十三章构成。第十一章"武士道与日本军国主义"和第十二章"武士道与日本近代化"，论述武士道内外有别的双重标准和价值理想，一方面充当军国主义的精神支柱和战争工具，推动近代日本在军国主义道路上越走越远；另一方面又构成日本近代化的精神动力，在日本近代化过程中发挥了应有的作用。第十三章"战后改革与现代武士道"，论述战前和战后日本历史的连续性、继承武士道的必然性，剖析战后以和平主义为主线的现代武士道价值理想在经济高度增长中的促进作用，剖析军国主义武士道的阴暗面与当今日本的政治右倾化、重整军备和重新武装、挑战"二战"后的国际秩序等问题的有机联系，阐明武士道价值理想对当今日本社会的影响。

第十一章

武士道与日本军国主义

武士道本来就是夺取对外战争胜利的指导思想和行动准则,为战争和军国主义服务是武士道的天职。万峰先生说,"'武士道'……是天皇制军国主义的灵魂。"① 军国主义立国理念、基本国策、国家体制、发展方式和思想教育、组织动员,以及武装军国主义王牌"皇军"、支撑军国主义旗手、激发军国主义意识和构建军国主义精神等,均是在武士道价值理想的指导下完成的。军国主义基本国策和军国体制,详见第十章第一节,本章着重论述军国主义先锋、军国主义旗手和军国主义精神。

一 军国主义先锋

"布国威于四方"需要相应的军事实力,为此,把持权力中枢的武士阀在武力扩张的基本国策确立后,立即将强兵和扩充军备作为当务之急和政府的首要任务,全力打造"与万国对峙"的军队。并且,通过天皇的精神权威、国家的行政力量和军纪军令,将军队塑造成为天皇的军队——"皇军"和"国家之干城"。这支以现代军事理论、军事武器和传统武士道精神武装的军队,"由天皇统率之,其使命是神武天皇即位之诏宣布的精神,即'上答乾灵援国德,下弘皇孙养正志;然后兼六合以开都,掩八纮而为宇'。"② 天皇的军队作为军国日本的权力基础和武力扩张的先锋,要么以军刀征服世界,要么以"玉碎"迎接死亡,是一支不要命的、人性泯灭的军队。"皇军"在侵略战争中的滥杀无辜、"三光"政策、肉弹战术等,人们依然记忆犹新。

---

① 万峰:《日本近代史》,中国社会科学出版社1978年版,第95页。
② [日]福地重孝:《军国日本的形成》,春秋社1959年版,第41页。

（一）常备军的组建与扩编

日本陆军的母体是御亲兵。1871年，鹿儿岛藩步兵四大队、炮兵四队，山口藩步兵三大队，高知藩步兵二大队、骑兵二小队、炮兵二队组成御亲兵（1872年3月改称为近卫军，1891年改组为近卫师团），属兵部省管辖。"西乡隆盛提出以萨长土三藩之兵组建御亲兵时，山县有朋强调御亲兵不仅不是藩臣，一旦藩主谋反也必须以大义为重，有向藩主引弓的觉悟。对此，西乡大为赞同。"① 中央政府有了自己的军队——御亲兵后，便开始了废藩置县，"这是继王政复古之后第二次武装政变。通过废藩、废止武士的常职、废止藩兵力，步入了武力归中央的统一之路。从这个意义上说，御亲兵的设置具有划时代的意义。"② "与设置御亲兵并行的是，同年四月设置的镇台。" "御亲兵和镇台兵都是政府直辖军，兵力为15000—20000人。""总之，否定藩主的领地支配权的同时，也否定了藩主的兵权。伴随着废藩置县，作为原则是废止诸藩的藩兵，兵权是中央政府一元化的。当然，当时的御亲兵和镇台兵由旧藩兵构成。"③ 东京、大阪、镇西、东北4镇台分别驻扎常备军，兵部省由此掌握了全国的城郭、武器、舰船，明治政府掌握了全国的军权。"握有统一兵制主导权的是1870年任兵部少辅，1871年任兵部大辅，1872年升为陆军中将、陆军大辅兼任近卫都督的山县有朋。"④ 近代日本军队，陆军导入法国式军制（1887年改为德国军制），海军导入英国式军制。

1871年，兵部大辅山县有朋和兵部少辅河村纯一、西乡从道向政府提出《军部意见书》，强调"设置常备兵是当今第一急务"。⑤ 1872年，主持军事改革的山县有朋在《论主一赋兵》中提出了国民皆兵的义务兵役制和征兵制与国民教育相结合的军国方针，将兵役作为国民教育的必修课程。"男子6岁入小学、13岁转入中学、19岁毕业、20岁入军籍。时过数年，遂举国无一夫不为兵丁，无一民不为文事。是时，海内可看作是

---

① [日] 山县有朋：《陆军省沿革史》，第53—56页，载大山梓编《山县有朋意见书·附录·陆军省沿革史》。
② [日] 藤原彰：《日本军事史·上卷·战前篇》，日本评论社1987年版，第27—28页。
③ [日] 户部良一：《日本的近代·9·逆说的军队》，中央公论社1998年版，第34页。
④ [日] 藤原彰：《日本军事史·上卷·战前篇》，日本评论社1987年版，第29页。
⑤ [日] 大山梓编：《山县有朋意见书》，原书房1966年版，第44页。

文武之一大学校。""陆海两军由20岁的国民编成,陆军分常备军、预备军和国民军,兵种分为炮兵、工兵、骑兵、步兵和辎重兵。""国民军,指全国17岁至40岁的男子皆充兵役,其中20岁者作为正役入常备军,其他悉入国民军,全国有大举之役时则皆编入兵队。"① 在山县的推动下,1873年1月政府发布《征兵令》,正式着手建立常备军,实行义务兵役制和全民皆兵制度,凡年满20岁的男子都必须服兵役。征兵制将陆军分为常备、后备、国民三军,兵种分步兵、炮兵、骑兵、工兵、辎重兵5种。增加广岛、熊本2个镇台,共6个镇台,即东京、仙台、名古屋、大阪、广岛、熊本6个军区。陆军的常备军包括六镇台的31440人和近卫兵的3328人,加上第一后备军,总兵力为46050人。

1877年西南战争结束后,军队的任务从对内镇压转为对外扩张。"军备的质和内容也从用于国内镇压转为用于对外战争,向朝鲜、清国的侵略战争提上了具体日程。"② 于是,"1882年提出了步兵增加常备兵力一倍的扩军计划,即步兵由16个联队增至28个联队,新建炮兵7个联队,骑兵、工兵、辎重兵各7个大队……为大陆作战做准备。""1884年开始实施常备军兵力倍增计划,并通过兵役制度的改革增强常备军。"③ 1888年5月,废止镇台条例,原来的六镇台改编为第一至第六师团。"所谓师团,乃是能够独立作战的战略单位,由步兵旅团(2个联队)2个、骑兵大队、野战炮兵联队、工兵大队、辎重兵大队各1个,以及师团司令部等构成。师团与镇台相比,增加了辎重兵、骑兵和工兵数,附设野战医院,表明了外地作战的构想。1891年,新设近卫师团,合计七个师团,战时动员兵力约23万。""海军在甲午战争开战时,有军舰28艘57600吨,水雷艇24艘1475吨。"④ 为了发动日中甲午战争将陆军扩编到7个师团,为了发动日俄战争将陆军扩编到15个师团,为了发动太平洋战争将陆军扩编到51个师团。

(二)军队皇军化、天皇军人化

维新领导人在创建近代常备军的过程中极力推行军队的"皇军化",近代常备军不称国防军而称"皇军",强调其是天皇的军队,要绝对效忠

---

① [日]大山梓编:《山县有朋意见书》,原书房1966年版,第52—53页。
② [日]藤原彰:《日本军事史·上卷·战前篇》,日本评论社1987年版,第49页。
③ 同上书,第52、58页。
④ [日]高桥典幸等:《日本军事史》,吉川弘文馆2006年版,第319、321—322页。

天皇。最早的常备军是作为专门保卫天皇的近卫部队而设立，称为"御亲兵"或"亲兵"，即天皇的军队。《军人精神基本》七条、《军人训诫》和《军人敕谕》，均将军队定位为"皇军"。军队的皇军化还表现为天皇给予军队和军人的殊荣，例如：（1）以皇室私有资金资助军事建设。"明治七年一月二十日，从宫内御用途内拨出三万六千元用以充实兵备，二十年三月十四日，将宫中储金三十万元作为海防补助金，二十六年二月十日，精减内廷费用，连续六年每年三十万，补助造舰费。"① （2）对军人特别下赐《军人敕谕》，天皇从军事统帅之元首的立场解释天皇与军人的关系。（3）天皇以大元帅的身份检阅陆海军的军事演习，明治、大正和昭和天皇每年都要检阅陆海军大演习和其他军事训练。（4）亲临军事院校的毕业典礼。自1878年（明治十一年）陆军士官学校学员第一期生的毕业式以降，以及1885年第一期陆军大学的毕业式以来，天皇亲临和向优秀毕业生御赐纪念品成为惯例。（5）亲授军旗。天皇亲自对作战的基本单位联队授予"联队旗"，"天皇亲自授旗，象征着天皇是国军的最高统帅者和忠诚的终极对象。"② （6）优抚阵亡和死去的军人。"1869年（明治二年）6月在九段坂上营造招魂社，合祀戊辰战争的战殁者3588人。""1879年6月……以举办慰灵西南战争中战死者的临时大祭为契机改称靖国神社。认可兵士及其家族在战争中为国家而战死是无上的荣誉，并加以供奉。"③ 天皇除经常亲往祭祀外，每年都派敕使参加例行祭祀。（7）要求皇族男子从军。"在明治、大正、昭和三代全体皇族男子几乎全部成为陆海军人。""华族学习的学习院……就像是陆海军的预备学校一样……明治十七年陆军士官学校设预科，华族子弟有进入陆军士官学校的优先权。"④ 明治时代，曾先后有14位亲王在国内外军事学校学习，并取得军籍，其中8人还先后当上元帅，进入元帅府。

维新领导人将明治天皇塑造成为"豪迈的军人天皇"。"明治四年八月一日，进行宫中制度大改革，更换侧近。以前女官包围在天皇的侧近，现在是各藩豪侠武士。以东久世通禧为侍从长，高岛鞆之助（萨摩）、有地品之允（长门）、山冈铁太郎（幕臣）、米田虎雄（肥后）、山口正定

---

① ［日］松下芳男：《日本军阀兴亡史·上卷》，芙蓉书房2001年版，第95页。
② ［日］户部良一：《日本的近代·9·逆说的军队》，中央公论社1998年版，第143页。
③ ［日］高桥典幸等：《日本军事史》，吉川弘文馆2006年版，第300—301、315页。
④ ［日］松下芳男：《日本军阀兴亡史·上卷》，芙蓉书房2001年版，第96页。

（水户）、片冈利和（土佐）为侍从。于是，天皇的教育从原来的文事转向军事、武术等武事方面……培养豪侠的男性军人天皇的君德。"① 这些藩士专门对年轻的天皇进行剑术、马术、角斗术、射击术等武事教育。在严格的武事教育和训练下，天皇很快成长为崇尚武功、好勇斗狠的"军人天皇"，经常亲临或亲自指挥军事演习，如 1873 年 4 月，亲率近卫兵行幸于习志野，统监演习部队，评判演习部队的胜负。维新领导人还多次安排天皇到地方巡幸，向国民展示作为军国象征的大元帅天皇。"从明治五年的中国及四国巡幸开始，九年奥羽、十年关西、十一年北陆、十三年中仙道、十四年奥羽及北海道、十八年西国。""在这些巡幸中，天皇常常是身着大元帅军装。印入国民脑海中的，特别是少年国民脑海里的，还有侍奉在天皇近侧的武官，作为天皇的股肱——军人的名誉。以之强化国民教育，使国民钦佩作为现人神的军神天皇和向国民鼓吹军国主义。"② 摄于 1873 年 6 月的天皇的标准像，21 岁的天皇头戴军帽、身着军服坐在洋式椅子上，双手抚宝剑。这张天皇的肖像先是悬挂在所有驻外公署，同年 11 月又悬挂在全国的府县官厅。《教育敕语》颁布后下赐到全国中小学的天皇的"御真影"，则是 1888 年由意大利人爱德华多·乔森以偷窥的方式先画素描，再绘成完整的肖像，最后请摄影师摄制的。天皇身着元帅服坐在椅子上，右手手臂置于摆放军帽的桌子上，左手握着军刀刀柄，一副标准的兵马大元帅形象。

（三）军队将校的培养

自武士产生以来，武家社会就非常重视行军打仗的学问——"兵学"。所谓"兵学"，即"知敌之学"。"武家社会共有的意识就是知敌。"③ 山县有朋尤为重视军事人才的培养，"他在明治二十三年三月的建议中把教育作为保卫国家主权和利益，以及维护国家独立的对外关系中不可缺少的手段，强调了'第一兵备，第二教育'的主张。"④ 陆军的士官教育以 1868 年在京都设立的"兵学寮"为开端，"源于大阪兵学寮的陆军兵学寮，于明治五年二月移往东京，以后分化为陆军士官学校、陆军幼

---

① [日] 福地重孝：《军国日本的形成》，春秋社 1959 年版，第 7 页。
② 同上书，第 10、16 页。
③ [日] 福地重孝：《士族和士族意识》，春秋社 1956 年版，第 124、126 页。
④ [日] 安冈昭男：《日本近代史》，中国社会科学出版社 1996 年版，第 297 页。

年学校和教导团。德川家设立的沼津兵学校移归兵学寮,在校生编入教导团。于是,陆军干部教育组织由此形成体系化。"① 有日本学者认为:"日本最早的近代化（文明开化）的尝试就是从兵学寮开始的。"② 1873年制定的《兵学寮规则》规定"本寮以精学武技为目的","士官学校培养教育步、骑、炮、工兵之士官。"③ 海军始于1869年在东京筑地设立的"海军操练所",1876年海军兵学寮改称海军兵学校,1888年校址由东京的筑地迁到广岛的江田岛,在原海军兵学校的校址上新设海军大学校。甲午战争前,已形成系统化、专门化的近代军事教育体系。

培养军官苗子的陆军幼年学校原为陆军兵学寮幼年舍,1875年改名陆军幼年学校,学制三年,实行全住宿制,通过兵营式集体生活以养成军事规范和军人精神。1877年并入日本陆军士官学校而一度中止,1887年恢复。1896年,除陆军中央幼年学校外,又在仙台、名古屋、大阪、广岛、熊本设立陆军地方幼年学校,入学者的年龄在13岁至15岁之间。"根据'陆军幼年学校设立的要旨',培养将校必备的三项要素,即'高尚优美的气质'、'忠勇节义的操守'、'军纪风纪的习惯',是自幼进行长时期教育的趣旨。为了强调作为将校的精英意识,施行特别的精神教育……以养成优秀分子。"④ 地方陆军幼年学校设立的理由,在于"军人精神不是一朝一夕就可以养成的,需要从儿童时代经多年的培育、熏陶而逐渐形成第二天性,并发扬这种至深至远的精神"。⑤ "陆军幼年学校的出身者从少年时代起,就接受国家至上主义的、尚武的、封建的教育,因而思想褊狭,缺乏正常的情感,倾向于军国主义和武断主义,成为帝国主义政策的信徒,这里正是其军阀的思想源。"⑥ 梅津美治郎（15期熊本）、东条英机（17期东京）、山下奉文（18期广岛）、石原莞尔（21期仙台）等军阀,都是在陆军幼年学校度过少年时代的。

陆军士官学校是培养陆军将校的唯一正规的教育机关。"士官学校的入学者,在明治时期士族占压倒性多数,其次是华族……与其说将校阶层

---

① ［日］户部良一:《日本的近代·9·逆说的军队》,中央公论社1998年版,第83—85页。
② 同上书,第86页。
③ ［日］山县有朋:《陆军省沿革史》,第83页,载大山梓编《山县有朋意见书·附录·陆军省沿革史》,原书房1966年版。
④ ［日］藤原彰:《天皇制和军队》,青木书店1998年版,第54、111—112页。
⑤ ［日］户部良一:《日本的近代·9·逆说的军队》,中央公论社1998年版,第90页。
⑥ ［日］松下芳男:《日本军阀兴亡史·下卷》,芙蓉书房2001年版,第185页。

是农村的地方出身者，不如说其中核是居支配层的武士团进行着将校团的再生产。""这个专门的军人集团，当然接受了武士阶级的思想和感情，并且具有作为专门军事官僚的性格。"[1] 最初培养士官的是兵学寮的青年学舍，至1872年4月停办时，培养了接受法式教育的近500名青年军官，他们构成征兵制军队之初的大部分初级干部。1875年陆军士官学校正式开学，与幼年学校一起隶属于陆军省。1878年在市谷台建成校舍，此后，"市之谷"成为士官学校的代名词。同年7月天皇亲临首届毕业典礼，此后成为惯例，直到"二战"战败为此。[2]

"明治十六年四月，为了培养参谋将校及将帅新创设了陆军大学，从明治十八年培养出第一期毕业生，到昭和陆军的最后完结，约有3000名毕业生出自于这所陆军的最高学府。""陆大毕业生，最初授予毕业徽章，海大毕业生也是如此。徽章形似天保钱，因此陆大出身者称为天保组，非陆大出身者称为无天组。""陆军将校东条英机、松井石根、土肥原贤二、板垣征四郎、木村兵太郎、武藤章、大岛浩、荒木贞夫、小矶国昭、畑田六、梅津美治郎、南次郎、铃木贞一、佐藤贤了、桥本欣五郎等，全是天保组。在太平洋战争中任军司令官者数十人，无天组只有3人。"[3] 陆军大学属参谋本部管辖，入学资格最初是30岁以下中尉、下尉，后为具有二年以上队务经验的中尉、下尉，由所属联队长推荐。在校学习三年，毕业时为30岁左右。天皇亲临毕业式，对成绩优异者赐望远镜（后改为军刀，获赐军刀的优待生称为"军刀组"）。"陆大毕业生是陆军内部的精英……陆大毕业后大体上是大尉（有时是中尉或少佐）时代，作为晋级佐官的条件需要有一年的队务勤务，几乎是走幕僚的路径。即陆军省或参谋本部的勤务，或是现地师团乃至军的参谋，有时是往返于驻外国的勤务。陆大毕业生中成绩特别优异者，通常是在参谋本部的一部、二部，或陆军省的军务局，如到现地则是重要军，例如像关东军参谋的这种地位，往返于欧美主要的驻外武官。他们里面精英中的精英，经历陆军省军务局的军事课、参谋本部第一部第二课（作战）的工作岗位。"[4]

到"日俄战争开战时，参谋本部的五位部长中四人是陆士毕业生。

---

[1] ［日］藤原彰：《天皇制和军队》，青木书店1998年版，第56页。
[2] ［日］户部良一：《日本的近代·9·逆说的军队》，中央公论社1998年版，第92页。
[3] ［日］松下芳男：《日本军阀兴亡史·下卷》，芙蓉书房2001年版，第65、67、69页。
[4] ［日］藤原彰：《天皇制和军队》，青木书店1998年版，第52—53页。

根据大江乃志夫的研究，在开战半年后的 1904 年 7 月，38% 的少将，55.7% 的大佐，78.2% 的中佐，85.4% 的少佐是陆士毕业生。日俄战争开始时的 30 位旅团长中，7 位是陆士毕业生，战争期间诞生了陆士毕业生的师团长（木越）。此外，日俄战争中的军参谋长、参谋副长、出征师团的参谋长几乎是陆士毕业生（而且军参谋副长和师团参谋长的大半毕业于陆军大学）"。① 总之，"日俄战争后新的军事官僚们开始占据军队的中心地位……大正时期，军队的全部中心部分均为接受过作为新的专门的军事官僚教育的陆士、陆大出身的军事官僚们占据。他们积蓄了幼年学校、士官学校，进而陆军大学的经历，许多成绩优异者还留学欧洲。具有新知识的专门军事官僚成为陆军的中核。"② 在近代日本军阀的发展史上，明治时代是藩阀的军阀时代，大正时代是藩阀的军阀向学阀的军阀过渡的时代，昭和时代则完全是学阀的军阀时代。

（四）军人的思想品德教育

与武家社会一样，维新政权也非常重视军人的思想品德——"忠诚道德"教育，以武士道武装近代常备军的头脑，使之成为绝对效忠天皇的"皇军"，并激发军队效命天皇、拼死争胜的攻击精神。

"明治维新以来的三十多年间，政府倾注巨大力量的义务教育目标，培养了忠于天皇的兵士。"③ 1871 年 12 月，山县有朋发布《军人精神基本》七条，专门在前言中强调"军队为发挥皇威保护国家而设，加入军队者应坚决遵守以下条文，决不违背。"第一条要求军人"以诚心为，尽忠节，不可有不信不忠之行为"，即要求军人忠于天皇。1878 年，山县又发布《军人训诫》，力图把武士与主君的关系嫁接成国家军队与近代天皇制政权的关系，声称"今日之军人，虽非世袭，亦与武士无异，故应遵循武门之习，效忠我大元帅皇上，报效国家。"④ 同年 12 月陆军废除原属陆军省的参谋局，新设参谋本部，并颁布《参谋本部条例》，规定作为最高军令机构的参谋本部直属天皇。"设置参谋本部的最大意义，在于从'政府'独立出来的军令机

---

① ［日］户部良一：《日本的近代·9·逆说的军队》，中央公论社 1998 年版，第 167 页。
② ［日］藤原彰：《天皇制和军队》，青木书店 1998 年版，第 112 页。
③ ［日］藤原彰：《日本军事史·上卷·战前篇》，日本评论社 1987 年版，第 118 页。
④ ［日］德富猪一郎：《公爵山县有朋传·中卷》，原书房 1998 年版，第 768 页。

关及其'天皇直辖',直接意味着与君主的私兵相联系。"① 1882年,以天皇名义向陆海军官兵颁布的《军人敕谕》,开首第一句便宣称:"我国军队世世代代由天皇统帅之",接下来是追述神武天皇等统帅军队的历史和天皇统帅权的由来。随后,又论述了天皇与军人之间头脑与股肱的特殊关系,以及天皇对军人的期待:"朕赖汝等为股肱,汝等仰朕为头首,其情特深。朕保护国家以报上天之惠,报祖宗之恩,端赖汝等克尽其职。"正文部分是军人必须遵循的五条道德,即"忠节"、"礼仪"、"武勇"、"信义"、"质素"。敕谕的最后一段,将这五条"军人精神"称为"天地之公道,人伦之纲常。"② 要求军人绝对忠于天皇。

户部良一认为:"军人敕谕的最大特征在于强调国军是天皇的军队。"③ 本尼迪克特说:"这份颂扬'忠'的圣典是日本的基本文件之一","日本没有一个宗教拥有圣典……而明治天皇的敕谕和敕语则是真正的圣典。宣读之时,神圣庄严,听众毕恭毕敬,鸦雀无声。其尊敬程度犹如对待摩西十诫和旧约五书,每当捧读时从安放处恭恭敬敬取出,听众散去后再恭恭敬敬放入安放处。负责捧读的人如果念错了一句,就要引咎自杀。军人敕谕主要是颁赐给现役军人的。军人要逐字背诵,每天早晨默想十分钟。重要的祭祀日、新兵入伍、期满复员及其他类似场合,都要在军人面前隆重宣读。中学和青年学校的学生也都要学习《军人敕谕》。"④

军队的思想品德教育还继承了武家社会的家族主义伦理观。武家社会时代,按照主从原理和家族原理结合而成的武士团,既是一个军事组织单位,又是一个军事大家族,武士团首领是集团的最高主君和大家族的族长(本家),武士团成员是主君的从者和大家族的分家。近代日本将天皇奉为国家元首的同时,将天皇与国民的关系比作父子关系和本家与分家的关系。"在日本,忠孝一体,别无二途","忠君与爱国全然一致。""日本各个家族的户主是家长,而日本国家整体又构成为一个大家族,此大家族的家长就是天皇。"⑤ 国家如此,军队自然也不例外。

日俄战争之后,陆军全面修改《典范令》。藤原彰的研究认为修改后

---

① [日]雨宫昭一:《近代日本的战争指导》,吉川弘文馆1997年版,第64页。
② [日]井上哲次郎监修:《武士道全书·第1卷》,国书刊行会1998年版,第1—5页。
③ [日]户部良一:《日本的近代·9·逆说的军队》,中央公论社1998年版,第66页。
④ [美]鲁思·本尼迪克特:《菊与刀》,商务印书馆2002年版,第145、147页。
⑤ [日]井上哲次郎监修:《武士道全书·1》,国书刊行会1998年版,第28—30页。

的典范令具有两大特征,第一大特征是全面强调精神主义。"新操典里,采用了'攻击精神'、'必胜信念'、'军纪'等有名的纲领,强调战斗中的攻击精神,以此为基础,要求士兵'忠君爱国,至诚','为君国献出生命,至诚服从上长'(《步兵操典》纲领)的天性,教育训练以此为目标,特别重视精神教育。""将以'忠君爱国'为基础的'攻击精神',作为军队最必要的资质。"① 其实,"攻击精神"、"必胜信念"就是坂东武士好勇斗狠、穷兵黩武的"杀伐之心"。第二大特征是全面导入家族主义思想。修改后的《军队内务书》宣称:"兵营是苦乐与共、生死相依的军人家庭。各级之士官及兵卒等应各尽其分,营内生活如同一大家庭。于融融和乐之间,巩固全队一致团结,士气旺盛勤劳于军务,上下相爱,缓急相救,有事之日,欣然而起,乐于为国事献身,此实乃日本帝国军队之本领,皇室之屏障,国家之干城。"② 学校、家庭和社会教育也具有军国教育的特质,极力将国民培养成为效忠天皇的军人。

二 军国主义魁首

日本军国主义的魁首——军阀随着近代常备军的建立而产生,随着日本在第二次世界大战中的失败而灭亡,贯穿整个日本近代史的始终。近代日本军阀的发展史,大体上可分为明治军阀、大正军阀和昭和军阀三个发展阶段。(1)"明治军阀"。构成明治军阀的是武士出身的藩阀,萨、长、土、肥四藩的优秀藩士构成陆海军的军官,萨长两藩占压倒性优势,形成"萨的海军"和"长的陆军"的藩阀的军阀。(2)"大正军阀"。由藩阀的军阀和学阀的军阀构成,是藩阀的军阀向学阀的军阀的过渡阶段,学阀的军阀拥戴藩阀中的学阀先辈而蓄积势力,等待时机。(3)"昭和军阀"。大正时代藩阀的军阀和学阀的军阀此消彼长,进入昭和时代后藩阀的学阀挟藩阀军阀之余威率先登场,学阀的军阀取代藩阀的军阀居主导地位。

"藩阀即武士阀,新日本的陆海军就是以这些武士阀为中心组建起来的,最初的军部中心势力自然是藩阀的直系旁系。"③ 在近代日本军阀近

---

① [日]藤原彰:《日本军事史·上卷·战前篇》,日本评论社1987年版,第128、130页。
② 引自[日]藤原彰《天皇制和军队》,青木书店1998年版,第90页。
③ [日]松下芳男:《日本军阀兴亡史·上卷》,芙蓉书房2001年版,第27页。

80 年的发展史上，武士阀的军阀在其代替天皇掌管和行使军权的半个多世纪里，缔造了军国和军权至上的军国体制，以及军权独立、军权干政的制度和军阀操持国政的"军阀政治"，学阀的军阀则把"军阀政治"发展到巅峰的"军部法西斯政治"。

日本近代军阀主要由萨、长两藩出身的藩阀·武士阀组成，代表人物有山县有朋、西乡从道、大山岩、桂太郎、山本权兵卫、寺内正毅等。

"长州藩下级武士出身、年轻时参加维新运动的山县有朋，不只是陆军，而且占据明治政府的枢要地位。到1922年84岁去世时，山县任陆军大臣三届、陆军参谋总长三届，内务大臣七年、首相二届、枢密院议长三届，高居陆军大将、元帅、公爵之位。明治强有力的寡头政权，就是山县代表的少数独裁政治，日本罕有的、至死都握有强大权力的政治家。"[①] 德富猪一郎在《公爵山县有朋传》一书中，把军阀巨擘山县有朋（1838—1922）的系谱追溯到"清和源氏"。[②] 山县与皇族分支清和源氏的关系不得而知，但是，立足军界、拥有政治支配权和特权的山县，在军国日本形成和发展过程中发挥了巨大作用却是不争的事实。主要是：（1）军国和军国政治的缔造者和执行者；（2）军国主义基本国策的策划者和推行者；（3）军国主义教育思想的制定者和鼓吹者。在 1870 年任兵部少辅到 1922 年去世的 50 余年间，他始终占据陆军中枢机关长官或泰斗的位置，"被誉为军部的罗马教皇"。在军界，历任兵部少辅、兵部大辅、近卫都督、陆军卿、参谋本部长、陆军大臣、陆军中将、陆军大将、元帅等要职；在政界，曾任总理大臣二届、内务大臣二届、司法大臣一届、枢密院议长三届等职务，1891 年成为继伊藤、黑田之后享有"元勋优遇"特权、负有"匡辅大政"之责的元老。"山县位极人臣，在军部及政界均无权力与之并列者，特别是明治四十二年十月伊藤博文去世后，独霸所谓元老政治的舞台，其威力令历代内阁恐惧。""虽然在明治三十三年十月挂宰相之印后，只是作为元帅而存在，并未再次立于政界和军界，但是，作为明治维新的元勋，即使在大正时代依然是陆军的'罗马教皇'……在政界也拥有巨大的权力。"[③] "伊藤死后，作为元老的笔头和长州阀的长老，握有决定内阁首相的实权，为维护藩阀

---

① ［日］高根正昭：《日本的政治精英》，中央公论社 1976 年版，第 16 页。
② ［日］德富猪一郎：《公爵山县有朋传·上卷》，原书房 1980 年版，山县公爵家系图。
③ ［日］松下芳男：《日本军阀兴亡史·上卷》，芙蓉书房 2001 年版，第 62、41 页。

的统治和对抗日益抬头的政党势力而战。"① 当时的新闻评论说："山县的权力比陆军大臣重，比参谋总长大，政府也不能违反其命，武断政治之弊达到极点。"② 山县作为藩阀·武士阀元老和元帅是明治、大正时代的军政巨头，无论是近代常备军的组建和"皇军"化，以武士道为核心内容的近代军人精神，还是国务与统帅并立和军权至上的政治制度、军阀操持国政的军阀政治、统帅权独立和军部大臣武官专任制的军事制度、武力扩张的基本国策等都与之密切相关。

例如，（1）"军部大臣武官专任制"。1871 年，山县任兵部大辅时的《兵部省职员令》规定："（兵部）卿，一人，本部少将以上。"③ "军部大臣武官专任制"由此成为制度。1898—1900 年山县第二次组阁时，"山县内阁急速推进武权主义的军国调子。在陆相桂太郎、海相山本权兵卫支持下，改正陆海军官制，明治三十三年五月十九日，以敕令第一九三号、第一九四号公布。陆海军大臣现役大、中将，次官中、少将，在陆海军省职员表里'大臣大中将，总务长官中少将'，并在备考中明确规定'大臣及总务长官现役将官'。在官制上仅限于现役。"④ 以制度的形式将"军部大臣武官专任制"固定下来。军部大臣武官专任制与统帅权独立相结合，使军阀发挥出具有凌驾于内阁之上的巨大权力。（2）"统帅权独立"和"帷幄上奏权"。1878 年 12 月，山县任陆军卿时实行军制改革，颁布《参谋本部条例》，废除原陆军省的参谋局，新设参谋本部。条例将陆军的事务划分为"军令"和"军政"两个系统，陆军省作为"太政官"的组织机构掌管军政，参谋本部从太政官独立出来直属于天皇，掌管军令，是天皇在军令方面的最高辅佐机关。参谋本部长直属天皇，"参与天皇帷幄机密"，辅佐天皇掌管用兵、作战等军令系统。山县辞去陆军卿，出任第一任参谋本部长。此外，天皇的最高军事顾问官"元帅府"的设立也是山县一手策划的。（3）军权独立和军权干政的重要措施"军令"。1907 年 9 月制定的第一号军令，使"军部大臣拥有了优越于内阁、优越于议会的权能……军令的主倡者是陆军军阀的首领山县有朋。军令的制定，使军阀

---

① 《每日新闻》图书编辑部：《日本人物事典》，每日新闻社 1952 年版，第 224 页。
② 转引自［日］小林弘忠《历代首相》，实业之日本社 2008 年版，第 30 页。
③ ［日］大山梓编：《山县有朋意见书·附录·陆军沿革史》，原书房 1966 年版，第 59 页；参见松下芳男《明治军制史论·上卷》，有斐阁 1956 年版，第 99 页。
④ ［日］福地重孝：《军国日本的形成》，春秋社 1959 年版，第 70—71 页。

得以恣意妄为。"（4）"军阀操持国政的军阀政治"。1878年，陆军卿山县颁布《军人训诫》，明确规定军人不参与政治。但是，山县自己却以现役军人的身份出任总理大臣，此后成为桂太郎、山本权兵卫、寺内正毅以及东条英机等军阀巨头出任总理大臣的依据。由军阀巨头任内阁总理大臣，使得军阀操纵国政的军国政治成为一种常态化的政治形式。（5）"武力扩张的基本国策。"1880年参谋本部长山县上奏天皇的《近邻邦兵略表》，将明治初年确立的富国优先的"富国强兵"政策改为强兵优先的"强兵富国"政策，并为此后的历届政府所继承。1890年，内阁总理大臣山县在施政演说中公开抛出其"大陆政策"，日本对朝鲜和中国的侵略扩张就是依据山县的"大陆政策"进行的。

山县的继承人"桂太郎是山县直系的长派军阀的中心人物，如果将山县比作德川家康的话，桂就是二代将军秀忠"。[①] 桂太郎（1847—1913）作为第二代武士阀元老和军阀的首领，历任陆军总务局长、陆军次长、台湾总督和东京湾防卫总督、陆军大臣（第三次伊藤内阁、第一次大隈内阁、第二次山县内阁和第四次伊藤内阁的陆军大臣）、陆军大将、文部大臣、军事参议官、内相兼侍从长、内阁总相等职，是在任时间最长的军阀总理大臣。倒幕维新之际，桂太郎参加鸟羽、伏见战役，并在转战奥州时建立军功，战后入横滨语学所学习。1870年随大山严、品川弥二郎赴德意志，学习德国的军政及兵制。1873年归国任陆军大尉，任职于陆军省。1875年再赴德意志，1878年回国任陆军省参谋局谍报提理。

桂太郎因学习了德国新军事知识而备受长派军阀欢迎，在山县手下致力于德式陆军的建设。第一次留学归国后，将陆军省第六局改编为参谋局，开了军令专掌机构独立的端绪。"第二次回国后，将参谋局改编为参谋本部作为独立机关"，"正是参谋本部这种具有统帅权独立的治外法权的特权，成为军阀屹立在宪政范畴之外的堡垒。""明治三十一年，桂坐上陆军大臣的椅子，成为此后十余年的陆军省之主，牢固地树立起长派的实权。"[②] 创建参谋本部后，又策划创建陆军大学校——日本陆军军阀的摇篮，并在1882年制定陆军大学校条例，次年陆军大学正式开学。桂太郎与伊藤、山县和西园寺并称为"四大元老"，作为军阀首领掌握陆军省

---

① ［日］松下芳男：《日本军阀兴亡史·上卷》，芙蓉书房2001年版，第112页。
② 同上书，第112、114页。

的实权 10 余年,担任内阁总理大臣操持国政近 8 年,对统帅权的独立和军阀政治都做出了重要贡献。"第一次内阁期间,缔造日英同盟,发动日俄战争……第二次内阁期间,进行日韩合并,镇压社会运动,向帝国主义迈进。""桂作为军阀政治家,始终与政党对立和镇压民众运动。"[①]

"若是将长阀比作德川幕府,将山县比作家康,桂比作秀忠,那么,寺内就是三代将军家光。长阀在寺内时代达于极盛,寺内也是山县嫡流的中心人物。"[②] 寺内正毅(1852—1919)1866 年参加第二次幕府对长州藩的战争,1868 年参加箱馆战争,并为大村益次郎和多田显义赏识。1869 年进入第一教导队,次年任陆军少尉。1877 年参加西南战争,在田原坂之战中右手负伤致残,得到长派先辈庇护而为现役。1882 年随闲宫院留学法国,1886 年归国,1887 年任陆军士官学校校长。甲午战争时任步兵大佐,担任大本营运输通信部长官,从事后方勤务。1894 年 8 月升少将转任步兵第三旅团长,战后任参谋本部副。1898 年任初代教育总监,同年 10 月升中将,1900 年在大山严之下任参谋本部次长,1901 年任陆军大学校长。1902 年任第一次桂太郎内阁的陆军大臣,并连任第一次西园寺内阁和第二次桂内阁的陆军大臣,1906 年升大将。1910 年任首任朝鲜总督,对朝鲜实施武断统治,被称为"朝鲜王"。1916 年 6 月授予元帅军衔,同年 10 月任第 18 届日本内阁总理大臣兼外务大臣、大藏大臣。其子寺内寿一 1943 年 6 月晋升为元帅。

寺内正毅从 1902 年起任陆军大臣到 1911 年,历时 9 年零 5 个月,是任职时间最长的陆军大臣。"长之军阀的三代将军寺内正毅占据陆相的椅子约十年,使长派军阀的势力坚如磐石。寺内的一大业绩就是培育军阀。"[③] 寺内任陆相的业绩:(1)扩大统帅权范围。1907 年制定的《帝国国防方针》、《国防所需兵力》和《帝国军队用兵纲领》,即与对外政策、财政负担、国内政策密切相关的日本"最高国策",就是军部背着政府独立制定、强加给政府贯彻执行的。而最早提出制定帝国国防方针的就是寺内任陆军大臣的陆军,1906 年 8 月寺内将历经一年多研究、酝酿后制定的《帝国国防方针原案》提交山县有朋,并得到山县认可。10 月,山县采纳寺内"原案"中

---

① 《每日新闻》图书编辑部:《日本人物事典》,每日新闻社 1952 年版,第 176—177 页。
② [日]松下芳男:《日本军阀兴亡史·上卷》,芙蓉书房 2001 年版,第 210 页。
③ 同上书,第 232 页。

的主张，草拟《帝国国防方针私案》，以元帅身份上奏天皇。次年4月，天皇批准《帝国国防方针》等三个文件。(2)"为军权干政提供巨大武器"。使"军部成为国中之国"、"军部大臣拥有优越于内阁、优越于议会权能的军令"，也是寺内任陆军大臣的1907年制定的。军令的首倡者是山县有朋，而寺内则是军令的主要制定者。"本来制定正式法令需要内阁总理大臣及陆海军大臣副署，可是却排除内阁总理大臣西园寺公望的副署，只需陆军大臣寺内正毅、海军大臣斋藤实副署即可公布。"1916年10月，经山县推荐寺内以元帅身份出任总理大臣。在山县等藩阀元老的支持下，寺内正毅"对内推行武断政治，对外出兵西伯利亚。"① 日本学者小林弘忠在《历代首相》一书中，将寺内正毅称为"'山县傀儡政权'的军人宰相"。② 还有的日本学者说："如果用一句话评价寺内正毅内阁倾注了全力的内政政策的话，那就是构筑总力战体制。"③ 总之，寺内正毅在任职期间操持国政的军阀政治，继续推行武力扩张政策。

除长州藩的山县、桂和寺内外，武士阀军阀的代表人物还有萨摩藩的西乡从道、山本权兵卫等。

西乡从道（1843—1902）是西乡隆盛之弟，也是西乡隆盛兵败自杀后萨派军阀的领袖，历任太政官制的参议、文部卿、陆军卿、农商务卿和内阁制的农商务大臣、内务大臣、陆军大臣和海军大臣、枢密顾问等职，是明治时代的七位藩阀元老之一，也是第一位海军元帅。西乡与川村纯义（1836—1904）同为萨派海军军阀之祖，"萨的海军"就是在川村和西乡时代形成的。西乡参加过戊辰战争，1869年与山县有朋等人到欧洲考察军事，1874年任日本"出兵台湾"的总指挥。西乡从道因其兄隆盛"逆贼"的污名，始终固辞不就总理大臣之位。但是，一方面，他与山县有朋一起从组织上牢牢地控制着陆海军及其中枢机构"军部"，有着建军和缔造军部之功；另一方面，西乡作为现役军人和军阀首领曾任政府部门的陆军卿和陆海军大臣，是第一届内阁到第八届内阁的海军大臣，其间只第五届内阁时一度换为桦山资纪，为军阀政治和军阀势力的发展做出了重要贡献。当然，西乡也是日本对外侵略政策的制定者和推行者。

---

① 《每日新闻》图书编辑部：《日本人物事典》，每日新闻社1952年版，第224—225页。
② ［日］小林弘忠：《历代首相》，实业之日本社2008年版，第56页。
③ ［日］宇治敏彦编著：《日本首相列传》，中国文联出版社2008年版，第87页。

继西乡、桦山之后萨藩海军的第二代军阀首领山本权兵卫（1852—1933）于1863年参加萨英战争，1868年参加鸟羽、伏见战役，1869年以萨摩藩贡生的身份进入海军操演所学习。1874年任海军少尉补，乘练习舰"筑波"在内地及美国巡航，1876年归国后又入海军兵学校。1877年乘德意志军舰巡航欧美，并学习炮术、航海术、战术等海军的军事知识，这在当时同辈和先辈中都是没有的。1889年晋升大佐，任当时最新式的巡洋舰"高雄"号舰长，继之转任"高千穗"号舰长。1891年任海军省官房主事（后改称为海军省主事），从此告别海上生活，转入军政。1895年，任海军军务局长时代被称为"权兵卫大臣"。西乡信赖其手腕和能力，拟之为自己的后继者，任其自由施展才能。1898年，任第二次山县内阁的海军大臣，接着又任第四次伊内阁和第一次桂内阁的海军大臣。1904年任海军大将，1913年和1923年两次组阁。

19世纪末，山本辅佐西乡海相进行海军的改革，并成为海军改革的中心人物。在人员调整中，山本提拔了斋藤实、冈田启介、山下源太郎等日后成为重要角色的人物，显示了过人的政治手法，就连山县有朋也不得不刮目相看。1893年，推动海军制定了海军军令部条例，使海军军令部从海军省独立出来，取得了与陆军平等的地位。在日俄战争之前的1903年12月，根据修改的战时大本营条例，海军军令部长取得了与参谋总长对等的地位。由于山本为建立近代海军奠定了基础，因此，日后也被誉为"海军之父"。"山本成为萨藩海军头目时'萨的海军'正式形成。明治海军英雄型的武将，山本居第一位。""在西乡海相手下任军务局长时便是萨的海军的中核，此后任海军大臣八年，前后两次任总理大臣，是海军的征夷大将军。""纵横于军政两界。"①

近代日本武力扩张的基本国策和以战争促发展的发展方式，需要依靠军阀实施和实现；军阀则需要在战争中体现自身价值、增强实力和谋求更大的权力，不断增强在国家政治生活中的话语权。日本在甲午战争胜利之后的第一次论功行赏，"文功"授爵者只有伊藤博文等5人，军功授爵者则有大山岩、山县有朋、西乡从道等73人②。1898年元帅府设立时，小松宫彰仁亲王、山县有朋、大山岩和西乡从道凭借军功晋升为元帅。日俄

---

① ［日］松下芳男：《日本军阀兴亡史·上卷》，芙蓉书房2001年版，第133页。
② 同上书，第145—146页。

战争胜利之后的论功行赏，陆海军武官授爵者 100 名，文官授爵者 31 名。野津道贯、伊东祐亨和奥巩保、井上良馨相继在 1906 年、1911 年晋升为元帅。① 战争还增强了军阀对国政的发言权、扩大了统帅权的范围，如前所述，1907 年军部背着政府制定了日本的最高国策——《帝国国防方针》，并强加给政府贯彻执行；同年，又制定了第一号军令，"军部由此获得了独自的敕令制定权"。

山县、大山、西乡等武士阀军阀和东条英机、小矶国昭、铃木贯太郎等学阀的军阀，在武家社会或近代军事院校接受严格的武士道教育，依靠扩张战争中的显赫"军功"成长为军阀巨头，凭借武力和军权操持国政后，以武士道为指导思想构建和发展军国、军国政治，制定和推行武力扩张的军国政策，以武力谋求日本的"国家利益"，推动日本从战争走向更大的战争。

三 军国主义灵魂

近代日本社会，"继承封建时代传统的武士意识，成为新时代军国主义的中核，构成近代社会成长的根源。穿着洋服、采取西洋兵制的封建武士穿着天皇军人的外衣，以封建的武士道伦理增强帝国军人的精神。资产阶级依存于造就军国主义的政治、经济条件，以士魂商才为口号作为富国强兵之一翼投身于殖产兴业。学者、文化人……作为执笔的武士——文士在文化活动方面，献身于军国主义的理论构建，强化军国主义。此外，国民努力成为忠诚的士兵。"② 受武士道崇尚战争、信奉军国主义思维定式支配的，在幕府时代是行使政治权威的统治阶级，在近代日本是掌握军政大权的统治集团和全体国民，因而武士道军国主义思想、观念和战略极易转化成为军国主义实践，极易成为举国一致的共识和行动。

（一）军国主义精神支柱

以武士道的核心要素"忠诚"发掘国民的道德资源，统一国民的思想和行动，将忠于天皇作为价值理想和最高道德，使国民成为甘为天皇献

---

① ［日］松下芳男：《日本军阀兴亡史·上卷》，芙蓉书房 2001 年版，第 221—226 页。
② ［日］福地重孝：《军国日本的形成》，春秋社 1959 年版，序言，第 3 页。

身的"皇民",思想上与"布国威于四方"的武力扩张政策保持高度一致,行动上勇于为天皇、为武力扩张政策奉献自己的生命。

1. 超越政治是非的愚忠、盲从,以生命效忠主君、效忠天皇的精神

武士道自登上历史舞台以来就是"忠的宗教"。武家社会是"忠"的社会,强调对集团主君绝对而无条件地忠诚与服从,为主君牺牲生命是武士义不容辞的义务和理想归宿。"忠"是武家社会的核心价值和武士的最大美德,凌驾于其他伦理道德之上,意味着献身的程度和死的坚决意志。

在日本社会以武士道作为社会伦理支柱的上千年间,武士道的"忠"被认为是武士和"皇民"的最大美德,驱使武士和"皇民"不问政治是非,只知为主君、为天皇卖命。对主君和天皇的旨意——哪怕是杀人放火、涂炭生灵的罪恶勾当,也要作为自己的神圣使命。幕府时代,就连"妇女也鼓励她们的儿子,为主君而牺牲一切。"① 在近代日本,"天皇即国家,忠君即爱国,'为了国家'就是为了天皇。""战死者是为天皇尽忠义的忠臣,具有进入靖国神社被人们祭祀的资格……战死是忠孝两全的唯一之道。"② 国民若是不能表示对天皇尽忠,将为社会所不齿,给父母带来不快,被认为是最大的不孝。"二战"期间,在车站、码头等地欢送军人奔赴侵略战场的行列中,母亲、妻子均会嘱托儿子、丈夫为天皇"祈战死"。

2. 思想上认同武力扩张的基本国策,追随天皇"布国威于四方"的精神

武士道是忠实反映统治者意志的实践道德,将武士和"皇民"的思想统一到忠于主君、忠于天皇上,认同和支持武力扩张的侵略政策。

"天皇主义武士道"的支柱《军人敕谕》和《教育敕语》,以传统武士道为基础,"最终决定国民道德或者国家观的内容。"③ 首先,武士道从忠实反映主君意志的实践道德,演变为忠实反映天皇意志的实践道德,近代日本社会成为"绝对忠诚和服从天皇的社会",忠于天皇成为国家的最高道德,对天皇的献身精神成为国民的最高价值追求。其次,以武士道作为社会教育、学校教育和家庭教育的基本内容,将培养天皇的"忠良臣民"作为国民教育的目标。再次,武士与主君的关系演变为国民与天皇

---

① [日]新渡户稻造:《武士道》,商务印书馆2001年版,第54页。
② [日]福地重孝:《军国日本的形成》,春秋社1959年版,第42、300—301页。
③ [日]梅溪升:《教育敕语成立史·天皇制国家观的成立·下卷》,青史出版社2000年版,第165—166页。

的关系。幕府时代，武士是主君的家人的一部分，为主君牺牲生命是武士的本分。明治维新以来，天皇是国家的象征和国民的最高君主，国民成为皇室家人的一部分，将为天皇献身作为理想追求。最后，将"忠君爱国"嫁接到忠于天皇上，"忠君"与"爱国"合二为一，"为天皇尽忠，就是爱国，就是谋求国家昌盛。没有忠君就没有爱国，没有爱国也就没有忠君，一切爱国都要贯穿忠君的至情，一切忠君都要伴有爱国的热情。"[①] 以武士道"忠节"观念为基础的"造神运动"、"忠君爱国"运动，将国民的思想意识统一到忠于天皇和认同、支持军国主义基本国策上，从思想上追随天皇以武力"布国威于四方"。

3. 行动上追随武力扩张的基本政策，以军刀征服世界、以玉碎迎接死亡的精神

武士道将征战杀伐、穷兵黩武作为武士的价值理想，自其登上历史舞台以来，就确立了嗜杀成性、穷兵黩武的"杀人之道"、"战争之道"、"侵略之道"。

近代日本确立起武力扩张的基本国策和以战争促发展的发展方式后，将武士道作为近代军人精神的基础和国民道德之根本。与此同时，又强制推行"武士道德全民化，全体国民武士化"政策。于是，"明治维新以后，过去只占日本人少数的武士阶级的生活方式成了日本全体国民的理想"；"全体国民的武士化，涵盖了明治以后所有日本知识分子的生活方式。"[②] 以武士道为基础的近代军人精神和国民道德，一方面将天皇作为"神"来崇拜，为天皇而生、为天皇而死；另一方面又杀气腾腾，以杀伐征战为荣，将追随天皇"布国威于四方"作为自己的神圣使命，要么以军刀征服世界，要么以玉碎迎接死亡。从甲午战争到大东亚战争，越来越多的国民踊跃搭乘军国主义战车，以行动支持军国主义战争政策的事例，有目共睹，俯拾即是。

武士道作为军国主义精神支柱，使天皇成为全体国民效忠的对象和民族凝聚力的轴心，将国民的价值判断统一到武力扩张的基本国策和以战争促发展的发展方式上，为武力扩张的基本政策和以战争促发展的发展方式

---

① [日] 松尾章一：《日本法西斯史论》，政法大学出版社1977年版，第91—128页。
② [日] 鹤见俊辅：《战时日本精神——1931—1945年》，岩波书店1982年版，第150—154页。

成为官民一致的共识、上下一心的行动奠定思想基础。从而使日本在明治以后顺利地从战争走向更大的战争，使政府得以动员和组织起全国的力量武力谋求日本的"国家利益"。在20世纪三四十年代，甚至还组织起有1000万妇女参加的"大日本国防妇人会"，为军国主义战争政策推波助澜。

（二）军国主义思想意识

武士道作为日本军国主义的思想基础，以尚武主义、利己主义、弱肉强食和依赖军国主义的思维方式、价值取向和传统习惯，奠定日本军国主义政策的思想基础。

1. 信奉和依赖武力的军国主义思想

以战争作为财富源泉和发展动力的生活方式，决定了武士的身家性命、兴衰荣辱、贫富贵贱，统统取决于置人于死地的杀伐技能。因此，武士道刻意推崇武力，鞭策武士运用武力在战争中"建功立业"，体现人身价值、人生理想。武士道理论家、军国主义思想家山鹿素行的《谪居童问》强调"尚武"精神，以武作为"治国平天下之要法"，"武家之政道以武为先，乃当然之法则。"《治平要录》宣称："窃维武乃今日柳营（幕府）当务之急……我朝以武兴，以武治，忘武乃弃本失基。"

明治维新后，把持权力中枢的武士阀势力，继承封建武士的思维方式、行为方式，建国伊始便确立起武力扩张的基本国策，以军事掠夺作为摆脱民族危机、谋求国家利益的基本途径，坚持"强兵高于一切"，不遗余力地扩军备战，将造就强大的侵略力量作为压倒一切的首要任务。1880年，又确立以武为本、"强兵富国"的军事立国路线，强调"兵之多寡"重于"国之贫富"，扩充军备乃"燃眉之急"；强调"尚武"乃日本"国质"的"武国论"，以强兵和对外扩张作为国家的首要政策，"中央财政一般会计中的产业补助金，优先考虑军事目的，强化军事产业。""在日本的产业革命中，国家财政、金融政策以军事力量的强化为至上命题。""1890年，军费支出在中央一般会计支出中占31.3%，1900年上升至45.5%。"[①] 1893年，明治天皇还专门下达敕谕，命令在今后6年中，每年由内廷费中支出30万元充实海防，并要求文武官员在同一时期献出俸

---

① [日] 永原庆二：《日本经济史》，岩波书店1980年版，第305—309页。

给的 1/10 充作造舰费用。伊藤博文在鹿鸣馆发表演说，要求地方有识之士捐献海防金。半年内，募集海防金高达 203 万元，掀起一股海军扩张狂潮。

为了举全国之力发动对外军事侵略，山县有朋在大力扩充军备的同时，以武士道推崇武勇、追求武勇的武斗精神加强军国主义教育。在山县等军国主义旗手的领导和组织下，统治当局对全体国民进行尚武主义教育，以"养成尚武气象"。《军人敕谕》声称："武勇乃日本自古以来最尊贵之特色，身为日本人，若无武勇，则愧为日本臣民。"《教育敕语》要求全体国民"义勇奉公"。井上哲次郎在《教育公报》等报刊上发表文章，宣称"武士道是以日本民族的尚武精神为基础发展起来的"[①]，号召国民追求以穷兵黩武为荣的战斗精神，武力征服其他弱小民族和国家，满足日本的"国家利益"。

2. 极端民族利己主义和弱肉强食思想

武士群体内部居支配地位的社会关系——主从关系，实质上是以利益为基础的交换关系，对主君的献身精神不过是保全子孙和家族的手段。为了自己一生一家的利益，即使是"当主从契约与向天皇的侍奉发生矛盾时，武士为了前者也会毫不犹豫地舍弃后者"。武士道支持武士"以我为本"的价值追求，推崇弱肉强食、优胜劣汰的强权思想，并且通过幕府政治数百年的积淀形成传统和习惯，从精神上支撑武士将极端利己主义和弱肉强食思想视为天经地义。近代日本，将大和民族的利益凌驾于人类利益之上，以军事掠夺作为满足民族利益的基本途径。1868 年，明治天皇宣称要以武力"开拓万里波涛，布国威于四方"，直接以军事侵略谋求日本的国家利益。武士阀领导下的资产阶级政权，秉承武士道弱肉强食法则和极端利己主义思想，继承封建武士以战争作为财富源泉和发展动力、武家政治以军国主义摆脱危机的传统，构建军国主义思想基础，将日本的国家利益、民族利益置于全人类的利益之上，将侵略亚洲弱小民族和国家视为理所当然。通过学校教育、社会教育和家庭教育，向全体国民灌输武士道弱肉强食法则和极端民族利己主义思想，使国民相信，为了大和民族的利益，可以将战争强加给其他国家和民族，可以将其他国家和民族作为掠夺和奴役的对象。

---

① [日] 坂口茂：《近代日本的爱国思想教育·下卷·1》，星云社 1999 年版，第 82 页。

"弱肉强食的法则就是武士道的主张"。① 以武士道为灵魂的日本军国主义，是人类历史上最具侵略性、野蛮性、冒险性和掠夺性的军国主义，并且始终以中国为最主要的侵略对象。1880年，确立"强兵"和对外扩张的基本国策。1890年，大陆政策公开出台。1894—1895年发动甲午中日战争；1900年作为八国联军的主力，镇压中国义和团运动；1904年，发动日俄战争；1910年，吞并朝鲜；1918年，出兵西伯利亚；1927—1928年，三次出兵中国山东；1931年，侵占中国东北；1937年，发动全面侵华战争；1941年，挑起太平洋战争。

3. 依赖军国主义摆脱危机和谋求发展的思想

武士阶级以军国主义夺取政权，武家政治以军国主义为主体，依赖军国主义巩固统治秩序。"为使武家政治成为真正的武家政治，并使武士阶级继续作为统治阶级进行统治，那么就常常要转向军国主义，以军国主义为主体就成为绝对必要的了。尤其是当武家政治面临危机时，一定会强烈地回到军国主义立场上去。"② 以军国主义摆脱危机和巩固统治秩序，是武家政治的传统和撒手锏；以军国主义转嫁危机和谋求发展，是武士阶级的惯用伎俩和发展之道。武士道维护武士以战争为业的生活方式，为武家军国主义统治秩序服务，煽动武士阶级信奉和依赖军国主义。在信奉和依赖军国主义的武士道法则指导下，武士阶级的著名思想家、社会精英本居宣长、林子平、本多利明、佐藤信渊、藤田幽谷、会泽正志斋等，都提出征服世界的军国主义思想、纲领和路线。近代日本最著名的启蒙思想家福泽谕吉，也倡导日本应该武力侵略朝鲜和中国。

1853年，培利以炮舰政策强迫日本开国后，日本"遭蒙未曾有之国难"。③ 在传统武士道军国主义思维方式和行为方式的指导下，武士阶级迅速展开以军务为中心的改革活动，以应对内忧外患。1868年，近代日本在武士阀军国主义旗手的领导下，继承武家政治以军国主义摆脱危机、谋求发展的传统，以武力"布国威于四方"。同时，又结合国民因国土狭小、资源匮乏和灾害频繁等不利因素形成的忧患意识，以及优化和改善生存环境、获取更多生产资料和生活资料的民族心理，使国民相信武力扩张

---

① ［美］马宾·吉·沃尔夫：《日本经济飞跃的秘诀》，军事译文出版社1985年版，第123页。
② ［日］信夫清三郎：《日本政治史·第1卷》，上海译文出版社1982年版，第110页。
③ 《王政复古大号令》，载《世界历史》编辑部编《明治维新的再探讨》，中国社会科学出版社1981年版，第167页。

政策是为了谋求日本的国家利益,是有利可图的正当事业。1880年,确立"强兵富国"的军国主义基本国策。1890年12月,内阁首相山县有朋在施政演说中公开抛出他的"主权线"和"利益线"谬论,即日本对外侵略扩张的总方针"大陆政策",狂妄声称要以武力拓展主权线、开发利益线,将朝鲜和中国纳入日本的"保护"之下。以军国主义为主体的明治政府,政治上确立起军国主义战争体制,经济上以强化军事力量为至上命题,思想上以军国主义基本国策统一国民的思想,行动上继承武家政治以军国主义摆脱危机的传统。以武士阶级转嫁危机、牺牲他人的惯用手法,将危机转嫁给中国人民和朝鲜人民,谋求日本的国家利益,依靠赤裸裸的军事掠夺加速近代化发展进程,跻身帝国主义列强争夺殖民地的行列。

武士道作为军国主义的思想意识,奠定了近代日本军国主义政策的思想基础,以军国主义摆脱危机、谋求国家利益的路线、方针和政策,日益成为官民一致的共识,从而使军国主义统治集团得以举全国之力从战争走向更大的战争。

(三) 军国主义战争工具

武士道作为军国主义的战争工具,能够激发国民的战争意识、战争欲望,为军国主义战争政策进行思想动员和组织准备,将皇军训练成泯灭人性、跨越生死之门的战争恶魔,使国民投身于军国主义战争。

1. 激发战争意识、战争欲望的工具

武家社会的武士道教育,一方面激发武士的战争意识、战争欲望和好狠斗勇、穷兵黩武的杀伐精神,驱使其在战场上"建功勋、立伟业";另一方面又刻意推崇武勇精神,要求武士勤练战场上置人于死地的搏击技能,提高"一击必杀"的能力。

近代日本继承了武家社会以武士道教育激发战争意识、战争欲望的传统,以尚武教育、战争教育作为社会教育、学校教育和家庭教育的首要任务,使社会、学校和家庭成为军国主义战争政策的宣传工具,全方位灌输武士道尚武精神和征战光荣的思想意识,营造军国主义战争氛围、建设军国主义社会环境。为了最大限度地动员和组织国民参与对外军事侵略,维新领导人通过国家机器全力推行武士道军国主义教育。在武士道军国主义教育原则的指导下,社会教育、学校教育和家庭教育统统服从于武力扩张的基本国策，为军国主义服务，学校成为军事训练和培养军国主义势力的基地，整个社会成为一个巨大的军营。以武士道为基础的学校教育军事化、军队教育民众化，在国民中间树立起征战光荣的军国主义思想，培养起炽烈的军国主义意识，形成蠢蠢欲动、跃跃欲试的战争心理，滋生出日益强烈的对外侵略欲望。因此，当近代日本发动对外侵略战争时，民众在思想上高度认同军国主义战争政策，行动上踊跃充当炮灰，投身于军国主义侵略战争。20世纪30年代以后，举国一致、上下协力，形成空前的民族疯狂。青年男子踊跃充当炮灰，以战死在太阳旗下为最高荣誉。成千上万的女性主动充当"从军看护妇"、"从军慰安妇"、"女子挺身队"队员和"满蒙开拓团"团员。"帝国之花"——女间谍，直接投身于侵略战争。有上千万女性参加的"大日本国防妇人会"，发动千千万万少妇、少女给前线官兵写"慰问信"、"求爱信"，以鼓舞士气。

2. 思想动员和组织准备的工具

一部日本近代史，既是一部"战争和战争准备"的军国主义历史，也是一部狂热鼓吹武士道精神的历史。日本学者的研究也认为："在明治、大正、昭和时代，日本政府出于国策的需要鼓吹武士道精神，广泛进行战争教育。""甲午、日俄战争胜利后，从明治末年到大正初期，又陆续出版发行了一系列有关武士道的著作。而且，都引起了整个社会的极大关注，并被人们所接受。"[①]"教育敕语颁布后，'武士道教育'、'尚武主义'和'武道教育论'在我国教育界再度复兴"，"进一步向国民大众宣称武士道是我国自古以来的民族精神。"[②] 甲午战争后，日本又进行针对俄国的10年扩军备战，1898年还成立了天皇的最高军事咨询机构"元帅府"。统治当局积极进行战争准备时，新渡户稻造1899年在美国出版《武士道》一书，为武士道和军国主义战争政策辩护。1901年，井上哲次郎在受陆军教育总监部委托所作的讲演《谈谈武士道》中大肆宣扬："武士道是与日本民族的尚武气象一起发展起来的，日本民族自古就有尚武的精神。""日本军队的强大虽有种种原因，最大的原因就在于武士道的存续。"毋庸置疑，新渡户和井上所宣扬的武士道都具有"鼓吹军国主义的强烈企图"。

---

① [日] 风间健：《武士道教育总论》，壮神社2002年版，第218、19—20页。
② [日] 坂口茂：《近代日本的爱国思想教育·上卷》，星云社1999年版，第774—778页。

武士道军国主义教育的思想动员和组织准备，使"大多数日本人要求实行民族主义和军国主义政策"①，军国主义扩张政策成为官民一致的共识和行动。在1894年7月29日和8月1日的《时事新报》上，知识界领袖福泽谕吉撰文宣称："'日清战争是文明与野蛮的战争'，从批判儒教的立场，将日清战争正当化。""福泽谕吉的这种战争观，在当时日本先进的知识人中广泛存在。""日清战争最激烈之际，福泽谕吉又论述说：'这次的外战实是三百年来未曾有之大事变。'""根据福泽'与妨碍谋求文明开化进步的战斗'——日清战争，是开'文明开化新天地'的废藩置县的继续。""对于日本近代化的最大思想家福泽谕吉来说，日清战争是通过废藩置县开日本近代化之端绪，又以此准备日本近代化的新展开。"②

3. 铸造人性泯灭的军国主义恶魔

武士从诞生之日起就从未停止过军事扩张的步伐，并在战争中犯下了焦土战术、杀人竞赛和"肉弹"攻击等战争恶行。因此，日本学者家永三郎认为：武士缺乏尊重人的生命的心情，满不在乎地残害生灵，具有强烈的非人性一面。井上清也说：武士的习性是杀人、劫财和强盗行径。明治维新后，天皇的军队"皇军"在侵略战争中的"三光政策"、屠城、慰安妇制度和自杀式进攻等，不过是对武士传统战争恶行的继承和恶性发展。

武士道武装的"皇军"，将武士的杀人竞赛、焦土战术发展为屠城和杀光、烧光、抢光的"三光政策"。英国人胡兰德的《中日战争之国际公法》说：甲午战争期间日军侵占旅顺后，"当时日本将卒之行为，实逸出常度之外。四日间残杀非战斗者妇女幼童……此时得免杀戮之华人，全市内仅三十六人，然此三十六人为供埋葬其同胞之死尸而被救残留者。"③根据《远东国际军事法庭判决书》的数据，"在日军占领后的最初六个星期内，南京及其附近被屠杀的平民和俘虏，总数达20万以上。""这个数字还没有将被日军所烧毁的尸体，投入长江的尸体，或以其他方法处理的人们计算在内。"④"皇军"铁蹄所到之处，一座座繁华的城市和宁静的村

---

① [日] 森岛通夫：《透视日本》，中国财政经济出版社2000年版，第152页。
② [日] 三谷太一郎：《近代日本的战争和政治》，岩波书店1997年版，第13—14、32页。
③ 转引自范文澜《中国近代史·上册》，人民出版社1962年版，第256页。
④ 张效林译：《远东国际军事法庭判决书》，五十年代出版社1953年版，第457页。

庄，转瞬之间即变成一片焦土和杀人屠场，惨无人道地制造了一个个"万人坑"和不胜枚举的"无人村"。即使是按照日本学者的说法，日军在"二战"中仅杀害手无寸铁的一般群众一项恐怕就要超过上千万人。① 1937年，日军占领无锡后，第十师团的野田毅少尉和向井敏明少尉相约进行"百人斩"比赛。日军侵占南京时的第六师团长陆军中将谷寿夫到海军大学讲《陆战》课时，甚至无耻地宣称："打了胜仗之后和在追击敌人时，掠夺、抢劫和强奸妇女，反而可以鼓舞士气"②，公然以烧、杀、抢、掠和强奸妇女作为鼓舞士气的措施。

据日本学者笹间良彦考证，源平大战期间，军中已有妓女存在，双方均以随军妓女慰劳立功将士。③ 武家社会时代，胜利者一方侵入敌方领地后，最乐此不疲的活动就是强抢民女、奸淫妇女。天皇的军队"皇军"又将武士的这一恶习发展到登峰造极的地步，武力征调被占领地区的妇女充当慰安妇，满足皇军的兽欲。1895年6月日军侵占台湾岛之初，"所至之处，女子自10岁起，无不为其奸淫，虽七八十岁老妇，亦鲜有幸免。"甚至"到台北遍张告示，与台民共约七款"，第四款为"妇女准暂行借用"④，将当地妇女视为其性奴隶。1917年日军出兵西伯利亚，大肆强奸妇女，以致那里性病蔓延，患性病者约有1.4万人，约占参战"皇军"总人数的20%，相当于一个师团。⑤ 鉴于强奸活动导致性病蔓延和军队战斗力削弱，1931年的"九一八事变"后，日军有组织地在军队中配备"慰安妇团"。"1932年，'慰安妇'制度首先在上海萌芽。自1937年'慰安妇'制度全面启动实施，到1945年'二战'结束，日军在中国建立各种形式的慰安所遍布华东、华北、华中、东北、华南、西南以及香港、台湾等地区。"而且"随着战争的不断扩大……战争初期那种随意设置的具有临时性的慰安所不断增加，有的就设在日军的炮楼里，有的则设在占领的村庄内，有的设在边境要塞中。""许多被掠夺的'慰安妇'还被强迫跟随日军部队不断转移，成为世界战争史上丑陋的奇观。"最初的

---

① ［日］若规泰雄：《日本的战争责任》，社会科学文献出版社1999年版，第103页。
② 转引自［日］若规泰雄《日本的战争责任》，社会科学文献出版社1999年版，第116页。
③ ［日］笹间良彦：《图说日本战阵作法事典》，柏书房2000年版，第188—189页。
④ 吴质卿：《台湾战事记》，载中国近代史资料丛刊续编《中日战事》第12卷，中华书局1996年版，第126—127页。
⑤ ［日］矢野玲子著，大海译：《慰安妇问题研究》，辽宁古籍出版社1997年版，第80—81页。

"慰安妇"是从日本国内和朝鲜征召，随后便掠夺当地中国妇女充当"慰安妇"。① 自 1938 年 1 月中旬在上海建立的"杨家宅娱乐所"，日军先后在中国建立了近万个慰安所。

"皇军"以肉弹战术诠释关东武士的杀伐之心，突出"攻击精神"、"必胜信念"和"军纪"，特别是战斗中"献身的攻击精神"。② 日俄战争期间，武士出身的大军阀乃木希典强迫士兵实行"肉弹"攻击。参加旅顺口战役的陆军中尉樱井忠温，1906 年出版了《肉弹》回忆录，吹嘘乃木希典的肉弹战术和武士道精神，明治天皇还专门在宫中召见樱井忠温。1941 年 1 月，陆军大臣东条英机颁布《战阵训》，强调："临战阵者，须深刻体会皇国之使命，坚持皇道，宣扬皇国之威德于四海。"要"常思乡党家门之面容，愈发奋勇战斗以报答其期待，决不受生俘之辱，宁死而不留污名。"③ 弹尽粮绝之际的自杀式进攻，败局已定之时各式各样的"神风特攻队"——肉弹敢死队，塞班岛争夺战中包括女子在内的非战斗人员的集体投海自杀，淋漓尽致地再现了要么杀人，要么自杀的武士精神。

4. 以战争促发展的发展方式

"日本资本主义是以强烈的军事要求而促进，以军事力为背景而发展起来的。军备的扩充——市场的扩大——战争的爆发这一系列的方针（路线），既是原因又是结果，既是结果又是原因，构成近代日本飞跃发展的中轴。"④ "战争和战争准备、军国主义是近代日本历史的最大特征。"⑤ 一部从明治维新至"二战"结束前的日本近代史，就是一部军国主义的侵略扩张史。

"明治日本很早就将眼光指向大陆……西南战争的胜利，内乱大体结束，为了尽早对外进出开始了军备扩张，军备的质和内容也从用于国内镇压转为用于对外战争。向朝鲜、清国的侵略战争提上具体日程。武力对外侵略的第一步是 1874 年'征讨台湾'。""1882 年，山县有朋的《邻邦兵备略》强调说对清战备之急务在于增强兵力、改正兵备……对外战争，

---

① 刘萍：《被侮的女性——战时日军性奴隶制度》，黑龙江人民出版社 2011 年版，第 48—49 页。
② ［日］藤原彰：《日本军事史·上卷·战前篇》，日本评论社 1987 年版，第 127—128 页。
③ ［日］井上哲次郎监修：《武士道全书·第 1 卷》，国书刊行会 1998 年版，第 7、13 页。
④ ［日］福地重孝：《军国日本的形成》，春秋社 1959 年版，序言，第 1—2 页。
⑤ ［日］藤原彰：《天皇制和军队》，青木书店 1998 年版，第 72 页。

具体来说就是以清国为目标。"① 1894 年日本悍然发动侵略中国的甲午战争，1895 年迫使清政府签订丧权辱国的《马关条约》，对中国极尽掠夺之能事。即使在日本学者的笔下，甲午战争和日俄战争也充分暴露了日本军国主义的掠夺性。"甲午战争的结果，日本从中国获得 3 亿 6500 万日元的巨额战争赔偿金，相当于当时国家预算的 3.4 倍。其中，8 成以上成为军备扩张费等军事关系的财源，即海军军备扩张费 38.2%，临时军事费 21.6%，陆军军备扩张费 15.6%，军舰等补充基金 8.2%。"② 除赔款外，还割占我国台湾和澎湖列岛。1904—1905 年的日俄战争，"日本虽然没有得到赔偿金，但是，获得北纬 50 度以南的桦太的领有权、关东州和南满洲铁道的利权及附属地，将势力扩张到满洲南部。然而，日本国民还对条约不满，为此发生了日比谷暴动事件。""对中国、俄国的战争胜利，日本成为远东唯一拥有台湾和南桦太的殖民帝国。进而，又合并朝鲜，在汉城设统监府进行殖民统治。"③ 疯狂的侵略战争，既加速了日本资本主义的发展，又使日本在明治维新后短短半个世纪就成了拥有殖民地、半殖民地的国家，成了世界上最强大的帝国主义国家之一。帝国主义时代的日本军国主义，又发动更加疯狂的侵略战争，变本加厉地侵略掠夺中国等亚洲国家。英国学者大卫·巴迪明确指出："日本的第一个目标就是中国的满洲地区。多年来，日本把满洲看作自己的势力范围，认为这个地区能提供日本所缺乏的石油、煤、铁和粮食（如大豆）这些资源，这对繁荣日本经济具有至关重要的作用。日本商人在满洲投资巨大，到 20 世纪 30 年代初，满洲就有 800 多家日本工厂，但它却不是日本帝国的管辖地，而是中国的一个地区。""在袭击珍珠港不到 4 个月内，日本已经占领了马来亚、新加坡、荷属东印度群岛、菲律宾以及归属西方列强的其他岛屿。他们入侵缅甸，并接近了印度的边界。日军仿佛要占领几乎整个太平洋地区，甚至入侵澳大利亚和新西兰。"④ 军国主义武士道的侵略性、冒险性、掠夺性和危险性，由此可见。

在日本人看来，"打赢战争意味着获得大量赔款，新的领土，巨大的

---

① ［日］藤原彰：《日本军事史·上卷·战前篇》，日本评论社 1987 年版，第 49、55 页。
② ［日］武光诚、大石学、小林英一监修：《地图、年表、图解的日本历史·下》，小学馆 2012 年版，第 75 页。
③ 同上书，第 76、80 页。
④ ［英］大卫·巴迪：《日本帝国的终结》，青岛出版社 2013 年版，第 29、86 页。

经济利益和市场。这一切也使得日本人民误认为战争是一种有利可图的事。""使得绝大部分日本人在当时要求实行极端民族主义和军国主义的政策。"[①] 近代日本的侵略战争之所以会得到日本民众的广泛认同和支持，还因为拓展生存空间以谋求更多生产和生活资料，自古以来就是日本先民的共同愿望，也是日本民族的共同心理和最大的"正义"，不能依靠脚下的土地满足生存需要，便转而依靠武力拓展生存空间、改善生存环境。天皇制武士政权的扩张战争，所谋求的正是夺取土地、原料、市场和劳动力，满足了日本人改善和优化生存环境的民族心理及其现实利益。

侵略战争的暴利，为日本仅用半个世纪就走完欧美国家一二百年的历程奠定了坚实的基础。据英国学者大卫·巴迪的研究："在明治维新不到50年的时间里，日本把帝国扩张到南部的中国台湾、西部的朝鲜、北部的库页岛，还包括琉球群岛、小笠原群岛和千岛群岛。""第一次世界大战结束时日本的经济几乎是19世纪末的3倍，商业增长了180%，矿业和制造业增长了580%，运输、交通和公共设施增长超过1700%。帝国的扩张意味工业产品市场的扩张，扩张有利于经营。"[②] 毋庸置疑，"日本工业化的实现、产业革命的完成是与侵略中国、朝鲜的甲午战争、日俄战争紧密联系在一起的。"[③] 近代日本的武士道军国主义，以中国等亚洲国家人民的累累白骨，换取自己超常规的工业化成就。日本侵略者仅仅在1931年至1945年的侵华战争中，就制造了种种惨绝人寰的暴行，给中国造成了巨大灾难：直接经济损失1000亿美元，间接经济损失5000亿美元，军民伤亡3500万人，奸淫妇女百万人次以上，这在整个人类文明史上都是绝无仅有、骇人听闻的暴行。

有史为证，日本是中国近代以来的最大外患，以武士道为灵魂的日本军国主义严重阻碍了中国近代化的发展历程，并造成中国近代以来的落后和沉沦。因此，深受军国主义武士道祸害的中国人民，自然会对作为日本军国主义灵魂的武士道精神深恶痛绝。

---

① ［日］森岛通夫：《日本为什么成功——日本精神和西方技术》，经济日报出版社1986年版，第128、149页。

② ［英］大卫·巴迪：《日本帝国的终结》，青岛出版社2013年版，第22、26、29页。

③ 汤重南：《太平战争的祸首》，载李玉、骆静山主编《太平洋战争新论》，中国社会科学出版社2000年版，第62页。

第十二章

武士道与日本近代化

明治以来的日本近代化成就,得益于武士道"杀人与战争之道"对外的侵略与掠夺,乃是谁也否认不了的事实。然而,我们也应看到,武士道的"忠诚与献身之道"同样对日本近代化发挥了作用。诚如万峰先生所言:"翻开历史,我们看到自中世纪以来早已融入日本民族精神、民族文化(尤其是伦理文化)传统之中的武士道诸德目,继在明治维新实现资本主义近代化、建立近代资本主义社会的过程中发挥了应有的积极作用后,在二次大战后日本国民经济复兴和高度成长、实现日本现代化中又不断发扬光大。""在二次大战后这样新的历史条件下,作为一份文化遗产,作为日本民族精神、文化传统要素的武士道诸德目,可以看作是在新的历史条件下创新了的文化、道德传统。在二次大战后日本企业的经营管理中,这一传统体现得最鲜明,这恐怕是不争的事实。"[①] 幕末和明治时代日本社会流行的三大口号——"和魂洋才"、"士魂洋才"和"士魂商才"的"魂"(特别是"士魂"),指的就是武士之魂或武士道精神。森岛通夫《日本成功之路——日本精神与西方技术》中的"日本精神",同样主要是指武士道精神。战后日本经济高度成长的原因之一,就是日本人独特的武士精神,也是不争的事实。

一 近代化的精神动力

武士之魂或武士道精神之所以能成为塑造日本近代化的精神动力,根源在于武士道以忠诚奉献为核心的道德观念和价值观念,使国民以忠诚和报效国家为荣,积极献身于近代化建设事业。

---

① 万峰:《台湾学者的日本武士道观》,《世界历史》1994年第3期。

（一）武家社会忠诚、奉献的价值理想

武士道是从主从关系中产生的，主从关系就是"恩惠"与"效忠"的交换关系。"主君给从者恩赏，要求从者报恩——奉公"；"从者要以服军役及其他奉侍报答主君，必要时还需舍弃生命。"[①] 武家社会决不容忍不忠之人，对主君不忠，就是"盗父母之惠，贪主君之禄，一生之忠唯终于盗贼之命"。其结果，一是丧失经济来源和特权地位，二是令家庭和子孙后代蒙受"不忠者"的耻辱。

幕府时代，武家统治者将"忠诚"奉为武家社会的最高道德和核心价值，以及评判正邪善恶和给予赏罚的标准。1232年制定的武家宪法《贞永式目》将从者对主君的"忠诚"从道德规范上升到法律强制的层面。武士对"以忠效主"的理解是：必须为主人献出自己的一切，包括生命[②]，只有克制自我、无条件服从主君的人才是忠臣。

在武家社会的社会教育、职业教育和家庭教育中，思想品德教育的目的首先在于培养为主尽忠、为主献身的忠臣，要求武家子弟从小就要养成时刻准备为主献身的思想，养成以忠诚、奉献为荣的价值理想。对主君的义务始终是第一位的，对父母的孝从属于对主君的忠，孝子首先要成忠臣，如果父亲反叛主君，孝子要毫不犹豫地抛弃父亲而追随主君。

武家社会以忠诚换恩赏的游戏规则，武家统治者通过政治、经济和法律等制度措施对忠诚道德的刻意推崇，使"忠诚道德"和"奉献精神"在武士治国的近700年间始终占据着核心价值的位置，并且已融入町人道德和农民道德之中，农民思想家二宫尊德的农民道德强调"下须敬上，须纳年贡，勤诸役"。[③] 赖肖尔的研究也明确指出："在日本，对领主的效忠，相比起来，更处于整个体系的中心位置，超过对家族的效忠，虽然家族也是重要的。因此，超家族的集团很早就在日本形成，其重要性超过家族本身。这使日本在近代比较容易地转变为对国家和其他非家族集团的效忠。""日本武士要求他们的女眷和他们一样坚强，能够为效忠领主和家族而牺牲自己。""因此，现代的日本军队就可以很容易地把武士精神及

---

① ［日］樱井庄太郎：《名誉和耻辱》，法政大学出版局1971年版，第64、322页。
② ［日］森岛通夫：《日本成功之路——日本精神与西方技术》，经济日报出版社1986年版，第5—6页。
③ ［日］家永三郎：《日本道德思想史》，岩波书店1982年版，第210页。

其价值观念复活起来。封建时期遗留下来的强烈的效忠、尽职、自我约束和自我牺牲精神,仍是形成现代日本人性格的因素。"①

(二) 近代社会忠诚、奉献的价值理想

在"武家主义武士道"忠诚奉献价值理想绵延上千年的熏染下,日本社会逐渐形成了以忠诚奉献为荣的价值理想、思维方式和行为方式。明治维新后,"武士阀"把持中枢的明治政府,以国家行政力量和天皇的精神权威对武家主义武士道进行批判性的继承和改造,以"天皇主义武士道"取代"武家主义武士道",以忠于天皇、报效国家的价值理想取代忠于主君、报效集团的价值理想,并赋予最高道德和核心价值的地位,通过教育向全社会灌输。"明治时代的教育特别强调武士的情操……即使是对庶民的道德教育也是忠君,死于君之马前……士族意识逐渐成了庶民意识。"② 显然,与"武家主义武士道"忠于直接主君、报效所属集团的价值观相比,"天皇主义武士道"忠于天皇、报效国家的价值观更具权威性和感召力,更能广泛激发人们的忠诚献身精神,其物质化能量也远远超过武家社会时代。

"明治新武士道的长期推行,不仅赋予该体制以道德的意义,而且在无形中使效忠、报国、奉公意识内化为民族性格深层构成的要素,使日本人明显有别于外国人。其最大特色,即日本人独特的集团效忠心。""武士道所宣扬的忠君报国、效忠奉公精神,被日本统治阶级用来作为凝聚民族精神,进行国民精神总动员的工具。"③ 强调忠诚和奉献的武士道人生观、价值观造就了以忠诚和奉献为荣的日本国民,成功地发掘出日本人的精神资源,并使这一宝贵财富在近代化建设中源源不断地释放出巨大的物质能量,加速了日本近代化的步伐。

武士道忠诚奉献的价值理想作为日本现代化的精神动力,一是充当凝聚人心、统一思想的精神工具:在日本近代化的历程中,忠于天皇、报效国家的价值观使国民与政府的密切配合几近完美,不仅使国民从思想上认同政府的现代化路线、方针和政策,而且使他们甘愿为之献出自己的生

---

① [美] 赖肖尔:《当今日本人》,上海译文出版社1998年版,第56—57页。
② [日] 福地重孝:《士族和士族意识》,春秋社1956年版,第9页。
③ 宋成有:《武士道精神与明治时期的日本现代化》,载罗荣渠主编《各国现代化比较研究》,陕西人民出版社1993年版,第110页。

命。任何国家和社会，只有国民广泛认同政府的路线、方针和政策，与政府精诚合作，国家目标才能通过广大国民的自觉行动，由理想变成现实。日本在这方面无疑是最为成功的。如果一个人不能在思想上和行动上忠于天皇、报效国家，不能将国家目标作为个人目标、不能以国家利益作为个人的首要利益，将为社会所不耻。二是作为支撑献身精神的思想支柱：忠于天皇、报效国家意味着以奉献为本，自觉将国家和社会的发展需要作为个人的需要。武士道是实践道德，强调身体力行、剑及履及、苦干实干，个人的物质需求、精神需求都必须通过奉献的途径才能获得满足。忠于天皇、报效国家的价值理想，有效地发掘国民的主动精神、创造精神，自愿以有限的生命为国家作无限的奉献；将工作看成忠于天皇、报效国家的神圣事业，全体国民万众一心，为实现政府制定的近代化目标努力工作。

  西方的资本主义企业经营精神以个人主义为特征，奉行个人自主、至上的经营方针。日本的资本主义企业经营精神则以国家主义——实业报国精神为特征，武家社会对藩主的奉公效忠嬗变为对国家的奉公效忠，国家利益高于企业利益，企业利益高于个人利益。武士道忠诚奉献的核心价值观，造就了奉公效忠的企业家精神和不同于欧美的日本式企业家。"国家利益高于个人利益的'士魂商才'是明治资本家的典型，在政府的保护、扶持下成长起来的'绅商'是'政商'，士族资本家的伦理与西欧资本家有很大差异，为了国家而不惜牺牲自己的利益。""五代友厚、涩泽荣一、岩崎弥太郎、安田善次郎、中上川彦次郎、近藤廉平、中野武营、和田丰治、丰川良平、庄田平五郎、原太郎、速见坚曹、原田二郎、益田孝、西村胜二、伊庭贞刚、富田铁之助、加藤正义、中村道太、川田小一郎、吉原重俊、佐久间贞一、村上龙平、本山彦一、牛场贞藏等都是士族出身的绅商，他们在实业界分别发挥着指导性作用，既未被农工商阶级同化，也未失去士族意识。这些具有政商性格的实业家与国家权力密切而共存。通过营利活动实现对国家奉侍的伦理，与从前向藩主的奉公观念并无大的区别。"[1] 萨摩藩武士出身的关西实业界巨头五代友厚，素以"实业报国"自许，并以"视国家所需，尽其所有，树报国之志"[2] 作为创业宗旨。企业界领袖涩泽荣一认为：股东"必须关心全国的公益"，"谋求日本全国

---

[1] ［日］福地重孝：《士族和士族意识》，春秋社1956年版，第6、279页。
[2] ［日］土屋乔雄：《日本资本主义发展中的领导者们》，岩波书店1982年版，第143页。

的公益，才是经商的根本要义。"

武士道"忠诚之道"、"献身之道"的价值观念和道德规范，形成了日本人强烈的奉献精神、牺牲精神和使命感。在赶超欧美的近代化建设事业中，企业员工以工作为荣，以工作成绩体现自身价值和忠于天皇、报效国家，以忠心耿耿的拼命工作和追求完美的进取精神，创造了超过西方国家的工作效率，增强了日本企业的生命力和竞争力，为日本经济的高速增长奠定了坚实的基础，也在一定程度上弥补了物质资源的不足。

武士道的"忠诚之道"、"献身之道"作为日本现代化的精神动力，一方面，以忠诚、献身之道凝聚人心、统一思想，支撑忠于天皇、报效国家的最高道德和价值理想，将国民的思想和行动统一到现代化建设的基本国策上，天皇的旨意和政府的基本国策成为官民一致的共识、举国一致的行动，国民与政府的配合几近完美，现代化目标成了国民的神圣使命。另一方面，以忠诚、献身之道激发国民在近代化建设中的奉献精神、敬业精神和使命感，使国民将国家和社会发展需要作为个人需要，将个人利益作为国家利益的组成部分，并置于国家利益之下。忠诚奉献既是谋求个人利益的工作需要，也是报效国家的精神需要。以奉献为满足的价值取向，鞭策国民以奉献为荣，以奉献为满足。

二 近代化的企业模式

武士团是武士共同战斗、共同生活的命运共同体和利益共同体，一荣俱荣、一损俱损，个人的利益和命运取决于共同体的兴衰。武士道作为武士集团的群体道德规范和价值体系，旨在维护共同体的和谐与统一，增强共同体的凝聚力和战斗力。进入近代社会后，明治政权以效忠天皇的"天皇主义武士道"取代效忠各自主君的"武家主义武士道"，以国家共同体取代武家共同体，以国家利益取代武家利益作为全日本的最高利益。这种以国家利益为最高利益的核心价值观，不仅造就了日本企业家的实业报国精神，而且培育了以利益共同体或命运共同体为特征的日本式企业。

（一）武家社会的主从共同体

从公元 8 世纪中叶到 19 世纪中叶，即从武士产生到德川幕府被推翻的一千多年间，武家社会一个个大大小小的武士团，就是一个个大大小小的有着共同目标和利益的"主从共同体"、"家族共同体"。早在平安时代,庄官级武士团就已经创造性地构建起武家社会荣辱与共、生死相依的组织形式,形成以集团为中心、以集团利益为最高利益的价值观念、生活方式和文化样式,及其以共同的经济利益为纽带的相对稳定的内部关系。

武士不是作为单个的侠客或勇士而产生的,而是作为以庄园主——庄官为首领的武士团的一员而产生的。"武家也不是作为个人而产生的,而是作为家而产生的。""武家是集团之长,不是作为个人而存在的。""以一个大武家为主君的许多武家的集合体,就是封建国家。"① 武家社会从来不承认独立于武士团之外的武士,武士一旦脱离主君、脱离武士团也就失去了武士的身份,成了"浪人"。

武士团的构成原理,一是家族关系,一是主从关系。以最早产生的庄官级武士团为例,在家族关系中,庄官为本家和一族的族长,被称为"惣领"(总领),其余为分家(称庶子)。将家结构中的父→子→孙和家族结构中的本家→分家→孙分家(或本家→分家→别家),移植到武士的战斗组织之中,使武士团成为家族集团。"近世社会继承了中世的大名领国制,大名的家——藩构成基本的政治单位。""德川家也是一个大名家,所谓旗本、御家人无非是他的家臣。"②"藩被看作是一个'家'。藩士称'家臣',藩士的集合体称'家中',藩的最高职称'家老',大名颁布的法令称'家法'。"③ 家臣通过虚拟的家族制度——寄亲、寄子(义父、义子)制度隶属于主君,主君对家臣的支配,被赋予家长支配子女的性质,强化内部隶属关系。日本学者奥田真启认为:"武士团不是个人的势力,而是团体的势力,即家族的势力。就是说,武士的关系不是个人势力与个人势力的关系,而是作为家族的一员,以家族为背景结成主从关系。"④ 在主从关系中,本家是主人(主君)和上级,分家、别家是从者和下级,从者包括宗族子弟"家子"和非宗族子弟"郎党"、"郎从"。主人给予从者土地并予以庇护,从者在战时和平时须对主人尽军事和其他义务,绝对效忠主人。家族原理和主从原理,使武士团的首领具有家族族长和集团首长(主君)的双重身份,而武士团的成员也具有家族和集团成员的双重身份。

---

① [日]中村吉治:《武家和社会》,培风馆1943年版,第33、44、58页。
② [日]朝尾直弘:《日本的近世·7·身份和格式》,中央公论社1992年版,第180页。
③ [日]大石学:《近世藩制、藩校大事典》,吉川弘文馆2006年版,第4页。
④ [日]奥田真启:《武士团和神道》,白扬社1939年版,第103—104页。

武士团构成的基础是利益,它通过"恩惠"与"效忠"的主从关系——经济关系,以利益的纽带将主君与从者及其所有成员紧紧地捆在一起,使武士团成为利益共同体和命运共同体。武士团的所有成员(特别是主从之间)风险共担、利益共享,共同生活、共同战斗,将武士团成员的武力汇聚成一致对外的集团战斗力。在武士团内部,主君尽力保护和扩大从者的利益,从者对主君极尽忠诚。同时,武士团内部的主从关系、经济关系世代相承,因而武士社会有"父子一世、夫妇二世、主从三世"的传统习俗。

1180年10月,源赖朝在镰仓创建御家人制度,通过利益的纽带与关东武士建立起生死相依的主从关系。每次战斗胜利后,赖朝都要举行大典,兑现自己的承诺,论功行赏。"即使是郎党、下人、所从等小武士,随着镰仓殿的胜利,也间接地解放、上升了一步。"[①] 赖朝保障御家人的安全,确认其所领支配权;御家人忠诚于赖朝,尽奉公义务。共同利益将他们紧紧联结在一起。镰仓幕府建立后,赖朝又任命御家人担任中央和地方的要职,进一步强化赖朝(幕府)与御家人之间的主从关系、利益关系。1221年皇室策动倒幕活动——"承久之乱"时,幕府之所以很快便动员起19万骑关东御家人迅速平息了叛乱,根源就在于幕府与御家人之间共同的利益关系。

在德川幕府时代,整个武士阶级构成以将军为轴心的共同体(军事大家族),垄断国家的政治、军事资源和地租征收权,垄断文化教育。"将军对大名重新分配土地,或者通过安堵诸大名以前支配的领地,向诸大名施恩,从而成为诸大名的主君临于大名之上。""各大名又将领地再分封给家臣,家臣各自根据其知行石高调集军役人数、骑马、铁炮、枪等从军,大名自身也以其藏入的直辖地调集军役人数等,这就是大名家根据石高的军役。"[②] 将军对大名施恩——分配土地或安堵以前的土地,与大名建立利益关系;大名又将领地分封给藩士,与之建立利益关系。得到御恩的大名和藩士,要向将军或大名效忠和承担以军役为中心的各种义务。德川时代的近300个藩国,每一个都是荣辱与共、生死相依的共同体。不

---

① [日]石井进著作集刊行会编:《石井进的世界·镰仓幕府》,山川出版社2005年版,第121页。

② [日]藤井让治编:《日本的近世·3·统治体制》,中央公论社1991年版,第48、56页。

只是藩主，藩士同样对藩国的兴亡负有责任，一些藩士（特别是幕末的维新志士）为了避免自己的行为累及主君，毅然选择自动脱藩。武士的家名、家禄、家业的荣辱兴衰，与藩国的命运紧密相连，忠与孝、公与私、个体与群体的关系有机地融合在一起。离开主君（藩国）就是脱离武家社会，脱离"忠的社会"和"忠的市场"，等于放弃世代相袭的家名、家禄和家业，等于放弃武士的特权身份。

武家社会的战斗是武士团与武士团之间的战斗。武士团战斗的目的首先是谋求集团的整体利益或共同利益。共同体的整体利益是产生个体利益的源泉或前提。在共同利益的驱使下，养成了武士个人对共同体的忠诚与奉献，养成个人对共同体强烈的归属感和群体意识，以及齐心协力、一致对外的思维方式和行为方式。武家社会集团利益即个体利益、集团利益生个体利益的思想意识，对近代士族企业家公益即私益、公益生私益思想的形成有着重要影响。

武士是世袭制的职业军人，世世代代从属于一个武士团，效忠于一个集团主君。如前所述，早在平安时代，武士团便形成具有"终身雇佣"和"年功序列"性质的组织特征，武士在武士团中享有的地位和待遇，取决于对主君的忠诚度，而对主君的忠诚度又表现为追随主君的时间长短。从平安时代以来，武士团成员就分为所谓亲藩家臣、谱代家臣和外样家臣三类。亲藩即主君一族的家人，谱代即累代追随主君的家臣武士，外样即新近臣服主君的武士。累代武士是祖上以来世世代代就追随主君（主家）打天下的武士，其对主君的忠诚经过血与火的考验，为武士团的发展壮大立下了汗马功劳，深得主君的信任，地位和待遇极高。源氏武士团强大的一个重要原因，就在于它拥有一大批世代追随的家臣。在武家社会，"不少武家都强调'以累代奉公之身兴家'训诫子孙"。①《德川成宪百条》第96条说："医过三代称医师，士经三代称古臣，君臣之间历三代谓谱代。"② 新近臣服的武士要得到主君的信任，要得到较高的地位和待遇，还须经过战场的考验和时间的检验，即还须不断累积功勋。也就是说，武士团的组织特征就是世袭的终身雇佣和年功序列的制度。

---

① ［日］野口实：《武家栋梁的条件》，中央公论社1994年版，第35页。
② ［日］石井紫郎校注：《日本思想大系·27·近世武家思想》，岩波书店1974年版，第475页。

尽管武士崇尚"忠诚献身"的真谛在于换取主君的恩赏和扬名天下，在于通过牺牲自己换取家庭利益和子孙后代特权地位，不过，它也养成了忠诚奉献的价值理想、思维方式和行为方式，养成了彻底的奉献精神、敬业精神、使命感、恪守职责等性格特征，以及群体利益高于个体利益的价值取向。这种武家社会父子相传的价值理想、性格特征等又在漫长的历史岁月中，向其他社会阶级渗透，逐渐成为全民族的价值理想和性格特征，并在日本近代化建设中发挥出应有的作用。

（二）近代社会的劳资共同体

在武家社会，武士道的核心价值观将武家社会塑造成为忠诚奉献的社会，将武士团塑造成为主从共同体、家族共同体，以集团的力量增强夺取战争胜利的战斗力。在近代日本，武士道的核心价值观又将近代社会塑造成为忠诚奉献的社会，将日本式企业塑造成为劳资共同体，以集团的力量增强企业的生存能力和获得成功的国际竞争力。

其实，在武士道向全社会普及的过程中，忠诚奉献的价值理想和武士团主从、家族的结合原理也渗透到了町人社会，并采取主从和家族的经营方式。江户时代，町人与居住在"城下町"的武士朝夕相处，熟悉武家社会的主从君臣关系，其商家体制也融入了武家社会主从关系的元素。他们将雇佣关系、家族关系说成是主从君臣关系，声称"店主即君"，"店伙即臣"，强调"纵令店主如何无理非道，店伙决不可违抗店主，不行店伙之道"，要求店伙绝对忠诚和服从店主。这些超血缘的商人家族简直就是武士团的翻版，以本家为中心，包括有血缘关系的"分家"和没有血缘关系的"别家"，本家统辖家业（财产）和同族，本家、分家、别家共同协力，一起谋求"家业"的发展壮大。

武士团的"终身雇佣"与"年功序列"的制度，也为商人的商家体制提供了组织模式。商家对雇佣的"住入奉公人"（住进主家、为主家服务的佣人）设定了"丁稚"→"手代"→"经理"→"番头"的升迁路径。"从丁稚开始，到手代、经理、番头这种形式的内部升迁已成为通例。""奉公人在此过程中也养成了对主家的彻底忠诚心。"[①]"丁稚"即不领薪水的少年学徒，10 年左右晋升为领取薪水的"手代"（店员），再

---

① [日] 宇田川胜、生岛淳：《向企业学习的日本经营史》，有斐阁 2011 年版，第 3 页。

经过10余年的磨炼后晋升为有资格参与经营和建立自己家室的"番头"（管家）。成为"番头"后要忠心耿耿地为主家服务直至退休，退休后商家为其提供生活保障。这些住在商家的"奉公人"，在20余年的"奉公"生涯中，积累了丰富的从商经商的业务技能，也养成了对主人的绝对忠诚与服从。奉公期满后，主人挑选业务精湛、忠心事主和有培养前途者建立本家的分支机构——"别家"，与主家结成终身雇佣的主从关系，别家与分家共同构成本家的"藩屏"。山本七平认为："日本的雇佣方式，自从德川时代以来，无论是大正时代的中小企业，还是战后的大企业，其本质没有任何变化。"[①] 美国学者弗兰克·吉布尼也说："大阪老牌贸易行（1637年创办的三井商行就是其中之一）的传统等级——学徒、助理店员、掌柜（丁稚、手代、番头、大番头），被译成现代术语，在日本企业界沿用至今……在日本，半封建的家族式企业制度直接移植到现代资本主义社会。年功序列制和终身雇佣制的思想发源于梅岩的时代，店员独立经营企业作为母公司的子公司或分店的思想也发源于这个时代。德川正式规定的主族（本系）企业和分族（分系）企业的古老制度，乃是现代日本企业建立子公司系统的理论基础。"[②] 其"日本的雇佣方式"，涵盖了主从和家族共同体及终身雇佣制和年功序列制的因素。

不言而喻，主从式、家族式共同体经营理念获得新生并显示出强大的生命力，既得益于资本主义制度，又与士族企业家有着密不可分的关系。在经济领域充当日本现代化主角的士族企业家，如涩泽荣一、五代友厚、岩崎弥太郎等自幼生活在藩国的主从和家族共同体之中，接受武士道忠诚奉献的思想教育，培育了根深蒂固的共同体思维方式和行为方式，因而他们在创造资本主义企业时自然会以共同体的理念构建企业制度。日本资本主义企业的劳资共同体，就是主要由他们从武家社会的主从共同体移植而来并发扬光大的。随着他们成为指导型的企业家和企业界的领袖，这种劳资共同体的经营模式也成为指导性的经营模式，成为不同于西方企业制度和经营模式的一大特征。

日本学者高桥龟吉认为：终身雇佣制度所以成为日本式经营的"三大神器"之首，是"因为它能和日本的家族制度水乳交融"。"终身雇佣

---

① ［日］山本七平：《日本资本主义精神》，生活·读书·新知三联书店1995年版，第75页。
② ［美］弗兰克·吉布尼：《日本经济奇迹的奥秘》，科学技术文献出版社1985年版，第29页。

制的实质，在于企业的雇佣关系家族化"，"终身雇佣制就是发展了的家族制度。"① 近代日本企业的一个重要特征，就是企业内部秩序的家族化。根据终身雇佣制组织起来的企业，其组织结构与中世纪的武士团一脉相承，类似于家族组织，一个企业就是一个超血缘的家族。雇主与雇员的关系并非"单纯的合同关系，职工已经成为自己的家族成员，而且是比自己家族更大的公司家族里的成员"，"日本工人的品德之所以高尚，是因为实际上单位的结构类似日本的家族组织。公司获得了形成家族组织基础的那种一体感和忠诚报答的好处。"② 日本学者中村元的研究也认为："日本的公司，基本上类似一个家庭。把公司的总经理尊为'亲父'。在西洋的公司中不认经理为父，而是叫做'老板'。日本这种假定的家族，生活在利益社会中，有很强的共同体性质。所以，一旦大学毕业，和某一个公司结成雇佣关系，这种关系就贯串一生。任意从一个公司辞职，到竞争对手的另一个公司里去，会被看做叛徒。这一点在美国却是习以为常的。"③ 总之，在终身雇佣制的日本近代企业中，企业与员工或雇主与雇员的关系，有如主家与分家的家族关系，员工对企业终身相许，企业对员工终身照顾。员工（个体家庭）经济利益的扩大取决于企业（家族）的兴旺发达，雇主与雇员（劳资双方）共同为企业——"家族"的发展负责任。

雇主与雇员的关系既是家族关系，又是生死相依、休戚与共的利益关系，一个企业就是一个利益共同体。以士族为代表的企业家在创办近代企业时，继承了武家社会"恩"与"忠"的传统模式，就像主君对家臣施予恩惠、家臣效忠主君一样，企业对雇员给予工作保障（终身雇佣制）和按年资增加工资等优惠待遇（年功序列制），换取雇员的忠诚并终身为企业服务。"大企业中，业主在通过年功序列制的工资制度来购买忠诚的同时，他们要求雇员以终身在企业工作作为回报。"④ 共同的利益、以奉献换回报的利益机制和家族主义元素，增强了企业的凝聚力，激发了员工对共同体的忠诚奉献精神和工作中的主动精神、创造精神、敬业精神，从

---

① ［日］高桥龟吉：《战后日本经济跃进的根本原因》，辽宁人民出版社1984年版，第322、323、324页。
② 转引自［日］高桥龟吉《战后日本经济跃进的根本原因》，辽宁人民出版社1984年版，第323页。
③ 同上书，第323—324页。
④ ［日］森岛通夫：《透视日本》，中国财政经济出版社2000年版，第107页。

而大大提高了企业的效率。"与完全雇佣和年功序列制相随的社团观念，始终激励着多数的雇员为共同利益和个人尊严而努力工作。至少迄今为止一直是如此的。"① 日本企业之所以在国际市场上具有极强的竞争力，一个重要原因就是它有一支忠于企业、恪尽职守的劳工队伍，它以共同体的力量参与竞争。

"日本式经营"大约始于19世纪末20世纪初。有学者认为："以前终身雇佣制主要是限于白领工人的职员阶层，第一次世界大战以后，逐渐扩大到产业工人阶层了。同时，还采取了以连续工龄长短为主的论资提级的工资制度、家属津贴、福利规定、各类津贴等巧妙措施。这些措施的采用，使实际上的劳动惯例发生了很大变化，但经营思想并未引起多大变化。相反，经营者只是使他们从明治初期以来一贯主张的原则适应了新的时代而已。"② 日本式企业经营通常包括企业内管理和企业间管理两部分，企业内管理是基础和核心。企业内管理即所谓日本式企业经营的"三大神器"——终身雇佣制、年功序列制、企业内工会。不过，"许多企业采用的终身雇佣制既非明确的制度，也不是法律的规定。总之，它不是制度，而是惯例"。"与海外的经营不同，终身雇佣制是日本企业飞跃发展的原动力之一。"③ 与之配套的企业内福利制度也随着终身雇佣制的完善而不断发展，如社宅制度、廉价贩卖制度、相互扶助共济制度、奖金制度、退休金制度、医疗保健制度等。

这些士族企业家创办的大型企业，工作条件和工资待遇远高于中、小型企业，雇员都是具有忠诚献身精神的新型武士。这些企业也是"忠的社会"和"忠的市场"，进入"忠诚市场"（第一市场），即拥有进入一家大企业工作的机会，一生中只有一次，即中学毕业或大学毕业。与武家社会武士不能选择藩主、武士与藩主不是自由的契约关系一样，大企业强调的是忠诚，而不是自由的契约关系。雇员以终身在一个企业工作为荣，极少辞职。原因是：（1）雇员若是未经雇主同意就离开企业、离开忠诚市场，如同武士离开主君，将被视为"叛徒"，给人留下很坏的印象，只有到"买卖市场"（第二市场）——中、小企业去找工作，第一流的大企

---

① ［美］弗兰克·吉布尼：《日本经济奇迹的奥秘》，科学技术文献出版社1985年版，第68页。
② ［美］B. K. 马歇尔：《日本的资本主义和民族主义》，鸟羽钦一郎译，第154页；引自［日］高桥龟吉《战后日本经济跃进的根本原因》，辽宁人民出版社1984年版，第338页。
③ ［日］冈本大辅等：《深化日本经营》，千仓书房2012年版，第3页。

业中没有"背叛者"的立足之地。① 由于雇主对雇员承诺只要没有"做坏事"决不解雇，因此，雇员一旦被解雇将是极大的耻辱。（2）无论是辞职还是公司倒闭，离开大企业的雇员都不可能找到比原来更好的工作，进入其他公司成为新雇员就如同武士团的"新参"（外样）家臣，必须从头做起，必须证明自己的忠诚和重新累积年功，待遇肯定比原来的公司低得多。

企业不仅是雇员的工作和生活的场所，而且是雇员体现自身价值的舞台。终身雇佣制和年功序列制的利益纽带，成功地将雇员的利益、前途与企业的发展紧紧地连在一起，使雇员像武士对藩邦那样对企业有着强烈的归属感和忠诚心，像武士一样恪守职责，并在感情上与公司融为一体。美国学者沃格尔评论说："从国际的尺度来衡量，现代日本的大企业在组织上是非常成功的。它的成功的原因并不是由于在日本民族中隐藏着的那种神秘的集团忠诚心，而是因为这种组织给予个人以'归附观念'与自尊心，使个人觉悟到自己的前途只有靠企业的成功才能得到保障。"实行终身雇佣制和年功序列制的企业有如德川时代的藩国，雇主与雇员有如藩主与家臣，双方同属一个利益共同体，武士或雇员的待遇取决于藩国或企业的发展。"企业的收益和发展依靠职工个人的努力和奋斗，个人的生活保障依靠企业的收益和发展。个人利益和地位也要随着企业的收益和发展而升降。"② 正如武士崇尚"忠诚献身"的真谛在于换取主君的恩赏和扬名天下一样，这些雇员为企业忠诚奉献的目的也在于换取自己的切身利益。

实行终身雇佣制和年功序列制的企业，采取"企业内工会"的组织形式。由于雇员与企业同属一个利益共同体，因而工会与企业之间的一致性高于对抗性，劳资双方极少出现剧烈冲突。工会作为协调劳资关系的机构，既要关心雇员的利益，更要考虑企业的长远发展；因为没有企业的长远发展，就没有雇员的长远利益。工会与企业（管理部门）的矛盾焦点，往往在于双方都认为自己的观点对公司的发展更为有利。在工会看来，劳资双方的矛盾是企业内部的矛盾，换句话说就是家族内部的矛盾，因而应采取协商的办法在企业内解决。当时全国性的工会"友爱会"在创立之初就倡导："劳资宜相亲，不宜相背，劳资争议宛如夫妇吵架。资本与劳

---

① ［日］森岛通夫：《透视日本》，中国财政经济出版社2000年版，第107页。
② 汤重南等：《日本文化与现代化》，辽海出版社1999年版，第302页。

动难于全然分离，两者的关系如鱼与水的关系一样。只有互相帮助，才能圆满发展事业。"①

终身雇佣制、年功序列制和企业内工会，使劳资双方因共同的利益、共同的命运而紧紧地联结在一起，形成"公司共同体"，与武家社会时代主君与从者的"主从共同体"一脉相承。武士道忠诚奉献的价值理想，既构建了武家社会的"主从共同体"和近代日本式企业的"劳资共同体"，又有力地支撑着被誉为日本式企业"三大神器"的终身雇佣制、年功序列制和企业内工会。而且，日本式企业的企业文化也与之有着密不可分的关系。

三 近代化的企业文化

"企业文化是支撑公司生存与发展的特定价值取向，是企业信奉并付诸实践的价值理念。企业文化反映企业成员共同认可的价值观和逐渐形成的工作态度，又称企业精神。""企业文化的内涵包括企业职工的价值观念、道德规范、思想意识和工作态度等，其外延包括企业的各种文化教育、技术培训、娱乐联谊活动等。企业文化就是由这两个方面内容有机联系而形成的企业的精神风貌。"② 企业文化是民族文化的组成部分，以武士道为核心的武士文化早已渗透于日本民族文化的细胞之中，从而形成有别于欧美国家的企业文化。"近年来对我国资本家与西欧资本家伦理的对比认为，在西欧市民阶级中产生和成长起来的资本家的心理是近代思想，我国是武士的信义、廉洁和积极进取。"③ 高桥龟吉认为，日本的"企业家精神，不是西欧的那种个人利益第一主义，而是国家利益第一主义。这种传统，一直持续到战前。战后虽然时代改变了，但那种异于欧美经营者的特点，仍在起作用"。④ 当然，欧美企业家也没有像日本企业家那样，与政府结成"统一战线"。不仅是企业

---

① 间宏：《日本军务管理史的研究》，引自李卓主编《日本家训研究》，天津人民出版社2006年版，第362页。
② 中央电视台《公司的力量》节目组：《公司的力量》，山西出版集团·山西教育出版社2010年版，第197页。
③ ［日］福地重孝：《士族和士族意识》，春秋社1956年版，第278页。
④ ［日］高桥龟吉：《战后日本经济跃进的根本原因》，辽宁人民出版社1984年版，第190页。

家，近代日本企业员工的工作伦理，也与近代欧美国家企业员工的工作伦理存在极大差异。

日本近代企业雇主与雇员的关系与武家社会主君与从者的主从关系一脉相承，企业文化中以"忠诚"为特点的价值观念、道德规范等直接来自武士道的价值理想和道德体系。万峰先生在《台湾学者的日本武士道观》中也明确指出："日本朋友曾经对我说过，他们在创立企业文化时，每个大企业俨然一个'藩'（江户幕府时期的诸侯领国），职工在企业像'武士'一样为其主家（企业）效忠，兢兢业业，贡献自己的力量。而企业文化中企业管理的信条和职业道德的行为准则，确有继承武士道德目的东西。其实早在明治年间日本建设近代国家、发展近代资本主义经济时，前朝遗留下来的武士道这一伦理文化遗产在企业文化中就已发挥了显著的作用。这一点恐怕比当今日本的状况更加突出得多。"① 客观事实也正如万峰先生所言。

1. 忠诚至上的价值观

企业的价值观作为企业文化的核心，为企业成员提供判断和规范自身行为的标准。武士道作为日本企业文化活的灵魂，以"忠诚和献身之道"塑造企业文化的价值观，为企业的全体成员提供共同的价值准则。

日本的企业文化源于日本的传统文化，而最具代表性的日本传统文化，就是融日本文化的三大主干——儒学、佛学、神学于一体的武士道。从9世纪以来，武士道一直是日本社会主流地位的价值理想和道德准则，历经上千年漫长历史岁月的渗透，"忠诚"、"武勇"的核心价值观终于在明治时代成为全社会的基本共识和价值理想。随着日本社会价值理想的确立，在涩泽荣一、五代友厚、岩崎弥太郎等"士魂商才"型士族企业家的推动下，"忠诚"也成了企业文化的价值观。

武家社会以效忠将军、大名作为武士的基本品质；近代日本社会以忠君爱国作为国民道德的核心内容和价值评判的标准。任何人，只有效忠天皇、报效国家，才能获得社会的认可和接受。在这种历史传统和推崇忠诚献身道德的政治、思想氛围之下诞生的近代企业，自然要以"忠诚献身"作为企业的核心价值观。与武家社会藩士效忠藩主、藩主效忠将军、将军效忠天皇的忠诚等级制度一样，在近代日本社会，员工效忠企业，企业效

---

① 万峰：《台湾学者的日本武士道观》，《世界历史》1994年第3期。

忠国家。

　　武士（士族）是无可争议的明治时代的近代化主角。日本学者的研究认为："士族处于日本资本主义的主导地位。"① 明治维新后，"开始因为缺乏胜任的私人工商业者，政府曾以官营方式引进各种近代产业，但大部分失败了，这才痛感有必要扶植和培养合格的私人经营者。然而，原来有影响的商人阶层，长期处于闭关自守的经济中，思想保守僵化，无济于事。这时响应'富国强兵'号召，为政府排难解忧扮演明治时期近代经济建设主要角色的，是以旧武士阶层出身者为主的新兴经营者，所以日本企业家的精神与欧美不同。政府对于上述新兴经营者的成长，可以说从一开始就采取了扶植政策。对有一定能力并富有企业精神的人，直接或间接地提供资金，采取必要的保护措施，培育了现代的经营者。"② 我国学者万峰先生也明确指出："领导产业革命和资本主义工业化的力量是士族和受过封建武士道德观教育的所谓民间优秀人才。"③ 士族领导下的产业革命和资本主义工业化，自然会留下士族的色彩，自然会遵循武士道的价值理想和道德规范。

　　这些"士魂商才"的企业家将国家利益置于首位，将国家目标作为企业追求的目标。如"以国家观念为基础经营事业"（《岩崎家家宪》），"深怀爱国忠君之心，不可疏于奉公"（《涩泽家家宪》），"上下一致，至诚服务于业务，举产业报国之实"（《丰田纲领》第一条），"产业报国精神"（"松下七精神"第一条）。④ 尽管企业之间存在着激烈的竞争，但企业家都表示要报效国家。"实业报国精神，实际上是武士效忠奉公意识在资本主义企业经营中的翻版，这与西方的个人主义的资本主义企业经营精神大不相同。"⑤ 当然，我们也应看到，在士族企业家指导下确立的近代企业的忠诚价值观，一方面得益于武士道核心价值观的塑造，另一方面也与国家对私人资本的扶持——对私人资本的"恩惠"，即政府和私人资本之间恩惠与效忠的关系密不可分。

---

① ［日］福地重孝：《士族和士族意识》，春秋社1956年版，第278页。
② ［日］高桥龟吉：《战后日本经济跃进的根本原因》，辽宁人民出版社1984年版，第189—190、217页。
③ 万峰：《日本资本主义研究》，湖南人民出版社1984年版，第134页。
④ 转引自李卓主编《日本家宪研究》，天津人民出版社2006年版，第368—369页。
⑤ 宋成有：《武士道精神与明治时期的日本现代化》，载罗荣渠主编《各国现代化比较研究》，陕西人民出版社1993年版，第107页。

日本学者森岛通夫认为："明治时期的许多资本家把他们的存在归功于政府，因此，他们继续寻求政府的恩赐，对政府效忠并与政府合作"，"投靠政府以获厚利"。[①] 明治政府在剥夺武士阶级经济特权的同时，又通过"士族授产"鼓励和诱导士族从事实业的政策，为士族提供授产资金（特殊授产资金、授产补助金、一般授产资金）和授产实业（农业、工商业、银行业）。再如，推行殖产兴业政策，将除铁路、电讯及军工之外的官办企业廉价（有的几乎是白送）处理给民间：资产77.6万日元的院内铜矿，政府的拍卖价仅为10.9万日元，而且以29年分期偿付；政府投资25.8万日元的纹龟制粮所拍卖价仅为994日元。

明治政府对私人资本的"恩惠"，造就了一大批仰赖政府发财的"政商"。"所谓'政商'，即与政治权力者有关系而得到利权和情报的商人。也就是说和政治家、政府官员、政府工作人员结合，利用他们获取经济活动的情报，诱导政策向有利于自己的方向而蓄积财富的商人。"[②] 日本学者楫西光速的《政商》（1963）将政商分为三个类型：一是三井、住友、鸿池等旧时代的特权商人；二是岩崎、川崎、藤田、大仓、古河、安田、浅野等乘乱取胜的赤手空拳者；三是涩泽、五代等政府的官僚[③]。最典型的政商就是三菱财阀的创始人岩崎弥太郎，"日本资本主义之父"涩泽荣一的发迹也是依靠政府的支持。近代日本的财阀，几乎是由政商演变而来。"在急剧展开的产业革命中，政商虽然几乎一夜之间蜕变成垄断资本财阀，但继续保留着浓厚的政商性。财阀与政府的关系极其密切，接受政府的扶持和保护，支持政府的内外政策，派出得力人员参与政府金融部门的管理，或者吸收政府官僚加入垄断集团要害部门的运营。"[④] 在国家的扶持和保护下迅速发展起来的政商企业，与国家有着共同的利益，这也是他们将忠于天皇、报效国家作为企业价值观的政治经济根源。

"毕竟，官僚和明治的实业家是一卵双生。在培育资本主义的过程中，国家是生产品的最大消费者，资本家依存于国家财政极多。国家和资本家

[①] ［日］森岛通夫：《日本成功之路——日本精神与西方技术》，经济日报出版社1986年版，第83、182页。
[②] ［日］宇田川胜、生岛淳：《向企业学习的日本经营史》，有斐阁2011年版，第4页。
[③] 转引自［日］宫本又郎《日本的近代·11·企业家们的挑战》，中央公论新社1999年版，第143—144页。
[④] 宋成有：《新编日本近代史》，北京大学出版社2006年版，第187页。

密切的关系使实业家蒙上一层浓浓的政商性格。"① 正是由于政府与企业家的这种关系，政府与财界才能结成统一战线。"明治以来，具有传统精神的日本政府与财界的统一战线，在第一次世界大战后，由于日本经济有了发展，财界出现了很大的独立性。但自三十年代发生世界经济危机以来，经济界又加强了对政府政策的依赖。"② 其实，政府与财界的统一战线在战后日本也依然存在，并且构成推动日本经济飞跃发展的因素之一。

忠诚至上的价值观既表现为企业家以报效国家为己任，又表现为忠诚是员工融入企业共同体的必备条件。武家社会将为"藩共同体"献身视为最高美德，明治维新后企业员工对"企业共同体"的献身也被看作最高美德。在忠诚奉献价值观的支配下，员工以企业利益为首要利益，以企业目标为奋斗目标；企业价值观确立的主要途径，一是从制度上以终身雇佣制和年功序列制换取员工对企业的忠诚献身精神，"职工取得报酬的根据，就在于对公司的忠心耿耿和对公司的生死相依"。③ 二是通过对员工的思想品德教育培育员工对企业的绝对忠诚和归属感、使命感，"从一个'新人'进入公司的时刻开始，他就树立对这个特定企业——社会社团的忠诚感"。④

2. 和谐一致的团队精神

武士道从诞生之日起就是武家社会的群体价值标准和行动准则，它不仅强调"忠"，而且强调"和"。通过"和"降低内耗，增强内部凝聚力、向心力和对外的竞争力。

最强调协调一致的群体是军人，最强调协调一致的活动是战斗。武家社会的竞争（战争）不是武士与武士之间的竞争（战争），而是武士团与武士团之间的竞争（战争）。战争的目的首先不是为了谋求个体利益，而是为了谋求集团的整体利益或共同利益。唯有夺取战争的胜利，集团才能存续和发展，集团成员才能分得战利品。在共同利益的驱使下，集团成员同乘一条船，从而养成了个人对共同体的忠诚与奉献，以及齐心协力、一

---

① ［日］福地重孝：《士族和士族意识》，春秋社1956年版，第278页。
② ［日］高桥龟吉：《战后日本经济跃进的根本原因》，辽宁人民出版社1984年版，第218页。
③ J. C. 阿贝格伦：《从日本的经营中学习什么》，第129页；引自［日］高桥龟吉《战后日本经济跃进的根本原因》，辽宁人民出版社1984年版，第331页。
④ ［美］弗兰克·吉布尼：《日本经济奇迹的奥秘》，科学技术文献出版社1985年版，第90页。

致对外的思维方式和行为方式。集团主义的生存方式、武士道的群体价值观和行动准则，养成了武士团成员之间和谐、互助、团结、合作、协调一致的处世哲学，并在漫长的武士时代积淀成日本人集团主义的思维方式和行为方式。

日本人的团队意识名扬世界。有学者将日本人比作"一群小鱼，秩序井然地朝一个方向游动，直到一块石子投入水中，打乱了这个行列，它们就转变方向朝相反的方向游去，但依然队列整齐"。这一多少带有些贬义的比喻，形象地刻画了日本人极端的团队意识和团队行为方式。"和谐一致"成为日本人最珍视的品德之一，虽不能完全归功于武士的群体生活方式和武士道的群体价值观，但与之有着密不可分的关系也是不争的事实。

如前所述，与武士团一样，日本近代企业也是利益共同体和命运共同体，以企业为单位参与竞争，格外强调内部和谐一致、相互信赖。"日本一个公司的雇员们组成一支队伍，并作为一个团结的集体去与其他公司的队伍竞争；获胜的公司则把获得的利润大体根据资历制度的原则，以奖金的形式发给每一个成员。""公司职员之间协调一致，忠于公司，这被认为，比职员之间的竞争更为重要。"① 武士道"和"的思想文化，培育了企业内部的"和谐感"、"团结感"、"亲近感"，让员工感受到了家庭般的温暖，换来了员工对企业的忠诚、依赖，激发了员工的工作热情和积极性。员工以作为企业的一员而自豪，不仅增强了企业的凝聚力，而且增强了企业的竞争力。

和谐一致的企业文化，还有赖于企业的"日本式经营"模式。一方面，是企业内部秩序的家族化。日本学者吉川荣一说："不言而喻，这个'和谐'是与所谓经营家族化的逻辑密不可分的。分析一下经营家族化的内容，首先是由下述这些条件组成的：（1）在经营秩序上的身份制度（或者叫论资提薪制）；（2）在雇佣关系上的终身制；（3）在薪金方面的论资（或者叫作论身份）定酬；（4）作为生活保障的企业福利制；（5）在劳资关系上的家族主义意识形态。""关于经营家族化的企业内部秩序有这样几点：（1）以人为主，全面立足于等级制度的基础上，上面

---

① ［日］森岛通夫：《日本成功之路——日本精神与西方技术》，经济日报出版社1986年版，第114、185页。

掌握出自恩情主义和体贴关怀的'宽宏态度',下边则抱着'感恩戴德'的心情;(2)循从上下级关系而尊重长辈这种传统的资历制;(3)用恩(温)情与'和谐'保证终身雇佣制,作为心理的、制度的、物质的必要手段。"[①] 另一方面,是共同体的利益纽带。如前所述,日本式经营(企业内管理)或日本式的企业模式,以终身雇佣制、年功序列制和企业内工会为特征。在终身雇佣制下,只要员工没有损害企业利益的行为和严重过失,企业就不会中途解雇员工,免除了员工担心失业的后顾之忧。在年功序列工资制下,员工的工资随着连续工龄的增长而增加,使员工寄希望于收入增长、生活无忧的未来。由于员工的待遇主要取决于连续工龄(亦即对企业的忠诚),而非实际能力和贡献大小,从而大大降低了员工之间的相互竞争或利益纷争。企业内工会既要维护员工的利益,更要考虑企业的长期发展,以协调企业内的劳资纠纷为己任,维护企业的和谐与稳定。也就是说,日本式经营有效地将企业构建成为一损俱损的利益共同体、命运共同体或劳资共同体,使企业表现为既是资本家的,又是每一个员工的。因此,员工"以企业为家",对企业有着强烈的主人翁意识和归属感。在这种"家"或"利益共同体"内部,员工之间、劳资之间几无根本的利益冲突,自然容易滋生和谐一致的企业文化,自然容易将"和"奉为必须遵循的行动准则。

武士道精神的塑造、与武士团一脉相承的企业制度,培育了员工维护企业利益的价值观,造就了和谐一致的企业文化。直到今天,和谐一致依然是企业文化的主要内容,团队意识依然是支配企业员工的思维方式和行为方式,缺乏集体精神依然被视为自私自利。

3. "公司第一"、"工作第一"的行动准则

在武士的信条中,主君对从者施以"恩惠",从者须以生命对主君尽忠奉公;主君的旨意就是从者的神圣使命,即便是牺牲生命也在所不惜,即"以生死委君心"。在武士道施恩泽世、知恩必报"恩偿观"的影响下,员工认为企业给了自己职业保障、薪水和福利待遇——"恩赏",就要对企业尽忠,终身为企业服务,努力工作是自己义不容辞的神圣使命。由此,养成了员工强烈的使命感、责任感、敬业爱业、公司第一、工作第

---

① [日]宇野政雄编:《日本的经营环境》,日本经济新闻社1972年版,第149—159页;引自[日]高桥龟吉《战后日本经济跃进的根本原因》,辽宁人民出版社1984年版,第324页。

一和恪守职责、忠于职守的行动准则和工作伦理，努力通过自己的拼命工作使公司有所成就。"雇员这种对公司无私的献身精神，这种视公司为终身服务场所的思想境界，直到战后还盛行于日本公司内部。"① 在这种行动准则和工作伦理的指导下，近代日本的企业员工对企业忠心耿耿，兢兢业业地拼命工作，将自己的一切毫不保留地献给企业，以自己的献身精神谋求企业的兴旺发达，满足个体家庭的社会生活。

武家社会时代，主君给从者恩赏，要求从者以生命侍奉主君。近代日本社会，企业给员工恩惠，要求员工对企业忠心耿耿、与企业生死相依。为此，企业在制度设计上，将忠诚献身道德作为员工提薪晋级的依据，企业家在招聘员工时也是将道德品质放在首位。"（日本）在议论能力与成功的关系时，一般是把道德修养看得重于才能和技术。""涩泽主张用人之道，要有七条个人品质：（1）诚实；（2）勤奋、俭朴；（3）踏实；（4）活泼；（5）温顺；（6）规矩；（7）耐性……实际上，涩泽雇佣年轻人时，特别警惕那些聪明伶俐的人。他说，'我喜欢什么性格的青年呢，是放在什么地方都很温顺忠实、不粗野、不自夸其能、正直活泼、天真和没有邪气的青年'。"② 企业对员工的教育，最重视的就是培养员工的忠诚献身精神；决定员工薪金和晋升的制度，与其说是根据员工的技术水平，不如说是根据员工在企业（家族）中的资历深浅和对企业（家族）的忠诚、勤奋、踏实。

武士道是实践道德，武士是实干家，武士对主君的效忠奉公表现为脚踏实地、埋头苦干，鞠躬尽瘁、死而后已。明治维新后，在"武家主义武士道"基础上推陈出新的"皇道主义武士道"，成为近代日本社会伦理道德的支柱，以及对国民进行思想品德教育的核心内容。于是，以武士为楷模和长期接受武士道教育的国民也养成了崇尚实践的务实精神。企业员工以强烈的使命感和忘我的拼命精神，以加班加点、不知疲劳地工作诠释"公司第一"、"工作第一"的工作伦理，践行自己对企业的忠诚。而且，"当雇员们认为他们已经对公司表现了特殊的忠诚时，便产生极大的满足感。和上班内工作相比，加班时做的工作可以获得更大的

---

① ［日］森岛通夫：《日本成功之路——日本精神与西方技术》，经济日报出版社1986年版，第115页。
② ［美］B.K.马歇尔：《日本的资本主义和民族主义》，鸟羽钦一郎译，第117—118页；引自［日］高桥龟吉《战后日本经济跃进的根本原因》，辽宁人民出版社1984年版，第327页。

满足感。"① 这些武士道精神武装起来的企业员工，将无所事事的闲人、无用之人视为耻辱，将拼命工作视为天经地义。因此，西方学者将日本人称为"工作狂"、"忠诚心患者"。

政府近代化政策的落实，企业发展目标的实现，近代化的高速度、高效率，正是通过这些"工作狂"和"忠诚心患者"的双手创造出来的。

---

① ［日］森岛通夫：《日本成功之路——日本精神与西方技术》，经济日报出版社 1986 年版，第 110 页。

第十三章

战后改革与现代武士道

1945年8月，日本的投降宣告了近代天皇制军国主义、法西斯主义的彻底失败，也标志着近代日本"奉天皇之命"的军国体制的瓦解，日本也由近代的军人政治时代转入了现代的官僚政治时代。

对战后日本政治、经济、军事和思想文化影响最大的，莫过于美国主导下的战后改革。"1945年到1947年间，随着盟军最高司令解除了日本的武装，脱去了天皇的神权外衣，重修了日本的宪法，解散了最大的企业集团，促进了工会的成长，没收和重新分配了土地，重建了教育制度，以及修订了国民法典，麦克阿瑟版本的改革支配了日本的方方面面。"[①] 因此，战后的武士道还得从美国主导下的改革说起。

一 战后改革对武士道的冲击

1945年8月15日，日本宣布投降。"8月底，以麦克阿瑟为联合国最高司令官、以美国为中心的占领军进驻日本，日本在历史上首次处于外国的占领之下。9月2日，日本代表在停泊于东京湾的美国战舰密苏里号上签署了投降书。麦克阿瑟在东京设立联合国最高司令官总司令部（GHQ），对日本实施非军事化和民主化改革。"[②] 美国在对日占领期间的统治方式、非军事化和民主化政策、对日政策的转变，有助于把握战后改革对武士道（主要是军国主义武士道）的冲击，有助于把握战后日本是否依然存在武士道生存的土壤。

---

① ［美］詹姆斯·L.麦克莱恩：《日本史》，海南出版社2009年版，第460页。
② ［日］武光诚、大石学、小林英一监修：《地图、年表、图解的日本历史·下》，小学馆2012年版，第112页。

（一）美国的单独占领和间接统治

战后的德国由苏、美、英、法四国实行分割占领，德国战败后曾一度不存在德国人自己的政府，由占领军进行"直接统治"。战后的日本则由美国军队单独占领（尽管有少数英联邦国家军队参与占领），美军与日军没有在日本本土交战，美国占领军通过日本政府实施"间接统治"，日本的政府机构及其官僚体系因而得以较为完整地保存下来。

早在1942年，美国就对有关占领日本的问题进行了研究。但是，究竟是直接统治还是间接统治、是美国一国占领还是多国分割占领，直到日本战败投降前夕，也未得出最后结论。美国最终决定单独占领日本，与美、苏两国在欧洲的矛盾日渐激化密切相关。1945年7月25日，麦克阿瑟向美国总统杜鲁门建议，由美国单独占领日本。8月13日，美国通过《总统命令第一号》，将美国单独占领日本一事通知各对日作战的盟国，该命令规定了日军向谁投降和由谁受降的问题。8月22日，美国陆军省通知麦克阿瑟，对日本不实行军政，而改为间接统治。9月2日，即日本签字投降的当天，东久迩内阁的外相重光葵专程拜见麦克阿瑟，请求不要实行军政，希望麦克阿瑟相信日本政府能够执行《波茨坦公告》。麦克阿瑟也表示了通过日本政府实行《波茨坦公告》的意向。

对日占领或统治的机构，主要是盟国驻日占领军总司令部（简称"盟总"，GHQ）、远东委员会和对日理事会。"盟总"成立于1945年8月28日，它既是盟国对日占领政策的执行机关，也是美国太平洋陆军司令部，从最高司令官到工作人员全是美国军人，麦克阿瑟身兼两职。"远东委员会"成立于1946年2月26日，由美、苏、英、中、法等11个国家的代表组成，是审查对日占领政策的最高决策机构，设在华盛顿，主席为美国人。其权限一是决定对日政策的原则性方针和政策，二是根据成员国的要求审查美国政府对盟国最高司令官的指令和最高司令官所采取的行动。但是，远东委员会决定的方针和政策必须通过美国政府下达给"盟总"和麦克阿瑟司令官。而且，在紧急情况下，美国政府可以不经远东委员会以"中间指令"的方式，向盟总和麦克阿瑟下达指示，从而保证了美国事实上对日本的单独占领。此外，远东委员会无权干涉领土和军事行动等问题的规定，也保证了美国对日本的单独占领。"对日理事会"是远东委员会的派出机构，成立于1946年4月5日，设在东京，主席也是美国人，由美、苏、英、中四国代表组成，是盟国最高司令官的咨询机构，对最高司令官没有约束和控制作用。美国在对日作战中居于主导地位、发挥了不可替代的巨大作用，不仅决定了盟国对日本军事占领的方式最终采取美国单独占领的方式，而且决定了美国在占领机构、占领政策的制定和实施上的支配地位。

占领日本后，美国"占领当局决定自身是通过而非取代现存政权来进行管理日本的工作，因而这就使得日本政府官僚机构内部得以保持高度的连续性"。[①] 其具体方式分为三步，第一步，制定政策。由美国政府将盟国的对日本政策以指令等方式下达给"盟总"和麦克阿瑟。第二步，下达政策。由"盟总"和麦克阿瑟以指令、一般命令、书信和口头指示等形式，通过日本的终战联络委员会或者直接向日本政府下达指令和命令。第三步，执行政策。日本政府对政策的具体执行来自"盟总"或麦克阿瑟的指令。在这种统治方式之下，美国人是政策的制定者，政策的执行机构是战前日本的政府机构，政策的执行者是日本人，其中绝大部分是战前日本的政府官员。

1945年9月6日，美国政府在赋予麦克阿瑟的权限中明确规定：天皇及日本国政府的权限从属于盟国最高司令官，如天皇或其他日本国的掌权者在执行投降条款上不能满足最高司令官的要求时，最高司令官有权要求更换政府机构或人事，或者以最高司令官的权力直接限制天皇和日本政府。[②] 1945年9月20日，日本政府发布"紧急敕令524号"，规定"盟总"的指令具有法律效力，要不折不扣地加以执行。同年10月31日，日本政府还制定《阻碍占领目的处罚令》，以保证"盟总"和麦克阿瑟指令的实施。总之，美国在战后对日本的单独占领形式上是日本政府行使行政、司法等权，实际上"盟总"是实质性的权力机关，"盟总"的最高统帅麦克阿瑟拥有无限的权力，凌驾于日本天皇、政府和国民之上。

美国利用天皇和日本政府机构执行美国占领政策的间接统治方式，缓和了日本人对盟国占领军及其占领政策的抵触情绪，降低了统治成本和统治困难。不过，间接统治的方式几乎原封不动地保留了战前日本的官僚机

[①] [美]康拉德·希诺考尔等：《日本文明史》，群言出版社2008年版，第241页。
[②] [日]历史科学协议会、中村尚美、君岛和彦、平田哲男编：《史料日本近现代史·3·战后日本的进程》，三省堂1985年版，第4页。

构和人员，也使日本政府有机会就占领政策的具体内容与"盟总"和麦克阿瑟讨价还价。日本学者高桥龟吉也说："日本政府和官吏，对占领军过激的改革命令，采取使它符合日本实情的抵制态度，他们是在这种方式下，对战后日本政治、经济体制各个方面做了大量改革的"，"当时日本政府最注意的，是有选择地接受占领军的改革要求，认为要求的改革正确就加以推行，认为错误则极力抵制，请求改正。普通国民也是在这种意义上，对政府寄予希望并与政府合作的。"[①] 如果像对德国一样，美国直接对日本实行"军政"的话，完全可以保证对日占领政策的彻底实施，而间接统治的方式就难以保证对日占领政策的彻底性，难免使对日占领政策在一定程度上打了折扣。也就是说，日本政府在执行过程中难免会使美国的对日政策走样、变形。不仅如此，日本天皇、政府和国民在认识军国主义历史、反省军国主义罪行、清除军国主义精神等方面，直接统治与间接统治的效果大不一样，武士道价值体系的存续，也与之紧密相关。

（二）美国的"非军事化"和民主化政策

美国对日政策的制定始于日本投降之前，1944年3月14日美国就拟定了《战后美国的对日目的》。从1945年6月起，美国国务院、陆军、海军三方组成的调整委员会，又根据这一文件进一步研究占领初期的政策，并于8月下旬制定了美国《战后初期的对日政策》（简称"初期政策"）。1945年9月22日，美国正式公布了这一政策。"初期政策"由"最终目的"、"盟军权利"、"政治"和"经济"四个部分（共16条）组成。"最终目的"一是"保证日本不再成为美国的威胁，不再成为世界安全与和平的威胁"，二是"建立和平和负责任的政府，该政府必须尊重别国的权利，支持联合国宪章的理想和原则所体现的美国的目的"。"盟军权利"强调所有占领部队均由美国的最高统帅指挥，天皇和日本政府的权力从属于最高统帅。"政治方面"，主要是解除武装和非军国主义化、战犯的处理、民主权力和民主进程等。"经济方面"，主要是摧毁军事力量的经济基础、解散财阀、恢复和平经济、国外资产的处理、皇室财产处理等。[②] 总之，初期政策的核心是

---

① ［日］高桥龟吉：《战后日本经济跃进的根本原因》，辽宁人民出版社1984年版，第21、220页。

② ［日］历史科学协议会、中村尚美、君岛和彦、平田哲男编：《史料日本近现代史·3·战后日本的进程》，三省堂1985年版，第5—8页。

在日本实施"非军事化"和"民主化"政策。

"非军事化"政策的主要内容是：

（1）解除日本军队的武装。"1945年8月14日，日本决定投降时的陆海军兵力，已膨胀到前所未有的程度。陆军的一般师团169个、战车师团4个、飞行师团15个，总兵力550万以上，其中，内地约240万，海外约310万。海军失去了大部分舰艇，大部分是已经不能称为海军的陆上部队，其兵力内地为130万，海外约有40万，合计170万。陆海军共计720万，不用说，这是陆海军创建以来最大规模的兵力。""国内军队的解散在1945年9月末已实现八成以上，10月末基本上完成。"① 于是，日本曾经拥有的庞大军队被消灭了。

（2）逮捕并审判战犯。根据《波茨坦公告》和《初期政策》，"盟总"之下设立远东国际军事法庭，1945年9月、11月和12月，美军分三批逮捕了东条英机、岸信介、荒木贞夫、土肥原贤二、板垣征四郎等108名战犯，包括皇族战犯梨本宫守正王元帅。1946年1月，远东国际军事法庭设立。经过两年半的审判，在100多名甲级战犯嫌疑中，只有东条英机等28人被起诉（审判过程中2人死亡，1人因精神病免诉）。1948年11月，判处东条英机（陆军大将、原首相）、广田弘毅（原首相、外相）、土肥原贤二（陆军大将）、坂垣征四郎（陆军大将、陆相）、木村兵太郎（陆军大将）、松井石根（陆军大将）、武藤章（陆军中将）7人绞刑，判处木户幸一、平昭骐一郎、梅津美治郎等16人终身监禁，判处东乡茂德有期徒刑20年，判处重光葵有期徒刑7年。此外，在日本和其他国家也设置了50个法庭，起诉5400余名乙级或丙级战犯，其中937名被判死刑，358名被判无期徒刑。

对于天皇，"盟总"既要利用天皇的权威，又要剔除天皇的"神性"。按照"盟总"的旨意，1946年1月天皇发表由币原首相起草的《人间宣言》，申明天皇是人而不是神，麦克阿瑟立即发表声明支持这一宣言，盟总也从战犯名单中删除了天皇的名字。于是，战争的最高责任人——天皇，既未承担战争责任，也没有退位。"显然只有一小撮陆海军军官、极少数高级官僚为前线军人犯下的恐怖罪行进行偿还。实际上，根本没有战争经济的巨头，也没有在政治、学术和新闻界煽动民族的傲慢与狂信的军

---

① ［日］藤原彰：《日本军事史·下卷》，日本评论社1987年版，第1、14页。

国主义的理论指导者被包括在内。""没有令人胆寒的宪兵队头目被起诉；没有极端民族主义的秘密团体领导人被起诉；也没有因侵略中饱私囊并密切参与铺平'战争之路'的实业家被起诉。对日本殖民地的朝鲜人和台湾人的强制动员，并未作为反人道罪行被起诉；同样未被起诉的，还有驱集成千上万名非日籍年轻女子并且强迫他们当'慰安妇'，为帝国军队提供性服务。控制检察团的美国人，还决定对一个罪恶昭彰的日本集团秘密准予全面免责。这一集团就是在'满洲'对数千名俘虏实行致命的人体试验的 731 部队的军官和科学研究者（他们被免于起诉的交换条件是与美国人共享其研究成果）。检察方也没有认真追究有关日本在中国使用化学武器的证据。"[①] 美国学者道尔也认为，对战争罪犯、战争罪行的追究极不彻底。

（3）整肃军国主义骨干。1946 年 1 月 4 日，"盟总"对日本政府下达"解除公职令"，规定整肃的对象是：战犯、职业军人、谍报机构和宪兵队的官兵及军属、极端国家主义团体、暴力团队及秘密爱国团体的骨干分子、大政翼赞会、翼赞政治会、大日本政治会的骨干分子，满铁、东洋拓殖公司等与日本扩张有关的开发机构及金融机构的高级职员，殖民地与占领地的行政长官，其他军国主义者和极端国家主义者。[②] 截至 1948 年 5 月 10 日，21 万多人被剥夺公职。其中，军人 167035 人、官僚 1809 人、政治家 34892 人、超国家主义者 3438 人、企业界 1898 人、言论界 1216 人，合计 210288 人。[③] 即使根据日本学者的研究成果，"盟总"在日本的整肃也远没有德国彻底，德国是全民性大调查，德国的总人口比日本少，112 万纳粹党员全部被整肃。而且，到 1952 年 4 月，日本 95% 以上的人被解放。

（4）解散军事机构和废除军事法令。1945 年 9 月至 12 月，美国先后解散了"大本营"（9 月 15 日）、"军令部"（10 月 15 日）、"参谋本部"（11 月 30 日）、"陆军省"和"海军省"（12 月 1 日）等发动和指挥战争

[①] ［美］约翰·W. 道尔：《拥抱战败——第二次世界大战后的日本》，生活·读书·新知三联书店 2008 年版，第 430、443—444 页。
[②] ［日］历史科学协议会、中村尚美、君岛和彦、平田哲男编：《史料日本近现代史·3·战后日本的进程》，三省堂 1985 年版，第 27—28 页。
[③] ［日］武光诚、大石学、小林英一监修：《地图、年表、图解的日本历史·下》，小学馆 2012 年版，第 115 页。

的中枢机关，废除了《兵役法》、《义务兵役法》、《国防安保法》、《军机保护法》等军事法令，以及《国家总动员法》、《战时紧急措施法》等有关战时体制的法令。1945年至1946年，还废除了秘密警察制度，解散和取缔了在乡军人会、大日本政治会、大政翼赞会、翼赞政治会等147个法西斯军国主义团体。

（5）收缴民间武器。日本学者藤原章认为："这种武器收缴，是与丰臣秀吉的刀狩令、明治维新的废刀令相提并论的大事，比以往更细密。为此，日本即使在世界上也是不许民间私藏武器的国家，武器成为权力的独占物。"① 除收缴民间武器外，"盟总"还禁止研究和生产武器、弹药、军舰、飞机和军需物质，禁止研究原子能和航空技术，限制生产可用于制造武器和军需物资的原材料，拆除战争工业设备并将其用于对盟国的赔偿等。

"民主化"政治改革首先是制定宪法，进行制度性改革。在美国指导下重新制定的《日本国宪法》，奠定了政治制度改革的基础，日本开始全面实行西方现代民主制。1945年10月，麦克阿瑟指令币原内阁起草新宪法草案。然而，1946年2月8日呈报给盟总的新宪法草法，还有"天皇至尊而不可侵犯"、"天皇统帅军队"② 等内容。为此，麦克阿瑟专门提出"改宪三原则"，即象征天皇制、放弃战争、废除以华族为中心的封建制度，并指示"盟总"民政局起草新宪法。2月13日"盟总"民政局完成的宪法草案第1条、第3条和第8条分别规定："天皇是国家的象征，又是国民统一的象征"，"天皇不具有政治上的权限"，"废弃作为国家主权的战争，废弃以武力和威胁手段解决与他国的纷争，承诺绝不设置陆、海、空军及其他战斗力。"第13条规定："废除华族及其他贵族制度。荣誉、勋章及其他荣典的授予，不附带任何特权。授予的荣典，只限于现有者和将接受者一代有效。"③ 此草案经麦克阿瑟批准后提交日本政府，要求日本政府按该草案修改宪法。起初，日本政府表示难以接受。"盟总"便威胁说，如果日本政府不接受的话，将公之于国民，由国民选择决定，日本政府只得同意在该草案的基础上修改宪法。同年3月4日，日本政府

---

① ［日］藤原彰：《日本军事史·下卷》，日本评论社1987年版，第15页。
② ［日］历史科学协议会、中村尚美、君岛和彦、平田哲男编：《史料日本近现代史·3·战后日本的进程》，三省堂1985年版，第35页。
③ 同上书，第41—42页。

完成《宪法修改草案纲要》，其后又根据修改程序，经国会两院反复审议、修改，枢密院通过以及远东委员会同意，于11月3日作为正式宪法公布，1947年5月3日正式施行。

新宪法具有两个鲜明的特征：一是象征天皇制。宪法第1条规定："天皇是日本国的象征，是日本国民统一的象征，其地位以主权所在的全体国民的意志为依据。"一是非军事化和放弃战争。宪法第九条规定："日本国民真诚希求基于正义与秩序的国际和平，永远放弃以国权发动的战争，以武力威胁或武力行使作为解决国际争端的手段。为达到前项目的，不保持陆海空军及其他战争力量，不承认国家的交战权。"

根据新宪法，币原内阁对明治以来的政治制度进行了一系列改革：①天皇制改革。天皇仅仅只是象征性的，没有行使国事的大权，还废除了辅佐天皇的枢密院、贵族院等机构。②议会制改革。宪法第41、42、43条规定，"国会是国家的最高权力机关，是国家唯一的立法机关"，"国会由众议院和参议院构成之"，"两议院由选举产生的代表全体国民的议员组织之，两院议员的定额由法律规定之"。国家的一切重大问题，均由国会讨论决定。③内阁制改革。宪法第65、66条规定，"行政权属于内阁"，"内阁按照法律规定由其首长内阁总理大臣及其他国务大臣组成之。内阁总理大臣及其他国务大臣须是文职人员。内阁在行使行政权上，对国会共同负责。"将战前总理大臣由元老和重臣提名、天皇任命、对天皇负责，改为众议院中占据多数席位的政党组织内阁，由其政党的总裁任内阁总理大臣，内阁对国会负责。④司法制度改革。最高法院成为与国会、内阁并列的独立机构，实现了三权分立。宪法第76条和第81条规定："一切司法权属于最高法院及依法律规定设置的下级法院。""最高法院为有权决定一切法律、法令、规则以及处分是否符合宪法的终审法院。"

政治改革的内容，还有开放言论与新闻自由，对工人和妇女给予政治权利。在1946年4月的众议院议员大选中，39名妇女当选为众议院议员。

经济改革旨在铲除军国主义的经济基础，内容一是"农地改革"，一是"解散财阀"。美国政府早在战时的对日政策研究中，就认识到日本的土地制度——寄生地主制与军国主义的内在联系，是产生军国主义的温床。1945年10月13日，币原内阁抢在美国之前主动提出了《第一次农地改革纲要》，该方案后来虽经修改，仍将农地改革的对象限定为不在村地主的土地及在村地方超过5町步以上的土地，即只有出租地的37.5%成为改革的对象。"盟总"对此极为不满，将方案提交远东委员会和对日理事会讨论，并以英国在1946年6月提出的方案为蓝本，提出较为彻底的第二次改革方案，由政府购买不在村地主的全部出租土地和在村地主1町步（北海道为4町步）以上的出租地，卖给佃农；将地主保留的土地从5町步减为1町步，要求日本政府在两年内完成。"农地改革以形式上的收买和出售，结果却近似于没收和赠予的方式，在基本未遇到地主阶级抵抗的前提下，一举消灭了近代日本的寄生地主及其半封建的土地所有制，建立了以自耕农为主的小农经济。"① 在美国占领当局监督下实施的农地改革，使大约200万公顷的土地从地主手中转移到佃农手中，自耕农的比例从改革前的30%增至70%。

财阀是日本的垄断资本集团，三井、三菱、住友、安田等十大财阀占有日本金融资本的53%、重工业资本的49%。可见，财阀在战前已牢牢控制了日本的经济命脉。美国政府认为财阀是日本军事性和侵略性的根源之一，所有财阀都是军国主义者，他们通过战争攫取了巨大利益，战后又继续加强其垄断地位。"由三菱、三井、住友、安田四大财阀为首的二十多个财阀联盟的确在日本战前和战时工商企业中都居领导地位，它们确实与历届日本政府密切合作，不惜代价建立重工业以支持日本进行战争。"② 1945年10月15日，"盟总"经济科学局局长克莱曼发表解散财阀的声明，要求日本尽快提交具体实施计划。10月20日，"盟总"指令三井、三菱、住友、安田等15家财阀提交关于营业内容和资本结构的报告，11月2日又下令冻结其资产。在"盟总"的督促和压力下，币原内阁于11月4日发表《关于解散控股公司的备忘录》，提出了具体计划。对此，"盟总"表示满意，并指令日本政府立即执行。从1946年9月6日到1947年9月26日，先后五次指定83家控股公司为应予解散的财阀公司或企业。但是，由于"冷战体制"的形成，美国想在全球战略中利用日本，不仅放宽了对日经济的限制，1948年12月18日美国政府还提出了《稳定经济九原则》，公开干预和积极复兴日本经济，从而使得该领域的改革

---

① 杨栋梁：《日本近现代经济史》，世界知识出版社2010年版，第214页。
② [美]弗·卡布尼：《日本经济奇迹的奥秘》，科学技术文献出版社1985年版，第48页。

大打折扣。83家被指定解散的公司，只有42家受到解散处理。在这42家中，又有20家开办第二公司作为替身，结果真正解散的实为22家。

教育改革的核心是废除军国主义教育，实施政教分离。1945年，"盟总"下达了教育改革的四大指令，即《日本教育制度的管理政策》（1945年10月22日）、《教师及教育官员的调查、开除、认可》（1945年10月30日）、《废除政府对国家神道、神社神道的保护、支援、监督和弘扬》（1945年12月15日）、《停止开设修身、日本历史、地理课》（1945年12月31日）。四大指令要求日本政府废除皇国主义、军国主义教育和军事教育、军事训练；开除学校教师中的军国主义者和法西斯分子；教育与国家神道分离；停止开设向学生灌输"皇国"理念的修身、日本历史和日本地理三门课题，删除教材中的军国主义内容。日本政府根据"盟总"的指令和《日本国宪法》，以立法的形式确立民主、和平、平等的教育体制，规定了学问自由、平等受教育权、普通义务教育等基本的教育原则。1947年3月31日，公布实施《教育基本法》和《学校教育法》。当然，与军事、政治、经济领域的改革一样，教育改革也是不彻底的。截至1948年5月31日，在中小学及青年学校的教师中，经审查被开除者2245人，自动开除者2375人，总计4620人。显然，这一数字与战前日本军国主义教育的发展程度极不相称。

"非军事化"和民主化改革，使日本由带有封建性的法西斯军国主义国家转变成现代资产阶级民主国家，开创了日本资本主义发展史上的一个新时代，乃是不争的事实。然而，在保存天皇制和政府机构、政府官吏基础上的"非军事化"和民主化改革，既未改变天皇制国体和官僚机构的基本构造，也未改变资产阶级政权性质和资本主义经济基础。因此，战后与战前的日本保持着高度的连续性，而美国对日政策的改变，又大大增强了这种连续性。

（三）美国对日政策的转变

美国对日本的占领，始于1945年日本战败，终于1952年美日片面媾和。1945年战败至1946年底是占领初期；1947年初至1948年底和1949年初至1952年，分别是占领中期和占领后期。值得注意的是，美国的对日政策与冷战紧密相连。1947年，美苏之间的冷战体制正式确立，对抗社会主义成为美国的全球战略。于是，美国开始调整对日政策，将日本视为远东地区唯一能够遏制社会主义的国家。随着美国对日占领的基调在中期发生了变化，占领后期的对日本政策也转为扶持日本经济和重新武装日本。

在第二次世界大战中，出于对抗和打败威胁人类和平与安全的共同敌人——德、意、日法西斯的需要，以美、苏为代表的具有不同社会制度和不同意识形态的国家、民族联合起来，结成反法西斯的统一战线"同盟国"。1945年世界反法西斯战争胜利后，维系反法西斯统一战线"同盟国"的根本基础不复存在，美苏两国由盟友转变为对手。1947年3月，美国总统杜鲁门提出遏制共产主义的"杜鲁门主义"；同年6月，国务卿马歇尔又抛出所谓《马歇尔计划》，以经济援助的手段将欧洲的受援国纳入反对苏联社会主义的阵营。苏联则集结东欧社会主义国家的力量，与美国针锋相对。这样，也就正式进入了美苏对立的冷战格局。1948年6月，围绕西柏林问题，冷战形势进一步加剧。1949年，苏联等东欧6国结成"经济互助委员会"，美国等西方12国结成北大西洋公约组织。在远东，1948年8月和9月，大韩民国和朝鲜民主主义人民共和国相继成立。在中国，1949年国民党政府逃到台湾、中华人民共和国成立。1950年6月，朝鲜战争爆发。

正是在这种国际形势下，美国的对日政策也从根除日本军国主义和消除日本对美国的威胁，转为军事上将日本变成美国在亚洲的前哨基地，政治上使日本成为反对社会主义国家的"反共堡垒"。1948年1月6日，美国陆军部长罗亚尔在演说中宣称："要修正对日政策，将日本培育成在经济上自立的国家"，"为了防范在远东可能发生的新极权主义的威胁"，"日本要成为远东反共的防壁"，"成为远东兵工厂"。[1] 罗亚尔的演讲发出了美国对日政策转变的信号。"罗亚尔演说的具体化，是同年3月美军陆军次官德拉帕等使节团来日，报告了通过对日本赔偿政策的大幅度缓和，将日本作为'远东工厂'的再建政策。"[2] 美国对日政策就这样从非军事化和民主化转向对日本的扶持，使之成为"远东反共的防壁"、"兵工厂"。

---

[1] [日] 历史科学协议会、中村尚美、君岛和彦、平田哲男编：《史料日本近现代史·3·战后日本的进程》，三省堂1985年版，第78页。

[2] [日] 藤原彰：《日本军事史·下卷》，日本评论社1987年版，第21页。

日本学者通过表 13－1 非常清晰地反映了美国对日政策的转向。[①]

表 13－1 美国对日政策的转向

		占领政策的转换		
政治	民主化	1945 年释放政治犯 1945 年废止治安维持法 1945 年制定劳动三法	→走向西方阵营的一员	1947 年命令终止大罢工 1948 年禁止公务员罢工
经济	抑制经济力	1945 年解散财阀 1947 年制定禁止垄断法	→走向西方阵营的工厂	1948 年经济安定九原则 1949 年实施道奇政策
军事	非军事化	1946 年军国主义的公职追放令 1946 年宪法第 9 章规定放弃发动战争	→走向再军备	1950 年设置警察预备队 1950 年解除公职追放

关于对日本政策的转变，美国学者分析说："出于冷战的考虑，美国人开始放弃当初的许多'非军事化和民主化'的理想……在此转变的过程中，美国人日益公然与日本社会中的保守势力甚至右翼势力结盟，其中包括那些与这场失败的战争切身有关者。曾因战犯嫌疑被捕的人士被撤销起诉。经济大权重新回到大资本家和中央官僚的掌握之中。禁止担任公职的政治家和其他战时的领导人逐步得到'赦免'。而与此相反，激进的左翼遭到'赤狩'。无论是自上而下、自下而上，或是源于任何其他地方的真正的民主改革的想法，就如同老话说的那样，看上去越来越像是一场梦。在占领结束之前，日本媒体已将这一戏剧性的方针称为'逆流'。"[②]"这些'逆流'和传统制度及模式包括：首先，战后不但没有对日本天皇进行实质性的审判，还继续保留了这一职位；其次，日本官僚机构的地位没有发生变化；再次，日本政府和商界之间的关系也没有出现实质性的变化；最后，日本政府在实际运作过程当中，没有能够严格遵守《日本国宪法》第 9 章所要求的实行国家非军事化的规定。"[③] 战后改革的局限性，由此可见。

美国对日本的"非军事化"和民主化改革，一度强烈地冲击武士道

---

① ［日］武光诚、大石学、小林英一监修：《地图、年表、图解的日本历史·下》，小学馆 2012 年版，第 117 页。

② ［美］约翰·W. 道尔：《拥抱战败——第二次世界大战后的日本》，生活·读书·新知三联书店 2008 年版，第 513 页。

③ ［美］康拉德·希诺考尔等：《日本文明史》，群言出版社 2008 年版，第 247 页。

的阴暗面——军国主义的思想意识。美国转而采取扶持和重新武装日本的政策，既使包括甲级战犯在内的一批军国主义势力得以保存下来，又在某种程度上认可武士道军国主义的思想意识，并为之保留了滋生的土壤。

二 政治右倾化与武士道的互动

武士道的存续，一方面取决于美国主导下的战后改革是否铲除了武士道的生存土壤；另一方面又取决于战后日本政治舞台上执掌权柄、制定政策的统治集团。因此，考察战后日本的统治集团及其由他们制定和推行的基本政策，同样具有不容忽视的重要意义。

（一）旧官僚和战争罪犯把持政坛

在战后的日本政坛，保守势力处于绝对的支配地位。八幡和郎的《历代总理通信簿》，将东久迩宫稔彦、币原喜重郎、吉田茂、片山哲、芦田均、鸠山一郎、石桥湛山和岸信介8位战后的首相，称为"战前派的复活"。[①] 1955年10月，左右两派社会党统一；11月两大保守政党——自由党和民主党合并为自由民主党（简称"自民党"）。各派政治势力经过10年的分散聚合，终于形成"革新"（社会党）和保守（自民党）两大政党，形成保守党在1955年以后长期执政的政治局面。在此后的38年间，自民党的几大派阀轮流出任内阁总理大臣。

五次担任首相（第45、48、49、50、51届，合计2605天）、执掌日本政坛帅印7年之久的吉田茂（1878—1967），是土佐藩藩士竹内纲的第五个儿子，养父吉田健三是福井藩士渡边谦七的儿子，岳父牧野神显是维新元勋木户孝允的次子。主政期间，"吉田重用了残存下来的党人，但他想要提拔的却是高级官僚。作为执政党，是需要这些人的知识经验的。1947年7月，池田（大藏次官）、佐藤（运输次官）等高级官僚25人一齐加入自民党，其中一部分人在第二年1月的大选中获得了议席。于是，在第三次吉田内阁时，池田出任了藏相，佐藤当上自民党政务调查会长。吉田把希望寄托于他们，同他们一起进餐。这后来被称为'吉田学

---

① ［日］八幡和郎：《历代总理通信簿》，PHP研究所发行2006年版，第198页。

校'。"① "在他担任首相的七年两个月时间,共任用了114名阁僚,其中池田勇人、佐藤荣作就是吉田茂最欣赏的官僚出身的政治家。"② 池田勇人(1899—1965)是战败时的大藏省主计局长,1960年7月至1964年11月任日本第58、59、60届内阁首相,任职时间4年多(1575天)。佐藤荣作(1901—1975)的曾祖父佐藤信宽是长州藩下级武士,与吉田松荫、伊藤博文等交往极深,父亲佐藤秀助是酿酒商,佐藤荣作是佐藤秀助的第三子(长兄佐藤市郎是陆军中将、二哥是岸信介)。战前,佐藤历任监督局铁道课长、中国兴亚院勤务、监督局长等职,1964年11月至1972年7月担任第61、62届和第63届首相,任职时间长达7年零8个月(2798天),持续任职时间超过了伊藤博文(2686天)。吉田和池田、佐藤担任首相的时期,共计6978天,将近20年。

被解除公职者重返政坛的代表是鸠山一郎(1883—1959)和石桥湛三(1884—1973)。鸠山出身于美作胜藩士族,父亲鸠山和夫历任外务省取缔局长、帝国大学教授、东京专门学校校长和众议院议长、外务省次官,母亲春子是松本藩士之女、共立女子职业学校的创立者。战前,鸠山曾任田中义一内阁的书记长官(1927年)、犬养毅内阁(1931年)和斋藤实内阁(1932年)的文相,1945年11月发起组建日本自由党(战后第一个成立的保守政党)并任总裁,1946年4月22日币原喜重郎辞去首相职位,5月3日向天皇荐举鸠山一郎为继任首相。然而,5月4日"盟总"宣布开除鸠山的公职,只好让位给吉田茂。1951年解除公职处分,1954年组建民主党并任总裁,同年12月任首相,在两年多的时间里组建了第52、53、54届内阁(1954年12月10日至1956年12月20日,742天)。鸠山内阁时期,日本在经济上进入高度增长时期,外交上实现日苏邦交正常化,成为联合国会员国,提出修改宪法第9条,建立真正的"自卫武装"。

出身于日莲宗僧侣之家的石桥湛三,战前曾任《东洋经济新报》社长,1947年5月作为"其他军国主义分子和超国家主义者"被开除公职,1951年解除处分后重返政坛,1956年任自民党总裁、首相,执政65天(1956年12月23日至1957年2月25日)后因病辞职。

作为甲级战犯而重返政坛的代表岸信介(1896—1987),本是佐藤秀

---

① [日]升味准之辅:《日本政治史·第4册》,商务印书馆1997年版,第994页。
② [日]宇治敏彦:《日本首相列传》,中国文联出版社2008年版,第296页。

助的次子，因过继给岸家而改姓岸。岸信介"在战前作为革新派官僚为人所知，参与经营满洲。战争中他担任东条英机内阁商工相、众院议员、国务大臣兼军需次官，掌管军需生产，是实施战争政策的主要责任人之一"。① 1945 年作为甲级战犯嫌疑人被关押在巢鸭监狱，1948 年平安夜那天——处决东条英机等的次日获释。"1952 年 4 月 28 日，对日和平条约生效、追放令失效，于是，岸信介等约 5700 人自动解除公职追放。"② 1953 年当选众议员，1957 年 2 月 25 日至 1960 年 7 月 19 日（1237 天），作为自民党总裁任第 55、56 届内阁总理大臣。1957 年 5 月 20 日，岸内阁通过《国防基本方针》，6 月 14 日决定自 1958 年起实施为期 3 年的"第一次防卫力量整备计划"（简称"一次防"）。同时，修改 1951 年签订的《日美安全保障条约》，1960 年与美国重新签订具有军事同盟性质的《日美相互合作及安全保障条约》（即新安保条约，6 月 23 日正式生效）。

　　重返政治舞台的甲级战犯还有重光葵和贺屋兴宣等。重光葵 1950 年获假释，1952 年获特赦减刑后重返政界，先后任众议员、外相、国务相和副首相等职。贺屋兴宣获释后担任第 2、3 届池田勇人内阁的法务相，1962 年 8 月当选日本遗族会第 4 代会长（1962 年 8 月至 1977 年 4 月）。

　　被开除公职者和甲级战犯重返政坛，在相当程度上销蚀了美国清除日本军国主义的政策，对武士道的存续发挥了重要作用。重振军备既是美国一定程度上对"非军事化"政策的自我否定，更是为武士道的复活提供了活动空间。

　　综上可见，在战后日本的政治舞台上，"仍然是同样一批人掌权"。③这些与日本军国主义有着千丝万缕联系的、包括战争主要责任人在内的官僚集团继续主导国家的政治生活，不仅导致战后日本从未对侵略战争进行彻底的清算，而且导致战后日本必然走向政治右倾化的道路，武士道军国主义要素也由此得以保存和隐藏下来。

（二）美国扶持下的重振军备

　　1950 年 1 月 1 日，美国占领军总司令麦克阿瑟在"新年致辞"——

---

① ［日］宇治敏彦：《日本首相列传》，中国文联出版社 2008 年版，第 325 页。
② ［日］吉川弘文馆编辑部编：《日本军事史年表——昭和·平成》，吉川弘文馆 2012 年版，第 294 页。
③ ［英］大卫·巴迪：《日本帝国的终结》，青岛出版社 2013 年版，第 142 页。

《告日本国民书》中，宣称"这部宪法（即日本和平宪法——笔者注）的有关规定，不论摆出多少理由，也不能解释为在对方发动的进攻面前，全然否定神圣不可侵犯的自卫权力"。① 这一"宪法不否认自卫权"的解释，开了扩大宪法解释的先例，发出了允许日本重新武装的信息。

1950年6月25日，朝鲜战争爆发，美国出兵干预，大批驻日美军开赴朝鲜战场后，驻日美军仅剩3000人。为了确保日本的国内治安并变日本为美国的后方基地。7月8日，麦克阿瑟向吉田茂首相递交了《关于加强日本警察力量》的信件，指令日本在50天内建立一支7.5万人的"国家警察预备队"，并指示海上保安厅增加8000名海上保安人员。8月10日，日本政府颁布《警察预备令》，三天后开始募集人员。第一批约7000人于8月23日入队，到1950年10月，7.5万名队员全部入队。美国"仅仅在强制日本实施'和平宪法'4年之后，遽然强行对日进行再军备"。"在邻近的朝鲜半岛发生的那场战争期间，日本获得了一支军队"。"美国迅速着手，重新武装往昔的敌人。日本的再军备，没有经过修改宪法的认可"。"组建于1950年7月的地面部队，仅仅被称作'警察预备队'（NPR），而在其军事操典上隆隆驶过的坦克，也只是被称为'特种车辆'。预备队草创期的训练指导弗兰克·科瓦尔斯基上校曾经形容：在组织方面和装备方面，警察预备队就是'一支小美军'。"② 1950年12月29日，颁布《警察预备队编制及组织章程》，设警察预备队总监部，总监部下设4个管区队和1个管理补给队，并任命了各管区总监及主要干部，相当于4个步兵师团的部队就这样成立了。

1951年9月8日，日本与美国等49个国家签订片面和约，同时又与美国缔结《日美安全保障条约》，规定日本要"逐渐承担起对本国的防卫责任"。1952年4月，日本建立海上警备队，并于4月30日公布了《海上警备队组织章程》。同年5月，向国会提出保安厅法案，7月31日通过，即日公布实施。8月1日日本海上保安厅正式成立，吉田茂首相兼任保安厅长官。根据保安厅法，警察预备队编成保安队，海上警备队编成警备队，两队均隶属于保安厅。"1952年8月4日，吉田首相兼长官对干部

---

① ［日］历史科学协议会、中村尚美、君岛和彦、平田哲男编：《史料日本近现代史·3·战后日本的进程》，三省堂1985年版，第81页。
② ［美］约翰·W. 道尔：《拥抱战败——第二次世界大战后的日本》，生活·读书·新知三联书店2008年版，第514、537页。

训示称'新国军的根本'。迈出了陆海军的第一步。""警察预备队的任务是'在必要的限度内，维持我国的和平和秩序，保障公共福祉，补充国家地方警察及自治体警察的警察力'（警察预备队令第 1 条）。而保安厅和保安队、警备队则是'为了维持我国的和平与秩序，保护国民的生命及财产安全'（保安厅法第 4 条）。进一步加强了作为军队的目的。"① 保安队的武器也是由美国提供的卡宾枪、机关枪、火箭发射筒、迫击炮等轻武器，1952 年 10 月美国又提供了 105 毫米及 155 毫米口径的榴弹炮 40 门，20 吨的战车 40 辆。同月，设置保安队航空学校，美国支援的 20 架"L16"联络机成为航空装备的第一步。保安厅成立的 1952 年 8 月，还设置了保安大学校、保安研修所、技术研究所三个附属机构。保安大学负责士官的培养，教员是旧军人；保安研修所负责保安队警备队管理运营的调查研究以及干部职员的教育训练等；技术研究负责陆海军的技术研究和开发。

1954 年 3 月 18 日，日美签订《日美相互防御援助协定》。根据协定，日本"于 1954 年 6 月 9 日公布防卫厅设置法、自卫队法，7 月 1 日施行。作为其任务，防卫厅设置法第四条规定：'防卫厅以维护我国的和平与独立、保卫国家安全为目的。'自卫队法第三条规定：'自卫队的主要任务是防卫直接侵略和间接侵略，以维护我国的和平与独立，保卫国家安全，根据需要维持公共秩序。'战后，以与外敌作战为任务的武装组织，即军队正式诞生了。""从保安厅转为防卫厅不仅仅是名称的变化，而且是战后开始以与外敌作战为主要任务的军事组织'新国军'的诞生。"② 根据防卫厅设置法和自卫队法（防卫二法），还创设了航空自卫队。于是，日本在自卫队的名义下正式建立陆、海、空三军。陆上自卫队 13 万人（1954 年）、海上自卫队从 1 万人增至 1.5 万人、航空自卫队定员 6700 人（1955 年定员 11500 人，1956 年增至 16200 人），陆海空三军共计 15 万余人。

根据《防卫厅设置法》，1956 年 7 月"设立了以总理大臣为议长，以副总理、外交、大藏大臣、防卫厅长官等为成员的国防会议，审议国防基本方针和防卫大纲、自卫队的防卫出动可否，以之作为非现役军人统治的

---

① ［日］藤原彰：《日本军事史·下卷》，日本评论社 1987 年版，第 48、50 页。
② 同上书，第 61—62、67 页。

一环"。① 次年5月，经国防会议通过和内阁会议批准，制定了战后日本的《国防基本方针》。此后，从1958年至1976年，日本先后实施了四次"防卫力量整备计划"（第1次1958—1960年，第2次1962—1966年，第3次1967—1971年，第4次1972—1976年）。"一次防"的目标是陆上18万人、海上12.4万吨、航空机1300架的兵力整备。同时，自卫队从旧式军备向核时代的新式军备转换。"二次防"力图以国产的新式兵器取代美国援助的"二战"期间使用的武器，"以导弹的装备及其国产化为中心……秘密进行导弹和火箭的研究和试验，以之作为以后自卫队装备的中心……随着导弹装备的逐步实现……完全成了拥有近代装备的军队。除美苏两国，至少是亚洲西欧阵营中唯一的新式军队产生了"。② 随着日本经济的高速增长，投入的军费也越来越多，"二次防"投入11600亿日元，"三次防"投入23400亿日元，"四次防"是"三次防"的2倍。到"四次防"结束时，陆上自卫队拥有18万人、作战飞机330架；海上自卫队拥有舰艇160艘（约19.8万吨）、作战飞机200架；航空自卫队拥有飞机840架。"这支武装力量平时能够承担对马等三海峡的监视任务，战时能够控制对马、津轻海峡以及与美军合作封锁宗谷海峡。从此，日本由消极防御转入积极防御，确立了24小时巡逻监视体制，具备了较强的反潜和远洋护航能力。"③ 根据20世纪70年代国际上的缓和与国内经济转入低速增长的实际情况，日本政府于1976年10月颁布《防卫计划大纲》（也称《基础防卫力量设想》），提出了1977年以后日本的军事方针和日本军队的整备目标。

（三）以旧军人为基础和骨干的准军事部队

在组建警察预备队的过程中，美国逐渐对残存的军国主义势力——旧军人敞开了大门，"以确保警察预备队必要的干部人员"。④ 麦克阿瑟指令日本政府建立一支警察预备队，而组建警察预备队又需要利用旧军人，为此，日本政府采取解除军人追放令的政策。"1950年11月30日，政府第一次解除旧职业军人的公职追放，对象是太平洋战争开战后陆海军学校的

---

① [日]高桥典幸等：《日本军事史》，吉川弘文馆2006年版，第403页。
② [日]藤原彰：《日本军事史·下卷》，日本评论社1987年版，第94—95页。
③ 蒋立峰主编：《日本政治概论》，东方出版社1995年版，第309页。
④ [日]宫地正人：《世界各办史·1·日本史》，山川出版社2008年版，第505—506页。

入学者。即陆士58期（幼年学校毕业者除外）、海兵74期及相当者，陆军1484名，海军1489名。""1951年8月6日，政府第二次解除公职追放（包括鸠山一郎等各界人士），解除旧陆军5569人、海军2269人。8月采用约400名陆士54期生及相当者作为中层干部，9月陆海军尉官级的约400名被任用为基层干部。8月16日，政府解除旧陆海军正规将校11185人的公职追放。"①"截至1951年12月底，在74768名警察预备队员中，旧军人有38659名，占警察预备队总人数的52%。显而易见，警察预备队是以旧军人为基础的准军事部队。"② 而且，旧军官构成警察预备队的骨干力量，把持重要的军事领导岗位。

据藤原彰的《日本军事史·下卷》记载，保安队成立前的1952年7月，以原大本营参谋为中心的11位大佐级旧军人入队并担任高级干部，如陆士34期生岸本重一，大本营参谋，终战时任第八飞行师团参谋长，后任陆上自卫队干部学校校长、陆将；陆士35期生松谷诚，参谋本部战争指导班长、阿南陆相秘书官、铃木首相秘书官，后任陆上自卫队北部方面总监、陆将；陆士36期生杉山茂，第十八军参谋、战败前的大本营参谋，后任陆上自卫队陆幕长、陆将；陆士第37期生井本熊男，大本营参谋、东条陆相（首相兼）秘书官，终战时任第二军总参谋，后任陆上自卫队干部学校校长、陆将；陆士37期生杉田一次，参谋本部欧美课长，终战时任第十七方面军参谋，后任陆上自卫队陆幕长、陆将；陆士38期生新宫阳太，陆军省人事局补任课长，终战时任大本营参谋，后任陆上自卫队干部学校校长、陆将；陆士39期生高山信武，大本营参谋，终战时任陆军省军务局军事课高级课员，后任陆上自卫队陆幕副长、陆将；陆士39期生松田武，终战时任陆军省航空本部整备部员兼军需省军需官，后任航空自卫队幕长、陆将；海兵52期生樱义雄，终战时任大本营参谋，后任陆上自卫队北部方面副总监兼札幌驻屯地司令、陆将辅。

在重振军备的过程中，残存的军国主义军事机关同样做出了重要贡献。1945年11月30日，麦克阿瑟解散了陆军省和海军省及其附属机关，

---

① ［日］吉川弘文馆编辑部编：《日本军事史年表——昭和·平成》，吉川弘文馆2012年版，第289、291页。

② 《简明日本百科全书》编委会：《简明日本百科全书》，中国社会科学出版社1994年版，第395页。

陆省军改为第一复员局、海军省改为第二复员局，负责军队的复员工作。"1946年1月29日，原陆军大佐服部卓四郎被任命为第一复员局史实调查部长。"① 由陆海军省演变而来的复员局，"残留着陆海军省的中坚干部，整理保存军事资料，进行各种调查，从事战史编纂的基础工作等，扮演了保存军队火种的重要角色。例如，以参谋本部的作战参谋为中心的人员，建立史实部，收集、编纂战史史料。更重要的是，负责情报的盟总G2班长维罗比少将，网罗旧日本陆海军的参谋将校，以麦克阿瑟编纂战史为名，1947年初在G2之下设历史课。对美开战时的参谋本部作战课长服部卓四郎大佐等陆海军的中坚参谋一直勤务到1951年，作为旧日本军'不绝的火种'而活动。对美协作机关，除对苏情报关系者外，还包括对国内共产党的状况调查，数十个旧军人将校一直勤务到1956年。"② 复员局负责军队的复员工作，与分散在全国各地的旧军人保持联系，对日后旧军人重返军队发挥了重要作用。

在保存下来的军国主义军事机关中，最完整的是海军的海上扫雷队。"海军的扫雷部队在海军省废止后属于第二复员局总务部，约保有10000人。""实际上就是一支小型海军"。"海上警备队从最初开始，旧海军军人发挥了中心作用。如第二复员局总务课长长泽浩大佐任警备队总监部警备课长、第二复员局资料课长吉田英三大佐任横须贺地方总监部长，旧军人从一开始就是支柱。"③ 海上保安厅是根据美国的要求于1948年5月1日设立的，装备和任务类似美国的海岸警备队。朝鲜战争爆发后，"1950年10月2日，海上保安厅组织起向朝鲜派遣的扫雷队，到12月12日，有46艘舰艇、1200人从事扫雷。其中，死亡1人，负伤8人。"④ 此外，旧陆海军的医院许多转为国立医院，参谋本部陆地测量部成为国土地理院等，战后也保存着必要的军事机能，只是变更名称而已。

为日本再军备保留"火种"的还有财界，例如"经团联在防卫生产委员会内部设立的审议室，汇集了战败时的陆军省军务局长吉积正雄

---

① [日] 吉川弘文馆编辑部编：《日本军事史年表——昭和·平成》，吉川弘文馆2012年版，第278页。
② [日] 藤原彰：《日本军事史·下卷》，日本评论社1987年版，第16页。
③ 同上书，第18、36页。
④ [日] 吉川弘文馆编辑部编：《日本军事史年表——昭和·平成》，吉川弘文馆2012年版，第289页。

陆军中将、海军省军务局长保科善四郎海军中将等陆海军将官级的旧军人。"① 1950年6月爆发的朝鲜战争，一方面加速了日本的再军备，另一方面奠定了其后经济发展的基础。在保安厅制订防卫计划时，该审议室1953年2月编制了"有关防卫力量整备的草案"。"由原陆海军将官们策划的再军备计划，包括：陆上15个师团·30万人、海上29万吨·7万人、航空机2800架·13万人，计划6年完成，费用2兆9000亿元。还暗中将该计划提交给美国防省，期望能得到美国的援助。"② 这一庞大的再军备构想，充分反映了残存的军国主义势力对再军备的狂热。

"从保安队到自卫队，旧军人占据中枢地位，与旧军队有着极强的连续性。"③ 这些武士道精神根深蒂固的旧军人占据军队的重要岗位，必然会将旧军队的武士道思想、作风和训练方法带到新组建的部队之中。

（四）修改宪法和为战争罪犯翻案

修改宪法的契机，一是日本的重新武装和国家正式军队的成立；二是旧金山条约的生效和日本独立地位的恢复；三是甲级战犯和旧政权领导人重返政坛。

《日本国宪法》第9条规定，"永远放弃以国权发动的战争、武力威胁或武力行使作为解决国际争端的手段"。"为达到前项目的，不保持陆海空军及其他战争力量，不承认国家的交战权。"1952年以后，针对宪法第9条的规定，形成了"护宪"派、明文"修宪"派和扩大"宪法解释"派三派政治势力。大体上讲，"护宪派"主要是日本"社会党"等革新势力，坚决主张维护宪法的基本精神，反对修改宪法。明文"修宪派"和扩大"宪法解释派"出自代表保守势力的自民党，前者出自原"民主党"，代表人物是鸠山一郎、岸信介以及后来的中曾根康弘等，主张明文修改宪法，发展军事力量；后者出自原"自由党"，以吉田茂、池田勇人、佐藤荣作以及后来的宫泽喜一等人为代表，主张依靠美国的核保护，以扩大宪法解释的方式发展日本的军事力量。

"自由党内，随着鸠山一郎等许多政治家的复归，也主张改宪再军

---

① ［日］藤原彰：《日本军事史·下卷》，日本评论社1987年版，第54页。
② ［日］吉川弘文馆编辑部编：《日本军事史年表——昭和·平成》，吉川弘文馆2012年版，第298页。
③ ［日］藤原彰：《日本军事史·下卷》，日本评论社1987年版，第50—51页。

备。自由党内吉田派和鸠山派尖锐对立，在争夺政权的同时，围绕改宪和再军备的政策上对立。"① 1952 年大选时，鸠山一郎提出了恢复日苏邦交、修改宪法和重新武装的必要性。② 1953 年 5 月，第五届吉田内阁成立。同年 11 月 17 日，吉田答应鸠山成立"宪法修改调查会"的要求。1954 年 3 月 12 日，以岸信介为会长的"自民党宪法调查会"成立。11 月 5 日发表了"日本国宪法修改纲要"，主要内容是废除《日本国宪法》第 9 条、天皇为国家元首、削弱国会权柄、限制基本人权等。1954 年 12 月 10 日，第一届鸠山内阁成立。1955 年 3 月，鸠山在众议院预算委员会上表示要修改宪法，重点是第 9 条。1956 年 1 月 25 日，内阁向国会提出"内阁宪法调查会法案"，鸠山还说：我"反对宪法，因为宪法使日本不能有军队，不能有海军，不能有飞机"。"为了自卫，可以侵略敌人的基地，说侵略实际是为了进攻。"③ 由于社会党等革新势力的抵制，法案虽然通过，但还不敢正式修改宪法，只是将自卫队兵力由 15.2 万增至 21.4 万。

1957 年 2 月岸信介内阁成立，"岸首相本来就是强硬的改宪、再军备论者。就任首相后，致力于修改日美安保条约，进而修改宪法。"④ 岸信介一方面通过大力扩充军备以实现事实上的修宪；另一方面积极推进修改宪法第 9 条。6 月，主持制定"第一次防卫力量整备三年计划"；8 月，实施鸠山内阁时期国会通过的设置宪法调查会法，成立了由 39 名委员组成的内阁宪法调查会，对宪法问题进行研究。"岸内阁的宪法调查会就企图把天皇变成军队的最高统帅和握有实权的国家元首。并把'利用教育和宣传来助长在日本培养爱国心和自发的自卫精神的气氛'作为自己的'首要任务'。"⑤ 明文修宪虽未能得逞，但事实上的修宪却取得了重大突破。1960 年，与美国签订了新安保条约——《日美相互合作及安全保障条约》。日本学者评论说："新条约与旧条约相比，虽然日美关系由从属转为平等，但是，违反日本国宪法缔结日美军事同盟，日本负有增强军备的义务，负有积极强化日美共同作战体制的义务。因此，是伴有违反宪法

---

① [日] 藤原彰：《日本军事史·下卷》，日本评论社 1987 年版，第 49 页。
② [日] 升味准之辅：《日本政治史·第 4 册》，商务印书馆 1997 年版，第 995 页。
③ 蒋立峰：《日本政治概况》，东方出版社 1995 年版，第 140 页。
④ [日] 藤原彰：《日本军事史·下卷》，日本评论社 1987 年版，第 81 页。
⑤ 吴廷璆：《日本史》，南开大学出版社 1994 年版，第 929 页。

和军事化危险的内容。"① "一次防"计划投入费用4530亿日元,陆、海、空三军自卫队计划完成率分别达95%、98%和85%,军事装备也开始从旧式军备向核时代的新式军备转换。"1959年3月9日,岸信介在参议院预算委员会解释宪法说:'面对敌人的导弹攻击,自卫队可以越海攻击敌人的基地。'同日,防卫厅长官伊能繁次郎宣称'自卫队即使拥有核弹头也不违宪'。3月12日,岸信介又说'防御用的小型核兵器不违宪'。"②岸信介对宪法第9条的曲解,已扩大到了可以攻击敌方基地,可以拥有小型核兵器的地步。

日本民间也不时泛起反对和平宪法的逆流。最典型的莫过于1970年三岛由纪夫策动自卫队政变的事件。三岛由纪夫(1925年1月14日—1970年11月25日),本名平冈公威,日本著名的小说家、剧作家和右翼思想家。他出身武士家庭,祖母永井夏是水户藩藩主的外孙女,在皇宫中度过了少女时代。三岛自幼随她生活,她也把复兴家道的希望完全寄托在三岛身上。三岛对武士道精神极为赞赏,对日本战后社会的西化和日本主权受制于美国非常不满。1968年,三岛组织了自己的私人武装——"盾会",声称要保存武士道精神并保卫天皇。经过长时间的准备,三岛于1970年11月25日将他的政变计划付诸实施。当天,他带领4名盾会成员在日本陆上自卫队东部总监部的阳台上发表演说,呼吁自卫队士官随他发动兵变,推翻和平宪法,使自卫队成为真的军队以保卫天皇和日本的传统。三岛的演说没有得到响应,于是,他在额际系上写着"七生报国"字样的头巾,按照武士的传统仪式切腹自杀。这成为轰动一时的重大事件。

修改宪法需要得到众议院2/3以上议员认可和半数以上国民投票赞成,自民党又始终未能取得2/3以上的席位。因此,自民党政权从20世纪60年代起,通过扩大解释宪法的有关条款来达到实际上修改宪法的目的。1983年1月,中曾根康弘在访问美国时说,"日美两国是相隔太平洋的命运共同体","要把日本变成不沉的航母,以构筑防止苏联逆火式轰炸机入侵的堡垒。"随着中曾根内阁加快军备扩张的步伐,1986年军费突破了国民生产总值的1%。值得注意的是,社会党的路线也发生了重大转

---

① [日]藤原彰:《日本军事史·下卷》,日本评论社1987年版,第88页。
② 同上书,第86页。

变。1986年，社会党委员长石桥政嗣发表自卫队虽然"违宪"但"合法"的讲话。1991年1月，社会党全国定期大会通过的新安全保障政策，也宣称自卫队"违宪"，但"合法"。

进入20世纪90年代后，日本政府"开始了逐步架空宪法第9条的种种措施和手段"，在宪法之外制定新的相关法案。1992年6月19日，国会通过《联合国维持和平活动法案》（简称"PKO法案"），9月派遣600名自卫队员参加联合国在柬埔寨的维和行动，至此终于实现了日本向海外派兵的目标。1995年11月，修改《日本防卫计划大纲》，正式规定自卫队参与救灾和反恐怖活动。"1999年到2000年，政府实行周边事态安全确保法等法的整备，发生'周边事态'时，自卫队可以在'后方地域'为美军提供后方支援。"① 2001年11月，制定《反恐怖特别措施法》，允许自卫队在美国的反恐怖战争中提供后勤支援。因此，美国学者道尔也明确指出："宪法第九条已经被扭曲变形，以维持'自卫'能力的名义被不断扩充解释。"日本政府的扩大解释，致使宪法第9条扭曲变形、名存实亡。

在修宪和重振军备的同时，日本政府在传统价值观指导下，制定和修改有关法律，为战犯进行事实上的平反，否定国际法庭对战犯的惩处，使"战争罪犯无罪化"、"侵略战争正当化"。例如：

（1）恢复对旧军人——包括战犯的"恩给"。1945年11月24日"盟总"指令废除"军人恩给"，日本政府根据这一指令于1946年2月1日发布"敕令第68号"，停止和限制军人的养老金。然而，《旧金山和平条约》生效的1952年4月30日，政府立即颁布《关于援助保护战伤病者及战殁者家属等的办法》（简称《援护法》），援护法几经修正后，战犯家属、一般战殁者家属均享有领取抚恤金的待遇。1953年8月，开始重新实施《军人恩给法》，不仅对战犯"一视同仁"，而且将战犯的刑死、狱死认定为"因公殉职"，战犯在被拘留期间也算作"在职"，同样可以领取"恩给"。

（2）国会参、众两院通过释放战犯和否认战犯存在的决议。1952年6月9日，第13届国会参议院全体会议通过《有关释放在押战犯的决议》。12月9日，第15届国会众议院全体会议通过《有关释放战争犯罪

---

① ［日］高桥典幸等：《日本军事史》，吉川弘文馆2006年版，第413—414页。

受刑者等的决议》。1953年8月3日，第16届国会众议院全体会议通过《有关赦免战争犯罪受刑者的决议》。①1955年7月19日，第22届国会众议院全体会议通过《有关请求战争受刑者迅速释放的决议》。国家权力的最高机关和唯一的立法机关——国会，以具有法律效力的决议释放战犯和否认战犯的存在。

（3）授勋和参拜，否认东京审判的结果。1964年1月7日，日本内阁会议决定，继续对"二战"中死于战场的战殁者进行授衔和授勋，对在战时已经履行了部分授衔、授勋手续的约100万名战殁者继续履行未完手续，并"对在功绩上与这些人没有多少差异的约100万战殁者，也予以授勋"。根据这一决定，包括许多在侵略战争中罪恶累累的高级军官在内的约200万名战殁者被授予勋章，成为日本国家与民族的"英雄"。同年4月举行第一次战殁者授勋，以及第一次生存者授勋。1978年10月17日，东条英机等14名甲级战犯的灵位被放进靖国神社进行合祭，作为正式的参拜对象。在战后的日本首相中，不少人多次参拜靖国神社，如吉田茂5次、佐藤荣作11次、中曾根康弘10次。作为国家最高责任人的首相参拜靖国神社，实际上是从官方的角度对战犯进行褒奖。

旧官僚和战争罪犯重新把持政坛，旧军人、旧军官构成警察预备队、保安队、自卫队的基础和骨干，修改宪法和为战争罪犯翻案等，全面肯定了日本社会传统的价值理想和道德规范，强化了日本军国主义的连续性，显现出与武士道核心价值观密不可分的关系。总之，战后改革的局限性、美国对日政策的转变，为日本保存了一批军国主义势力，日本军国主义也因而极易死灰复燃。

三　武士道对经济增长的推动

明治维新后，在"维新三杰"等"武士阀"的推动下，日本政府确立起以"与万国对峙"的国家目标和以战争促发展的发展方式，武士道作为实现这一国家目标和发展方式的精神支柱，以"忠诚"的献身精神报效天皇、报效国家，以"武勇"的战斗精神——武力扩张谋求日本的

---

① ［日］吉川弘文馆编辑部编：《日本军事史年表——昭和·平成》，吉川弘文馆2012年版，第295、297、300页。

国家利益，使一部日本近代史成为一部侵略扩张史。战后 70 年间，日本以恢复和发展经济为当务之急，"忠诚"的献身精神成为促进经济飞跃发展的精神动力，"武勇"的战斗精神成为支撑修改和平宪法、再军备、为侵略战争翻案的思想意识。

（一）战后日本经济的高度增长

日本军国主义发动的一系列侵略战争，既给中国等亚洲近邻造成巨大灾难，也导致日本经济的全面崩溃。到日本战败投降的 1945 年，其工业生产能力下降到 1934—1936 年平均水平的 31%，农业生产能力下降到战前水平的 60%。不仅如此，600 万海外人员遣返和国内生产近乎完全停滞；"盟总"依据《波茨坦公告》拆除战争工业设备作为战争赔偿，到 1946 年已拆迁工厂约 400 家，并责令军工企业停产、关闭，听候处理。所以，美国学者菲力浦·柯特勒说："在 1945 年，如果有人预言，到了 1980 年，日本会成为世界第二号发达国家，人们一定会笑他痴人说梦。"①然而，"以朝鲜战争的特需为契机，走上成长轨道的日本经济，得到政府支援而合理化地以钢铁、造船这种基干产业作为牵引龙头，民间设备投资急剧增加。先是 1955 年开始的神武景气，继之是 1959 年的岩户景气。进入 60 年代后，高度成长益发加速，日本也向经济大国迈进。"② 1979 年，美国哈佛大学教授沃格尔的《日本名列第一——对美国的教训》，指出日本已在许多方面超过美国，已对美国构成挑战了。1980 年，联合国教科文组织公布的数据也认为日本经济名列世界第二。

战后日本经济的发展，通常分为：（1）战后初期的恢复与调整时期——1945—1954 年；（2）高度成长时期——1955—1973 年；（3）稳定增长时期——1973—1980 年；（4）经济国际化时期——1980 年以后。

担负战后初期经济恢复与调整重任的，主要是吉田茂政府。吉田政府能完成经济的恢复与调整，得益于美国对日政策的转变和朝鲜战争的爆发。吉田茂以稳定政局和复兴经济为当务之急，将军事防务交给美国，对麦克阿瑟指令组建警察预备队的计划讨价还价，对美国要求日本出兵朝鲜

---

① ［美］菲力浦·柯特勒：《超一流的行销战略战术——日本战胜美国》，中国经济出版社 1992 年版，第 4 页。

② ［日］武光诚、大石学、小林英一监修：《地图、年表、图解的日本历史·下卷》，小学馆 2012 年版，第 120 页。

加以抵制。日本虽然没有参加朝鲜战争，但却是朝鲜战争的最大受益人。这场被吉田茂称为"天赐良机"的战争，使日本的"特需"订货获得了24亿美元的外汇收入，结束了依靠美援度日的生活。据日本学者研究，"1952年实质性GNP超过战前水平，进而在1954年超过战争时期的顶峰（1939年）……1946—1955年的平均经济增长率达8.5%。值得注意的是，经济复兴期的成长连接着20世纪50年代后半期以降'高度经济成长期'的成长。40年代后半期至50年代前半期既是经济复兴期，又是战前期的约3倍加速战后经济成长的出发点。"①农业生产1951年恢复到战前水平，1955年整个工矿业恢复到1944年的历史最高水平。

朝鲜战争奠定了其后经济发展的基础，1955年日本经济全面恢复。鸠山一郎、岸信介虽然热衷于修改宪法第9条和重振军备，但出于稳定政权和国家利益的需要，也非常重视发展经济。鸠山政府1956年的《经济白皮书》不无自豪地宣称："现在已不再是'战后'了。我们现在面临一个完全不同于过去的局面。在恢复中求发展的时代已经结束。"②日本经济的高度增长时期，从1956年持续到第一次石油冲击时的1973年。在媒体所称"神武景气"（"神武"系指日本传说中的第一代天皇，用以比喻这次经济繁荣乃前所未有，1954年12月至1957年6月）期间，1956年和1957年经济增长率分别达7.3%和7.5%，1956年日本造船量居世界第一并持续了12年之久。1958年7月至1961年12月，年平均增长率达到10.6%，以传说中天照大神隐于岩洞的故事作比喻称之为"岩户景气"，经济繁荣超过"神武景气"，"实现了政府的完全雇用、国民全保险和国民全民退休金保障的目标"。③1960年12月，池田内阁（1960年7月至1964年11月）制定《国民收入倍增计划》（1961—1970），该计划要求：今后10年国民经济规模的实际价值和国民实际收入都要翻一番，即1970年的国民生产总值达到26万亿日元，国民人均收入20.8万日元（579美元）。为此，国民经济的年均增长速度要达7.8%。1963年和1964年的日本经济年增长率再次超过两位数（10.9%），媒体称为"奥林匹克景气"

---

① [日] 柴孝夫、冈崎哲二：《讲座·日本经营史·4·制度转换期的企业和市场》，ミネルヴァ书房2011年版，第1页。
② 转引自《简明日本百科全书》编委会编《简明日本百科全书》，中国社会科学出版社1994年版，第189页。
③ 王仲涛、汤重南：《日本史》，人民出版社2008年版，第454页。

（因1964年在日本东京举行奥林匹克运动会而得名）。"1956年至1965年的年增长率，日本是10.8%，美英是3%，法意是5%左右，西德是6.5%。日本比世界各国的经济增长率都高得多。所以日本经济的飞跃发展，便被全世界视为奇迹了。"[1] 佐藤内阁时代（1964年11月至1972年7月）以日本建国神话中的建国之神"伊奘诺尊"命名的"伊奘诺景气"（1965年11月至1970年7月），持续时间最长，年均实际增长率11.6%。20世纪60年代的工资增长率年均11%—12%，顺利实现了"国民收入倍增计划"的目标。而且，1968年的国民生产总值超过联邦德国，成为资本主义世界中仅次于美国的第二大经济强国。

在经济高度增长的过程中，产业结构也在不断升级。据高桥龟吉《战后日本经济跃进的根本原因》一书统计，重工业的比重增长迅速，1954年重工业占36.3%，轻工业占55.4%；1972年，重工业占49.7%，轻工业占43.6%。制造业中的重化学工业发展迅猛，1960年已占56.7%，1969年增至70.2%，高于联邦德国的55%、英国的60.6%、美国的66.6%。1969年机械工业的比重达40.5%，超过美国和联邦德国的31%—32%，略低于英国的40.9%。主要工业产品的国际地位不断上升，在日本、美国、英国、法国、联邦德国、意大利、苏联这七个国家中，1953年日本的粗钢生产为第6位、商船生产为第3位、商用汽车生产为4位、小汽车生产为第7位、电视机为第6位；到1971年，粗钢为第3位，商船、商用汽车和电视机为第1位，小汽车、塑料和树脂为第2位。[2] 20世纪70年代，日本社会的产业结构由资本密集型向技术密集型转化，钢铁、石油等资本集约型产业的投资大幅降低，而精密仪器、数控电机等技术集约型产业固定资产的投资则急剧增加。

1970—1973年的年均增长率为7.6%，至此，日本已基本实现了国民经济的现代化。1973—1980年，日本经济处于稳定增长时期，年均增长率为4%，高于法国的2.5%、美国和联邦德国的2.3%、英国的0.5%。1980年以后，日本经济进入国际化时期。1981—1990年，国内兴起新一轮设备投资热潮，民间企业设备投资年均增长8.6%；海外投资空前活

---

[1] ［日］高桥龟吉：《战后日本经济跃进的根本原因》，辽宁人民出版社1984年版，第147页。

[2] 同上书，第352—355页。

跃，1985年成为世界上最大的债权国（同年美国成为世界上最大的债务国），1981—1991年对外直接投资累计余额从2175亿美元增至3159亿美元。在此期间，日本的出口贸易平均每年增长7.5%，1991年日本贸易总额占世界贸易总额的9%。经济效益全面提高，1981—1991年的年均增长率为5%。1985年，日本的国民生产总值为13483亿美元，相当于美国的31.5%。短短7年之后的1992年，日本的国民生产总值为4706962亿日元，约合37173亿美元，相当于美国的61.6%。

20世纪80年代以来的经济国际化时期，"科学技术立国"成为日本的国策。研究经费占国民生产总值的比例不断上升，1960年为1.11%，1970年为1.80%，1980年为2.14%，1990年为2.69%，1998年为3.2%，分别在1972年、1983年、1987年和1989年超过法国、英国、美国和联邦德国，位居世界第一。1992年，日本获得技术专利的数量超过美国。1987年，成为继美苏之后第3个向月球发射航天器的国家。1990年，日本已在精密加工及专门技术方面处于世界领先地位。保障导弹命中率的电脑技术——一兆位乃至数兆位的半导体，"即在三分之一小指尖大小的芯片上印上百万条电路的半导体，只有日本能生产"。

日本产品大多质量可靠、性能优越、设计新颖、物美价廉，具有极强的国际竞争力。"日本的钢铁、汽车、电视机、船舶、照相机、化学制品，以及目前的半导体芯片、电子计算机和海外工厂等，已经做到使全世界消费者感到满意并依赖日本产品。"[①] 在1995年的第一份《财富》世界500强排行榜上，上榜的日本企业多达149家，总收入占所有上榜企业的37%。世界上最大的10家电气公司中日本企业有3家，10家最大的机器制造和金属公司中日本有4家，12家最大的汽车公司中日本有5家，10家最大的建筑公司中日本有7家，而且占据前4位。日本汽车在头号汽车大国美国的占有率，1976年为9.3%，1980年上升为21.3%。

在经济高度增长的过程中，国民收入大幅度增加。国民收入、个人消费和个人储蓄，1957年为93547亿日元、79001亿日元和11891亿日元，1961年为157551亿日元、129103亿日元和23920亿日元，1965年为261059亿日元、223902亿日元和37591亿日元，1969年为499763亿日元、402628亿日元和77514亿日元，1971年为656424亿日元、528806亿

---

① ［美］弗兰克·吉布尼：《日本经济奇迹的奥秘》，科学技术文献出版社1985年版，第2页。

日元和 104160 亿日元。① 伴随着国民收入的显著增加，进入一般家庭的"三大件消费品"也不断更新，1952—1953 年是自行车、缝纫机和收音机；50 年代后半期转为黑白电视机、洗衣机和电冰箱；60 年代则代之以彩色电视机、空调和小汽车；1970 年家庭汽车拥有量达 878 万辆。80 年代，日本绝大多数国民认为自己已变成了富人，可以享受富裕生活，购买更好的房屋、汽车、家具、家用电器和外国名牌商器成为流行趋势，国内外旅游消费成为普遍现象。90 年代，文字处理机、电脑和手机成为每个家庭的必备品，每年出国旅游的人数超过 1000 万。

（二）战后日本经济高度增长的原因

20 世纪 60 年代末，特别 1968 年日本成为仅次于美国的资本主义经济大国以后，战后日本经济飞跃发展的原因也成为世界各国关注的热点，探讨日本经济高度成长之谜的日本研究热一直持续到 20 世纪 90 年代。

关于战后日本经济迅速发展的原因，1994 年中国社会科学出版社出版的《简明日本百科全书》认为，一是扬长避短，充分利用历史条件；二是相对稳定、较有活力的政局；三是有利的国际环境；四是以高储蓄为基础的高投资；五是较协调的经济体制。吴廷璆先生主编的《日本史》（南开大学出版社 1994 年版）归纳为：第一，举国一致进行经济建设；第二，大力扶持私人企业；第三，政府积极干预经济；第四，吸收和引进先进的国外技术；第五，科学的经营管理；第六，现代化的教育体制；第七，政治民主化。王仲涛、汤重南先生的《日本史》（人民出版社 2008 年版）认为主要是：第一，日本加强了企业管理；第二，日本企业的三大法宝；第三，企业的技术创新；第四，日本政府对企业的扶持；第五，文化及历史方面的深层次影响及作用。杨栋梁先生的《日本近现代经济史》（世界知识出版社 2010 年版）全面概括了各种见解，即"外因论"，强调国际环境对日本经济发展有利，日本尽享"搭便车"之益，如美国经济援助和特惠说、美国军事保护伞下的"军费节减"说、朝鲜和越南战争的渔人得利说、世界科技成果模仿说等。"内因论"常见的观点有地理条件说、经济基础雄厚说、战后改革效果说、产业立国说、贸易立国说、科技革新说、大量投资说、企业精神说、企业体制特殊说、国家主导

---

① ［日］高桥龟吉：《战后日本经济跃进的根本原因》，辽宁人民出版社 1984 年版，第 102 页。

说、官民合作说、后发优势说、民族文化说、儒家资本主义说等，"可以说没有列入的原因已经很难发掘，而被列入的原因又都有一定的实证支持。"认为经济高度成长的根本原因是技术的革新与进步。

日本学者高桥龟吉1975年出版的《战后日本经济跃进的根本原因》在第一章"绪论"中，先是指出欧美学者多数人"都不约而同地集中在日本那些异于欧美各国的独特原因上"，继之，着重介绍了1975年以前出版的5本外国人的著作的见解。

一是曾任美国驻日大使赖肖尔的《赖肖尔看到的日本》：（1）日本人具有坚韧不拔的工作能力、高度的教育水平和技能、稳定政治和财政的能力；（2）日本人专心致力于生产投资；（3）能源的变化；（4）日本和美国的特殊关系；（5）日本人在自由企业制度和政府的领导、统制之间取得了巧妙的协调；（6）在战后的废墟上，可以重建比美国工厂更加现代化的工厂。

二是《日本已经崛起》（《伦敦经济学家》杂志，1967年）：（1）日本不是欧美式的自由经济体制，而是巧妙安排的计划经济；（2）教育高度普及，工人对新技术的适应能力强，并且在终身雇佣制、逐年增薪制的基础上，形成了企业家族化；（3）动员劳动力向新兴的重化学工业方面转移，获得了成功；（4）日本人有忠于集体的思想，奔向指定目标的合作精神很强；（5）在优秀官吏的领导下，官民结成一体，政府在完成经济计划上发挥了指导功能；（6）产业经营者把追求利润置于次要地位，怀抱高昂的企业热情果断地对企业进行投资；（7）在专业银行和信贷制度下，筹得了巨额企业资金。

三是赫德巴格的《日本的挑战》：（1）政府和民间部门的合作；（2）有能力的"官僚机构"；（3）形成维护生产的社会；（4）和平主义；（5）保护贸易政策；（6）创造性破坏；（7）下赌注——大胆投资；（8）缺乏老年安全感；（9）民族主义；（10）教育；（11）工资劳动者的作用；（12）引进技术；（13）开放社会；（14）争取地位；（15）面向未来；（16）沿海建厂；（17）投资不平均；（18）对外投资的水平低；（19）国家资助出口；（20）灵活的政府计划；（21）农村人口的流动；（22）成长派的经济学家多；（23）地价猛涨；（24）出口价格的有利趋势；（25）世界市场的扩大。

四是康恩的《纪元2000年》（1967）：（1）"日本人最大的特点，是有企业家的勇气。"在有一半的成功希望时，欧美人是唯恐失败丢脸而缩手缩脚；而富有冒险精神的日本人，必然是敢冲敢闯，去夺取超越欧美的锦标。（2）"日本人的劳动态度是眼睛看不见、用电子计算机的数据也换算不出来的。"在自由世界的各国当中，劳动积极性最高的要算日本人和美国人。这种勤奋的劳动精神，被一代一代地继承下来，不仅会作用于日本的经济发展，而且是一个能够发展成为"大国民"的潜在的积极因素。

五是美国商务部编的《股份日本公司》：（1）其根本原因就在于日本的国民性；（2）发展中的日本产业界，有层出不穷的受过很好训练而又勤恳的劳动力；（3）在现代产业部门，无论是产量或劳动生产率，都得力于良好的劳资关系；（4）大量投资以及引进外国已经实用的最新技术；（5）资源的分配，完全集中在发展产业方面；（6）日本人具有的某种文化的和社会的素质，他们的关系是同舟共济相依为命的，工人和企业经营者都养成了和国家经济目标休戚与共的坚强信念。

高桥龟吉归纳上述见解之后说，"这些外国人对战后日本经济飞跃发展根本原因的看法是不谋而合的。其一致指出的重点，是日本的国民性和日本特殊的经济组织。总之，是与他们本国的情况截然不同的特殊原因。但是，他们所重视的这些原因……大部分是早在战前日本就有的传统。"认为："战前窒息的重化学工业的这一重大因素在战后脱颖而出，乃是促进经济发展的最根本原因，就是推动战后日本经济飞跃发展的主力。前面外国人所举的那些原因，无非是能使这一新的原因得到有效发挥的次要原因而已。"

显然，在上述中外学者关于战后日本经济高度增长的原因中，尤其是欧美学者所强调的日本的国民性和日本特殊的经济组织，就与武士道密切相关。

直到 20 世纪 70 年代前半期，在日本的经济和文化教育等领域，仍然是战前的企业家、劳动者和教育工作者占主导地位。也就是说，这些人在战后日本的最初二三十年间是现代日本社会绝对的主角，正是他们使经济发展原因发挥作用并创造了日本的经济奇迹。在战后日本的建设中，这些 19 世纪末 20 世纪初出生的日本人，无论是头脑中的世界观、人身观、价值观和思维方式，还是在社会生活、职业生活和家庭生活中表现出来的道德规范、行为准则等，都是在战前形成的。值得注意的是，他们成长于以武士为近代化主角和楷模的时代，以及"天皇主义武士道"决定价值理想、教育思想和国民道德的时代,他们所受的学校教育、社会教育和家庭教育均贯穿着"天皇主义武士道"。只要看看战前日本"皇国主义"的教育目的、教育理念和教师培养,就不难发现他们身上所体现的国民性或民族精神、民族性格都是在武士道影响下形成的。

首先,教育目的。在近代日本,"教育的目的是养成为了国家而牺牲自己的人性,培养天皇的忠臣、忠孝一体的实践者。"① 1879 年 8 月,以天皇名义颁布的《教育大旨》,规定"教育之要,在明仁义忠孝、究智识才艺,以尽人道,此乃我祖训国典之大旨、上下一般所教之处。"② 强调于"国"为"忠",于"家"为"孝"。1885 年内阁制度建立,萨摩藩士森有礼任文部大臣;1886 年,政府公布《帝国大学令》、《师范学校令》、《中学校令》、《小学校令》及《各类学校通则》5 种学校校令,从而基本确立了近代天皇制教育体系。1887 年,森有礼在"爱国心教育意见书"阁议案中提出,"教育目的应以何等方法实现呢?回顾我国万世一系,与天地间无极限,上古以来就耀威武之处,且始终未曾遭受外国之屈辱;而人民护国之精神、忠武恭顺之风,亦祖宗以来渐磨陶养之处,而不至于坠地。此乃一国富强之基所无二之资本、至大之宝源。促进人民之品性、实现教育之目标即在于此,别无他求。"③ 将养成"人民护国之精神、忠武恭顺之风"的"国家富强之基"作为教育的目的,倡导要普及准军队的教育,以育成"忠君爱国"精神,鼓励学校进行军人式教育和军事训练。

其次,教育理念。1890 年以天皇名义颁布的《教育敕语》,从国民教育的角度,将"天皇主义武士道"从军人普及到全体国民,将以武士道为基础的军人精神发展为国民精神。"教育敕语颁布后,'武士道教育'、'尚武主义'和'武道教育论'在我国教育界再度复兴"。④《教育敕语》的颁布,确立了"皇国"教育理念的法制化和"忠君爱国"的教育规范。"《教育敕语》以敕语具有的绝对权威确定国民的教育方向","将国民的道德意识统一到对天皇的忠诚上"。⑤ "教育敕语作为我国的德育方针,在

---

① [日]福地重孝:《军国日本的形成》,春秋社 1959 年版,第 217 页。
② [日]宫内厅:《明治天皇记·第 4 册》,吉川弘文馆 1970 年版,第 758 页。
③ [日]历史科学协议会、中村尚美、君岛和彦、平田哲男编:《史料日本近现代史·1·近代日本的形成》,三省堂 1985 年版,第 148 页。
④ [日]坂田茂:《近代日本的爱国思想教育·上卷·2》,星云社 1999 年版,第 777—778 页。
⑤ [日]梅溪升:《教育敕语成立史·天皇制国家观的成立·下卷》,青史出版社 2000 年版,第 165 页。

唤起武士道精神上发挥了重要作用，特别是教育敕语列举的德目分为常时道德和非常时道德。非常时道德强调：'一旦有缓急，则当义勇奉公，以辅佐天壤无穷之皇运'。"①

最后，教师的培养。近代日本将"天皇主义武士道"从军人普及到全体国民的一条重要路径，是从教师的摇篮——师范学校入手。"对教育者的养成机构师范教育，特别致力于军事教育，以此充实小国民的教育。最突出的事例，是导入兵式体操。""森有礼认为兵式体操的目的，在于养成顺从、友爱、威仪。认为教师的地位不过是军事教育的辅助者，是将校的助手，相当于军队的下士官。""对师范学校免除学费的特典，是为了养成军国主义布道者。""这样，师范教育中必然具有浓厚的军事色彩。"② 1886年3月，陆军省总务局规制课长、陆军大佐山川洁兼任高等师范学校校长，不久转为专任校长，同年12月升为陆军少将。"山川洁当时是陆军部内的重要人物，纯粹的会津武士。森有礼请陆相大山岩将陆军少将的他委任为高等师范学校的校长，向师范教育输入会津武士道，使师范教育彻底军事化……师范教育以养成顺良、信爱、威重为目标。与军人敕谕的忠节、信义、礼仪、武勇、质素几无差别。"③ 1886年9月出台的《师范学校寄宿制规则》，要求学员的常住坐卧、室内的整理整顿，与兵营的兵士完全一样。"在明治后半期至大正的日本教育界，接受这种半军事教育的毕业生成为主流。'市之谷和茶之水（士官学校和师范学校）肩负日本的将来'而意气风发。这样，日本的初等教育以这所师范教育出身的学员为中枢，通过军国主义色彩浓厚的教科书愈来愈强化军国调子。"④ 不难想象，在这些师范学校毕业生——小学教师和武士道"布道者"多年的教育下，战后日本经济奇迹的创造者会具有怎样的价值理想和道德观念。

（三）日本人的国民性和"日本式经营"

在战后日本，最为集中、最具代表性地体现武士道精神的就是日本人的国民性和日本式经营。不过，武士道在战后引起世界各国的关注，在很大程度上却是欧美学者的功劳。

---

① ［日］井上哲次郎监修：《武士道全书·第1卷》，国书刊行会1998年版，第53—54页。
② ［日］福地重孝：《军国日本的形成》，春秋社1959年版，第212—214页。
③ 同上书，第215页。
④ 同上。

在 20 世纪 60 年代末至 80 年代探讨战后日本经济飞跃发展的原因时，不少欧美学者在其有影响的著作中，都谈到武士道精神的作用。"在日本的商业活动和公务员活动中，一直把为国家服务这样的儒教道德具体化了的'武士'伦理法统（武士道），从封建时代原封不动地继承了下来。"① "为了开发和提高公司走向胜利的技能，日本的职员正在走着武士走过的道路"，"在身穿西装、掌握着现代科学技术的日本人的精神里，封建武士精神仍在起作用。日本大贾巨商中获得巨大成功的三井和三菱就是由一群'武士'创立的。支配'武士阶级'的权威性的等级观念，在武士时代宣告结束的同时，原封不动地转移到了日本的工商业界。"② 日本人的国民性和日本企业的经营方式之所以独特，就在于武士与武士道精神的独特性。

武士道的对内价值标准，强调"忠诚"的献身精神，是以奉献为本的"忠的精神"和"忠的宗教"，要求以有限的生命尽无限的义务，充分激发人的主动精神、创造精神、奉献精神、冒险精神和使命感、责任感。在近代日本，武士道主要是鞭策和激励人们去争取战场上的胜利，以实现"与万国对峙"的国家目标；在战后日本，武士道则主要用于鞭策和激励人们去夺取商场上的胜利，以完成恢复和发展经济的首要任务。同时，武士道还是生死与共的共同体精神，强调以共同体的利益为最高利益，大家一起谋求共同体的兴旺发达。武士通过武士道增强武士团争取战争胜利的战斗力，现代企业战士则通过武士道增强企业获得成功的国际竞争力，两者一脉相承。

日本人独特的国民性和经营方式，都是在武士道精神的影响下形成的。在经济高度增长时期日本人身上流露出的异于西方的国民性，不仅来自武士道精神对日本社会价值观念和道德体系上千年的塑造。而且得益于"明治时代，日本的教育强调效法武士的情操。"③ 战后恢复和发展日本经济的主力军，出生于明治末年、大正和昭和初年，他们幼年、少年和青年时代在家庭、社会和学校所接受的思想品德教育，始终以"天皇主义武士道"的忠君爱国为核心内容，始终以武士为效法的楷模。

---

① 美国商务部编：《股份日本公司》，大原进、吉田丰明译，广播出版社 1972 年版，第 10 页；引自高桥龟吉《战后日本经济跃进的根本原因》，辽宁人民出版社 1984 年版，第 238 页。
② ［美］沃尔夫：《日本经济飞跃的秘诀》，军事译文出版社 1985 年版，第 124、122、118 页。
③ ［日］福地重孝：《士族和士族意识》，春秋社 1956 年版，第 9 页。

第十三章　战后改革与现代武士道　309

　　战后日本的建设者在战前形成的武士道价值理想和道德体系，不仅不会因为战争的失败和战后的改革从灵魂深处清除出去，还在战后恢复和发展日本经济的过程中发扬光大，并传承给子孙后代。"日本的职员，特别是四十岁以上的人在竭力模仿的楷模便是那些实现了明治维新的青年武士"，"武士道精神曾经在日本陆军中养成，如今又在向日本的企业经营者灌输。""日本有很多这样的高龄老人。例如，岸信介已有 87 岁，他创立了'通产省'，他控制过'满洲国'的经济，创立了日本公司，第二次世界大战中任工商大臣。战后曾任首相，是日本国家主义者保守派的领袖。'日本的亨利·福特'松下幸之助 89 岁，现在仍然在他亲手创建已交给女婿管理的巨大的制造企业中健康地工作着。像这样既实际了解武士的道德是什么内容，又了解它对现代具有什么意义的高龄老人，在日本有几十万。"① 欧美学者正是从这些 40 岁以上的武士道精神的继承者和弘扬者身上，看到了日本人异于西方的劳动态度、敬业精神、奉献精神、价值追求等，看到了日本人以忠诚和奉献为荣的国民性，并将日本人称为"工作狂"、"忠诚心患者"。

　　战后日本企业的经营者和劳动者，是在战前武士道精神的培养教育下成长起来的；战后日本企业的经营方式，是战前"日本式经营"的继承和发展。萌芽于德川时代、形成于明治时代的"日本式经营"，在战后日本广为普及。根据日本经济同友会 1963 年进行的一项调查，有 92.1% 的被调查者认为自己供职的企业实行终身雇佣制，且越是大企业比率越高，即在资本金 50 亿日元以下的企业为 84.8%，在超过 200 亿日元的企业则高达 97.8%。② 富安长辉在《终身雇佣与论资提级》一书中说："根据最近的一项调查，现在采用终身雇佣制和论资提级制的企业仍有 75%，只采用终身雇佣而不采用论资提级制的占 18%。从这个调查结果来看，日本仍有四分之三的企业采用终身雇佣制和论资提级制。在终身雇佣制中采用论资提级制的企业占 78.2%；有终身雇佣制而无论资提级制的企业占 18.2%。按行业来看，是终身雇佣制而非论资提级制的企业中占较高比率的有：电力、金融、电机、电线、贸易公司等。并非终身雇佣制而有论资提级制的企业占 3.4%，连论资提级制都不采用的企业占 3%，建筑、木

---

①　[美] 沃尔夫：《日本经济飞跃的秘诀》，军事译文出版社 1985 年版，第 124、143 页。
②　[日] 宫坂纯一：《日本经营概况》，企业管理出版社 1997 年版，第 73 页。

材等行业是其典型代表，属于贸易公司这一类型的企业也有13.5%。"①从某种意义上说，战后恢复和重建日本的过程，也是恢复和重建战前传统的过程。

20世纪60年代末以来引起世界各国广为关注的"日本式经营"，之所以被认为是推动日本经济高度成长的内在原因，归根到底还是人，还是人的精神。毋庸置疑，人的行动总是受一定的人生观、价值观所支配，而在战后日本恢复和发展经济的过程中，支撑日本人鞠躬尽瘁、死而后已的就是武士道"忠诚"献身的人生观、价值观。1984年，日本经济白皮书还强调说："在当前政府为建立日本产业所做的努力中，应该把哪些条件列为首位的呢？可能既不是资本，也不是法律和规章，因为这二者本身都是死的东西，是完全无效的。使资本和法规运转起来的是精神……因此，如果就有效性来确定这三个因素的分量，则精神占十分之五，法规占十分之四，而资本只占十分之一。"② 与明治前后的三大口号——"和魂洋才"、"士魂洋才"和"士魂商才"的"魂"一样，经济白皮书中所说的精神也主要是武士道忠诚、奉献的精神。

无论是战前还是战后，日本人在创立企业文化时，总是从传统文化特别是武士文化中吸取营养，总是以武士团为效法的楷模，企业简直就是幕府时代藩国的翻版。幕府时代的武士团和近现代的企业，都以所谓"终身雇佣"和"年功序列"为制度特征，都是以利益为纽带的"利益共同体"，武士团或企业的兴衰荣辱，不仅影响藩主或企业的命运，而且决定藩士或员工的前途。企业与员工的关系如同藩国与藩士的关系——施恩与报恩的关系。藩主（藩国）对藩士施以恩惠，藩士以忠诚报答藩主（藩国）；企业主（企业）对员工施以终身雇佣和按年资提级的恩惠，员工以忠诚报答企业。"职工取得报酬的根据，就在于对公司的忠心耿耿和对公司的生死相依。"③ 企业对员工"终身照顾"，员工对企业"终身相许"。

终身雇佣制免除了员工的"后顾之忧"，年功序列制则让新员工看到

---

① [日]富安长辉：《终身雇佣与论资提级》，劳动法学版1973年版，第126—127页；引自[日]高桥龟吉《战后日本经济跃进的根本原因》，辽宁人民出版社1984年版，第335页。
② 转引自[美]弗兰克·布吉尼《日本经济奇迹的奥秘》，科学技术文献出版社1985年版，第20页。
③ J. C. 阿贝格伦：《从日本的经营中学习什么》；引自[日]高桥龟吉《战后日本经济跃进的根本原因》，辽宁人民出版社1984年版，第331页。

了未来的"希望"。于是,员工从进入企业之日起便与企业结下了不解之缘。员工若是主动离开就职多年的企业,将会被视为"叛徒",视为不知报恩的人,给人留下很坏的印象,只能到地位低、报酬少的企业去再就业,并重新积累年资。企业"所有的薪金和晋升制度都是为了驯服职工而定的。决定薪金和升级,与其说是在于工人的技术熟练程度,不如说要看他在这种'家庭'的资历深浅以及其忠诚和善良精神如何"。① 终身雇佣制和年功序列制之所以对经济发展起了很大作用,关键在于员工的忠诚献身精神成了经济发展的重大动力。由此也不难看出,企业的内部管理机制本身就是滋生忠诚、信义、勤奋等武士道精神的机制,蕴藏着丰富的武士道精神。

自武士产生以来,特别是幕府统治确立以来,日本社会越来越重视思想品质。价值评判的首要标准是品质,其次才是能力;而在品质中,第一位的就是忠诚。武家社会以忠于主君、忠于群体作为武士必备的思想情操;近代日本社会以忠于天皇、忠于国家作为国民的最高道德;现代日本以忠于集体(企业)、忠于国家作为至高无上的美德。J.C.阿贝格伦的研究也说:战后日本的"生产集体录用人,不论其特殊职务和特殊技能如何,而是根据个人的品质。选拔人的主要根据,是本人所受教育、人品以及一般的社会背景。被录用后不能完全胜任工作,并不能成为该生产集体对他解雇的理由"。② 这与涩泽荣一当年录用新员工一样,首先考虑的是人品。

战后日本继承了武家社会以来重视道德教育的传统,政府加强学校的"爱国心"教育,企业加强员工的"忠诚心"教育。尽管终身雇佣制和年功序列制本身就是滋生忠诚道德的机制,而且从学校招收新员工时已重点考察了他们的品质,企业还是花大力气对新员工进行思想品德教育,以增强员工对企业的忠诚心。"首先,他们经过严格的筛选,然后由人事部门掌握开始进行公司的入社教育,在安排任何工作之前,他们首先通过讲座,学习公司的特定宗旨——一般最强调的是'服务'、'忠诚'和'合作'。此外,还仔细研讨公司的社训和指南。随后的三至六个月,他们要

---

① 罗伯尔·基朗:《第三大国日本》;引自[日]高桥龟吉《战后日本经济跃进的根本原因》,辽宁人民出版社1984年版,第318页。
② J.C.阿贝格伦:《从日本的经营中学习什么》;引自[日]高桥龟吉《战后日本经济跃进的根本原因》,辽宁人民出版社1984年版,第194页。

受到细致的考察，不仅要看工作怎样，还要确定其对工作是否抱有积极和'忠诚'的态度。"① "新职员一走进公司的大门就开始受到系统的道德培训，反复地被灌输公司的办事方法。这样一来，进入一流企业工作的新职员在很短的时间内就变成第一流公司的'战士'了。他们对经理唯命是从。"② 研究日本式劳资关系的学者中，许多人认为"日本式劳资关系的内容"之一，就是"在企业内教育职工加强为企业献身的思想"。③

除国民性和日本式经营外，从战后经济高度增长原因的"企业精神说"中，也可以清晰地看到武士道精神要素。在近代日本，涩泽荣一、五代友厚、岩崎弥太郎等"士魂商才"的企业界领袖，以"实业报国"自许，宣称要"视国家所需，尽其所有，树报国之志"，强调"谋求日本全国的公益，才是经商的根本要义"。战后日本的企业精神，同样"渗透着国家利益高于个人利益的传统精神"。日本的"企业家精神，不是西欧那种个人利益第一主义，而是国家利益第一主义"。④ 其实，这种国家主义的企业精神，不过是武士以共同体利益为最高利益的继承和发展。此外，封建武士的集体主义行动准则也传承到了现代日本。在日本生活多年并娶日本人为妻的赖肖尔，也在其颇有影响的《当今日本人》一书里明确指出："日本人与美国人或一般西方人之间的最大差别，莫过于那种更强调集体、牺牲个人的倾向了。""集体精神比个人抱负更令人钦佩。美国人总是强调独立和独创性，而日本人则恰恰相反。"⑤ 无论是封建时代的武士，还是近代和现代日本人，都生活在一定的共同体之中，离开共同体便寸步难行，自然要遵循集体主义行动准则。

当然，战后日本国民的忠诚献身精神，与幕府时代武士的忠诚献身精神一样，仅限于对自己有"恩"的共同体。"在日本，一个人为维持公司共同体可以加班加点而不要任何报酬，却不愿为社区做哪怕是一点点事情，这并不奇怪。为了自己所属的共同体，他可以奉献一切，但是为其他

---

① ［美］弗兰克·吉布尼：《日本经济奇迹的奥秘》，科学技术文献出版社1985年版，第64页。
② ［日］森岛通夫：《日本成功之路——日本精神与西方技术》，经济日报出版社1986年版，第163页。
③ ［日］高桥龟吉：《战后日本经济跃进的根本原因》，辽宁人民出版社1984年版，第315页。
④ 同上书，第174、190页。
⑤ ［美］赖肖尔：《当今日本人》，上海译文出版社1998年版，第126、134页。

集团服务就会成为一种强制性劳动。"① 对共同体献身的真谛,还是因为自己的前途取决于共同体的兴衰,为共同体献身,也就是为自己献身。"国家利益第一主义"的企业家精神,根源也在于政府给予企业的扶持——"恩惠",企业家要想继续获得政府的扶持"恩惠",就必须报答政府的"恩惠"。由此也可见,近代和现代日本社会员工与企业、企业家与政府的关系,与武家社会主君与从者建立在利益基础上的主从关系一脉相承。

---

① [日]山本七平:《日本资本主义精神》,生活·读书·新知三联书店1995年版,第51页。

结　语

　　每个民族都有在过去的历史进程中形成的传统文化和文化传统，它铸造了过去，诞生了现在，还孕育着未来的民族精神及其行为表现。人类总是在前人的基础上向前发展的，没有昨天就没有今天，没有传统就没有现代，任何民族都不可能与传统一刀两断。

　　在传统文化和文化传统的形成过程中，民族脊梁和统治者及其主导的文化占有不可替代的地位和作用。于是，学术界往往以之认识该民族历史上的和存留至今的社会现象、文化现象，以之剖析该民族的文化传统。比如，人们通过研究西欧的贵族、骑士、教士和骑士精神、基督教会等，进一步认识西欧中世纪的社会现象，诠释西欧近代和现代的诸多社会和文化现象，剖析西欧国家的文化传统。再比如，人们通过研究中国的文士和儒家文化，认识中国封建时代的社会和文化现象，探寻其与近现代社会和文化现象的内在联系，阐明中国的文化传统。

一

　　在日本统一国家建立以来的政治史上，4世纪末5世纪初至12世末是贵族政治时代，12世纪末到19世纪中叶是武士治国时代，明治维新至"二战"结束是军人政治（或称军部政治）时代，"二战"结束至今是官僚政治时代。在中世纪近700年的武士治国时代和近代半个多世纪的藩阀·武士阀政治时代，武士始终牢牢占据着国家脊梁、民族楷模和政治统治者的位置。

　　日本学者相良亨认为：在日本历史上，武士长期握有社会的主导权乃是众所周知的事实。同时，在日本历史上最先明确提出伦理意识的是平安末期登场的武士，此后，武士又长期占据理想楷模的位置。除武士的伦理观外，日本的传统便无从说起。抛开武士，就葬送了我们传统伦理意识的大半。① 我国学者万峰先生在《台湾学者的日本武士道观》一文中也强调说：贯穿整个日本中世纪史的武士、武士治国和武士道，在世界史上占有其独特的地位。古代中国和古代朝鲜曾一度出现的武士，古代朝鲜与武士道相似的"花郎道"，中世纪西欧涌现的骑士和骑士道，均无法与日本的武士和武士道相匹敌。日本武士作为一个封建统治阶级采取一套独特的统治体制来治理国家前后竟达700年之久，这在世界上也是绝无仅有的。

8世纪作为天皇朝廷的反叛者和私人武装登场的日本武士，是世袭的职业军人，"以夺取战争的胜利为第一要义"，从未停止过对外征服的脚步。他们以刀、剑为谋生工具，以取人性命的刀术、剑术、射术等搏杀能力作为谋生资本，以战场为人生舞台，通过战争满足利益需要、体现人生价值、获取最高荣誉。到9世纪40年代，武士已在战争中将大量国有土地变为自己的军事领地，还成为维持地方治安的"国衙三使"。10世纪的"平将门之乱"、"藤原纯友之乱"后，平叛功臣以武力打通了进入中央政界的道路，全国土地的一半左右已落入武士之手。11世纪，凭借平定"平忠常之乱"和"前九年"、"后三年"两役的军功，武士占据了中央军事贵族的位置。12世纪，朝廷益发依赖武士维持现存的统治秩序，武士也越来越多地介入国家政治生活。12世纪中叶争夺朝廷最高权力的"保元"、"平治"之乱后，武士成为左右政局的决定性力量。1167年，平清盛建立起半公家半武家性质的平氏政权。1192年，源赖朝被任命为"征夷大将军"，武家政权的合法性得到天皇的承认，以战争为业的武士不仅成为政治上的统治者，而且也是经济上的土地所有者。1221年，粉碎鸟羽上皇发动的倒幕叛乱——"承久之乱"后，武家在政治上确立起对公家势力的绝对优势。在1336年至1392年的"南北朝战争"中，"公家势力遭到致命性的最后一击"。到14世纪末15世纪初，全国的一切权力和财富已尽归武士所有。江户幕府时代（1603—1867），武家统治者还制定了统治公家、寺家（神人、僧侣）甚至天皇的法律。

日本武士和西欧骑士均产生于8世纪中叶，不过，日本武士比西欧骑士的历史更长、地位更高，16世纪末17世纪初西欧骑士消亡之后，日本武士依然继续独霸政坛约300年。西欧骑士的鼎盛时代为11世纪至14世

---

① ［日］相良亨：《武士的思想》，ぺりかん社1984年版，第4页。

纪初，还不到日本武士的一半。西欧骑士居于封建统治阶级和封建等级制度的末端，而日本武士不仅在幕府政治时代垄断国家从中央到地方的统治大权，缔造了"挟天皇号令天下"的军国政治，而且在1868年至1945年的近代日本，藩阀·武士阀元老政治长达半个多世纪，决定国家的立国理念、国家目标、权力构造、基本国策、发展方式和理想价值、国民道德，创建了"奉天皇之命"的军国政治，使日本近代史成为一部军国主义产生、发展和败亡的历史。

说到军人政治，日本也远比西欧更为典型。西欧的封建时代，因为骑士中的"许多人执掌国家各级政权，成为政权机构的要员"。"骑士成为世俗社会的主导，国家的政权体系则由此具有明显的军事特征，政治权力夹带着强劲的军事功能，国家的发展充满军事色彩，整个社会的世俗观念受到军人好恶的左右。"[1] 武士治国时代的近700年，是封建军阀垄断国政的军人政治；近代日本的70余年，是军阀操纵国政的军人政治。军人政治的历史从1192年延续到1945年，长达750余年，是世界上历史最为悠久的军人政治。显而易见，在国家政权体系的军事特征、政治权力的军事功能、国家发展的军事色彩、军人好恶的影响等诸方面，与日本相比西欧国家均望尘莫及。

"军人政治与文人政治所形成的思维模式和文化传统，对各自国家的内部机制建设和未来走向产生深刻影响。在西方各国，军事建设历来受到统治者的极高重视，军事思想、军队建设、武器开发是任何一位统治者不可掉以轻心的要务。因此，自中世纪末期以来，西方在军队建设和武器研制方面一直引领着整个世界的潮流，这并非是单纯经济发展作用的结果，没有崇尚武力的传统，没有重视军事的观念，做到这些几乎是不可能的。"[2] 显然，日本军人政治对其国家的内部机制建设和未来走向的影响，要比西欧的军人政治深刻得多。

文官贵族和军事贵族是日本历史上势力最大的两大统治集团、精英集团，而军事贵族武士的势力和影响力又超过文官贵族。从12世纪至20世纪中叶，军事贵族武士扬弃了文官贵族政治的建国理念、发展方式和政治制度、经济制度、军事制度、文化制度，以及文官贵族"重文轻武"的

---

[1] 倪世光：《中世纪骑士制度探究》，商务印书馆2007年版，第317页。
[2] 同上书，第318页。

价值观念、道德观念、思维方式、行为方式和风俗习惯等，代之以军事贵族"以武为本"的建国理念、发展方式和政治制度、经济制度、军事制度、文化制度，以及军事贵族崇尚武力、以穷兵黩武为荣的价值观念、道德观念、思维方式、行为方式和风俗习惯等，使以武为本的建国理念、国家目标、发展方式和理想价值、道德规范、思维方式等成为根深蒂固的传统。所以，日本有世界上历史最为悠久、影响最为深远的军国政治——中世纪"挟天皇号令天下"的军国政治和近代"奉天皇之令"的军国政治。

中世纪的军国政治时代，军人是享有特权的统治阶级，垄断统治大权；军权是国家政治生活中最具权威性的实质性权力，将军凭借武力"挟天皇号令天下"，将军的司令部——"幕府"凌驾于天皇的朝廷之上。武力被奉为立国之本和治国之本，"强兵"成为历代将军的首要政务。随时应战和发动战争的机制构成国家的内部机制，即使在天下太平的德川时代，"平时的政治组织，随时可以改换成军事组织"。幕府政治的建立，标志着日本由"文治主义"转向了"武治主义"，对外扩张成为基本的发展方式。明治维新后，把持权力中枢的"武士阀"秉承军国政治的武国理念，制定了"与万国对峙"的国家目标，"继承了幕府强兵政策的衣钵，将强兵置于新政治的中心"，"以天皇的名义充实军备"。军人作为天皇的股肱，享有政治特权，军部大臣的去留决定内阁的存亡。军权直属天皇，具有"君权"的权威，军阀以天皇的名义行使军权、号令天下。掌握军权的"军部"独立于政府之外，建立起政府负责对外交涉和战争动员、军部负责军事指挥和战争行动的战争机制。

总之，武士作为民族脊梁、国家支柱和政治统治者的历史地位和历史作用，是日本的其他任何阶级都无法企及的。在世界历史上，最能与其他国家的封建统治阶级和政治形态相区别的就是日本的武士、武家政治。

二

武士不仅是主宰国家命运的统治阶级，还是日本传统文化和文化传统最主要的参与者、承担者，他们创造的武士文化，既是日本传统文化的重要组成部分，又是日本文化传统的核心要素。正是因为有了武士，日本传统文化和文化传统才具有鲜明的民族特征，有的学者因此将日本称为"武士之国"。

武士文化产生于武士作战和备战的战争生活实践，因而首先是战争文化。同时，武士直到15世纪都与土地、与农业生产具有直接的联系，也就是说武士文化与农村和农民保持着密切的联系，具有深厚的社会基础和旺盛的生命力。与脱离经济和军事生活实践而又养尊处优的贵族相比，从社会下层中产生的武士更加富有进取精神和文化创造力。

武士参与创造民族文化的历史始于8世纪中叶，即武士诞生之时。在8世纪中叶至12世纪末的约400年间，武士既是战斗者又是生产经营者，其文化创造活动以生产活动和战争生活为基础，基本内容一是如何经营管理在战争中以鲜血和生命换来的军事领地——"拼命之地"，一是如何在战场上建勋功、获恩赏、扬武名。这一时期即早期的武士文化，以武士道——"武者之习"为核心内容。主要是：（1）忠诚、武勇和惜名知耻等武士精神；（2）战场上的"合战规则"；（3）军事训练和军事竞赛；（4）武士馆和武士的装备；（5）武家子弟的教育。武士文化是战争文化，早期的武士精神或武士信条，其实就是应对战争实践的军规、军纪。

12世纪末武家政治的确立，标志着武士阶级取代公家贵族成了日本民族文化最主要的参与者、创造者。在1192—1867年的武士治国时代，随着武士成为政治上的统治阶级、军事上世袭的职业军人、经济上的军事封建领主和文化上的主要承担者，武家文化也进入全面的发展时期。"当武士阶级作为新兴势力在经济上占据统治地位，并且取代古代贵族掌握政权以后，他们的思想、习俗、观念和外化为各种形态的文化现象也就逐渐占据统治地位，构成日本中世文化的核心部分。武士阶级成为新历史时期文化的主要参与者和承担者，新兴的武士文化逐渐取代过去若干世纪以来的一统天下的贵族文化，作为一种新兴文化展现在日本文化发展进程之中。"[①] 这一时期武士文化的内容更为丰富，涵盖政治文化、军事文化、经济文化、宗教文化、神社文化、伦理文化、家纹文化、城廓文化、军旅文化、礼仪文化、饮食文化，以及艺术和教育等。佛学、儒学等外来文化的日本化，正是在武士垄断知识和文化教育的德川幕府时代完成的。明治维新后，武士又把持政治、军事、经济和思想文化舞台，至少在半个多世纪的藩阀·武士阀政治时代，继续充当日本文化的主要承担者。

---

① 高增杰：《东亚文明的撞击——日本文化的历史与特征》，广西教育出版社2001年版，第141页。

以武士道为核心内容的武士文化能积淀成为日本的文化传统，与日本人的生存环境和民族心理密切相关。正如第二章"武士道的生成要素"引用所述，"一个国家土地优良就自然地产生依赖性。""土地贫瘠，使人勤奋、俭朴、耐劳、勇敢和适宜战争；土地所不能给予的东西，他们不得不以人力去获得。"日本人生存环境的特点是依赖人力，而武士的生存方式和武士文化的特点正是依赖人力。日本是四面环海、国土狭小、资源短缺、灾害频繁的国家，土地上蕴藏的资源不能满足生存需要，给日本人带来了巨大的生存危机，激发起日本民族强烈的生存意识和拓展生存空间的欲望。拓展生存空间以谋求更多的生产和生活资料，既是日本先民的共同愿望，也是日本民族的共同心理和最大的"正义"，为此甚至不惜发动侵略战争。

武士治国时代，以武士道为核心内容的武家文化取代贵族文化成为主流地位的文化。武士道作为武士实施军事统治的统治理念和政治思想，以及武士的价值理想和道德规范、行为准则，在武士行使政治权威的12世纪末至20世纪中叶，始终是思想领域中占主导地位的核心价值和道德观念。

治国之道，首先在于治吏。以源赖朝、足利尊氏、德川家康为代表的武家统治者，对武士道赋予政治意识形态、理想价值、道德标准、行为准则的权威地位，以及制度的和法律的约束力，要求武家政权的各级官吏（各级武士）严格遵照实行，违者严惩不贷。而且，运用国家权力的行政力量扩展到社会各阶级。反过来，武士道又维护和巩固武士的统治地位、增强武士的道德修养、提升武士的社会形象，支撑武士的立国理念、军国体制、国家目标、基本国策和发展方式等。

武士在政治领域占据国家脊梁和统治阶级的位置，确立军国政治的政权机制、"与万国对峙"的国家目标、对外扩张的发展方式；武士道在思想领域占有理想价值和伦理道德支柱的地位，提供崇尚武力和"外用剑戟弓马"的精神资源。宣称"我邦固为武国，有武而国昌，无武则国衰；国之兴替，唯在武事之盛衰。"[①]"忠诚"、"武勇"等武士道德目成为人为判断正邪善恶的标准，引领人们的价值追求，指导人们如何做人、如何做事，鞭策人们去实现夺取胜利或获得成功的目的。

武士改变了日本的社会制度和发展方向、发展方式，武士道影响日本

---

① ［日］井上哲次郎监修：《武士道全书·第6卷》，国书刊行会1998年版，第324页。

文化的构成和走向，使军事性贯穿于日本社会的价值观念、道德观念以及利益追求的目标和方式，形成了热衷于使用武力解决利益冲突、谋求所谓"国家利益"的思维定式和习惯。山鹿素行的"外用剑戟弓马，内行君臣、朋友、父子、兄弟、夫妇之道"，和熊泽蕃山的"我国是神武之国，内藏仁和，外行武威"，以内外有别的价值标准和行为方式肯定对外侵略。封建时代，"士以死于君之马前为第一职分"。近代，"战争中出阵作战的军人享有作为日本人的第一的名誉，战死是最大的忠义，爱国行为只出现在战争或事变之时"，"战死是忠孝两全的唯一之道"。[①] "天皇主义武士道"的经典《教育敕语》，要求国民平时"常重国宪、遵国法"，战时"则应义勇奉公，以辅佐天壤无穷之皇运"。

从9世纪至20世纪中叶，武士道一直占据着价值理想和伦理道德支柱的位置，充当日本社会的道德灯塔。在明治维新后的战前日本，武士道已经成为日本民族精神的代名词。近代日本的不少武士道论著中，均将"武士"和"武士道"视为日本的象征或标志。

三

文化的传统以民族生活、民族心理为基础，具有深入人心的土壤，凝聚了民族文化的核心要素，为社会所推崇，是民族的精神财富和物质力量。不同的民族，因不同的生活和发展阶段而拥有不同的文化传统。一般说来，人们把将骑士和骑士道视为西欧中世纪传统的象征，将文士和儒学看作中国封建时代传统的象征，将武士与武士道作为日本中世纪和近代传统的象征。确实，骑士、文士和武士分别是各自国家一定历史时期传统文化和文化传统的主要承担者，骑士文化、儒家文化和武士文化分别代表西欧国家、中国和日本的文化传统。

日本武士征战杀伐的实践生活、治理国家的实践生活，在世界历史上都是绝无仅有的。因此，在日本传统文化和文化传统中，军事文化、战争文化的比重极高，超过其他民族和国家。也可以说，在世界文化中，日本传统文化和文化传统的民族性特征之所以格外鲜明，根源就在于武士和武士创造的战争文化。

[①] ［日］福地重孝：《军国日本的兴亡》，春秋社1959年版，第299、301页。

"文化传统与传统文化不同,它不具有形的实体,不可捉摸,仿佛无所在,却无所不在,既在一切传统文化之中,也在一切现实文化之中,而且还在你我的灵魂之中。""文化传统是不死的民族魂。它产生于民族生活,成长于民族的重复实践,形成为民族的集体意识和集体无意识。简单说来,文化传统就是民族精神。"[1] 当今世界的每一个人,都生活在本民族的文化传统之中。"传统存在于我们生存的方式之中,传统文化是人们无法切断而不停地从过去向现在以至未来涌动着的流;任何人只能生活在这个流之中,而不能跳到流之外。没有文化的传统是不存在的,没有传统的文化是不可想象的。日本武士阶级,在长达大约7个世纪之久的历史涌流中,创立和发展了包括武士道在内的日本新文化——武家文化。它在以后的历史流向中又不断经过来自内外、正反两面的影响制约和批判地继承、改造而形成为日本民族文化传统中的重要组成部分之一。这就是近年来人们开始议论武士道至今仍对日本民族精神、民族文化有不可忽视影响和作用的根本缘由所在。"[2] 文化传统是民族的文化基因和存在于人们头脑之中的"内在物",是区别于其他民族的气质、品格、精神和灵魂。对人们的价值理想、道德观念、思维方式和行为方式等起支配作用的,乃是存在于人们灵魂之中的文化传统。

众所周知,在社会转型时期,西欧与中国的传统文化和文化传统均遭受了新文化、新时代强有力的批判和冲击。然而,日本传统文化和文化传统的命运则大不一样,在近代社会的转型时期,中世纪传统文化和文化传统的主要承担者——武士,依然牢牢占据政治、军事、经济和思想文化舞台。所以,作为日本传统文化和文化传统核心内容的武士道精神,不仅没有遭到严重的冲击,反而摇身一变,由武士效忠各自主君的"武家主义武士道"发展成为全体国民效忠天皇的"天皇主义武士道",即由封建时代的价值理想和伦理道德支柱发展为资本主义时代的价值理想和伦理道德支柱,发展成为近代日本全体国民的最高道德,拥有比封建时代更高的地位和权威,释放出比封建时代更大的物质化能量。宋成有先生认为:"在战前日本,民族主义、大亚洲主义、脱亚论、兴亚论、军国主义、武士道精神等不同层次的精神信条、理论观念等,都曾被日本政府当作国民精神

---

[1] 庞朴:《文化传统和传统文化》,《科学中国人》2003年第4期。
[2] 万峰:《台湾学者的日本武士道观》,《世界历史》1994年第3期。

总动员的工具而大加宣扬。但作为日本国民道德规范或行动准则的武士道，却在日本人精神深层发挥着其他精神工具难以企及的作用。"① 应该说，这是以客观事实为依据的精辟论断。

一次战争的失败，并不能将日本人血管中流淌的武士道精神清除出去。美国主导下的"非军事化"和民主化改革，主要目的是摧毁日本的军国主义战争机器和军事工业，清洗军国主义势力，使日本不足以构成对美国国家利益的威胁，而非清算日本人头脑中的武士道精神。退一步说，即便美国占领军有此想法，也无力切断日本的文化传统，无力从日本的文化传统中将武士道剔除出去。何况，在战后的日本，官僚机构和统治集团依然是战前的官僚机构和统治集团，社会发展阶段依然是战前的资本主义社会，日本人生活的地理环境——养育日本传统文化和文化传统的地理环境也无丝毫变化。

传统具有财富和包袱的双重属性。传统既随着共同生活的变化而更新，任何力量也阻挡不了传统前进的步伐和变化的趋势，同时，传统又是一种惯性力量、惯性思维。"传统是一种惰性的力量，保守的因素，它具有扼制人们思想、规范人们行动的本性，利于造成原地踏步的局面。"② 传统存在于人们的灵魂之中，任何民族都不可能随意更换自己的品格、气质和精神。

在战后的日本，虽然有外部力量主导下的改革，也发生过经济危机，但是，在其民族内部并未出现过文化危机、信仰危机和精神危机，也就是说日本人的文化传统并未出现大的问题，日本人传统的价值理想和道德体系等依然如故。相反，战后日本的政治右倾化、重振军备、修改宪法、为战争罪犯翻案和参拜靖国神社、加强"爱国心"教育、国民意识与社会思潮保守化，以及首相安倍晋三高呼"天皇万岁"等，倒是从另一个侧面说明武士道文化传统仍然在发挥作用。

此外，正如第十三章第三节"武士道对经济增长的推动"中所述，欧美学者不约而同地将战后日本经济高度成长的内在原因，归结于日本特有的国民性和经济组织。日本学者高桥龟吉则明确提出：欧美学者眼中日本独有而

---

① 宋成有：《武士道精神与明治时期的日本现代化》，载罗荣渠主编《各国现代化比较研究》，陕西人民出版社1993年版，第91页。
② 庞朴：《文化传统和传统文化》，《科学中国人》2003年第4期。

别国所无的"日本人的勤奋性格、集体主义精神、对公司的忠诚、终身雇佣制、政府和财界的合作体制等等",以及"恩"、"耻"、"情义"等伦理,"实际上是战前日本就已经存在的原有条件"。这也佐证了武士道文化传统依然牢牢扎根于现代日本,依然是现代日本人的核心价值和道德观念。

在日本文化传统中,真正称得上既能代表日本文化传统,又专属于日本民族而与其他民族区别开来的基本成分,大概要首推以武士道为核心的武士文化;为日本民族所独有而又最难以为其他民族所理解的基本成分,可能也要首推以武士道为核心的武士文化。所以,要真正认识日本、日本文化和日本民族,就该认真了解日本的武士文化。笔者赞同李威周先生的观点,"不了解武士道,对日本民族性格的认识就是不全面的。认识日本武士道,不仅具有理论意义,而且有很大的现实意义。"① 特别是在"安倍晋三再任日本首相一年以来,日本在政治右倾化的道路上愈走愈远,离当年发动侵略战争的军国主义愈来愈近"、"还频繁展开针对中国的外交活动,构筑'对华包围圈'"②的今天,中国人尤其需要对武士道加以认真、系统的科学研究。

四

武士文化是武士在作战、备战的战争生活实践中创造的战争文化,为战争服务是武士文化的本分或天职,作为武士文化核心内容之"武士道的要害在于军国主义"。

昨天,以武士道为灵魂的日本军国主义曾经将落后和沉沦强加给中国;今天,"战争年代产生的独一无二的'大和魂'的偏激氛围,再次变得浓厚起来。"③而且,以武士道为灵魂的日本军国主义又在严重威胁中国的国家安全。因此,中国人的武士道研究,既要正视武士道和平主义的积极因素,或称为武士道的精华,尽管这些积极因素或精华几为对内的价值理想和行动准则,主要作用于日本的社会发展,造福于日本民族,日本

---

① 李威周:《论日本武士道》,载《中日哲学思想论集》,青岛海洋大学1991年版,第273页。

② 汤重南:《一战后的德国与今天的日本》,《求是》2014年第1期。

③ [美]约翰·道尔:《拥抱战败——第二次世界大战后的日本》,生活·读书·新知三联书店2008年版,第546页。

近代超常规的工业化成就和战后经济的高度发展，得益于武士道的推动乃是不争的事实。更要揭露武士道的军国主义消极因素，或称武士道的糟粕，因为这些消极因素或糟粕完全是针对其他民族和国家的价值理想和行动准则，它对中国等亚洲国家及人类和平来说完全是灾难，"二战"前及"二战"中日本军国主义罄竹难书的罪行是谁也无法否认的证据。

中国人研究武士道，不仅要重视武士道研究的学术意义，更要关注武士道研究的现实意义，即防止以武士道为灵魂的日本军国主义死灰复燃。研究武士道不仅要弄清楚武士道"是什么"、"为什么"，还要研究"怎么办"——如何防止武士道为虎作伥，因为谁也不能保证以武士道为灵魂的日本军国主义永远不会死灰复燃。何况在战后的日本，军国主义极易复活。因为在战后的日本，不仅依然是战前的官僚集团继续掌权，而且被解除公职者鸠山一郎、石桥湛山等和甲级战犯岸信介、重光葵、贺屋兴宣等军国主义者重新成为政治舞台的主角（详见第十三章第一、二节）。也就是说，战后的日本从一开始就存留着一批军国主义势力，军国主义"火种"从未熄灭。朝鲜战争爆发后，日本的军国之梦又重新燃起，政治上，政治右倾化步伐越来越快，并着手修改宪法第9条；军事上加强军事力量的建设和武器装备的现代化。到20世纪末21世纪初，日本在政治右倾化道路上已越走越远，宪法第9条也已扭曲变形，尽管有着诸多限制，其武器装备的现代化水平还是占据着世界领先的位置。概而言之，日本复活军国主义的倾向越来越明显、步伐越来越快，且伴随着对武士道的鼓吹。

笔者认为要防止武士道的军国主义要害再次危害人类和平，主要应加强三方面的工作：

1. 学术界应加强武士道研究，揭露武士道的军国主义要害

深受武士道军国主义祸害的中国人，不仅有理由对充满杀伐气息的武士道深恶痛绝，而且更有必要认识武士道的军国主义要害，有责任揭露日本复活军国主义的动向和政治军事冒险活动，进而遏制武士道军国主义的复活。鉴于"日本战败投降后，日本军国主义的国家总体制被打碎，但由于国际形势和美国对日政策的转变，军国主义思想未被彻底批判，一部分军国主义势力得以延续至今。对作恶多端的日本军国主义既未盖棺论定，军国主义阴魂便在日本聚游不散，梦想有朝一日复举还阳，再次逞凶施霸"。[①]特别是当今

[①] 蒋立峰、汤重南：《日本军国主义论》，河北人民出版社2005年版，丛书序言，第4页。

日本在复活军国主义的道路上越走越快，距离军国主义的死灰复燃越来越近。因此，我国的武士道研究应针对战后日本从未彻底清算军国主义战争责任、战争罪行，相反军国主义翻案风却越刮越烈，在日本军国主义战败投降60年时甚至成为日本的舆论主流，而且武士道又伴随着20世纪末21世纪初的日本军国主义逆流沉渣泛起，通过以事实为依据的、有说服力的多学科研究，深刻揭示武士道与军国主义血肉相连、狼狈为奸的互动关系和武士道充当军国主义工具的必然性，揭示日本军国主义越是疯狂，日本社会越是狂热鼓吹武士道，这一早已为历史验证的规律，揭示以武士道为灵魂的日本军国主义对人类和平的巨大破坏性，让人们对当今日本鼓吹武士道的动机在于复活军国主义保持清醒的认识，并增强人们对日本军国主义死灰复燃的警惕性。还需指出的是，明治维新至"二战"前的历史表明，除武士道的"杀人与战争之道"外，其"忠诚与献身之道"也曾被统治集团作为凝聚人心、操纵民意的工具，从而使日本的侵略战争成为"官民一致"的战争，形成整个民族的疯狂，这在世界上同样是绝无仅有的。也就是说，武士道的所谓"积极因素"也可以服务于军国主义。

2. 中国应保持良好的发展势头，以足够的实力遏制日本复活军国主义

"弱国无外交"，"落后就要挨打"，这是"鸦片战争"以来近代中国百年屈辱史"馈赠"给我们的刻骨铭心的教训。对等的国家关系，需要对等的国家实力；要防止他国侵略，就要具有绝对超过他国的实力。因为落后，近代中国遭受外国列强的侵略掠夺；因为在人均国民生产总值、海外资产总值、武器现代化水平和科技实力等许多方面中国还落后于日本，当今日本一天到晚都想着对付中国，安倍晋三甚至公开宣称要进行"夺回强大日本的战斗"。国家安全、国家利益的维护和保障，实力远比书面条约、协议、声明更为可靠。一个民族或一个国家在国际社会中的话语权，取决于该民族或国家的综合实力。从某种意义上说，国际关系其实就是实力关系，21世纪的国际关系依然如此。我国学者武寅教授也剖析了实力在对日关系中的作用，认为："综合实力最终绝对地而不是相对地大幅度超越日本，无可争议地占据了战略制高点，那么中国就真正掌握了对日关系的主动权。我们所期望的和平也就有了根本保证。"[①] 进入21世纪

---

① 武寅：《中日关系的历史分期与转折》，《世界历史》2014年第2期。

以来，特别是2012年岸信介的外孙安倍晋三再次出任首相后，大张旗鼓地在复活军国主义的道路上狂奔，提出了一系列全面复活军国主义的计划，如谋求所谓"正常国家"地位、解禁"集体自卫权"、修改和平宪法，通过《国家安全保障战略》、新版《防卫计划大纲》和《中期防卫力量整备计划》，启动"国家安全委员会"，全面挑战"二战"后的国际秩序和人类正义。

需要强调的是，21世纪日本复活军国主义的活动又一次将矛头指向中国。中国要有效防止日本军国主义再次危害中国的国家安全和国家利益，必须具有绝对超过日本的综合实力，具有绝对能够战胜日本军国主义的巨大实力，并且做好军事斗争的准备。日本能否再次将灾难强加给中国，很大程度上是取决于中国是否具有绝对超越日本的综合实力。

3. 国际社会应加强国际合作，将防止日本军国主义复活作为人类的共同事业

"二战"前的历史已经用举世公认的大量事实告诉爱好和平的世界人民，以武士道为灵魂的日本军国主义是人类历史上最具侵略性、野蛮性、掠夺性和冒险性的军国主义，其对人类和平的危害丝毫不亚于"二战"时的德国法西斯军国主义。1868年，明治天皇公开宣称"要继承列祖列宗的伟业"，"开拓万里波涛，布国威于四方"。紧接着，刚刚诞生的"武士阀"明治政府便确立了"与万国对峙"的国家目标，并将神武天皇的即位之诏"上答乾灵授国德，下弘皇孙养正志；然后兼六合以开都，掩八纮而为宇"作为军国主义先锋"皇军"的使命。近代日本军国主义确立后，就不断从战争走向战争，几乎是每隔五年就要向外发动一次侵略战争。而且，日本军国主义是东方战争的策源地，其侵略、掠夺的对象，从来就不限于中国等邻近国家。美国学者道尔也阐述了日本的侵略野心和日本军队的凶残，他说"到1942年春天，日本帝国已处于版图扩张的的巅峰时期，像一个巨人凌驾于亚洲之上，一足植于中部太平洋，一足深入中国腹地，野心勃勃地向北一直染指到阿留申群岛，向南则直取东南亚的那些西方殖民地。日本的'大东亚共荣圈'，大致环抱了荷属东印度群岛、法属印度支那、英国殖民地缅甸、马来亚和香港，以及美国殖民地菲律宾，甚至号称要进一步将印度、澳大利亚，甚至夏威夷纳入囊中。""从战争起初几个月在中国的南京大屠杀，到太平洋战争末期的马尼拉大屠杀，日本帝国的陆海军士兵们留下了罄竹难书的残忍

与贪婪的斑斑劣迹。"① 日本军国主义所到之处就是侵略，就是杀人、放火和强奸妇女，种种恶行中国等众多曾经遭受日本军国主义侵略的国家依然记忆犹新。

当今日本变本加厉地企图复活军国主义，虽然将中国作为主要对象，但其挑战的是"二战"后的国际秩序和人类正义。对此，国际社会应有清醒的认识，应尽快达成共识，坚决遏制日本军国主义的复活。当前，由于少数国家的政客及政府出于一己之私，企图利用日本复活军国主义来遏制中国崛起，对其采取纵容态度，到头来很可能是"搬起石头砸自己的脚"。对此，史学前辈汤重南先生的《一战后的德国和今天的日本》作了令人信服的深刻剖析："英法推行绥靖政策时，未能料到德国会把侵略矛头对准自己，今天，某些大国自以为牢牢掌控着日本，对日本复活军国主义的倾向姑息养奸，最终也可能养虎为患。""要避免悲剧重演，国际社会就一定要对日本复活军国主义的倾向保持高度警惕，毫不妥协地与其一系列政治军事冒险行动作坚决的斗争。"② 尽管国际社会达成共识并非易事，但是，为了防止日本军国主义再次危害人类和平，中国也必须努力推进国际合作。

当然，上述三个方面的工作，关键是第二个方面，即足够强大的自身实力。毕竟，中国人的家园最终还得靠中国人自己来保卫，中国人的命运还是掌握在中国人自己手中更为可靠。

---

① [美]约翰·道尔：《拥抱战败——第二次世界大战后的日本》，生活·读书·新知三联书店2008年版，序言，第2、4页。
② 汤重南：《一战后的德国与今天的日本》，《求是》2014年第1期。

参考文献

一　日文部分

[1]［日］井上哲次郎监修:《武士道集》(上卷、中卷),春阳堂1934年版。

[2]［日］井上哲次郎监修:《武士道全书》(全12卷·别卷),国书刊行会1998年版。

[3]《日本精神文化大系》(第1—9卷),日本图书中心2001年版。

[4]［日］小泽富夫编集·校订:《武家家训·遗训集成》,ぺりかん社1998年版。

[5]《吾妻镜·新订增补国史大系·第32卷》,吉川弘文馆2000年版。

[6]［日］石井紫郎校注:《日本思想人系·27·近世武家思想》,岩波书店1974年版。

[7]［日］宫内厅:《明治天皇记·第四》,吉川弘文馆1970年版。

[8]［日］大山梓编:《山县有朋意见书》,原书房1966年版。

[9]［日］历史科学协议会、中村尚美、君岛和彦、平田哲男编:《史料日本近现代史》(第1—3卷),三省堂1985年版。

[10]［日］田口宏雄:《武士道的源流·从骑马民族到武士的黩武系谱》(上卷、下卷),新生出版社2005年版。

[11]［日］下村效等编:《日本历史小百科·武士》,东京堂1993年版。

[12]［日］石井进:《日本历史·12·中世武士团》,小学馆1974年版。

[13]［日］石井进:《镰仓武士之实像》,平凡社1991年版。

[14]［日］石井进著作集刊行会编:《石井进的世界·1·镰仓幕府》,山川出版社2005年版。

[15]［日］安田元久:《源赖朝》,吉川弘文馆1986年版。

[16] [日] 关幸彦:《武士的诞生》,日本放送出版协会1999年版。

[17] [日] 川上多助:《武士的勃兴》,岩波书店1934年版。

[18] [日] 元木泰雄:《武士的成立》,吉川弘文馆1994年版。

[19] [日] 高桥昌明:《武士的成立、武士像的创出》,东京大学出版社1999年版。

[20] [日] 中村吉治:《日本封建制的源流·下·身份与封建》,刀水书房1984年版。

[21] [日] 中村吉治:《武家和社会》,培风馆1953年版。

[22] [日] 奥田真启:《武士团和神道》,白扬社1939年版。

[23] [日] 安田元久:《武士世界形成的群像》,吉川弘文馆1986年版。

[24] [日] 五味文彦:《日本的时代史·8·京、镰仓的王权》,吉川弘文馆2003年版。

[25] [日] 冈田清一:《镰仓幕府和东国》,续群书类从完成会2006年版。

[26] [日] 奥富敬之:《镰仓北条氏的兴亡》,吉川弘文馆2003年版。

[27] [日] 阿部猛:《镰仓武士的世界》,东京堂出版社1994年版。

[28] [日] 野口实:《武家栋梁的条件》,中央公论社1994年版。

[29] [日] 丰田武:《武士团和村落》,吉川弘文馆1963年版。

[30] [日] 丰田武:《中世的武士团·丰田武著作集·第6卷》,吉川弘文馆1982年版。

[31] [日] 河合正治:《中世武家社会研究》,吉川弘文馆1973年版。

[32] [日] 上横手雅敬:《镰仓时代》,吉川弘文馆2006年版。

[33] [日] 上横手雅敬、元木泰雄、腾山清次:《院政、平氏和镰仓政权》,中央公论新社2002年版。

[34] [日] 福田以久生:《骏河相模的武家社会》,清文堂2007年版。

[35] [日] 福田以久生:《武者之世·东和西》,吉川弘文馆1995年版。

[36] [日] 小松茂美:《后三年合战绘卷·日本的绘卷》,中央公论社1988年版。

[37] [日] 森茂晓:《战争的日本史·8·南北朝内乱》,吉川弘文馆2007年版。

[38] [日]《战乱的日本史(合战和人物)·5·南北朝内乱》,第一法规出版株式会社1988年版。

[39]［日］新田一部:《太平记的时代》,讲谈社 2001 年版。

[40]［日］古岛敏雄:《幕藩体制》,载《历史科学大系·第 6 卷·日本封建制的社会和国家·下》,校仓书房 1979 年版。

[41]［日］小林正信:《织田、德川同盟和王权》,岩田书院 2006 年版。

[42]［日］桑田忠新:《武国武将三十人》,新人物往来社 1996 年版。

[43]［日］小田和哲男:《培育战国武将的禅僧们》,新潮社 2007 年版。

[44]［日］笹间良彦:《图说日本战阵作法事典》,柏书房 2000 年版。

[45]［日］笹本正治:《战国大名的日常生活·信虎、信玄、胜赖》,讲谈社 2000 年版。

[45]［日］笠谷和比古:《近世武家社会的政治构造》,吉川弘文馆 1993 年版。

[46]［日］儿玉幸多:《日本历史·18·大名》,小学馆 1975 年版。

[47]［日］栗田元次:《江户幕府政治·1》,岩波书店 1935 年版。

[48]［日］藤井让治:《日本的近世·3·统治体制》,中央公论社 1991 年版。

[49]［日］朝尾直弘:《日本的近世·7·身份和格式》,中央公论社 1992 年版。

[50]［日］藤野保等:《德川家康事典》,新人物往来社 2007 年版。

[51]［日］中村孝也:《江户幕府的政治·2》,岩波书店 1933 年版。

[52]［日］桑田优:《日本近世社会经济史》,晃洋书房 2000 年版。

[53]［日］大石学:《近世藩制、藩校大事典》,吉川弘文馆 2006 年版。

[54]［日］辻达也编:《日本的近世·2·天皇和将军》,中央公论社 1991 年版。

[55]［日］进士庆干:《近世武家社会和诸法度》,学阳书房 1989 年版。

[56]［日］进士庆干:《江户时代武士的生活·生活史丛书·1》,雄山阁 1980 年版。

[57]［日］柴田纯:《江户武士的生活》,讲谈社 2001 年版。

[58]［日］武士生活研究会编:《图说近世武士生活史入门事典》,柏书房 1991 年版。

[59]［日］佐佐克明:《信长、秀吉和家康的社会管理》,产业能率大学出版部 1982 年版。

[60]［日］福地重孝:《士族和士族意识》,春秋社 1956 年版。

[61] [日] 福地重孝：《军国日本的兴亡》，春秋社 1959 年版。
[62] 《别册历史读本 64 号·开眼看世界的幕末维新英雄》，新人物往来社 2007 年版。
[63] [日] 安藤精一：《士族授产史的研究》，清文堂 1988 年版。
[64] [日] 德富猪一郎：《公爵山县有朋传·中卷》，原书房 1998 年版。
[65] [日] 相良亨：《武士的思想》，ぺりかん社 1984 年版。
[66] [日] 田中义能：《武士道概说》，日本学术研究会 1932 年版。
[67] [日] 平泉澄：《武士道的复活》，至文堂 1933 年版。
[68] [日] 桥本实：《日本武士道史》，地人书馆 1935 年版。
[69] [日] 武士道学会编：《武士道入门》，ふたら书房 1941 年版。
[70] [日] 小泷淳：《武士道和武士训》，日本公论社 1943 年版。
[71] [日] 多田显编著，永安正幸解说：《武士道的伦理·山鹿素行的场合》，丽泽大学出版会 2006 年版。
[72] [日] 小泽富夫：《作为历史的武士道》，ぺりかん社 2005 年版。
[73] [日] 古贺斌编著，香内三郎解说：《武士道论考》，岛津书房 1974 年版。
[74] [日] 高桥富雄：《武士道的历史》（第 1—3 卷），新人物往来社 1986 年版。
[75] [日] 新渡户稻造编著，奈良本辰也翻译·解说《武士道》，三笠书房 2008 年版。
[76] [日] 新渡户稻造编著，佐藤全弘译：《武士道》，教文馆 2000 年版。
[77] [日] 时野佐一郎：《真实的武士道》，光人社 2008 年版。
[78] [日] 中本征利：《武士道的考察》，人文书院 2006 年版。
[79] [日] 樱井庄太郎：《名誉和耻辱》，政法大学出版局 1971 年版。
[80] [日] 西国直二郎：《日本的武士道》，岩波书店 1934 年版。
[81] [日] 中村彰彦：《会津武士道》，PHP 研究所发行 2007 年版。
[82] [日] 俵本浩太郎：《新·士道论》，筑摩书房 1992 年版。
[83] [日] 家永三郎：《日本道德思想史》，岩波书店 1984 年版。
[84] [日] 风间健编著：《武士道教育总论》，壮神社 2002 年版。
[85] [日] 梅溪升：《教育敕语成立史·天皇制国家观的成立·下》，青史出版 2000 年版。

[86]［日］坂田茂：《近代日本的爱国思想教育·上卷·2》，星云社1999年版。

[87]［日］堀勇雄：《山鹿素行》，吉川弘文馆1987年版。

[88]［日］佐佐木杜太郎：《日本的思想家·8·山鹿素行》，明德出版社1978年版。

[89]［日］坂本太郎：《世界各国史·14·日本史》，山川出版社1982年版。

[90]［日］宫地正人：《新版世界各国史》（上、下卷），山川出版社2008年版。

[91]《图说学习日本历史·7·江户时代至现代》，旺文社1979年版。

[92]［日］高桥典幸等：《日本军事史》，吉川弘文馆2006年版。

[93]［日］藤原彰编著：《日本军事史》（上、下卷），日本评论社1987年版。

[94]［日］藤原彰：《天皇制和军队》，青木书店1998年版。

[95]［日］雨宫昭一：《近代日本的战争指导》，吉川弘文馆1997年版。

[96]［日］三谷太一郎：《近代日本的战争和政治》，岩波书店1997年版。

[97]［日］户部良一：《日本的近代·9·逆说的军队》，中央公论社1998年版。

[98]［日］北冈伸一：《日本的近代·5·从政党走向军部·1924—1941年》，中央公论新社1999年版。

[99]《体系日本史丛书·1·政治史·1》，山川出版社1982年版。

[100]《体系日本史丛书·4·法制史》，山川出版社1982年版。

[101]《体系日本史丛书·9·社会史·2》，山川出版社1982年版。

[102]《体系日本史丛书·18·宗教史》，山川出版社1981年版。

[103]［日］朝日新闻社：《明治大正史·6·政治篇》，ワレス出版社2000年版。

[104]［日］朝日新闻社：《明治大正史·第1卷》，朝日新闻社1930年版。

[105]［日］松下芳男：《日本军阀兴亡史》（上、下卷），芙蓉书房2001年版。

[106]［日］永井和：《近代日本的军部和政治》，思文阁1993年版。

[107]［日］小林弘忠：《历代首相》，实业之日本社 2008 年版。

[108]［日］八幡和郎：《历代总理通信簿》，PHP 研究所发行 2006 年版。

[109]［日］井上清：《日本军国主义·第三册》，现代评论社 1975 年版。

[110]［日］井上清：《日本军国主义的形成》，岩波书店 1968 年版。

[111]［日］宫本又郎：《日本的近代·11·企业家们的挑战》，中央公论社 1999 年版。

[112]［日］宇田川胜、生岛淳：《向企业家学习的日本经营史》，有斐阁 2011 年版。

[113]［日］涩泽荣一：《雨夜谭》，岩波书店 1984 年版。

[114]［日］鹤见俊辅：《战时日本精神史·1931—1945 年》，岩波书店 1982 年版。

[115]［日］松尾章一：《日本法西斯史论》，政法大学出版社 1977 年版。

[116]［日］园田英弘：《西洋化的构造》，思文阁 1995 年版。

[117]［日］园田英弘等：《士族的历史社会学研究》，名古屋大学出版会 1995 年版。

[118]［日］高根正昭：《日本的政治精英》，中央公论社 1976 年版。

[119]［日］《每日新闻》图书编辑部：《日本人物事典》，每日新闻社 1952 年版。

[120]［日］土屋乔雄：《日本资本主义发展中的领导者们》，岩波书店 1982 年版。

[121]［日］永原庆二：《日本经济史》，岩波书店 1980 年版。

(122)［日］冈本大辅等：《深化日本经营》，千仓书房 2012 年版。

[123]［日］宫本又郎：《日本的近代·11·企业家们的挑战》，中央公论新社 1999 年版。

[124]［日］柴孝夫、冈崎哲二：《讲座·日本经营史·4·制度转换期的企业和市场》，ミネルヴァ书房 2011 年版。

[125]［日］武光诚、大石学、小林英一监修：《地图、年表、图解的日本历史》，小学馆 2012 年版。

[126]［日］吉川弘文馆编辑部编：《日本军事史年表——昭和·平成》，吉川弘文馆 2012 年版。

二 中文部分

《马克思恩格斯全集》(第 23 卷),人民出版社 1995 年版。
[法] 孟德斯鸠:《论法的精神》,商务印书馆 2005 年版。
[德] 黑格尔:《历史哲学》,上海世纪出版集团 2005 年版。

(一) 日本学者

[1] [日] 南博:《日本人论》,广西师范大学出版社 2007 年版。
[2] [日] 新渡户稻造:《武士道》,商务印书馆 2001 年版。
[3] [日] 森岛通夫编著:《透视日本》,中国财政经济出版社 2000 年版。
[4] 周启明、申非译:《平家物语》,人民文学出版社 1984 年版。
[5] [日] 福泽谕吉:《文明论概略》,商务印书馆 1997 年版。
[6] [日] 家永三郎:《日本文化史》,商务印书馆 1992 年版。
[7] [日] 山本七平编著:《日本资本主义精神》,生活·读书·新知三联书店 1995 年版。
[8] [日] 丸山真男:《日本政治思想研究》,生活·读书·新知三联书店 2000 年版。
[9] [日] 坂本太郎:《日本史概说》,商务印书馆 1992 年版。
[10] [日] 伊田熹家:《简明日本通史》,上海远东出版社 2004 年版。
[11] [日] 安冈昭男:《日本近代史》,中国社会科学出版社 1996 年版。
[12] 张荫桐选译:《1600—1914 年的日本》,生活·读书·新知三联书店 1957 年版。
[13] [日] 源了圆:《德川思想小史》,外语教学与研究出版社 2009 年版。
[14] [日] 信夫清三郎:《日本政治史·1》,上海译文出版社 1982 年版。
[15] [日] 信夫清三郎:《日本政治史·2》,上海译文出版社 1988 年版。
[16] [日] 升味准之辅:《日本政治史·第 4 册》,商务印书馆 1997 年版。
[17] [日] 村上专精:《日本佛教史纲》,商务印书馆 1999 年版。
[18] 王辑五译:《1600 年以前的日本》,商务印书馆 1983 年版。
[19] [日] 永田广志:《日本哲学思想史》,商务印书馆 1978 年版。

[20] 秦郁彦：《日本官僚制研究》，生活·读书·新知三联书店 1991 年版。

[21] [日] 井上清、铃木正四编著：《日本近代史·上册》，商务印书馆 1972 年版。

[22] 孟祥沛点校：《新译日本法规大全·第 3 卷上》，商务印书馆 2008 年版。

[23] [日] 岩崎昶：《日本电影史》，中国电影出版社 1983 年版。

[24] [日] 若规泰雄：《日本的战争责任》，社会科学文献出版社 1999 年版。

[25] [日] 近代日本思想史研究会编著：《近代日本思想史·第 1 卷》，商务印书馆 1965 年版。

[26] [日] 福泽谕吉编著：《福泽谕吉自传》，商务印书馆 1995 年版。

[27] [日] 矢野玲子编著，大海译：《慰安妇问题研究》，辽宁古籍出版社 1997 年版。

[28] [日] 高桥龟吉：《战后日本经济跃进的根本原因》，人民出版社 1984 年版。

[29] [日] 宇治敏彦：《日本首相列传》，中国文联出版社 2008 年版。

（二）欧美学者

[1] [法] 雷奈·格鲁塞：《东方的文明》，中华书局 1999 年版。

[2] [美] 约翰·惠特尼·霍尔：《日本——从史前到现代》，商务印书馆 1997 年版。

[3] [美] 鲁思·本尼迪克特：《菊与刀》，商务印书馆 2002 年版。

[4] [美] 贝拉：《德川宗教：现代日本的文化渊源》，生活·读书·新知三联书店 1998 年版。

[5] [美] 赖肖尔：《当今日本人》，上海译文出版社 1998 年版。

[6] [美] 沃尔夫：《日本经济飞跃的秘诀》，军事译文出版社 1985 年版。

[7] [美] 康拉德·托特曼：《日本史》，人民出版社 2008 年版。

[8] [美] 康拉德·希诺考尔等：《日本文明史》，群言出版社 2008 年版。

[9] [英] 大卫·巴迪：《日本帝国的终结》，青岛出版社 2013 年版。

[10] [英] 泰萨·莫里斯·铃木：《日本经济思想史》，商务印书馆 2000 年版。

[11] [美] 弗兰克·吉布尼：《日本经济奇迹的奥秘》，科学技术文献出版社1985年版。
[12] [美] 詹姆斯·L. 麦克莱恩：《日本史》，海南出版社会2009年版。
[13] [美] 约翰·W. 道尔：《拥抱战败——第二次世界大战后的日本》，生活·读书·新知三联书店2008年版。
[14] [英] 菲力浦·柯特勒：《超一流的行销战略战术——日本战胜美国》，中国经济出版社1992年版。

（三）中国学者

[1] 梁启超：《中国之武士道》，中国档案出版社2006年版。
[2] 戴季陶：《日本论》，海南出版社1994年版。
[3] 万峰：《日本近代史》，中国社会科学出版社1978年版。
[4] 万峰：《台湾学者的日本武士观——评介林景渊著〈武士道与日本传统精神〉》，《世界历史》1994年第3期。
[5] 吴廷璆主编：《日本史》，南开大学出版社1994年版。
[6] 王家骅：《儒家思想与日本文化》，人民出版社1990年版。
[7] 李玉、骆静山主编：《太平洋战争新论》，中国社会科学出版社2000年版。
[8] 汤重南等：《日本文化与现代化》，辽海出版社2006年版。
[9] 汤重南等：《日本帝国的兴亡》，世界知识出版社1996年版。
[10] 土仲涛、汤重南：《日本史》，人民出版社2008年版。
[11] 汤重南、王仲涛：《日本近现代史》（近代卷），中国出版集团·现代出版社2013年版。
[12] 汤重南：《一战后的德国与今天的日本》，《求是》2014年第1期。
[13] 蒋立峰、汤重南主编：《日本军国主义论》，人民出版社2005年版。
[14] 蒋立峰主编：《日本政治概论》，东方出版社1995年版。
[15] 宋成有：《武士精神与明治时期的日本现代化》，载罗荣渠主编《各国现代化比较研究》，人民出版社1993年版。
[16] 宋成有：《江户、明治时代武士道异同刍议》，载《周一良先生八十生日纪念论文集》，中国社会科学出版社1993年版。
[17] 宋成有主编：《日本十首相传》，东方出版社2001年版。
[18] 宋成有：《新编日本近代史》，北京大学出版社2006年版。

[19] 李卓:《日本传统家族制度与日本人家的观念》,《世界历史》1993年第4期。

[20] 李卓:《略论家族主义的幕府政治》,《日本学刊》1996年第3期。

[21] 李卓:《中日家族制度比较研究》,人民出版社2004年版。

[22] 李卓:《日本家训研究》,人民出版社2006年版。

[23] 李卓:《日本近现代社会史》,世界知识出版社2010年版。

[24] 杨栋梁:《日本近现代经济史》,世界知识出版社2010年版。

[25] 王振锁、徐万胜:《日本近现代政治史》,世界知识出版社2010年版。

[26] 臧佩红:《日本近现代教育史》,世界知识出版社2010年版。

[27] 叶渭渠主编:《日本文明》,福建教育出版社2008年版。

[28] 林景渊:《武士道与日本传统精神》,台湾自立晚报社文化出版部1993年版。

[29] 陈志让:《军绅政权》,生活·读书·新知三联书店1980年版。

[30] 武寅:《近代日本政治体制研究》,中国社会科学出版社1997年版。

[31] 武寅:《中日关系的历史分期与转折》,《世界历史》2014年第2期。

[32] 殷燕军:《近代日本政治体制》,社会科学文献出版社2006年版。

[33] 唐利国:《井上哲次郎的武士道论与法西斯主义》,北京大学研究中心编:《日本学》第10集。

[34] 唐利国:《武士道与日本的近代化转型》,北京师范大学出版社2010年版。

[35] 杨曾文:《日本佛教史》,人民出版社2008年版。

[36] 王金林:《日本天皇制及其精神结构》,人民出版社2001年版。

[37]《世界历史》编辑部编:《明治维新再探讨》,中国社会科学出版社1981年版。

[38] 范文澜:《中国近代史·上册》,人民出版社1961年版。

[39] 苏智良:《日本历史教科书的真相》,人民出版社2001年版。

[40] 张效林译:《远东国际军事法庭判决书》,五十年代出版社1953年版。

[41] 吴质卿:《台湾战事记》,载中国近代史资料丛刊续编《中日战事》第12卷,中华书局1996年版。

［42］沈仁安：《德川时代史论》，人民版社 2003 年版。

［43］李文：《武士阶级与日本的近代化》，人民出版社 2003 年版。

［44］胡澎：《战时体制下的日本妇女团体（1931—1945 年）》，吉林大学出版社 2005 年版。

［45］胡澎：《性别视角下的日本妇女问题》，中国社会科学出版社 2010 年版。

［46］李建军：《军国之女——日本女性与"大东亚战争"》，人民出版社 2001 年版。

［47］刘萍：《被侮的女性——战时日军性奴隶制度》，人民出版社 2011 年版。

［48］中央电视台《公司的力量》节目组：《公司的力量》，山西出版集团·山西教育出版社 2010 年版。

［49］《简明日本百科全书》编委会：《简明日本百科全书》，中国社会科学出版社 1994 年版。

［50］刘明翰：《镰仓时代日本的幕府政治及其特点》，载中国世界中世纪史研究会编《学术论文集》，人民出版社 1982 年版。

［51］李威周：《论日本武士道》，载《中日哲学思想论集》，齐鲁书社 1992 年版。

［52］韩东育：《关于武士道死亡价值观的文化检释》，《历史研究》2009 年第 4 期。

［53］韩东育：《日本对外战争的隐秘逻辑（1892—1945）》，《中国社会科学》2013 年第 4 期。

［54］周颂伦：《武士道与"士道"的分歧和对立》，《日本研究》2008 年第 4 期。

［55］王新生：《日本简史》，北京大学出版社 2005 年版。

［56］王新生：《战后日本史》，人民出版社 2013 年版。

［57］冯玮：《大国通史·日本史》，上海社会科学院出版社 2009 年版。

［58］高增杰：《东亚文明的撞击——日本文化的历史与特征》，广西教育出版社 2001 年版。

［59］卞崇道：《关于明治思想中武士道的一个考察》，《延边大学学报》2009 年第 3 期。

［60］李秀石：《明治维新的先驱——吉田松荫》，载《世界历史》编辑

部编《明治维新的再探讨》,中国社会科学出版社1981年版。
[61] 高增杰:《福泽谕吉的"实学"思想》,《日本学刊》1994年第6期。
[62] 鲍刚:《日本传统国民性的基本特征》,《日本学刊》1996年第5期。
[63] 倪世光:《中世纪骑士制度探究》,商务印书馆2007年版。
[64] 庞朴:《文化传统和传统文化》,《科学中国人》2003年第4期。

后　　记

　　文化是民族的血脉，"文化传统是不死的民族魂"。日本武士作为专事征战杀伐的战斗者、主宰国家命运的军事统治者和民族文化的主要承担者，武家文化长期占据主流文化的位置及其对日本文化和社会各阶层的广泛渗透，都是世界上绝无仅有的。本课题通过解剖武士道，阐明武家文化对日本文化和社会各阶层的广泛渗透，构成日本文化的传统和最具独特性的文化基石，以及日本军国政治的文化资源，养成了日本热衷于通过武力解决利益冲突的习惯。时至今日，武家文化仍然是日本文化的"影子"。

　　本书出版之际，回顾30多年的教学科研生涯，感激之情油然而生。

　　我毕业留校任教给项英杰教授当助教时，恩师项先生为我选定了"日本武士"的科研方向，告诫我"千万不要东一榔头，西一棒子"。项老到北京开会期间，又用他的"中亚史"科研经费为我复制了一批日文资料，他创办的《中亚史丛刊》也是我学习和发表日语习作的平台，为我发表了《西域史》等20多万字的译作。中国青年政治学院教授刘明翰，30多年来一直信守对项老的承诺，对我尽扶持之责，2002年拙著《日本武士兴亡史》出版时，欣然为之作序；我承担国家社科基金课题和教育部课题的过程中，又不断给予鼓励和支持。中国社会科学院世界史研究所教授、中国日本史学会会长汤重南先生，是我从事武士研究以来第一位肯定和鼓励我的老一辈日本史专家，还让我有幸成为国家社会科学"十五"规划重点项目子课题"日本军国主义论"课题组成员。我承担国家社科基金课题和教育部课题期间，他又提出不少关于武士、武士道的具体建议，并为拙著撰写了热清洋溢的序言，鼎力推荐。辽宁大学教授徐德源极有价值的建议，对提升国家社科基金课题《日本武士兴亡史》的质量发挥了作用。北京大学赵稼祥教授的鞭策、鼓励和信任，使我不敢懈怠。北京大学仰海峰教授惠赠的一批日文资料，让本课题的论据更加充分。在此，谨向他们表示衷心的感谢。

贵州师范大学原历史系主任杨绍先教授和原学报编辑部主编朱健华教授，为本课题的顺利立项和完成做了许多工作。原中国日本史学会"近代史专业委员会会长"杨绍先教授是我大学的同窗好友，也是我学习日语的启蒙老师，他在20世纪90年代任历史系主任时，停开了自己讲授多年的日本近现代史选修课，而为我开设了历史系本科生"日本武士"专题讲座，并推荐我担任日本史研究方向的硕士生导师，2000年前后又到北京、上海复制了3万余元的日文资料，这些安排为我的研究创造了良好的条件。在我完成国家社科基金课题《日本武士兴亡史》和本课题的过程中，又提供了其潜心研究的"武士道与日本军国主义"等相关成果。朱健华教授在《贵州师范大学学报》开设了"日本史"专栏，为我校的日本史研究搭建平台。在国家社科基金课题和教育部课题的研究中，他以学报主编的敏锐，为我的研究提供国内外研究的动态和发展趋势，也提出了不少有价值的建议，在我发表的许多论文中，有不少观点与他进行过讨论和磋商，国家社科基金课题和教育部课题的申报材料，也经他修改定稿。借此机会，特向有着30多年情谊的两位兄长道一声发自内心的感谢。

感谢贵州师范大学的科研激励机制，感谢历史与政治学院唐昆雄教授、杨芳教授等主管领导营造的科研氛围，感谢蓝琪教授等历史与政治学院老师的勉励和帮助。

感谢我的家人，是她们理解和支持我的这种没有丝毫经济效益，却让家庭生活单调乏味的工作，并为我创造了较好的生活环境。

最后，本书的出版得到中国社会科学出版社领导和田文老师的大力支持，在此，谨向他们表示衷心的感谢！

娄贵书
2014年11月28日于贵阳市中天花园